Instinct nomade

la revue du métissage culturel

C'est l'instinct nomade, le désir de partir, d'explorer, de s'établir et de repartir sans cesse.

Jean Giono, le voyageur sans divertissement

Jean Giono naît à Manosque le 30 mars 1895 dans une famille modeste. Il quitte l'école à 16 ans pour subvenir aux besoins de sa famille. Il travaille dans une banque tout en s'instruisant par lui-même. En 1915, Jean Giono est mobilisé et découvre sur le champ de bataille l'horreur de la guerre. Cet épisode le traumatise et le laisse pacifiste à vie. En 1920, il perd son père et épouse Élise Maurin. Il aura deux filles. Giono se plonge alors de manière frénétique dans l'écriture. Il publie des poèmes dans des revues et son premier roman en 1929. Le succès critique et public est immédiat. Il quitte son poste à la banque et décide de vivre de sa plume. En 1939, période d'avant-guerre, Jean Giono milite pour la paix. Il est arrêté et détenu deux mois pour cause de pacifisme. Le comportement de Giono durant cette période lui coûtera cher. A la libération, il est arrêté, mais relâché cinq mois plus tard sans avoir été inculpé. Il sort meurtri de la guerre. Surnommé "le voyageur immobile", il retourne vivre à Manosque, qu'il n'aura quitté que de force. Il faudra attendre la publication du *Hussard sur le toit* (1951), immense succès, pour que le monde littéraire le considère à nouveau. Sans jamais cesser d'écrire, Jean Giono réalise aussi quelques films. Il meurt d'une crise cardiaque chez lui à Manosque le 9 octobre 1970.

Instinct nomade est une publication des éditions Germes de barbarie, 619 rue Henri de Navarre 24130 Le Fleix. Tél. : 06.75.96.04.55

Directeur de la publication : Bernard Deson
Coordination de la rédaction : Laurie Leiner
Comité de rédaction : Jacques Ibanès, Bernard Lonjon, Agnès Debruyne, Daniel Malbranque et Christian Cottet-Emard

Prix du numéro : 26,00€

Abonnement : 1 an (soit 2 numéros) 36 euros par chèque à l'ordre de Bernard Deson, éditions Germes de barbarie 619, rue Henri de Navarre 24130 Le Fleix. Paiement via Paypal possible également à : bdeson@yahoo.fr

Où nous trouver : en librairie, FNAC, Espace Culturel Leclerc
Site internet : https://germesdebarbarie.weebly.com
Contact : germes.barbarie@gmail.com
N° ISSN 2608-6964

Il est encore possible de commander les numéros suivants chez l'éditeur : n°1 « *Jean Cocteau, l'enchanteur pourrissant* » (12,00€ + 3,00€ frais de port) / n°2 « Les fidélités de Georges Brassens », n°3 « Faut-il canoniser Joseph Delteil », n°4 « Jim Morrison, a very bad trip » (15,00€ + 4,00€ de frais de port) / n°5 « Les 7 vies de Fernando Pessoa » / n°6 « Léo Ferré, la solitude du scaphandrier » (16,00€ + 4,00€ de frais de port) , n°7 « Marguerite Duras, il est interdit d'interdire » (17€ + 4,00€ de frais de port), hors-série « Georges Brassens, la Légende du siècle » (20,00€ + 4,00€ de frais de port), n°9 « Claude Nougaro, les mots pour seule patrie » (20,00€ + 4,00€ de frais de port)

SOMMAIRE

Jean Giono, le voyageur sans divertissement
un dossier dirigé par Jacques Ibanès

Un Roi de conte de fée par Sylvie Durbet-Giono	7
Six propositions pour célébrer Jean Giono par René Depestre	13
Giono, la littérature monde par Jacques Ibanès	17
Mort d'un personnage par Jean Carrière (et Serge Velay)	23
Les lieux géographiques dans l'œuvre de Jean Giono par Jean-Louis Carribou	35
Lure, montagne des origines du monde Giono par Jacques Le Gall	43
Sous la varlope du vent par Francis Helgorsky	53
Comment Giono a changé ma vie par Michel Testut	57
« Dis maîtresse, il a existé Elzéard Bouffier ? » par Alexandra Ibanès	65
Arbres et Livres par Georges Cathalo	69
Jean Giono, c'est la magie ! par André Tillieu	70
Le rêve et la sève par Christian Lenoir	75
Giono en sa « librairie » par Jacques Mény	79
Giono par Bernard Clavel	118
Giono du Contadour, du Trièves, de l'île Tristan da Cunha et autres territoires imaginaires par Gérard Allibert	120
« J'ai pris le parti de me taire » par Pierre Magnan	143
Lettre posthume à Jean Giono par Daniel Malbranque	146
Fiorio-Giono par André Lombard	149
De la « permanente importance» de Bruegel dans l'œuvre de Giono par Michèle Ducheny	154
Jean Giono et Bernard Buffet par Marie-Laure Ruiz-Maugis	172
Un apprentissage du bonheur par Christian Pastre	179
Faust au village par José Correa	182

Lecture poétique de Que ma joie demeure par Franck Trémoulinas	183
Colline insurmontable La Corporalité chez Giono et Gide par Jill-Elyse Grossvogel	187
Jean Giono : la chair de la terre par Annie Christau	201
Giono et l'Académie Goncourt par Serge Montigny	205
Lire Giono aujourd'hui par Christian Cottet-Emard	225
Jean Giono et l'Antiquité grecque et latine par Jean-Loup Martin	230
Giono, faire bouillonner la vie comme un torrent par Olympia Alberti	248
Témoignage de Jean Joubert	256
Mes jalons Giono par Jacques Ibanès	257
« Jusque dans les lointains extrêmement bleus » par Agnès Castiglione	267
Pour saluer Giono, un entretien avec Pierre Bergé par Olympia Alberti	279
Témoignage de Luis Nucera	291
« Un Roi » vient quand il veut, entretien avec Jacques Terpant par Patrick Bellier	292
Giono le nomade par Pierrette Dupoyet	299
Robert Sabatier et Jean Giono par Bernard Lonjon	320
Contadour et Pacifisme une bien curieuse aventure par Jack Meurant	324
Giono par François Nourissier	334
En panne sur le chemin du paradis par Jean Arrouye	336
Antonio, le héros du Chant du monde par Jean-Jacques Brouard	344
Giono écrivain populaire ? par Catherine Hilaire	352
Mort d'un personnage : quatre options pour un réel par Laurent Fourcaut	360
Les œuvres de Jean Giono adaptées au cinéma et à la télévision par Bernard Lonjon	374
Jean Giono, cinéaste de la Nouvelle vague ? par Laurie Leiner	389

Un Roi de conte de fées
par Sylvie Durbet Giono

Jean Giono et ses filles Sylvie et Aline en 1935 (photo collection les Amis de Jean Giono)

La vraie vie de mon père tient peut être toute entière dans ce qu'il écrivait dans *Noé* : « Rien n'est vrai, même pas moi, ni les miens, ni mes amis, tout est faux. »
Il ne faut pas chercher la réalité de sa vie. Dés que l'on essaie, il vous glisse entre les doigts comme du mercure. Ai-je vraiment connu mon père ? Je ne le pense pas, personne ne le peut. Il a montré à chacun une facette de sa complexe personnalité. J'ai souvent pensé que mon père ressemblait à ces yeux d'oiseaux qui ont mille facettes. C'est ce qui fait son charme et son mystère. Quel personnage !
Quand je me retourne sur mon passé, (vu mon âge avancé, c'est la plus longue partie de ma vie) mon enfance, ma jeunesse au Paraïs, dans cette maison accrochée au flanc de la colline du Mont d'Or, je peux dire comme dans les contes de fées :

« Il était une fois » et mon conte de fées personnel se déroule, sans mélancolie aucune, mais avec beaucoup de plaisir devant mes yeux.
D'abord, parlons du Château, fort modeste, baroque il est vrai, fait de petites pièces mal agencées, séparées par des escaliers tortueux et raides qui amènent en deux étages à la plus grande pièce de la maison, le bureau où le

Roi mon père travaille, ou plutôt prend son plaisir à écrire des histoires, loin de l'image un peu figée de l'écrivain à sa table de travail, d'un ascète de l'écriture, penché sur sa feuille de papier qu'il ne faut interrompre sous aucun prétexte pour ne pas perturber sa précieuse pensée. C'est au contraire un père toujours souriant qui vous accueille, affectueux, chaleureux et tendre. On n'a jamais l'impression de le déranger, s'arrêtant simplement d'écrire dés qu'on franchit sa porte. Il n'y a aucun interdit. Il est toujours présent, disponible pour ses deux filles. Bien sûr les autres membres de la famille ont droit au même accueil (les bises en moins) surtout ma mère, la Reine du palais.

Le domaine de la Reine est plus vaste, elle gère toute la maison, s'occupe de tout pour que son royal mari n'ait aucun souci qui puisse perturber sa création.

Jean, Élise et les deux filles en 1936 (photo collection les Amis de Jean Giono)

Elle règne sur la cuisine où elle confectionne de bons petits plats familiaux pour son gourmand de mari. Car il est gourmand de toutes ces recettes provençales parfumées d'huile d'olive de nos vergers et d'herbes des collines. On le voit souvent descendre dare-dare de son bureau pour prendre place à la table familiale.

La salle à manger a deux fonctions. Une fois le repas de midi terminé, la table débarrassée, la pièce devient le bureau de la secrétaire. La Reine y installe sa *Remington Junior*, machine à écrire, que mon royal père lui a offert pour qu'elle puisse taper ses manuscrits, lui n'écrit qu'avec un petit porte plume en bois surmonté d'une plume « Nostradamus ».

Vivent avec nous dans le Palais, deux Reines douairières, mes deux grands-mères : Pauline et Antonia et un grand Chambellan, ou Vizir, ou Fou du Roi : Lucien Jacques, familièrement appelé *Kakoun* : ami de la famille, peintre, poète, troubadour, et amuseur de la Cour. Arrivé très tôt, dés les années vingt, au palais pour y rencontrer le Roi dont il avait lu quelques écrits dans la revue marseillaise : « La Criée » Il ne s'est jamais tenu très loin du Paraïs, devenant pour Aline et moi un père d'adoption.

Jean Giono et sa fille Sylvie en 1938 (photo collection les Amis de Jean Giono)

Quand le grand Vizir arrive de quelque voyage lointain, le Roi, qui lui, est un voyageur immobile rayonne de joie .Fini pour un temps l'écriture. Le Château retentit d'histoires, de jeux, de rires ; mon père et Kakoun redeviennent gamins pour le grand plaisir de la Cour.
Les moments privilégiés sont au cours des repas qui réunissent autour de la table la famille éparpillée par les travaux de chacun.
Un repas peut être une corvée si l'on n'a rien à se dire. On expédie la nourriture pour vite faire autre chose de plus intéressant. Rien de cela autour de la table où règne le Roi, flanqué de la Reine et du Grand Chambellan. Car le Roi raconte des histoires. En plus d'être écrivain il est un bon conteur. Ces moments là sont magiques. Il lui suffit de peu de chose, un mot dit, une interrogation, un article lu dans le journal et hop ! le voilà parti dans une création spontanée, souvent pleine de mystère et de rebondissements. Il

aime surprendre, intriguer, effrayer (ça il le réserve pour ses filles). Il guette sur les visages les réactions de chacun d'un œil amusé.
Ces histoires ne seront jamais écrites, réservées uniquement à la famille et à ceux qui partagent épisodiquement nos repas.
Paroles écrites sur du sable et emportées par la marée. Elles ne servent qu'à embellir l'instant présent et il y réussissent pleinement.

Dans tout royaume enchanté il y a, soit une méchante sorcière, soit un dragon. Notre Dragon s'appelait Fine (diminutif de Séraphine). Personnage haut en couleurs, arrivée au Palais dans les années quarante pour aider la Reine à tenir la maison. Très active, elle s'occupait de tout, de la cuisine où elle nous confectionnait parfois des plats de son pays, le Piémont, au jardin, jusqu'au bureau du Roi qu'elle vénérait. Elle faisait pousser de magnifiques fleurs qu'elle réservait uniquement pour le bureau du Roi. Gare à qui osait cueillir ses fleurs sans son autorisation. Même la Reine ne s'y risquait pas.
Jouxtant le Palais, nulle forêt maléfique, mais un grand jardin abandonné. Sur la terrasse, un petit pavillon rose flanqué de deux majestueux marronniers plus que centenaires, une fontaine avec des angelots dominait un bassin asséché. En contrebas, ronces, pierres et vieux rosiers se disputaient l'espace. Un vrai lieu magique, cadre parfait pour deux fillettes à l'imagination fertile, en ajoutant en guise d'épice : « interdiction formelle du Roi de franchir le grillage et d'aller s'amuser dans ce capharnaüm végétal. »

Pour qui vit dans la réalité, cette façon de vivre peut intriguer. L'élément qui change tout, qui transforme tout, c'est le Roi ! Il ne fait pas que régner sur cet univers il en est le magicien. Tout ce qu'il voit, sent, touche, est transformé, magnifié, il devient Merlin l'Enchanteur.
La réalité entre peu à l'intérieur de notre espace. Nous la laissons soigneusement hors de nos murs. Nous vivons sous une cloche hors du temps et personne n'a envie d'en sortir.

Nous étions accoutumées, Aline et moi, à cette vie loin de la vie réelle, nourries de contes de fées, très tôt nous sommes passées, grâce à notre père qui surveillait nos lectures, aux contes de Perrault, de Grimm, de la Comtesse d'Aulnoy aux contes plus graves comme *la Quête du Graal*, *Tristan et Yseult* et au Roland furieux de *l'Arioste*. Je me revois, très jeune, allongée à plat ventre sur le tapis du bureau de mon père feuilletant *L'Enfer de Dante* illustré par Gustave Doré. Le Roi délaissait son travail pour m'expliquer l'enfer à travers ces gravures, inventant un enfer qui n'était pas celui de Dante mais le sien. Multipliant les atrocités et les supplices jusqu'à ce que, prise de peur, j'abandonne le bureau pour me réfugier dans le monde calme de la Cour des dames.

Jean Giono à sa table de travail (photo collection les Amis de Jean Giono)

Tout était à notre portée dans l'immense bibliothèque qui mangeait les murs, envahissant les pièces du Château comme le lierre les façades. Notre professeur d'espérance était là pour nous expliquer le monde.
Le chemin était balisé pour passer des contes moyenâgeux aux romans du Roi. Cela se fit facilement.
Chaque soir, après le repas, plus d'histoires à raconter. Le Roi conteur s'effaçait devant l'écrivain, il devenait lecteur de ses écrits du jour. Trois à quatre pages manuscrites d'une écriture serrée. Nous avions ses romans en feuilleton. Nous attendions chaque soir la suite de l'histoire. Le Roi appréciait d'entendre ses mots dits à haute voix, le balancement de la phrase, le choix des expressions, expliquant les répétitions voulues...c'était pour lui son gueuloir et pour nous un spectacle qui nous laissait toujours en haleine attendant la suite des événements. Nous n'étions pas là pour critiquer, juste pour écouter. Il surveillait pour voir notre réaction, notre intérêt, notre plaisir, notre étonnement. Nous étions son premier public.
Tous les romans de mon père, ou presque, je les ai écoutés longtemps avant de les lire imprimés.
Quand je pense à mon père il me revient une phrase d'Alphonse Allais qui le caractérise pleinement : « Ces hommes qui, sachant se rendre heureux avec

une simple illusion, sont infiniment plus malins que ceux qui se désespèrent avec la réalité. »

Voilà un aperçu de cette merveilleuse vie au Paraïs. Elle m'a donnée pour la vie le goût du bonheur.
Et comme tout conte de fée qui se termine : « ils furent heureux .... mais ils n'eurent que deux enfants ! »

Sylvie Durbet Giono

Sylvie Durbet-Giono

Sylvie Durbet–Giono vit à Manosque, où elle se consacre au rayonnement et à la protection de l'œuvre de son père Jean Giono. En 2008, elle a publié aux Éditions Gallimard dans la collection Haute-Enfance un livre de correspondance familiale de Jean Giono : *J'ai ce que j'ai donné*. Elle est également l'auteur en 2014 de *La Provence gourmande de Jean Giono, le goût du bonheur*. Présidente du Centre Jean Giono de Manosque, elle est vice-présidente des Amis de Jean Giono et membre du jury du Prix Jean Giono.

Six propositions pour célébrer Jean Giono
par René Depestre

René Depestre (photo D.R.)

- 1 -

Quelle chance pour un écrivain de ne pas connaître de purgatoire dans les années qui suivent sa mort. C'est l'aventure qui est arrivée à Jean Giono. Il est déjà aussi *classique* que Flaubert ou Dickens, James Joyce ou William Faulkner. À son sujet, il serait légitime de parler du *réel merveilleux méditerranéen* comme les œuvres majeures des écrivains de l'Amérique Latine évoquent l'esthétique du *réel merveilleux américain*. Voilà, dira-t-on, deux états de la sensibilité du roman très différents, exprimés dans des contextes historiques peu comparables. À y regarder de plus près, on trouverait de nombreux traits de parenté entre l'esthétique de Giono et celle des Amado, Asturias, Carpentier, Garcia Marquez, Rulfo, Fuentes, Guimaraës Rosa, Roumain.

- 2 -

C'est en homme de la Caraïbe que j'ai lu Giono. J'ai retrouvé dans ses milliers de pages ce que les écrivains latino-américains offrent d'habitude, comme une fête, à leurs lecteurs : l'explosion de nouveaux mythes, l'exubérance verbale, la densité lyrique, les odeurs saines de la terre au matin, la rotondité du ciel criblé d'étoiles ou de la femme tout en courbes joyeuses, la force des fleuves et du vent, tout en soulevant, au bord de la mer, les questions les plus obsédantes du siècle.

- 3 -

Homme de la Haute Provence qui a servi de gîte à ses livres, Giono a su dépasser les données régionales, le registre d'une colline natale, pour élever son art narratif à la plus haute universalité. Il y a tant d'hommes à admirer chez le même écrivain : le conteur né, le constructeur inlassable de ponts entre le cosmos et la condition humaine, le révélateur des mystère dionysiaques du monde, le chroniqueur étourdissant des travaux de la maturité, l'enchanteur frémissant d'humour, de tristesse et de furieuse adhésion à la beauté du monde.

- 4 -

L'homme du merveilleux quotidien et l'homme du merveilleux historique ont chez Jean Giono le même souffle puissant qui abolit les frontières entre le sujet et l'objet, le réel et l'imaginaire, le calcul mathématique et le rêve, l'histoire et la légende, le voyage et le chemin, le départ et le retour, l'aventure individuelle et l'épos collectif. Aucun écrivain du vingtième siècle n'aura été plus loin que lui dans l'art du renouvellement radical de ses moyens d'expression et de ses thèmes, tout en restant profondément soi-même, le poète de sa vie, le dompteur de sa mort. De *Colline* ou *Un de Baumugnes*, au *Hussard sur le toit* ou au *roi sans divertissement*, il y a tout un circuit de métamorphoses qui disent la même richesse cosmique de la vie en société, la même violence amère, épique et tendre, des relations humaines.

- 5 -

L'air frais de Jean Giono circule bien autour des torpeurs de cette fin de siècle. Sur les collines de la Provence, les lampes que ses mains confiantes ont allumées, se nomment : charme, fascination, appétit de vie, difficulté d'être, fantastique navigation dans les eaux agitées des passions, pouvoir incomparable de l'imaginaire, goût du bonheur à perte de vue, dans l'écriture comme aux horizons de l'univers humain qui est décrit dans les nombreux chefs-d'œuvre du visionnaire de Manosque.

Texte manuscrit extrait du témoignage spécialement écrit pour l'exposition Les Chants du monde de Giono *(catalogue réalisé par Jacques Ibanès en 1987).*

René Depestre est né à Haïti en 1926. Il est poète, romancier et essayiste. À l'âge de 19 ans, il fait paraître son premier recueil de poésie, *Étincelles*, en 1945 et poursuit des études de lettres et de sciences politiques à la Sorbonne. Il participe activement aux mouvements de décolonisation, ce qui lui vaut d'être expulsé de France en 1950. Commence alors un long exil à travers le monde : Prague, Cuba, Chili, Argentine et Brésil. Il publie *Le Mât de Cocagne*, son premier roman, en 1979. Son livre suivant, *Alléluia pour une femme-jardin*, reçoit le Prix Goncourt de la Nouvelle en 1982. En 1988, son roman *Hadriana dans tous mes rêves* est récompensé par plusieurs prix littéraires dont le prix Renaudot et le prix de la Société des Gens de Lettres.

Jean Giono dessiné par Jean-Yves Bertin

Giono, la littérature monde
par Jacques Ibanès

Jean Giono marchant dans le lit de la Durance (photo collection les Amis de Jean Giono)

Ils ont dit chantre

Longtemps, Giono est passé pour un auteur méridional, thuriféraire des paysans et des bergers. Estampillé jadis dans le petit Larousse comme *chantre* de la Haute Provence, une étiquette qui lui a collé longtemps à la peau. Ses protestations systématiques ne servirent à rien et c'est derrière cet écran de fumée, qu'il a édifié son œuvre de poète (la poésie est contenue dans chacune de ses phrases), de romancier, d'auteur dramatique, d'historien, de chroniqueur et de réalisateur dont on sait aujourd'hui, cinquante ans après sa disparition, qu'elle est une de celles qui demeure, laissant loin derrière elle nombre d'écrits de ses contemporains, censés être incontestables à leur époque, et aujourd'hui tombés dans l'oubli.

L'œuvre de Giono s'est imposée peu à peu dans le champ littéraire comme une œuvre majeure, puissante, multiforme, cohérente, pensée en grande partie dès ses débuts et menée à son terme de façon implacable, « à la hussarde » pourrait-on dire. Car dès ses première œuvres se trouvent en germe comme le chêne dans le gland, la plupart des fantasmagories qui l'occuperont tout au long de sa vie...

Créer un territoire

Giono affirmait à juste titre qu'il avait créé « un Sud imaginaire, une sorte de terre australe » aussi inventée que le Yoknapatawpha de Faulkner. Mais si le territoire du sudiste américain pouvait, selon ses propres dires, être contenu dans un timbre-poste, la Provence de Giono fut quant à elle une contrée en perpétuelle expansion. Le théâtre de ses romans dont on a mis bien longtemps à s'apercevoir qu'ils étaient d'une incroyable violence et cruauté et non d'aimables pastorales, déborda très vite des limites du haut pays de la montagne de Lure (*La Trilogie de Pan*) pour atteindre les Alpes (*Batailles dans la montagne, Un roi sans divertissement*), voire la Suisse (*Le Déserteur*), avec des incursions dans l'Italie, patrie de sa lignée paternelle (*Le Bonheur fou, Voyage en Italie*) et plus rarement le long du littoral méditerranéen (*Noé*). Cette Haute-Provence où Giono passa toute son existence et dont il connaissait le moindre canton est mieux qu'un beau décor, c'est un personnage omniprésent dont les paysages toujours en travail sont étroitement « accoités », selon son néologisme, aux drames humains. Ceci dit, les noms de lieux qui coïncident si bien avec ceux de la géographie officielle, n'ont pas grand-chose à voir avec la réalité prosaïque. « Tout est inventé » ne cessait de dire Giono, mais personne ne voulait le croire. Alors, il donnait des indications précises, dessinait des cartes. Et si des visiteurs naïfs lui demandaient le plan de quelque circuit pour visiter « les vrais lieux des livres », il s'amusait à les envoyer se perdre au diable vauvert dans des itinéraires de fantaisie qu'il leur fournissait avec force détails.

Se renouveler

Dans son discours de remise du prix Nobel en 1954, Hemingway dit des choses pertinentes sur l'art du romancier : « Chacun de ses livres devrait être un nouveau commencement, un départ une fois de plus vers quelque chose qui est hors d'atteinte. Il devrait toujours essayer de faire quelque chose qui n'a jamais encore été fait. ». C'est exactement le dessein que Giono a poursuivi et mené à bien. Après le succès de ses premiers romans minimalistes (*Colline, Un de Baumugnes, Regain*) il se lança dans des œuvres d'une autre amplitude (*Le Chant du monde, Que ma joie demeure, Batailles dans la montagne*). Puis, vint une période intense d'engagement avec des essais dans lesquels il clama son pacifisme et, de façon prémonitoire son sens du respect de la nature (*Les Vraies Richesses, Le Poids du ciel*). Après la seconde guerre mondiale et à la suite d'une période difficile où il fut victime de coups bas de certains confrères, il s'achemina vers de nouvelles contrées romanesques qui ne laissèrent pas de prendre de court critiques et lecteurs. Sans complaisance pour lui même, il fit subir à son verbe si généreux en images, d'impitoyables coupes. Ainsi, dans *Deux cavaliers de l'orage*, il n'hésite pas à réduire dix-huit pages de description du vent en cinq phrases. *Pour saluer Melville* et *Un roi sans divertissement* ouvrirent la voie à des chroniques flamboyantes (*Le Moulin de Pologne, Les Âmes fortes, Les Grands Chemins*) en diversifiant ses procédés narratifs et en expérimentant (dans *Noé*) des pratiques dont le Nouveau Roman se crut bien plus tard l'inventeur. Parallèlement, il entreprit un cycle historique dont *Le Hussard sur le toit* est un des sommets dans un ensemble romanesque d'une diversité sans équivalent dans notre littérature.

Giono fut aussi un traducteur (*Moby Dick, L'Expédition d'Humphry Clinker*) et un auteur dramatique dont des pièces telles que *Lanceurs de graines* et *Le Bout de la route* connurent à leur époque un succès important. Son activité cinématographique est également une part remarquable de son œuvre : *L'Eau vive, Un roi sans divertissement* et *Crésus* furent des films au succès mitigé, mais salués par les « jeunes turcs » de la Nouvelle Vague et qui ont désormais leur place dans l'histoire du cinéma.

Être singulier

Giono a été à contre-courant de son époque. Aux proclamations des lendemains qui chantent et à la fuite en avant d'un progrès dont il sut apprécier très tôt les dérives, il opposa toujours farouchement les vertus de la vie simple et de l'ici et maintenant. Les chroniques journalistiques qu'il donna à des quotidiens régionaux à partir des années 50 ont fait l'objet de quatre recueils devant lesquels on aurait tort de faire la fine bouche (*Les Terrasses de l'île d'Elbe, Les Trois Arbres de Palzem, La Chasse au bonheur* et *Les Héraclides*). Il y mêle faits d'actualité et souvenirs avec son goût de la mesure, ses points de vue paradoxaux, son sens de l'humour et ses éclats de polémiste souriant qui en font un régal de lecture. Souvent qualifié de passéiste, il persiste, justifie et signe des miniatures savoureuses où il se met tout entier. Ses constantes références depuis ses débuts à ce dont désormais tout un chacun se gargarise, à savoir l'écologie, le placent parmi les clairvoyants et les visionnaires, qu'il évoque les vertus du silence, l'absurdité de la vitesse, l'enfer des grands ensembles ou le vide ... sidéral des voyages interplanétaires.

Tout comme Balzac dont *La Comédie humaine* dresse le portrait d'une société qui n'existait déjà plus de son vivant, ou Proust peignant une époque qui était devenue obsolète lors de la parution d'*À la Recherche du temps perdu*, le monde des paysans et des villages de Giono était en voie de disparition depuis belle lurette quand son premier roman, *Colline,* parut en 1929. La modernité de ces trois auteurs se place ainsi dans un contexte autre que celui de l'histoire immédiate. Et curieusement, les romans intemporels de Giono qui pouvaient paraître anachroniques lors de leur parution, demeurent et font la nique aux fresques de ses contemporains censées refléter l'époque. Les cycles romanesques des Georges Duhamel (*Chronique des Pasquier*), Jules Romains (*Les Hommes de bonne volonté*), Aragon (*Les Communistes*) ou Sartre (*Les Chemins de la liberté*) apparaissent aujourd'hui en effet comme bien datés.

Giono masqué (photo collection les Amis de Jean Giono)

Faire flèche de tout bois

Ses prodigieux dons de conteur (voir *Entretiens avec Jean Amrouche, Entretiens avec Jean Carrière, Propos et récits*) lui permettent d'aborder tous sujets avec une maestria dont sa pratique d'homme de bibliothèque (et la sienne était une extraordinaire caverne d'Ali Baba) trouve des débouchés inattendus et inépuisables. Car dès la fin des années quarante, il jongle littéralement avec les livres, les époques et les lieux. Ses textes sont devenus des objets quantiques.

Par exemple dans *Provence perdue*, quand il évoque une bergerie, il nous entraîne d'Eschyle jusqu'à Victor Hugo en passant par Gengis Khan et nous balade en quelques lignes de Samarcande à Nijni-Novgorod et du désert de Gobi à Venise.

Dans son tout dernier texte, *De certains parfums*, il assigne Nimrod, les Kamikazes du Pacifique, évoque la période des Han, nous entraîne dans les oasis du Tarim et tout aussitôt après le long de fleuves « qui changent de place », évoque les philosophes du Khorossan, conte la vie de Cristobal de Oli, nous fait voyager, jusqu'à la lointaine île de Santa Inès par le truchement des *Instructions Nautiques* dans la collection desquelles il aimait s'égarer !

Ses voyages, il les accomplissait au sein de son immense bibliothèque. Grand lecteur des Grecs anciens (son premier roman abouti a pour titre *Naissance de l'Odyssée*) et aussi de la littérature d'extrême orient, il a exploré en profondeur non seulement la grande littérature mondiale de toutes les époques, mais s'est également nourri de ses à-côtés (chroniques judiciaires, faits divers, roman policier...)

Tout lui est prétexte à réenchanter le monde et à surprendre son lecteur. À toute vitesse, en deux pages, il peut brosser l'histoire de plusieurs générations (*Hortense*) ou au contraire s'étendre en un long chapitre sur les vertus de l'ombre. Si on lui commande une préface à *Tristan et Iseult*, roman médiéval, il présente dans une description baroque étourdissante une raffinerie de pétrole, « le château-fée par excellence ». Quant à la simple pierre, il sait la rendre « plus effrayante qu'une famille de tigres. »

Il se plaît aussi, pour son plaisir et celui de quelques lecteurs dans la confidence, à semer des indices d'ordre intime au nez et à la barbe du plus grand nombre, telles ses évocations des jardins d'Armide, lieux de rendez-vous secrets qu'il cite mine de rien, au détour d'une phrase, dans *Virgile* ou *Noé*. Armide qui en un dernier signe de connivence se métamorphose malicieusement en un prénom de femme dans *L'Iris de Suse*.

Enfin, son mensonge créateur est tellement subtil qu'il parvient à faire prendre aux mieux avisés des vessies pour des lanternes. Ainsi dans *Le Serpent d'étoiles* il invente des instruments de musique si convaincants, que Darius Milhaud lui même demanda à les entendre...

Atteindre le vide parfait

Marier le noir au blanc pour atteindre le vide parfait, semble avoir habité Giono. Dans la nouvelle *Faust au village*, les phares du camionneur découvrent la neige dans la nuit noire. Dans son dernier roman *L'Iris de Suse*, Giono tire sa révérence dans une ultime variation en noir et blanc : à la mi-roman alors que la neige tombe dru en pleine nuit, une forme noire apparaît, c'est une femme qu'on nomme l'Absente, « forme immobile derrière le grillage noir des flocons ». À la fin du roman, il retrouve « cette forme immobile, telle qu'elle était l'hiver passé, debout à travers le grillage noir de la neige ». Et quand il s'agira de capitonner un cercueil pour y loger les restes d'une baronne transformés en un bloc de charbon après un accident d'automobile, il le sera de satin blanc : « La blancheur ne s'improvise pas, elle commande. » Et elle finit par tout effacer comme dans *Les Grands Chemins* où « Il y a une telle épaisseur de neige sur tout que tout a disparu. » De même dans les montagnes du Valais sur les pas du *Déserteur* ou dans les étendues glacées autour de Chichiliane dans *Un roi sans divertissement* au moment où « tout est couvert, tout est effacé, il n'y a plus de monde, plus de bruits, plus rien. »

Sur la page blanche, l'écrivain trace inlassablement à l'encre de Chine des signes cabalistiques aussi mystérieux que des traces de pattes d'oiseau ou des hiéroglyphes. Et jusqu'à son dernier souffle, Giono dont le dernier roman porta un temps le titre d'*Invention du zéro*, n'aura de cesse de peupler sa page en arpentant des étendues de neige où « le pays est blanc comme un os » et qui finissent par tout recouvrir pour figurer non pas le rien mais le vide qui contient, au sens taoïste (et quantique) du mot, le potentiel de toute création à venir. Ce qui est un bonne façon de faire un pied de nez au néant.

Jacques Ibanès

D'une randonnée à pied de sa maison du Languedoc jusqu'au Paraïs, avec « Noé » en poche, **Jacques Ibanès** a tiré la matière du « Voyage à Manosque » (Pimientos, 2015). Direction du catalogue « Les chants du monde de Giono » (Luc, 1987) et publication de diverses communications, dont « ABCbêtes » (Revue Giono n° 2, 2008), qui a fait l'objet d'une exposition (Manosque, 2018).

Mort d'un personnage
par Jean Carrière

Jean Giono et Jean Carrière (photo D.R.)

Note de présentation de Serge Velay

Né à Nîmes en 1928 dans une famille de musiciens, Jean Carrière a quatorze ans lorsqu'il découvre *Que ma joie demeure*, c'est « une illumination ». Sa rencontre avec Giono, en 1954, sera « un commencement ». Sous la gaucherie propre aux candides et aux inconsolés, Giono reconnaît chez l'écrivain balbutiant qui peine à éclore, une foi puissante dans la vie et cet « orgueil vorace » qui fait les rebelles et les révoltés. L'ermite de Manosque se prendra d'affection pour ce fils tombé du ciel et si mal assuré, auquel il prodiguera, sept ans durant, conseils et encouragements. Il initiera son disciple au « mystère d'être » et il lui enseignera comment mieux rêver et inventer le monde. Les premiers fruits de cet apprentissage, c'est à Lucien Jacques qu'ils seront confiés, qui publiera notamment *Lettre à un père sur une vocation incertaine*, dans les « Cahiers de l'Artisan ». Carrière avait trouvé en Giono un père de substitution, un Maître de vie et un ami.

En 1967, Jean Carrière fera paraître *Retour à Uzès* aux éditions de la Jeune Parque, dirigées par Jean-Jacques et Christiane Pauvert. (Sur le bandeau de ce premier roman, trois mots de Jean Giono : « Un pari risqué. ») Et en 1972, aux éditions Pauvert, *L'Épervier de Maheux*, un roman métaphysique affranchi des canons de la littérature régionaliste, couronné la même année par les jurés Goncourt. La rançon exorbitante payée en contrepartie d'un succès de librairie sans précédant et d'une gloire éphémère, il la confessera dans *Le Prix d'un Goncourt* (1987).

Jean Carrière est l'auteur d'une douzaine de romans, parmi lesquels : *La Caverne des pestiférés, Les Années sauvages, L'Indifférence des étoiles, Achigan, L'Empire des songes, Un Jardin pour l'éternel, Passions futiles* (aux éditions Robert Laffont). A sa mort en mai 2005, Julien Gracq déclarera : « La vraie littérature ne trouve plus guère de combattant aussi fougueux et aussi complètement engagé en elle. »

« Mort d'un personnage » a été écrit en octobre 1970, au lendemain de l'annonce du décès de Jean Giono. C'est un portrait amoureux de l'auteur du *Hussard* en Réconciliateur et un plaidoyer pour la littérature et pour le monde. Carrière notera plus tard dans son Journal : « J'étais sous le coup d'une émotion qui me laissait désarmé, et peut-être désavouerais-je en partie ce texte en ce qu'il a de maladroit et contradictoire avec ce que j'ai écrit ultérieurement. J'ai choisi cependant de n'y rien changer, pour des raisons purement sentimentales. » Preuve que l'amitié est une force qui enjambe l'absence, et la littérature, une ronde qui ne s'arrête jamais.

Serge Velay

***

C'est vers onze heures du matin, le vendredi 9 octobre 1970, que j'ai reçu le télégramme de l'O.R.T.F. m'annonçant sa mort.

Je suis revenu dans mon bureau et je me suis assis devant la fenêtre, brusquement désœuvré, le cœur vide, sans penser à rien, si ce n'est, au bout d'un moment – et à l'encontre apparemment de ce que je vais en dire plus loin – que l'univers, le monde, venait de perdre un des meilleurs intercesseurs qu'il ait jamais eus : ils ne sont pas légion ces temps-ci.

Et puis je me suis souvenu de la mort de Lucien Jacques – qui avait publié un de mes premiers écrits dans ses *Cahiers de l'artisan*[1] – de son enterrement à Montjustin, d'Albert Vidalie, qui m'accompagnait, et de lui, Giono, marchant devant nous la tête un peu penchée de côté, avec quelque chose de hâtif et de vulnérable pour traverser cette foule, comme tous les Grands Insaisissables arrachés à leur clandestinité. J'avais l'impression que rien de tout cela ne le concernait – ni même l'admirable paysage qui nous entourait, comme si, quittant son œuvre pour entrer dans la contingence, il n'y était guère à sa place.

---

[1] C'est dans cette revue qu'en 1956 Lucien Jacques fera paraître le premier texte du jeune Carrière, devenu entre-temps Manosquin d'adoption : *Lettre à un père sur une vocation incertaine*.

L'enterrement de Lucien Jacques le 13 avril 1961 (Photo Marcel Coen)

Un peu plus tard, on m'a téléphoné pour m'indiquer le jour et l'heure des obsèques : lui, enterré ! Tout à coup présente dans mon bureau, l'Ennemie, « grosse de déplaisir... ». Il devait y avoir en moi une mémoire butée, opiniâtre, réfractaire, qui ne parvenait pas à accepter que cet homme incarnant le contraire de la mort pût mourir, être enseveli, disparaître : quel miracle continuait à désirer pour son « maître à vivre » le jeune adolescent de quatorze ans qui, vingt-cinq ans auparavant, ouvrait un livre inconnu et lisait avec stupéfaction : « C'était une nuit extraordinaire... ». Ce même adolescent qui aujourd'hui se débattait en moi à l'odeur de la mort et pensait au cimetière de Manosque, à cette carie de marbres soufflés et grotesques qu'il détestait et où l'on allait emporter, lui, l'Insaisissable, piégé par la mort pendant son sommeil, entre deux navigations hauturières...

Il faudrait aussi supporter toutes ces complications subalternes que la mort traîne après elle, et auxquelles le malheur fournit quelque chose de scabreux et d'insolent : condoléances, pertinences, regrets éternels, âneries. Mais il y avait tout de même Élise Giono, Aline, Sylvie que j'avais envie de voir toutes trois – et à qui, me dérobant aux obsèques officielles par une sorte de *jalousie du disparu*, je n'ai finalement rendu visite que le surlendemain. J'avais emmené mon père avec moi ; cela me paraissait indispensable : c'est grâce à lui que Giono avait prolongé le rôle que lui, mon père, jouait dans ma vie. Il lui avait délégué les pouvoirs qu'il estimait être plus de sa compétence.

Assis tous quatre dans la bibliothèque, nous avons fait comme si de rien n'était ; du temps qu'Élise Giono était allée nous préparer du café, Aline nous a parlé de la prochaine publication des romans de son père dans la Pléiade ; le jeune employé de banque à « vingt francs par mois » n'aurait connu qu'à l'état d'ébauche cette consécration quasi historique qu'il eût été un des rares auteurs à obtenir de son vivant.

> Quand nous avons tourné, Jean Carrière et moi, L'Itinéraire du Hussard, pour la Télévision, nous nous réunissions chez Jean Giono, à Manosque, qui avait étalé ses cartes d'état-major et revivait avec nous le voyage d'Angelo. Giono nous montrait les points stratégiques, les villages, les chemins, comme à ses généraux Napoléon le matin d'Austerlitz. Il avait bien envie de nous accompagner ; mais travail obligeait ; il ne se laissait distraire par rien, tout à son œuvre. C'est une leçon que je n'ai jamais apprise, ayant toujours préféré la pêche à la page à écrire. On ne se refait pas.
>
> F. J. Temple

Témoignage de Frédéric-Jacques Temple recueilli par Jacques Ibanès en 1987.

Tout en l'écoutant, je me demandais quelle serait mon attitude le jour où mon père mourrait. En quittant cette maison du Mont-d'Or où je suis pratiquement venu tous les jours pendant plusieurs années, j'ai senti de nouveau la présence en moi de cette résignation malheureuse, cette indifférence désespérée qui restent plus opiniâtres que toutes les sagesses. La dernière fois que je l'avais vu, c'était à la fin du printemps, pour un projet de film qui devait faire suite à *L'itinéraire du Hussard* tourné pour la télévision avec mon ami Temple[2]. Nous nous étions embrassés et il m'avait administré le viatique habituel : « Dieu te garde ! ». Je n'ai jamais su très bien distinguer la véritable nature de ce talisman.

Tout a commencé par une phrase magique. La nuit, le vent et la forêt occupaient dans ma vie une place prépondérante. J'avais quatorze ans. C'est à dire que j'allais tout perdre : la nuit, la forêt, le monde, l'éternité. J'ouvris *Que ma joie demeure*. Ce titre ne constituait pas un ensemble de mots

---

[2] Né à Montpellier en 1921, poète, grand voyageur et homme de radio, Frédéric-Jacques Temple est le dédicataire de *L'Épervier de Maheux*. Il est décédé le 5 août 2020 à Aujargues.

intelligibles ; leur contenu appartenait à cette dimension auriculaire qui lui donnait une sonorité aussi merveilleuse et captivante que l'est au fond d'un coquillage le bruit de la mer inaccessible. Je l'avais entendu prononcer plusieurs fois à table par mon père. J'éprouvais chaque fois jusque dans les moelles cette ensorcelante sensation de vide et de tension qui est l'approche de la passion. Enfin je lus la première phrase : « C'était une nuit extraordinaire. Il y avait eu du vent, il avait cessé... ».

Qu'est-ce qu'une phrase magique ? Le moyen d'établir entre le monde et nous une relation impossible. C'est une clef sans serrure, un pont sans berges ni culées. L'exercice délibéré du rêve dans le rêve.

Grâce à ces mots magiques, je devinais ce que pourrait être désormais le rôle de certains livres : remplacer autrement les mondes disparus – ou désirés, cela revient au même puisqu'il s'agit dans les deux cas de mondes interdits ; je me suis toujours demandé si nous n'étions pas encore au monde, comme dit Rimbaud, ou si nous n'y étions plus. Je découvrais innocemment ce qu'on appelle aujourd'hui dans la rue « l'espace littéraire ». J'abrégerai la suite. Mais il faut tout de même préciser que j'appartiens à la génération de ceux qui ont connu la terreur littéraire à son apogée : lorsqu'il n'était d'écrivain qui ne méritât son coup de règle sur les doigts – même William Faulkner –, on voit ici de qui je veux parler.

Lorsqu'au milieu de ce règlement de compte général Giono publia tranquillement *Le Hussard*, j'avais vingt ans. Grâce à *Que ma joie demeure*, celui que je prenais alors pour un des meilleurs avocats que l'univers ait jamais eu m'avait permis de découvrir cinq ou six ans avant ce fameux « espace littéraire » au moment où la substance du monde me glissait entre les doigts. Cette écriture en mouvement me communiquait une sorte d'enthousiasme physiologique qui engrenait le goût de vivre à celui d'écrire et me jetait en avant par cet irrésistible arrachement qui nous libère des pesanteurs existentielles en nous donnant envie de connaître ce qu'il y a derrière l'horizon. Je me sentais animé de cette vibration ventilée que le départ des navires transmet à leur pont. Et cette puissante montée d'énergie positive s'accomplissait en plein milieu du choléra, parmi ces cadavres eux-mêmes instruments d'un appétit de jouissance sans bornes et sans principes ; jusque dans ce « riz au lait » qui faisait frémir les dames et laissait sur place incontestablement la précédente épidémie romanesque, la sensualité de Giono s'exerçait aux dépens et bien au-delà d'une symbolique métaphysique décente et aseptisée : il ne suffit pas d'inventer la peste, encore faut-il l'attraper.

Les phrases n'avaient plus à être magiques : c'était fait. Il leur suffisait d'être aventureuses, scandaleusement dépourvues d'idées fixes, dans une littérature culpabilisée à juste titre, mais qui crevait de frousse et d'ennui. La compétence moralisatrice des professeurs et des inquisiteurs n'est pas de grande utilité pour guérir l'existence malade. Comme le dit merveilleusement Julien Gracq : « Le monde fleurit par ceux qui cèdent à la tentation.. ». Au nez et à la barbe des flics de la littérature, un franc-tireur trouvait assez de musique en lui (au besoin italienne) « pour faire danser la vie ».

De passage à Manosque, mon père m'en rapporta le *Voyage en Italie* qu'il avait fait dédicacer par son auteur ; sous la signature, en post-scriptum, trois mots électriques : « Je vous attends ! ». Je lui écrivis sur le champ une lettre d'amour (à laquelle il répondit trois jours après en me fixant un rendez-vous) : il m'avait exorcisé, guéri, délivré. Ce langage égoïste était bien celui de l'amour. C'est vrai, je l'aimais à la folie, et depuis des années, cet homme de cinquante-neuf ans dans le bureau de qui j'entrai, un après-midi du noir été de 1954 (je ne sais pourquoi le souvenir de cet été conserve pour moi une belle couleur noire), en balbutiant d'étonnement : « Mon Dieu, Jean Giono.., » comme nous échappe, d'émotion et de surprise, lorsque nous les découvrons en chair et en os, le nom de ceux que précède et désincarne un peu leur légende. Il me pria de m'asseoir : pour des timides, c'était une bonne entrée en matière. Je le fis, mais du bord des fesses. Il suçotait une pipe délicate et me considérait d'un air amusé ; il avait les doigts fins des prestidigitateurs : « Ainsi, vous arrivez de Nîmes ? Par où êtes-vous passé ? ». Ce qui l'attendrissait, sans doute, c'était de retrouver devant lui cette candeur exaltée, cette timidité gauche qui lui étaient familières pour m'obtenir le préjugé favorable ; je revins le voir régulièrement tous les mois ; je lui écrivais entre temps et il me répondait chaque fois ; de courtes lettres très affectueuses et encourageantes. Le jour de l'an, il m'invita à partager à sa table les faisans que lui avait envoyés le président Coty (le siège de Colette venait de lui être attribué à l'Académie Goncourt) et qu'avait préparés Fine, la Piémontaise. L'été suivant, il me fit la surprise de débarquer un beau matin chez moi et de rester quelques jours « pour que je lui fasse visiter mes garrigues et Uzès ». Les relations qui s'étaient établies entre nous me semblaient parfaitement naturelles : elles étaient de même espèce que celles qui me liaient à mon père. C'est en compagnie d'Aline et de Sylvie que je fis mon premier voyage hors de France : en Italie naturellement ; je considérais que ces deux jeunes filles auraient tout aussi bien pu être mes sœurs. De là à croire que je devais être un peu natif de Manosque, il n'y avait qu'un pas. Je quittai bientôt le royaume pour l'empire, et m'installai près du Mont-d'Or pour cinq ans. Derrière l'amphithéâtre de collines que je voyais de ma fenêtre tous les matins, il y avait... Au fait, qu'est-ce qu'il y avait ?

Lorsque certains censeurs parlent de Giono, les propos qu'ils tiennent ont à mes yeux une portée exemplaire : ce n'est pas qu'ils dévoilent grand-chose sur Giono que les gionistes par leur crédulité ou les antigionistes par leur prévention ne nous aient appris de longue date ; en revanche, ils nous révèlent bien davantage la singulière conception, fort répandue cependant, que ces brillants polémistes paraissent se former d'une certaine littérature qui pourrait bien après tout situer – mieux par l'existence des œuvres qui la constituent que par les définitions qu'on en impose – la littérature tout court. Et si toute l'œuvre – ou presque de Giono se ramène à cette littérature, je ne vois vraiment pas pourquoi on s'escrime à nous prouver que Giono est un faussaire ou un menteur, quand c'est précisément son rôle d'en être un, et en tout cas celui qu'il a choisi. Quand on déclare que Giono a utilisé la pauvreté de son pays comme une matière exotique, je me demande de quel mauvais élève il est question ici, qui aurait triché à son examen (comme je pourrais me demander, à propos de cet exotisme soi-disant nécessaire, quelle étrange dépréciation guette les romans de Mauriac depuis que le péché et l'enfer ne sont plus de saison). Méconnaître à ce point le droit essentiel au pillage, à la contrefaçon – comme ignorer l'immoralité ou la mythomanie du romancier – indique qu'il s'agit bien ici de toute autre chose que de littérature, et que nous continuons à être plus ou moins victime de ce que Julien Gracq appelle « la vulgarité électorale ». Si par malheur on appliquait ce critère aux écrivains du XXe siècle, ce sont bien évidemment les plus grands qui se retrouveraient au banc des accusés, à commencer par Faulkner que ces inquisiteurs auraient tout loisir de prétendre traître et faussaire à son tour. Mais ce combat qui se veut essentiellement politique n'est pas intéressant : il prend trop souvent la tournure d'une vieille guerre de religion qui refuse de dire son nom et dont nous ne sommes pas près de sortir. Ces positions si tranchées ne laissent aucun doute là-dessus, pas plus que les termes dans lesquels elles sont formulées : ce sont des épreuves de force auxquelles nous sommes habitués depuis les fulminations existentialistes ; elles ne font jamais que dénoncer dans la littérature cette couleur mauve ou violette, je ne sais plus, bref : louche, qui fait sa raison d'être. On peut être d'accord – et c'est mon cas – avec ces analyses du point de vue politique ou économique, mais leur contester le droit abusif de « modeler une œuvre en forme de serrure pour y mettre une clef ».

Je n'insisterai pas davantage sur ces critiques qui se veulent progressistes quant à la cause qui les obnubile, et sont en fait réactionnaires quant à celle qui les embarrasse, ou qu'ils ignorent, faute de pouvoir en tirer parti. Car enfin, Giono « peintre épique d'une région sous-développée » me paraît une vision plutôt retardataire du phénomène romanesque tel nous avons le droit de le considérer aujourd'hui. C'est là un langage critique qui a résisté à toutes les révolutions littéraires possibles et imaginables. Il faut donc le considérer comme un malentendu quasi définitif entre la création littéraire et le sort qu'on lui réserve. Mais il vient toujours fort à propos servir de pointillé pour séparer ce qui appartient à l'œuvre, de ce qu'elle est attirée par son magnétisme propre – ou ce qui est pis : par celui de l'écrivain. Henri Miller l'a bien compris quand il écrivait voici plus de vingt ans : « Quant à la terre où [Giono] a planté ses racines et envers qui ne cesse jamais de se manifester son vrai patriotisme, il me semble que seul un sorcier pourrait trouver là matière à relier les causes aux effets. Comme notre Faulkner, Giono a créé son propre domaine terrestre, un domaine mythique bien plus proche de la réalité que les manuels d'histoire et de géographie. »

Ce que les gionistes, ou les antigionistes, mais c'est tout comme, n'ont pas compris – et on ne peut pas le leur reprocher, car leur attitude part d'un bon sentiment – c'est que du moindre brin d'herbe jusqu'à la constellation d'Orion, l'univers de Giono est un flagrant démenti de son modèle. Cet univers de Giono où les « étoiles éclatent comme de l'herbe » n'est même pas plus proche de la réalité que les autres définitions dont parle Miller. C'est une réalité abstraite, imprimée dans un livre, écrite par un homme pour son plaisir – et il faudrait accorder ici au mot plaisir la signification fondamentale que lui donne la psychanalyse.

C'est vrai, je l'ai dit, Giono est proche de Faulkner : ces grands solitaires, terriens d'une manière ou d'une autre, sudistes tous deux, c'est-à-dire un peu repliés sur eux-mêmes, ont écrit pour se distraire ; leur petite ville natale ou même les plus puissants paysages ne pouvaient guère les y aider, s'ils n'y avaient ajouté cette goutte de démesure avec laquelle l'artiste viole carrément la vérité du monde pour en faire la sienne. Leurs livres sont le résultat – un peu effrayant il est vrai en ce qu'il ressemble à la vérité générale – d'un divertissement pour âme bien née en mal d'existence. Point n'est besoin d'attendre Langlois fumant un bâton de dynamite en guise de cigare, ni donc le Giono d'après-guerre, pour déceler le commencement de cette œuvre édifiée sur une sorte de vertige, ce goût de la démesure, aussi bien dans le style que dans les personnages, qui sont également de style, cette nécessité proche du dérèglement des sens, de voir le monde à l'envers, la tête en bas, de le changer, de se fuir soi-même comme la peste en changeant d'itinéraire et de costume autant de fois qu'on peut. Si l'esthétique d'un artiste renvoie à sa métaphysique plus sûrement que son approche philosophique, le récit ressemble à une course dont la vitesse permettrait d'échapper au marécage de l'existence, ou de se soutenir au-dessus du vide béant dans chaque seconde, par la vitesse acquise. Vitesse parfois immobile, si l'on peut dire : c'est une tension créée par les images, par une distance excessive entre leurs termes – procédé cher aux surréalistes – ou par une inversion des valeurs, un renversement de la cause et de l'effet d'une saisissante acuité.

Dans la première page de *Colline*, un exemple me saute aux yeux : « Le silence apaise les feuillages...» L'œuvre fourmille de contre-vérités semblables qui lui fournissent une densité ensorcelante et en font une espèce de défi, ou de provocation, pour le sens commun. Cette remarquable barbarie du style, qui me paraît l'expression d'un désir barbare plus que d'une vision singulière du monde en laquelle je ne crois guère, classerait Giono, si les classements n'étaient pas des sortes de défections dérisoires, dans une manière de surnaturalisme héroïque ; elle ne s'est pas émoussée avec l'âge ; elle s'est étrangement durcie, accusée, jusqu'à l'inversion totale du spectre des couleurs, ou une concrétion encore plus frappante des images, comme dans *Ennemonde*, où la neige est carrément noire, et dans *L'Iris de Suse*, où le personnage s'enfonce dans le sommeil comme un fer rouge. Même quand il se fait plus stendhalien que de raison, l'auteur du *Bonheur fou* reste le plus exquis contrefacteur de la nature qui ait jamais violé sa logique et usurpé ses lois – même par la douceur : « Les hêtres avaient installé, sur ces hauteurs paisibles, l'ordre et la propreté dans laquelle ils aiment vivre. » Tels sont les crimes de Giono. Des crimes de lèse-divinité. Autrement dit, des crimes de caractères : ceux que les puritains pardonnent le moins.

En cinq ans, j'ai parcouru la Haute Provence à pied, en voiture, même à cheval, et dans tous les sens. Avec Lucien Jacques ; avec Giono ; seul. Je n'ai pas mis longtemps pour comprendre l'attrait et l'influence qu'un tel pays et un tel écrivain pouvaient avoir sur une société qui commençait à payer très cher, entre les deux guerres, son droit au bonheur et au progrès. À l'époque où il n'est pas encore question de nuisances et d'aliénations, une voix un peu magique (et qui finira par s'écouter un peu) dénonce, vitupère, déclare sa honte de la violence, affirme que l'usine ne libère personne, pas plus en

U.R.S.S. qu'aux États-Unis, accuse le grand capital d'être responsable des guerres, et réclame pour l'homme le droit de n'être que la matière première de sa propre vie... Mais est-ce bien la peine de continuer ? Cette façon de refuser les hautes analyses politiques ou idéologiques pour aborder le phénomène humain, non pas au niveau des généralités abstraites (et mutilantes) mais à celui des réalités les plus banales, ne nous est-elle pas familière ? Les centaines de milliers de paumés qui voulaient tout de suite des fleurs et du soleil pour faire l'amour et pas la guerre claironnaient-ils autre chose ? Ceux qui récusaient le discours des intellectuels politiques et la dictature des grandes centrales pour vivre hors du système sont-ils très différents des mystiques du Contadour ? Utopique ? Mais l'utopie n'est- elle pas considérée aujourd'hui comme un facteur de métamorphose puissant ?

Quoi qu'il en soit, si l'on avait quelque chose à reprocher à Giono, ce n'est certainement pas au romancier qu'il faudrait le reprocher. Peut-être à celui qui a cru un instant concilier ce qui n'est conciliable qu'au prix de l'erreur ou du tarissement. En tout cas, d'un grave malentendu : ainsi j'ai connu un peintre qui a confondu la peinture et l'élevage des moutons dans le haut pays. Peinture et moutons se sont réciproquement annulés pour laisser notre homme entre deux portes. Voilà qui résume, en gros, le drame du gionisme. Giono ne cessait de me dire : « Ça fait quarante ans que je me fuis, et personne ne l'a compris. » Il ne faisait jamais que reprendre à son compte la formule de Faulkner : « Kill yours darlings ».

Parmi les grandes familles d'esprit, il en est deux qui m'ont toujours frappé par ce qui les différencie d'une manière fondamentale et même les oppose de plus en plus : les premiers – les plus répandus – sont ceux qui s'intéressent en priorité aux relations (de groupes, d'individus) ; le fond de leur démarche semble reposer sur une sorte de frustration longuement cultivée et débouchant sur une lucidité un peu mécaniste, chagrine et revendicative ; ce n'est pas uniquement la société qui leur déplaît, c'est l'existence même, continuellement remise en question par un ressentiment éprouvé au niveau des profondeurs abyssales, chromatiques : le Paradis, s'il existe, ne trouverait pas grâce à leurs yeux.

Les seconds sont en général de grands sensuels – monstrueusement heureux ou malheureux en diable, peu importe, maudits, réprouvés : ils ont goûté au monde, à l'existence, à je ne sais quoi dans elle et lui d'inoubliable et d'obsédant : ils en reveulent. Cette substance qui les hante par sa présence, ou par son absence, domine en eux au point de les lancer toujours peu ou prou à la recherche de ce qui devient l'absolu : être. Continuer à être à n'importe quel prix. Les phénomènes de relation leur apparaissent généralement comme un combat dans la cendre : à quoi bon vendre la mèche, puisqu'on va tout perdre de toute façon. La psychologie leur apparaît un peu comme une science de cadavres.

L'œuvre de Giono m'a toujours donné l'impression d'être une tentative plus ou moins consciente de récupération d'une réalité par nature inaccessible. Ce qui domine, chez ce très grand artiste chez qui la psychologie ne sert pas tant à vendre les mèches qu'à les fabriquer, c'est au niveau le plus profond (celui des sens) un goût effronté et total de l'existence en soi. Nous sommes à l'opposé des grands écœurés métaphysiques. La moindre goutte d'existence qui déclenche chez eux le spasme de rejet provoque pour Giono un frémissement tactile de la muqueuse, comme ces plantes carnivores au contact de la plus légère proie. C'est à partir de cette réaction d'acquiescement au mystère d'être que s'organise le fabuleux théâtre d'écriture de Giono.

Je me suis toujours senti au cœur du paradis, et infiniment séparé de lui. Ma naïveté essentielle consiste à croire que la réalité existe – péremptoire et totalisante – mais qu'elle nous est dérobée : par la présence de la mort, par la temporalité, l'existence éprouvée comme chute. Dehors, à l'heure qu'il est, il y a le monde, qui est tout - et le fut - et qui est inaccessible. J'ouvre un livre de Giono. Et brusquement mon cœur s'irradie d'une joie violente, insensée. Il me semble que ce fragile et ténu fil d'Ariane formé de signes d'encre sur du papier va me conduire dehors, vers l'alliance, au cœur de cette substance perdue ou désirée dont l'artiste recrée une image tremblée comme d'après une mémoire obscure.

Jean Carrière

Né en 1928, disciple de Jean Giono, **Jean Carrière** est lauréat du Goncourt 1972 pour *L'Épervier de Maheux*, paru chez Jean-Jacques Pauvert. S'en suivent un triomphe et un malentendu : « Le pire, écrira-t-il plus tard dans *Le Prix d'un Goncourt*, c'était d'être propulsé, par la faute de ce succès excessif et brutal, dans une catégorie d'écrivains qui n'était pas la mienne. » Salué par la critique, le roman a emporté l'adhésion d'un large public. On a souvent confondu le nom de l'auteur avec celui d'un prix. Et son œuvre, romanesque et critique, a été occultée par le grand livre qui lui avait apporté le succès.

J'ai connu Giono d'abord par des livres : mon père, fanatique du solitaire de Manosque, m'avait offert pour mes quatorze ans "Que ma joie demeure". C'est là que ma vie – ma vraie vie, s'entend, a commencé. J'ai ouvert les yeux sur le monde, parce qu'un grand poète en parlait de <u>l'intérieur</u>. Ensuite, dès mes dix huit ans, j'ai vécu à Manosque près de Giono, à l'époque du "Hussard sur le toit". La fascination allait en s'exaspérant. Avec le Hussard, Giono nous rendait la clé des champs, confisquée par tous les terrorismes à la mode. Je suis resté cinq ans en Haute Provence, pour m'apercevoir que ce n'était pas l'œuvre de Giono qui ressemblait à ce grand pays, mais que c'était le pays qui s'était mis à ressembler à l'œuvre de Giono : tels sont les vrais créateurs. Dieu a laissé le monde en chantier pour que les poètes s'y ajoutent et nous le rendent accessible.

Jean Carrière

L'Aygual, 22 janvier 1987

Témoignage de Jean Carrière écrit pour l'exposition *Les Chants du monde de Giono* (catalogue réalisé par Jacques Ibanès en 1987).

Les lieux géographiques dans l'œuvre de Jean Giono
par Jean-Louis Carribou

Manosque par José Correa (illustration extraite de Giono à ciel ouvert)

Qui n'a rêvé de découvrir le cadre géographique d'un roman après avoir fermé le livre et chaussé ses bottes de sept lieues ? Et quel écrivain mieux que Giono n'a donné des fourmis dans les jambes au jeune lecteur, petit pâtre pyrénéen qui voyageait en étrange pays tout en gardant son troupeau et en tournant les pages de *Colline, Regain, Que ma joie demeure, L'Homme qui plantait des arbres...*

Petit pâtre devenu grand, arrivé en Provence, j'ai entrebâillé les portes du pays de Giono en essayant de me faufiler dans le dédale des lieux géographiques cités par l'écrivain. Bien entendu, j'ai commencé mes premiers repérages par de patientes et passionnantes randonnées immobiles sur les cartes de la région, comme Giono lui même d'ailleurs. À l'échelle au 1/25000°, le détail des toponymes fourmille de jalons pour emboîter le pas aux personnages du romancier ou dénicher leur cadre de vie. Et c'est à ce moment-là que j'ai commencé à me perdre en voulant traquer à tout prix ces bergers, promeneurs, vagabonds, errants de tout poil, ou paysans et villageois sédentaires.

Si le décor des romans ou le fil des itinéraires empruntés par tout ce petit monde est parfois aisément repérable et s'emboîte logiquement dans les replis du terrain en raccordant les noms des lieux géographiques évoqués dans les livres, il s'efface parfois soudainement pour réapparaître des dizaines de kilomètres plus loin après un saut de trois ou quatre cartes intermédiaires. Il arrive même qu'il s'évanouisse, emporté par le vent, évaporé.

C'est ainsi que je me suis écartelé sur la carte de l'Institut Géographique National en voulant débusquer le village des "Bastides Blanches" dans le premier roman de Giono, *Colline*. L'écrivain situe ce « débris de hameau [...] à l'ombre froide des monts de Lure. ». Il n'y a aucun hameau, aucun village de ce nom « à l'ombre froide des monts de Lure », donc au pied de cette montagne, mais des fermes qui portent ce nom sont nombreuses en Provence ; ainsi le domaine des "Bastides Blanches" à cinq kilomètres au sud de Manosque et le mas de "La Bastide Blanche" au nord de cette ville, tous deux dans la plaine de la vallée de la Durance, éloignés de « Lure, calme, bleue, bouchant l'ouest de son grand corps de montagne insensible ».

Giono a dû être sensible à cette appellation propre à évoquer la pâleur du débris de hameau moribond où n'habitent plus que treize personnes ! Par ailleurs, il cite les noms de deux fermes de ce hameau : "Les Monges" et "La Clémente". Or, ces noms de fermes apparaissent sur les cartes, à trois kilomètres à peine de Manosque qui est à une trentaine de kilomètres de la montagne de Lure. Le débris de hameau des "Bastides Blanches" dans le roman est donc à la fois dans les collines proches de Manosque et trente kilomètres plus loin « à l'ombre froide des monts de Lure ».

L'écrivain à remodelé l'espace, faisant glisser un hameau imaginé près de sa ville natale, porté par une nappe de charriage jusqu'au pied de la montagne de Lure. En dilatant les sites, il a rétréci l'espace qui les sépare ; c'est un jongleur qui a travaillé sa mise en scène afin de placer le cœur du drame qui s'annonce, à l'ombre de la montagne insensible. L'auteur avait d'ailleurs déclaré : « Je me suis servi du nom, mais j'ai donné ce nom à un site qui n'existe pas. »

Giono aime bien faire le grand écart (sur les cartes bien entendu) et cette acrobatie il la renouvelle volontiers, en particulier dans la nouvelle *L'Homme qui plantait des arbres*.

L'histoire débute dans une région très nettement localisée par l'auteur, « dans cette très vieille région des Alpes qui pénètre en Provence. Cette région est délimitée au sud-est et au sud par le cours moyen de la Durance, entre Sisteron et Mirabeau ; au nord par le cours supérieur de la Drôme, depuis sa source jusqu'à Die ; à l'ouest par les plaines du Comtat Venaissin et les contreforts du mont Ventoux. ».

Il s'agit, à l'évidence, de la montagne de Lure et de ses deux bassins versants nord et sud, à cheval sur le département des Alpes-de-Haute-Provence (les Basses-Alpes à l'époque du récit), de la Drôme et du Vaucluse. Cette implantation est d'ailleurs confirmée à la dernière page lorsque Giono évoque la mort se son berger planteur d'arbres : « Elzéard Bouffier est mort paisiblement en 1947 à l'hospice de Banon. ». Cette petite ville est au cœur de la région précitée. Eh! bien non, car l'auteur raconte, quelques pages avant la fin de la nouvelle, qu'il avait rendu visite pour la dernière fois, à Elzéard Bouffier dans sa forêt, en 1945, en empruntant le car et il précise : « le car me débarqua à Vergons. ». Ce village est à l'autre extrémité du département à plus de cent kilomètres de Banon.

Giono a-t-il voulu brouiller les cartes pour éviter une surfréquentation des forêts de la montagne de Lure ? En tous les cas, il avait prévenu son public en affirmant que son histoire de forêt replantée et de pays qui renaît était complètement inventée, ainsi que son personnage Elzéard Bouffier. Ce qui n'a pas empêché la Mairie de Banon de baptiser une rue de la commune du nom de ce héros fictif.

Mais pourquoi Vergons ? Giono qui se qualifiait lui-même de voyageur immobile et qui rêvait sur ses cartes d'État Major au 1/50000ème, aimait bien choisir les toponymes de ses créations romanesques d'après leur sonorité, les cerclant d'un trait sur la carte, les regroupant ensuite à sa guise dans un pays imaginaire, allant parfois jusqu'à agglutiner les noms de lieux.

Dans le roman *Regain,* l'histoire débute par un voyage en patache (la diligence), qui, partie de Manosque, s'élève vers la montagne de Lure en passant par les villages de Vachères et de Banon dont les noms jalonnent l'itinéraire en respectant une logique cartographique évidente, jusqu'au hameau d'Aubignane, lui aussi moribond comme celui de *Colline*. Ce dernier lieu-dit, inutile de le chercher sur la carte, Giono lui-même avoue, dans la préface à son livre : « Le village de *Regain* qui s'appelle Aubignane, dans le livre et le film, s'appelle là-haut, Redortiers, il est aussi terrible à voir qu'un visage mangé par les renards. ». Le film auquel il est fait allusion est celui que Pagnol avait adapté du roman, tourné dans ses collines marseillaises et respectant l'invention d'Aubignane née d'une contraction de deux villages provençaux : Aubignosc et Simiane.

Quant au ruisseau Gaudissart que Giono fait couler proche d'Aubignane, il est, bien entendu, totalement imaginé: aucune rivière, aucun ruisseau ne coule sur le plateau karstique creusé comme un gruyère qui s'adosse au flanc sud de la montagne de Lure et qui porte le village de Redortiers (mentionné "Vieux-Redortiers" sur la carte, et dont le pictogramme indique qu'il est abandonné).

Le pays de *Regain*, donc, un pays ancré dans la réalité géographique par ses lieux-dits repérables sur la carte et sur le terrain, mais un pays qui largue ses amarres avec son village rebaptisé et son ruisseau inventé.

Dans *Que ma joie demeure* dont la lecture m'avait enchanté dans mes jeunes années, Giono nous transporte encore plus loin dans le mirage en nous faisant naviguer sur son plateau Grémone tout droit sorti de ses cornues d'alchimiste. Aucun plateau ne porte ce nom, ni en Provence ni ailleurs, mais le romancier a légèrement modifié l'orthographe du village et du col de Grimone tout près du lieu de ses vacances estivales dans le Trièves et l'a transporté dans son sud imaginaire. Mais à quel endroit exactement ? Dans le livre, la ferme de La Jourdane où débute l'histoire est posée sur le plateau, à l'ouest de la vallée de l'Ouvèze qui est dans le Département de la Drôme. Il n'y a pas de plateau à cet endroit mais on en trouve plusieurs en Haute-Provence : celui de Vaucluse qui se confond avec le plateau d'Albion au sud de la montagne de Lure et du mont Ventoux et où l'auteur avait déjà situé le cadre de *Regain*. On y repère d'ailleurs une ferme du nom de "La Jourdane" et c'est vers ce plateau que l'auteur conduira ses admirateurs et ses lecteurs en 1935 pour leur faire découvrir son fameux plateau Grémone. Pourtant, il avait lui-même déclaré qu'il s'était inspiré du plateau de Saint-Geniez, situé à plus de cinquante kilomètres de là, à l'est de la Durance, un plateau minuscule. Or, pour traverser leur plateau Grémone, les personnages du roman doivent marcher huit jours, soit cent cinquante à deux cents kilomètres.

Aucun plateau n'est aussi vaste en Provence, même le plateau de Valensole, le plus grand, d'ailleurs très éloigné de l'Ouvèze, à l'est de la Durance et qui mesure une vingtaine de kilomètres de large.

Alors, ce plateau Grémone, ce plateau de la quête de la joie que tant de lecteurs ont essayé de débusquer, moi le premier, où le situer ? Même Jourdan, le paysan de La Jourdane, personnage central du roman, essaye d'en fixer les limites avec des explications plutôt floues qui semblent borner le plateau entre l'Ouvèze d'un côté et la montagne d'Aiguines à l'opposé, vers les gorges du Verdon, au delà du plateau de Valensole. Entre ces deux bornes éloignées d'une centaine de kilomètres, la vallée de la Durance, le piémont de Lure et le plateau d'Albion.

Giono a joué les démiurges pour offrir à ses lecteurs, sur un plateau, le pays haut perché où les habitants retrouvent l'utopie de leurs « vraies richesses ». Il a précipité la tectonique des plaques, rapprochant le plateau de

Valensole de celui d'Albion, effaçant du même coup la vallée de la Durance qui n'est plus qu'un faux pli sur la carte.

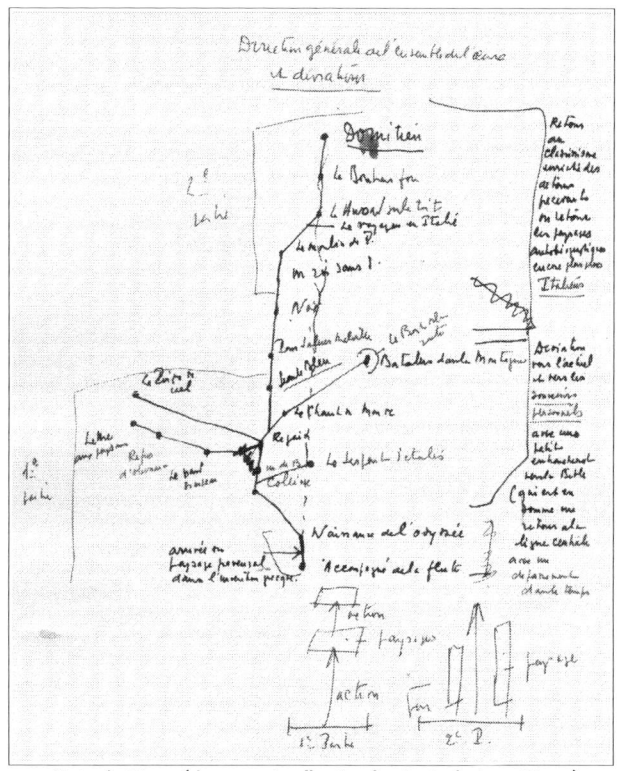

Note de Giono (document collection les Amis de Jean Giono)

Et voilà comment le romancier a jonglé avec la géographie. Manipulateur de l'espace, il a aussi chamboulé le temps, allant exhumer d'une carte de Cassini datant du XVIIIème siècle, une ferme qui n'existe plus depuis longtemps et qu'il cite parmi les cinq qui peuplent le plateau Grémone : La Jourdane, on l'a dit, est bien là, mais La Fauconnière, Mouille Jacques, Fra Joséphine, Le Jas de l'érable, sont introuvables sur la carte comme sur le terrain, toutes inventées apparemment.

Mais en cherchant bien, on aura la surprise de découvrir sur cette vieille carte de Cassini présentée dans le musée-école de Châteauneuf-Miravail, au nord de la montagne de Lure, une ferme du nom de « Jas de l'érable ».

Giono romancier se moque de la géographie comme de l'histoire, il bouscule espace et temps pour créer son propre univers mais c'est un malin, il mêle les lieux-dits réels et repérés sur ses cartes, aux sites inventés, parfois à ceux retirés des oubliettes, baratte le tout, donnant l'illusion que sa Provence inventée est plus vraie que la réelle.

C'est bien lui qui écrit dans *Noé* : « Ma sensibilité dépouille la réalité quotidienne de tous ses masques et la voilà telle qu'elle est, magique. Je suis un réaliste. » Mais ce réalisme démasqué porte l'empreinte du poète qui décrit les sites, lieux-dits, décors de ses histoires, sans les décrire, les transfigurant par une image ou une métaphore inédites, souvent introduites par la conjonction "comme" par un tour de passe-passe virtuose dont il a le secret.

Les exemples abondent dans l'œuvre et nous n'en citerons que quelques-uns :

– « Aubignane est collé contre le tranchant du plateau comme un petit nid de guêpes » (Regain)

– Des villages : Saint-Maime, Dauphin, Mane, Saint-Martin, fument comme des tas de cendres chaudes. » *(Présentation de Pan)*

– « Voilà le clocher bleu [de Vachères] qui monte au dessus des bois comme une fleur. » *(Regain)*

– « Du côté d'Aubette, la rue est comme fleurie d'une mousse de revendeurs espagnols. » *(Manosque-des-Plateaux)*

– « Une tache orange teignait le haut du clocher de Saint- Sauveur qui était en face de moi, et je la voyais descendre le long de la muraille comme le ruissellement d'une eau épaisse. » *(Les Images d'un jour de pluie)*

– « et Lure m'apparut dans le lointain pays. Elle était vautrée comme une taure dans une litière de brumes bleues. » *(Présentation de Pan)*

Et encore,

– à propos de la colline du Mont d'Or qui domine la ville de Manosque : « Ce beau sein rond est une colline » *(Manosque-des-Plateaux)*

– et au sujet de la porte Soubeyran de Manosque : « Avec sa grande bouche lumineuse, ses favoris de marronniers blonds dont les réverbères éclairaient en clignotant le poil et la couleur surnaturelle, elle avait l'air d'un pope de Michel Strogoff. » (Virgile)

Toutes ces images qui fleurissent pour accompagner les noms de lieux chauffent dans la cornue du magicien Giono qui a plus d'un tour dans son sac, comme le recours au mystère à propos des nombreux châteaux qui hantent la vie et l'œuvre de l'écrivain. Car, comme le château du Grand Meaulnes d'Alain Fournier, les châteaux de Giono se cachent dans de délicieux mystères.

Ainsi, « le monsieur du domaine de la Sylvabelle », dans le roman *Regain* ; c'est lui qui a voulu peindre en bleu le fameux clocher de Vachères. « Il n'a pas voulu en démordre. » Pour quelles raisons ? Mystère, comme le château lui-même qui se cache dans les bois, non loin de là, dans une commune voisine.

Dans *L'Oiseau bagué*, un autre château fait son apparition, dont Giono donne une description fantastique : il y pleut dans toutes les pièces et le comte est obligé de stocker ses récoltes dans l'escalier monumental. Le château n'a pas de nom mais l'écrivain y fait une allusion à peine déguisée à un châtelain ami de la famille. Le château reste caché sous ses toitures éventrées, « ses couffes d'oignons, ses sacs de pommes de terre. ».

Le château de Théus où Angelo reconduit la belle Pauline dans *Le Hussard sur le toit* n'existe que dans le roman. Il n'y a point de château dans le village de Théus mais la référence à un semblant de parenté avec la racine divine du nom a t'elle inspiré Giono ? Mystère.

Toujours dans *Le Hussard sur le toit*, le château de Ser où Angelo a un mystérieux rendez-vous, dans la vallée du Jabron, au nord de la montagne de Lure, n'existe pas. Il y a des châteaux dans cette vallée mais aucun ne porte ce nom.

Giono ajoute du mystère au mystère.

Dans *Un roi sans divertissement*, le château de Madame Tim est situé à Saint-Baudille. Il y a bien un château dans cette commune, c'est le magnifique château de Montmeilleur que Giono connaissait bien alors qu'il séjournait pendant ses vacances estivales dans la région du Trièves, au sud de Grenoble. Mais l'écrivain ne le nomme pas, c'est le château de Madame Tim, belle créole mexicaine qui adore donner des fêtes à n'en plus finir.

J'y fus moi-même invité à deux reprises. La première fois par la châtelaine, admirative de l'œuvre de Giono et qui voulut fêter ma visite en m'offrant une orangeade dans son château à l'époque bien délabré. La deuxième fois par un riche industriel autrichien qui avait fait appel aux artisans locaux du Trièves pour restaurer admirablement toutes les ailes du château et qui avait organisé une grande fête. C'était vraiment le château des fêtes à n'en plus finir, à l'image de Madame Tim, haute en couleur, « toujours belle et lente comme une après midi de fin juin. ». J'y avais presque retrouvé le mystérieux château du Grand Meaulnes.

Et que dire du château de Quelte, dans le dernier roman de Giono, *L'Iris de Suse* ? Dans les montagnes de Haute-Provence qui surplombent les gorges du Verdon où Giono semble avoir situé le cadre de son histoire, j'y ai bien repéré sur la carte de l'Institut Géographique National, un lieu-dit "Quelte" et je m'y suis rendu, c'est sur le passage d'une ancienne voie romaine. Ce n'est ni la ruine d'un château ni celle d'une ferme, ce n'est qu'un tas de cailloux envahi de broussailles, vestige probable d'une pauvre grangette des champs.

Avoir transformé ce misérable pierrier en château pour y loger son héroïne baptisée "L' Absente", n'est-ce pas un beau symbole pour illustrer la manière dont l'écrivain touchait ses lieux géographiques d'un coup de baguette magique ?

Il nous avait d'ailleurs prévenu en disant : « Ma Provence la voilà. Elle est aussi vraie que la Grèce de Médée et d'Antigone. ».

Malgré l'avertissement, quand je marche sur les traces de l'écrivain, un de ses livres à la main, je découvre une Provence enchantée qui n'existe pas mais qu'il fait exister.

Jean-Louis Carribou

LES LIEUX DE GIONO AVEC JEAN-LOUIS CARRIBOU

Marcher un livre à la main avec des photos de Francois-Xavier Emery (ouvrages en vente au Centre Jean Giono de Manosque)

Tome 1 : Manosque-des-plateaux, 10 balades littéraires du plateau de Vaelsole aux portes de la montagne de Lure.

Tome 2 : Montagne de Lure, 15 destinations littéraires dans la montagne, dont 7 pour visiter ses villages abandonnés.

La route Jean Giono, un itinéraire routier de 152 kilomètres autour de la montagne de Lure , raccordé à Manosque par une bretelle de 38 kilomètres, à parcourir en voiture, à vélo ou à moto. 24 haltes littéraires et 17 balades proposent de s'immerger dans l'univers romanesque de l'écrivain. Ce guide pratique et littéraire est en vente en librairie et à L'Agence de Développement des Alpes-de-Haute-Provence.

Le refuge du Chant du monde raconte la folle aventure d'une équipe de bénévoles qui ont consacré 7 années de leur vie de loisir à bâtir un refuge de haute montagne qui a pour nom un roman de Giono, dans le massif des Trois Évêchés, aux sources de la Bléone On peut se procurer le livre chez l'auteur j.carribou@orange.fr

---

Jean-Louis Carribou est à l'origine du concept de balades littéraires, il y a plus de quarante ans, quand il a commencé à organiser et animer des randonnées dans les traces de Jean Giono. Consultant littéraire pour le Centre Jean Giono de Manosque, il a publié deux ouvrages dans la collection *Marcher un livre à la main*, décrivant vingt-cinq itinéraires de balades dans les traces de Giono. Il est également l'auteur de l'ouvrage *Le refuge du chant du monde* et le créateur de la Route Jean Giono.

Lure, montagne des origines du monde Giono

par Jacques Le Gall

En allant vers la montagne de Lure (photo Francis Helgorsky)

> *Par nature, je suis un montagnard*. Pendant tout le cours de mon existence, c'est à la montagne que je suis allé chercher le sein maternel. Le pays où je suis né est un pays de hautes collines, donc de montagnes moyennes. Des fenêtres de ma maison, j'ai constamment sous mes yeux des sommets qui avoisinent trois mille mètres, j'ai été incorporé en janvier 1915 au 159 à Briançon, j'ai monté la garde à l'Infernet, enfin, j'ai une âme qui se complaît aux solitudes. Au moindre tracas, au moindre ennui, c'est vers la montagne que je me tourne. Le *bonheur* me vient tout seul si j'entends frissonner un peuplier piémontais, ou siffler une marmotte, ou le pied des chamois, ou le cri de l'aigle ; rien n'est plus près de mon sang que le vent vif des *hauteurs*, si ce n'est l'eau glacée qui suinte des névés ; rien ne me donne (ne me donnait) plus d'assiette dans la vie que le gros brodequin à mouches et le sac complet. Je n'ai jamais été ce qu'on appelle un alpiniste, *j'ai été un rêveur des montagnes*, et même celles « à vaches » me faisaient rêver. Je n'ai jamais été « moine », ni en montagne ni en art ; je ne vais pas au dépassement de moi-même, je vais au *bonheur*, c'est souvent la meilleure façon de se dépasser. La montagne a donc été ma mère, mon école et mon église.
>
> « La mer », *Les Terrasses de l'île d'Elbe*, p. 150. (C'est nous qui soulignons)

Les montagnes de Giono

Tiré d'une chronique journalistique de 1963, ce texte constitue un bon point de départ. « *Par nature* », autrement dit par *instinct*, retenons, et ce serait un premier « cairn »[3] sur le chemin qui s'ouvre, que Jean Giono se tient pour un « *montagnard* », pas un alpiniste. C'est donc – songeons aux trans-

---

3 Le mot et l'image figurent à deux reprises dans la Préface des *Vraies Richesses* (VII, 149 et 155).

humances et à toutes les errances possibles en montagne – un *nomade*. Mais nous verrons qu'il a surtout nomadisé à sa façon. Celle qu'il définit dans son *Journal de l'Occupation* en date du 3 avril 1944 :

> Le voyageur immobile : où je vais personne ne va, personne n'est jamais allé, personne n'ira. J'y vais seul, le pays est vierge et il s'efface derrière mes pas. Voyage pur. Ne rencontrer personne. Le pays où les déserts sont vraiment déserts. (VIII, 417)

Second cairn : mieux peut-être qu'un montagnard, Giono est un homme des « *hauteurs* ». Et ces hauteurs ne se réduisent pas au nombre de mètres ou de pieds au-dessus de la mer (qu'il dit détester, ce qu'il faudrait relativiser). En montagne, Giono ne va pas chercher la haute altitude mais l'élévation. Pas les acrobaties mais un embrasement du sang, de tous les sens et du cœur. En dépit de ce qu'il a écrit à son ami Lucien Jacques, on peut douter qu'il ait fait « de la très haute montagne » en août 1930, ou qu'il ait sérieusement songé à escalader les Drus l'année suivante (il arrive à Giono de mentir...). S'il se tourna vers la montagne « au moindre tracas, au moindre ennui », ce fut d'abord – et là il ne ment pas – pour rétablir un accord, pour restaurer une entente, « cet apaisement qui nous vient dans l'amitié d'une montagne » (I, 537). Gaston Rebuffat recherchait lui aussi, à sa façon, une certaine « parenté avec la montagne ».

Le cairn suivant ne peut pas ne pas attirer l'attention. Le mot « *bonheur* » est prononcé à deux reprises. Homme des hauteurs, Giono (comme Stendhal) est aussi un homme qui pratique (non exempte de mélancolie) la « chasse au bonheur ». Ascensionner une montagne est un bon moyen d'aller au bonheur et « de se dépasser ». Entrer dans les Alpes (hors lieux communs), les pénétrer (avec ce que cela suppose de transgressif), voilà qui ouvre le corps et le cœur au bonheur : « Rien ne me prédispose plus au bonheur que les avenues qui entrent dans les Alpes. Je suis alors comme une chaumière illuminée ; mes yeux flambent », peut-on lire au seuil du *Voyage en Italie* (VIII, 538). Non sans humour (prière de ne pas parler de « résilience »), Giono s'est même décrété heureux lors de son incorporation au 159ème régiment de chasseurs alpins à Briançon en 1915 et, ce qui est encore plus fort, lors de son incarcération à Saint-Vincent-les-Forts (1300 mètres d'altitude) en 1944.

Autre cairn posé par la chronique de 1963 : le montagnard Giono a « *été un rêveur des montagnes* »[4]. Un marcheur sans doute, mais « aux semelles de vent ». Et d'un vent très personnel. L'Italie ancestrale anise « les hautes prairies du Viso » et fait « frissonner un peuplier piémontais » ; la vie ani-

---

[4] Jacques Le Gall, « Giono, un "rêveur des montagnes" », *Écrire la montagne*, Université du Sud Toulon-Var, *Babel* n° 20, 2009, p. 9-35.

male attise une montagne qui « existe non seulement comme hauteur et largeur mais comme poids, effluves, gestes, puissance d'envoûtement, parole, sympathie. » (I, 536) Innombrables sont les pages où ce grand désirant qu'est l'écrivain rêveur de mélange (de l'homme et de sa parole avec le monde) aura su passer « de l'autre côté » (du miroir, du réel, de la médiocrité, d'une certaine littérature, du moi). Là où se peut découvrir et s'exprimer tout un « nouveau monde » (III, 494) : entassement de rocs et de glaciers, « chaos de vagues monstrueuses bleu baleine »[5], sang sur la neige, éternité d'une cabane et unité du caillou, bronze et bure des forêts, ombre ardoisée d'un fond de vallon, soufre de lumières échappées du poing de la roche, flotte des nuages, sages villages et bergers célestes, panoramas et plans cavaliers, solitude et grandeur, silence et beauté, démesure et harmonie, austérité et dépouillement... Mais c'est la paix d'une clôture aux sens carcéral et sacerdotal du terme que le marcheur du *Poids du ciel* va d'abord chercher en montagne et que résume l'incipit de cet essai (VII, 333) paru en 1938 :

> Me voilà revenu dans l'abri silencieux et pur des montagnes. Le clapotement des temps modernes est de l'autre côté de cent milliards de tonnes de glaciers, de granits, de torrents, une vertigineuse barrière d'aiguilles froides déchire le ciel de ce côté. Ici, je suis chez moi.

Il faut ajouter que Giono s'est aussi présenté comme un « *Amateur d'abîmes* » (*Noé*, III, 719), lequel a prolongé au-dessus des gouffres et des nuages le « pas de promenade »[6] du montagnard par nature qu'il était pour devenir, en littérature, un admirable « *rêveur des montagnes* ». La locution « Amateur d'abîmes » a ici un sens assez différent de celui que lui conférait Samivel (de qui Giono a préfacé *L'Opéra des pics*). Les « abîmes » dont il est ici question sont ceux des passions et d'un monde de signes tragiquement coupé du monde réel. Car le « rêveur » n'était pas n'importe quel rêveur. C'était, c'est un écrivain.

Résumons. Le *montagnard* pur-sang qu'est Giono est un *rêveur des montagnes* en quête de joies. Pour accéder au comble du *bonheur*, il y a (ou il y a eu) la marche et le séjour dans les montagnes réelles. Mais il y a eu, aussi et surtout, pendant près d'un demi-siècle, l'édification au moyen de mots d'une montagne inventée. Or, pour écrire des livres – et c'est pourquoi Giono nomadise à sa façon –, il faut être assis, autant que possible dans « un abri *à l'épreuve des étoiles* »[7]. Voilà ce que sont aussi les *hauteurs* du montagnard et

---
[5] *Un roi sans divertissement*, III, 45
[6] Cette locution se trouve dans *Fragments d'un paradis* (III, 941) et dans *Un roi sans divertissement* (III, 493).
[7] Préface à *L'Opéra des pics*, 1944, p. 142.

plus encore du « rêveur des montagnes ». Voilà ce que sont les *hauteurs* du « voyageur immobile » :

> Eh bien, voilà. On vit solitaire, aux prises avec une œuvre ; on n'en éprouve pas moins une grande curiosité pour le monde. Or, il faut choisir. Un livre se fait assis. Il faut donc rester assis devant une table. Si bien qu'écrire vous prive des joies de la découverte véritable. Vous priverait s'il n'y avait un moyen d'expression qui fait venir à vous la montagne ou la mer. Pour la montagne, j'ai quelques poèmes tibétains ; pour la mer, j'ai les *Instructions nautiques*. (*La Pierre*, VIII, 743)

Ce « voyageur immobile » a écrit la plus grande partie de son œuvre à Manosque, chez lui, au Paraïs. Les montagnes qu'il y a inventées occupent plusieurs cercles concentriques. Au plus près, autour de l'épicentre manosquin, des fenêtres de sa maison, il y a de « hautes collines » exhaussées au rang de « montagnes moyennes » : on les devine féminines, voire maternelles. Au plus loin, se dressent, superlatives et absolues, des montagnes que peut seul percevoir un visionnaire qui fut aussi un grand lecteur : sans doute inspiré par la montagne en pleine mer du *Purgatoire* de Dante, c'est « le sommet triangulaire et neigeux du volcan de Tristan » dans *Fragments d'un paradis* (III, 935) ou l'austère désert du Jocond dans *L'Iris de Suse*. Au loin encore mais cette fois-ci à portée de vue, « à l'horizon de l'est »[8], miroitent les Alpes, presque l'Italie. Entre les proches collines de bronze transformées en Jardins d'Armide et les lointaines Alpes « en gloire », trois sommets émergent qui serviront d'amers au jeune nomade puis au « voyageur immobile » : le Ventoux (son appartenance à la Basse-Provence le disqualifie), la Sainte-Victoire (un fantastique voilier de rochers blancs) et la montagne de Lure...

La montagne de Lure

Longue échine calcaire orientée ouest-est, d'une altitude comprise entre 1000 et 1826 mètres, Lure est un prolongement oriental du mont Ventoux, entre Provence et Alpes, au ras du ciel. Une montagne invisible de Manosque mais bien réelle. Pour s'assurer de la réalité de cette montagne, il suffira d'y aller et de marcher, sac au dos, peut-être d'y passer une nuit ou deux sous les étoiles. Ou de lire *La montagne de Lure (encyclopédie d'une montagne en Haute-Provence)*, un livre conçu sous l'égide de l'association *Les Alpes de lumière* et publié à Forcalquier en 2004 (dir. Guy Barruol, André de Réparaz, Jean-Yves Royer). Cet ouvrage encyclopédique rassemble les contributions d'une vingtaine de spécialistes (géographes, historiens, naturalistes, ethnologues, forestiers, dialectologues, archéologues, architectes...). Est d'abord décrit le milieu naturel : climat, géomorphologie, hydrologie, faune et flore.

---
8 « Maisons en Provence », *Provence* (Folio, n° 272), p. 319.

Viennent ensuite des études sur la mise en valeur des ressources d'hier et d'aujourd'hui, sur l'occupation humaine et la maîtrise du sol par l'homme depuis la Préhistoire : charbonnage, élevage ovin, culture de la lavande, cueillettes diverses, chasse... La question est posée de savoir ce que le tourisme peut apporter à l'économie domestique traditionnelle, étant entendu qu'il s'agit d'un « tourisme d'arrière-pays » réservé aux amoureux des vastes étendues vides d'hommes (densité de 6 habitants/km2 dans le canton de Noyers-sur-Jabron et de 1 habitant/km2 à Redortiers) alors que l'on se trouve à proximité d'une basse Provence très urbanisée, aux portes de l'aire métropolitaine d'Aix-Marseille. L'encyclopédie se termine par des notices consacrées aux villages circonvoisins de Lure. Non sans avoir montré la place qu'a occupée cette montagne dans la littérature et les arts (y compris le cinéma) avec de nombreuses références à Pierre Magnan et... à Jean Giono.

Giono a sept ans quand il entend pour la première fois le nom de Lure. Jusqu'à sa douzième année, il n'aura de cesse de pourchasser cette bête fuyant devant le pied du petit Œdipe, de « conquérir »[9] cette citadelle qui « barre tout l'horizon de l'ouest comme une muraille de Chine »[10]. Plus tard, le démarchage permettra au jeune employé de banque d'en poursuivre l'exploration et d'en approcher les habitants déjà sommairement décrits dans un texte de 1934 d'abord intitulé « Belle terre inconnue » puis « La montagne de Lure »[11]. Cette année-là, Giono aurait guidé plusieurs amis (dont l'angliciste Henri Fluchère et le photographe Gerull Kardas) dans ce pays « terrible » et aurait fait la rencontre d'une bergère « rose » et « pure », dans ce « pays bleu à la lisière des nuages ». Entre 1935 et 1939, c'est là, dans « l'ondulation de la longue montagne rousse » (VII, 147), que se déroule l'aventure avortée du Contadour. Là aussi, en 1937, que s'est effectué (il restera inachevé et toutes les images en sont perdues) le tournage de *Solitude* : ce film, semble-t-il, magnifiait la solitude humaine, irrémédiable mais admirable pour qui sait vivre avec elle et non malgré elle. Là encore que le cinéaste tourne *Le Foulard de Smyrne* en 1958, *Crésus* en 1960. En 1965, Giono confiera à Jean Carrière que Lure « est toujours restée », pour lui, « ce pays mystérieux, invraisemblable, la terre des Dieux et des aurores ».

Dans *Colline* (1929), premier roman publié de Giono, la montagne de Lure joue un rôle de cadre au triple sens de ce mot. Elle encadre le récit puisqu'elle apparaît à la première et à la dernière page du livre. Elle structure l'espace dans lequel se déroulent les événements de la fiction (en-haut *vs* en-

---

9 « Ainsi, pendant toute ma jeunesse, j'ai eu cette montagne à conquérir. Elle fuyait devant mon pied comme une bête pourchassée [...] » (*Présentation de Pan*, I, 758)
10 « Il est vain de vouloir réunir... », *Provence*, p. 56.
11 Dans *Provence*. Les 3 citations qui suivent figurent dans le même texte, p.277. Quatrième citation : p.275.

bas et espace naturel *vs* espace humain). Elle constitue, « chargée de plantes et de bêtes » (I, 194), le modèle fini d'un monde infini, d'un « Sud imaginaire ». Dans *Colline*, ce livre déjà faulknérien, aux antipodes par conséquent de tout régionalisme, Lure est l'archétype de ce « monstrueux objet »[12] dont l'homme gionien « a toujours le désir ». Lure est une femme. Une mère. Rien d'étonnant si, dans la chronique de 1963, Giono parle de « sein maternel » et répète que la montagne « a été sa mère ». Dans *Colline* déjà, le corps maternel de Lure réunit toutes les caractéristiques du bon et du mauvais objet kleinien. L'ambivalence de cet objet est totale. Surplomb et gouffre, Lure est à la fois calme et cruelle, haletante et silencieuse, obscure et bleue, « graissée d'eau » (I, 208) et « chair de feu », source de vie et cimetière de villages morts, perdue dans les terres et « haut récif » diluvien (165), hypersensible et « insensible » (128) : c'est « une grande force méchante » (181, 204) et « une bonne colline » (205). Dans *Colline* – à un phonème près l'homonyme de *Pauline*, prénom de la mère – Giono a dressé – panique, secret et sexuel, épié et violenté, désiré et interdit – « le grand corps » (128) du Monde Mère, « la mère des eaux, la montagne qui garde l'eau dans les ténèbres de sa chair poreuse. » (167)

Giono en montagne (Photo André Caspari)

---
12 *Pour saluer Melville*, III, 4.

Dans les deux romans suivants, Lure n'est qu'à peine nommée : dans *Un de Baumugnes* (1929) on l'entend gronder « mais loin » (I, 265) ; dans *Regain* (1930), Gédémus montre à Arsule « le long dos » de cette terre hallucinée (I, 353). Destiné à réunir après-coup les trois romans du premier cycle gionien, *Prélude de Pan* résonne en revanche du nom de cette singulière montagne : « Mais j'ai un cousin qui habite la montagne de Lure, et qui m'a dit... » (I, 457). Le fait est que, dès l'enfance, si on l'en croit et on va en reparler, Giono a aimé jouer avec le signifiant *Lure* et que, consciemment ou pas, le nom de l'Origine – *Ur* – se trouve inscrit dans le nom de cette Mère à la fois allaitante et terrible[13]. La « terrible montagne » (VII, 35) surgit encore en 1930 dans *Manosque-des-Plateaux*, en 1933 dans *Le Serpent d'étoiles* et en 1936 dans la Préface des *Vraies Richesses* où elle sera décrite « comme l'échine monstrueuse du taureau de Dionysos » (VII, 149). En revanche, elle n'est explicitement nommée ni dans *Que ma joie demeure* (écrit de 1934 à 1935), ni dans *Le Hussard sur le toit* (publié en 1951), ni dans *Ennemonde* (1964) dont le Haut Pays n'en est pas moins cette montagne d'Albion que Giono ne sépara jamais tout à fait de la montagne de Lure.

Présentation de Pan paraît en 1930, l'année qui suit la publication de *Colline*. C'est le second texte important sur Lure. Les premières et dernières pages du texte lui sont consacrées. Dès l'entame, cette montagne est « une dartre livide » (I, 755) sur une carte routière : « tout est mort, tout est blanc de la pâleur des terres inconnues : c'est Lure ». Tout de suite après, c'est, lavée et durcie de vent, « la montagne libre et neuve qui vient à peine d'émerger du déluge. » (755) Plus loin encore, ce sera « la tumeur, là-haut, le mal blanc, l'apostume rocheux qui s'est gonflé, déchirant la chair. » (774) Dans *Présentation de Pan* comme dans *Colline*, Lure est une montagne ambivalente : pure et corrompue, bonne et mauvaise, corps charnu et « maigre échine » (773), monstrueuse et désirée. Les récits de type initiatique sont assez nombreux dans l'œuvre de Giono : citons le chapitre « Avec Marie » de *Batailles dans la montagne*, la montée à Kandersteg dans « Le Poète de la famille », l'ascension du volcan de Tristan da Cunha par Noël Guinard (« l'écrivain » du bord) au chapitre VI de *Fragments d'un paradis* et la montée de Tringlot de Toulon au Jocond dans *L'Iris de Suse*. Superposable au scénario initiatique de *Colline* mais cette fois à la première personne, *Présentation de Pan* contient un pur récit initiatique de la conquête de Lure.

L'enfant de sept ans passe ses vacances d'écolier à Corbières, chez la Massotte et le berger Massot, adjuvant et père de substitution. C'est dans ce camp de brousse qu'il entend pour la première fois le nom de Lure. Cette première étape, préparatoire, est celle de l'apprentissage du symbolique,

---

13 On pourra noter que *Ur* désigne l'eau en basque.

autrement dit de ce *fort/da* au moyen duquel les enfants remédient à l'absence de l'objet désiré. Jean le Bleu joue jusqu'à en être « hanté » (757) avec ce nom que démesurent d'étranges échos :

> Lure ! J'écoutais le son du mot, j'écoutais le mot tinter sur l'écho du mur, et, aussitôt, la tête pleine d'herbages, le jeu recommençait. Lure ! [...] Me voilà hanté par ce mot (756-757)

La deuxième étape, plus tardive et probatoire, est celle des dangereuses approches du « ça » : « Entre moi et Lure, il y avait encore ça ! » (757). Puisqu'il faut voir pour savoir (telle est l'une des pulsions dominantes des « avares » gioniens, ces doubles de l'artiste qui jouent à se perdre[14]), le fils se met en marche « du pas des pionniers ». La formule est à prendre à la lettre : ce fils doit sortir du « trou » qu'est Manosque (« ce trou d'herbes où la ville ronronnait au chaud ») pour gagner « ce grand cratère poilu dans lequel bout la houle échevelée des collines à perte de vue ». Le pionnier est armé de la canne de son père et instruit par Pancrace, un informateur dont le nom laisse entendre qu'il a partie liée avec Pan : « "Tu montes", me disait Pancrace, l'ouvrier de mon père... » (757). Mais, comme le rappelle ce père, peu disposé, malgré « son bon regard gris bleu et son sourire », à perdre l'ensemble de ses prérogatives, grand est le risque de se perdre : « Tu le fais tromper, ce petit, laisse-le faire ; ne lui dis rien ; s'il se perd, tant pis. » (758) Le néophyte devra surmonter tous les pièges (ravin de Pétavigne, fontaine empoisonnée, chien de garde, puits d'eau sulfureuse, turpitudes possibles d'un nommé Turpin) pour, enfin, voir Lure :

> Alors, un beau matin, sans rien dire, la colline me haussa sur sa plus belle cime, elle écarta ses chênes et ses pins, et Lure m'apparut au milieu du lointain pays.
> Elle était vautrée comme une taure dans une litière de brumes bleues. (759)

L'ascension de la « si terrible montagne » (759) se poursuit et s'interrompt entre ciel et terre, dans le froid et le silence, le vide et le vent : « Maintenant, c'est Lure. La montagne est là ». Lure est, dans *Présentation de Pan* comme dans *Colline*, une porte d'entrée dans le monde de Pan et dans le « contre-monde »[15] où les désirs du poète peuvent s'exprimer sans risquer le pire. Sous une autre forme, mais strictement homothétique, Giono servira le même récit à Jean Carrière en 1965 quand il racontera comment, à onze ou douze ans, doté de cinq francs par son père, il est sorti des jupes de sa mère pour effectuer son premier voyage solitaire et nouer son premier contact avec

---

14 Sur cette dialectique de « la perte » et de « l'avarice » au sens gionien des mots, on lira, notamment, les travaux de Robert Ricatte et de Laurent Fourcaut.
15 Là encore, on se référera aux travaux de Laurent Fourcaut.

la montagne de Lure : une montagne bien réelle, métamorphosée par l'écrivain en montagne de papier.

La montagne de papier

Avec le temps, le mythe d'une montagne pure et de son espace sanctuarisé s'est quelque peu délité, à tout le moins transformé dans l'œuvre de Giono. On peut regretter que n'ait pas été écrit le « grand poème sur la Montagne » envisagé en 1940 (mais on pourra lire les petits poèmes conçus en 1944, en prison : ils tiennent de la miniature persane ou du haïku et illuminent la tonalité vert Gréco de son *Journal de l'Occupation*). Le fait est que, dès la fin des années trente, dans des textes dits « de transition » comme *Deux cavaliers de l'orage*, *Pour saluer Melville* ou *Fragments d'un paradis*, Giono a reconfiguré son « système de références » (*Noé*, III, 620) autour d'une autre montagne : la montagne de mots et l'espace autonome du livre. Cette reconfiguration, progressive, trouvera un aboutissement dans *L'Iris de Suse*. Au terme de cet ultime roman, Tringlot[16], désencombré de l'or, nous offre de partager la paix à la fin de son parcours initiatique : « Enfin, il était dans la montagne. Dans la sienne. Dans la nôtre. Il respirait goulûment un air léger, fin comme un parfum de réséda. » (VI, 524) L'ascension du Jocond peut sans doute être considérée comme une métaphore de la conquête de l'œuvre. Mais la reconfiguration de la triade réel/imaginaire/symbolique était en germe avec la montagne de Lure telle qu'elle est rêvée beaucoup plus tôt, en particulier dans *Colline* et *Présentation de Pan*.

Pendant plusieurs années, la montagne de Lure a donc été l'un des plus purs foyers telluriques de l'imaginaire gionien. Un pur appel sonore et une énigme. Un de ces « beaux habitants de l'univers » qui donnent à entendre, parfois aussi dangereux que merveilleux, « Le Chant du monde » (I, 536). Une terre d'élection, gaste mais sacrée. Un *désert* (donc un endroit où déserter) et un *Templum* (mais Giono ne croit pas en Dieu). Un lieu de concentration de la grande Force en mouvement qui circule en tous sens et dont les formes sont livrées au jeu continu des métamorphoses, ainsi que le montre le Léviathan de *Batailles dans la montagne*. Un lieu à voir pour savoir. Une citadelle à conquérir. Une muraille de Chine à outrepasser. La terre de la sauvagine et une bête à pourchasser, vautrée dans sa bauge. Un grand poisson nu sous ses écailles de pierres : « Je pense à Whitman et à Paumanok, *l'île en forme de poisson* », note l'auteur de *Présentation de Pan* (I, 759). L'image d'un Paradis perdu dont de nouvelles formes, toujours plus désertiques et cependant aurorales, donneront le volcan de l'île Tristan dans

---

16 De Toulon au Jocond, Tringlot s'élève depuis la mer jusqu'à cette montagne magique, jumelle de Lure, en laquelle – car il est un double du romancier – on peut reconnaître une puissante image de l'œuvre : « Regarde ça : le désert, la nuit, le sommet de la montagne. » (*L'Iris de Suse*, VI, 390).

Fragments d'un paradis ou le Jocond dans *L'Iris de Suse*. Un « monstrueux objet » de type kleinien. L'objet d'un *Herzreise* (« voyage au fond du cœur ») initiatique tel le *Hartzreise* (« Voyage dans le massif du Hartz » de Heinrich Heine). Une « montagne intérieure » comme peut l'être le Luberon pour Henri Bosco (« Le chemin des secrets va vers l'intérieur », a écrit Novalis). Une Origine du monde pareille à la Grande Beune de Pierre Michon : « Le silence et la pureté des premiers jours enveloppent la montagne », lit-on toujours dans *Présentation de Pan* (773). Un Thibet à la fois proche et différent du Thibet de Victor Segalen[17] : « Oh, le Thibet ! Si je veux j'irai passer une partie de l'hiver dans la montagne. Seul. Du côté du Valgaudemar. Avoir froid, seul dans le silence ! Quelle perspective de bonheur qui semble irréel et irréalisable », lit-on dans le *Journal de l'Occupation* (VIII, 475). Une figure de ce Monde Mère au contact et en opposition duquel – *contre* lequel – l'écrivain aura édifié sa montagne de papier : l'œuvre.

Si, pour Giono, la montagne est en dernière instance une métaphore de l'œuvre à conquérir, cette conquête a commencé avec la surrection de Lure, l'*Urberg* d'une orogenèse que l'on pourrait dire « géopoétique »[18].

Jacques Le Gall

Jacques Le Gall : maître de conférences en Langue et Littérature françaises, à l'Université de Pau et des Pays de l'Adour. Auteur d'une thèse sur Jean Giono, il a publié des articles et ouvrages sur la littérature française (romans et poésie) des XIXe et XXe siècles. Commissaire de plusieurs expositions (dont une exposition numérique *Francis Jammes Poète*). Vient de publier *Paul-Jean Toulet (1867-1920). Parle tout bas, si c'est d'amour / Au bord des tombes* et *Georges Saint-Clair (1921-2016). Tout glisse sans bouger vers sa métamorphose*. Membre du comité de rédaction de la revue *Pyrénées*.

---

17 « Je suis comblé je suis si haut, tout en mon corps d'homme respire », écrit Victor Segalen dans *Thibet*, une œuvre inachevée construite autour de trois lieux successifs : To-Böd, celui qu'on atteignit déjà (c'est le réel, sensible et donné) ; Lha-Sa, celui qu'on atteindra (c'est l'imaginaire, superposable ou substituable au réel) ; Po-Youl, l'innommable et l'inatteignable « château de l'âme exaltée » (Segalen reprend l'image de Thérèse d'Avila).

18 Mot emprunté à Kenneth White. Voir notamment *L'Esprit nomade*, Grasset, 1987 et *Le Plateau d'Albatros (Introduction à la géopoétique)*, Grasset, 1994.

Sous la varlope du vent
par Francis Helgorsky

Jean Giono avait coutume d'écrire que la Provence est grise. Ses paysages sont souvent âpres, violents, malmenant et magnifiant les êtres qui y vivent. Arpentant ces hauts-lieux, et toujours à pied pour mieux saisir ce court instant de bonheur où ils vont se livrer, Francis Helgorsky donne à lire dans ses photographies comme la mémoire intérieure de cette œuvre splendide.

Le Trièves à l'extrême sud de l'Isère

La montagne de Lure

La montagne de Lure

Le village d'Ongles

Des oliviers à Manosque

Le Trièves

Ces photos de Francis Helgorsky sont extraites de l'ouvrage *Sous la varlope du vent, carnet d'un photographe sur les pas de Jean Giono* publié en 1995 aux éditions Quatuor.

Francis Helgorsky est né à Paris en 1952. Il a vécu et travaillé comme photographe/vidéaste en Dauphiné de 1987 à 2018. Il vit à Marseille depuis octobre 2018. Parallèlement a son activité professionnelle (commandes, enseignement, ateliers...), il développe depuis une vingtaine d'années des projets personnels pour lesquels il a collaboré avec plusieurs écrivains et écrivaines : André du Bouchet, Sylvie Fabre G., Jean Gabriel Cosculluela, Antoine Choplin, Andrée Chédid, Bernard Weber. Il inscrit son travail dans une démarche plasticienne qui utilise la photographie comme matériau à retravailler en laboratoire. Pour tenter de restituer le sentiment de légère inquiétude qu'il ressent face au monde actuel, il abandonne le regard purement photographique pour se rapprocher de la peinture.

Comment Giono a changé ma vie
(merci Monsieur Giono)
par Michel Testut

Jean Giono, années 30 (photo collection les Amis de Jean Giono)

« *Quatre maisons fleuries d'orchis émergent des blés drus et hauts.*
C'est entre les collines, là où la chair de la terre se plie en bourrelets gras.
Le sainfoin fleuri saigne dessous les oliviers. Les avettes dansent autour des bouleaux gluants de sève douce.
Le surplus d'une fontaine chante en deux sources. Elles pantèlent sous l'herbe, puis s'unissent et coulent ensemble sur un lit de jonc.
Le vent bourdonne dans les platanes.
Ce sont les Bastides Blanches.
Un débris de hameau entre la plaine et le grand désert lavandier... »

Ces quelques lignes ne sont évidemment pas de moi. Ce sont les premières lignes de **Colline**, le premier et mythique roman de Jean Giono.

Mais, il a suffi qu'à dix-sept ans je les lise par hasard pour être sous le choc, emporté et définitivement soumis au pouvoir de la littérature.

Quelle chance j'ai eue !

Et ça ! :

« C'était une nuit extraordinaire.
Il y avait eu du vent, il avait cessé, et les étoiles avaient éclaté comme de l'herbe. Elles étaient en touffes avec des racines d'or, épanouies, enfoncées dans les ténèbres et qui soulevaient des mottes luisantes de nuit. »

C'est encore du Giono. Les premiers mots de **Que ma joie demeure**.

Oui, que ma joie demeure !

Il y a des bonheurs de lecture qui sont des révélations. Ils vous illuminent durant toute une vie, vous transforment, vous fondent, parfois vous décident à écrire. J'ai découvert le goût du monde en lisant Giono, en relisant Giono toute ma vie. On peut le lire de l'enfance à la mort, du jour à la nuit sans jamais perdre de vue les beautés du monde : la nature, la terre, les champs, les fermes, les êtres, les caractères qu'il décrit à force de formules fulgurantes et d'images inouïes enchâssées dans la luxuriance de son phrasé. En entrant dans l'œuvre de Giono, j'ai eu très vite le sentiment de me sentir chez moi. Sans doute parce qu'elle ressuscite et transcende ce que me racontait l'un de mes grands-pères, et aussi me ramène-t-elle à un monde rural que j'ai connu en Périgord, et tellement aimé.

Jean Giono immerge la littérature dans la sensualité de la vie qu'il poétise jusque dans ce qu'elle a de plus quotidien, même dans son expression la plus simple, la plus ténue et la plus précaire, la plus prosaïque et la plus triviale. Car il aime furieusement la vie, il aime la vie dans tous ses états, le cœur et la chair à l'unisson ici et maintenant, l'amour de la vie comme un enchantement. Giono, le rescapé de Verdun, croit au *triomphe de la vie* ! Il s'y plonge corps et âme avec ivresse et nous éclabousse de toute sa joie de vivre, comme lorsque petit garçon il aspergeait ses camarades de l'eau des fontaines de Manosque.

Et quand il pose son beau regard bleu sur le monde et la vie, c'est comme s'il voyait avec des yeux infiniment plus perçants que les nôtres, adaptés à une autre vision. Il voit aussi bien en gros plan qu'en perspective cavalière, et selon son angle de vue il prend la mesure et la démesure du monde, il voit cosmique ou minuscule, tellurique ou céleste, mythique ou tangible. Il refait en lui-même la création du monde à l'imitation du divin. Et plus étonnant encore, il voit shakespearien, il a le sens du drame et le souffle épique, sait peindre la mort avec un lyrisme aussi effréné que son amour de la vie. Malgré ses penchants bucoliques, il a la candeur retorse : Giono le provençal n'est pas le ravi de la crèche mais le voyant lucide qui porte sur le genre humain un regard pénétrant, d'autant plus affûté qu'il est *un amateur d'âmes*, âmes fortes de préférence dont il connaît les abîmes effrayants. Presque tous ses personnages en témoignent redoutablement : tantôt ce sont des foules terrorisées par le choléra qui s'en prennent à un jeune hussard, innocent bouc-émissaire qui, au galop de charge et sabre au clair, donne des raisons de ne pas désespérer de l'humanité; tantôt ce sont des bergers magiciens et charmeurs de serpents d'étoiles les nuits de pastorale ; tantôt une femme énorme gonflée de graisse, envoûtante et machiavélique, qui découvre l'amour et la volupté après un crime parfait ; tantôt c'est un solide officier de gendarmerie, lassé de jouer le fin limier et de chasser les loups, qui pour se désennuyer et par horreur de devenir loup lui-même, fume de la dynamite pour mourir en homme d'honneur ; tantôt c'est une colline qui se venge méchamment des hommes ou tantôt deux frères fusionnels et rivaux qui en arrivent à s'entretuer, et tantôt aussi un homme pauvre et solitaire qui discrètement et pour son plaisir plante des milliers d'arbres, un à un, gland après gland, avec une obstination généreuse pour que renaisse la vie sur des collines arides...

Pour en avoir pâti, Giono n'ignore rien des *vapeurs noires* qui saisis-sent parfois les hommes, la veulerie et la cruauté, la perversité, l'individualisme sournois et les hystéries collectives. L'écrivain s'y attaque à la fois avec une gourmandise très fine et une voracité d'ogre, alors les histoires qu'il écrit sont souvent âpres, nous font peur, nous terrifient même, mais cet émerveillé impénitent, faute d'être optimiste, y réenchante chaque fois le monde en décrivant des paysages sublimes de beauté et de pureté où les bassesses humaines n'ont évidemment plus aucune prise. Et Giono le mécréant panthéiste en fait des épiphanies à faire pâlir d'envie un mystique.

Au fil de son œuvre, il a mélangé tout cela à sa chère Provence et en a bourré ses romans, avec la même jouissance qu'il éprouvait en bourrant sa pipe de son tabac préféré. Et quand nous ouvrons ses livres, quel fumet !

Si nous sommes aujourd'hui nombreux à découvrir ou à redécouvrir Jean Giono, c'est parce que nous avons besoin de lui. Ses textes, parfois prophétiques, rencontrent nombre de nos préoccupations actuelles, alors que notre monde, peut-être à un point critique de son évolution, traverse des crises majeures. J'ai pour ma part un besoin physiologique de lire Giono comme j'ai besoin de pain, de vin, d'espace, de lumière, de terre... Bien sûr, j'ai souvent marché dans ses pas en Haute-Provence et dans les montagnes du Trièves, visité sa maison du Paraïs à Manosque, sa petite ferme de la Margotte et les lieux qu'il a fréquentés, admiré les paysages qui l'ont imprégnés et inspirés, rencontré son ami Pierre Magnan qui m'a parlé de lui, mais ce sont d'abord ses textes qui m'aident à trouver des joies pour échapper à la morosité de certains jours, et ses livres me sont un kit de survie salvateur contre l'enténèbrement d'une époque trop pressée, artificielle, et que menace parfois le désespoir. Oui, Giono est un poète et donc *professeur d'espérance*. S'il fait la part de l'ombre, il reconnaît aussitôt celle de la lumière, et pour lui le bonheur doit être vécu comme une quête et une conquête permanente.

D'ailleurs il avoue pratiquer quotidiennement *la chasse au bonheur* et prétend que les poètes ont des pouvoirs de guérisseurs !

Jean Giono est présent jusque dans mes rêves. L'autre soir, en le lisant j'ai tout à coup rêvé que lui et moi dînions ensemble. Un dîner en plein air. Le couvert est dressé sur une table de bois au milieu d'un vaste plateau désertique et embaumé de lavande. Sans doute le plateau de Haute-Provence où il a situé le célèbre banquet de *Que ma joie demeure*.

Je suis tout de suite ébloui par le site, l'horizon grand ouvert, le ciel d'un bleu intense et la vue superbe sur la montagne de Lure.

Giono m'accueille avec chaleur et volubilité. Il est comme sur ses photos et sa voix est bien celle de ses interviews, douce et légèrement chantante.

Il entreprend de me vanter la beauté sauvage du paysage qui nous entoure. Avec sa faconde naturelle, ses tours de passe-passe, sa malice et ses ruses de poète, il me parle de sa Provence, de ses montagnes, de ses hauts plateaux, de sa Durance, de ses villages, de ce pays qu'il aime et dont il me confie les sortilèges et les violences. Du Giono dans le texte ! Les mots qu'il emploie ont le pouvoir de dire le beau dissimulé en chaque chose, de me donner à voir l'invisible, le transparent ou ce à quoi la littérature d'habitude n'accorde que peu d'importance. Quel voyage ! Giono le paysagiste crée son propre dépaysement. Son but n'est pas de me proposer un éloge de la nature dans l'esprit de Rousseau, ses descriptions d'une sensualité jubilatoire me font penser à Colette, la même propension à la jouissance, le même appétit émerveillé pour les beautés du monde, la même insolence dans le désir de vivre. Mais chez Giono, de surcroît, il y a l'allégresse et l'imagination du conteur de génie. Il m'entraîne sur d'improbables et minuscules sentiers de traverse qu'il appelle ses *grands chemins* que rien n'arrête vers des destinations incertaines, vers d'hypothétiques horizons et des lieux oubliés des cartes, ces contrées de *derrière l'air* qui sans lui passeraient inaperçus. Il me montre une nature absolument magique sous une luminosité étrange, loin des ensoleillements méridionaux banalement glorieux, comme si *le poids du ciel* brasillant de Provence pesait mystérieusement sur la lumière. Je suis bluffé. En somme il intercède pour moi auprès de l'univers tout entier. Ce miracle n'est pas un simple effet de ses mots posés à cru sur le monde réel, mais son pouvoir de magicien à renouveler ma vision du monde. À travers une observation exacerbée et voluptueuse il sait me rendre visibles les offrandes du monde, audible le chant secret des choses et palpable tout ce qui vit, vibre, frissonne, sue, suinte, gicle, coule, grouille, rampe, court, vole... pour moi une découverte sensuelle de l'infinie fécondité de notre Terre et une exploration de tout ce qui est caché, de tout ce que d'ordinaire je ne sais pas voir. Et pour me convaincre il réinvente les mots, les arrache à leur ronron tranquille et les met à l'aune de son *imagionaire*, il les passe au fil de ses cinq sens et les ajuste au plus vif et au plus chaud de l'émotion. Si je tentais de déchiffrer l'énigme du style Gionien, je dirais qu'il est une création pour ainsi dire biologique tant il semble comme une peau plaquée à nu sur la chair vive du monde. D'ailleurs, je ne connais pas d'autres écrivains dont on puisse à ce point identifier la prose à sa texture quasi physiologique, comme on reconnaît le grain d'une peau. Néanmoins, je ne m'y trompe pas, si je ne peux échapper à l'envoûtement de son style, je sais que l'intention de Giono n'est pas de faire chanter la langue, mais d'interpréter a cappella *le chant du monde*.

Je l'écoute très impressionné, fasciné, littéralement captivé. Je me prends à espérer que le talent soit volatil et contagieux.

Mais soudain le mistral se lève et se met à tourbillonner autour de nous. Un vent glacé, ce mistral !

Je me réveille en sursaut, le nez sur mon livre. Putain de mistral !

Alors aussitôt, pour prolonger mon rêve et saluer Giono, spontanément j'ai rédigé le texte qui suit, tout entier puisé avec délice au vif de mes souvenirs de jeunesse. À ce propos il faut que je vous avoue que les situations et les personnages que Jean Giono me donne à contempler dans ses livres me procurent chaque fois un étonnement étrange. Non pas une surprise, mais l'étonnement de retrouver des scènes qui me sont connues, souvent familières, intimes, et qui tout à coup remontent le temps pour éclater à la surface de ma propre mémoire, me ramener à mes propres souvenirs. En réalité, Giono décrit des états d'âme. Et mon âme s'y sent chez elle, s'y retrouve. Je suis touché avant toute pensée. Je suis troublé comme devant toute chose dont la beauté et la force s'imposent en dehors de toute réflexion. Je suis, là encore, soumis à cette sorcellerie évocatoire qui fait la singularité du style de Giono.

Ici, en l'occurrence, il peut paraître incongru et malavisé de vous soumettre le texte ci-dessous. Et si certains considèrent que je copie laborieusement mon maître, que je suis atteint de gionophilie aiguë, je leur répondrais que toute ma vie je me suis ébroué dans son œuvre avec laquelle j'ai cru – révérence gardée – nourrir une complicité personnelle, et qu'à force de le lire et de le relire inlassablement, j'ai appris de lui des trucs (comme il disait) pour restituer un peu des *vraies richesses* d'une civilisation en perdition. Car ce qui compte ici est moins ma modeste narration que le sentiment qui me l'a dicté : une grande tendresse pour la vieille civilisation paysanne qui consacrait la complémentarité originelle de l'homme, de l'animal, du végétal, du minéral et de la terre, cette harmonie naturelle entre l'individu et son territoire, si chère à Giono. Ce bel ordre, aujourd'hui répudié par une époque d'industrie forcenée, était beaucoup plus qu'une symbiose cosmique et organique, il était le pacte premier et sacré accordant à l'homme sa place native et libre au sein de la Création et la pratique de la plus noble des activités, celle du travail de la terre, essentiel à la vie de tous. Et le vieux pacte de la sève et du sang, fort de l'intensité de ses misères et de la grandeur de ses servitudes, a nourri un humanisme au point de s'élever au rang de mythologie où chacun laboure son champ, pétrit son pain, où la vie est le but suprême de la vie. Une mythologie certes ! mais qui prodigue encore des enchantements virgiliens où se lovent bien des nostalgies.

« Des battages de ma jeunesse, je garde le souvenir enchanté d'un jour d'été au ciel sans reproche, parfumé de l'odeur de blé mûr et de paille chaude, bruyant d'appels, de cris, de rires. Un jour d'été où le travail et la fête allaient de pair, indissociables, une allégorie virgilienne, une trêve où la peine des hommes devenait belle et noble, où le travail accompli en commun semblait en parfaite harmonie avec l'ordre naturel des choses : une sorte d'allégresse cosmique et, en récompense, du beau blé, tout simplement, mais essentiel.

Voisins, voisines, parents et amis étaient conviés à donner la main. Les hommes à la batteuse, les femmes aux cuisines car il fallait mettre beaucoup de monde à table, parfois jusqu'à quarante convives. A midi, on dressait les tables et le couvert dans l'ombre des tilleuls centenaires de la cour. Au pied du plus gros on mettait à rafraîchir les bouteilles dans de grandes bassines pleines de l'eau glacée du puits. C'était la seule fraîcheur du moment avec les frôlements légers des robes des filles quand elles apportaient les plats. Seuls les hommes prenaient place à table, sur des bancs. Les deux coudes solidement posés sur la table, ils mangeaient si lentement qu'on aurait pu croire qu'ils n'avaient pas faim, eux qui s'étaient pourtant levés avant l'aube. Il était beau de les voir savourer, toucher chaque morceau avec respect. Au fil de leur couteau de poche, ils détachaient délicatement de leur tranche de pain des petits cubes avec juste ce qu'il faut de croûte et de mie pour que chaque bouchée ait son compte de saveurs et soit légère à l'estomac. Puis ils ajustaient avec une sorte de minutie gourmande chaque morceau de jambon ou de boudin sur le petit cube de pain. Ces hommes-là ne se goinfraient pas, mais mangeaient comme ceux qui n'ont oublié ni le goût du pain ni le prix de la vie.

Les femmes en un va-et-vient incessant apportaient les plats fumants, tenus haut devant elles dans un geste de gloire. Elles servaient les hommes et les regardaient manger, boire, rire, elles voulaient ne rien perdre du spectacle, se poussaient du coude en gloussant, puis repartaient chercher un autre plat aux cuisines. Et les hommes mangeaient, buvaient, parlaient de plus en plus fort, excités par la fatigue et l'ivresse. A table, tout s'exagérait, les mots, les rires, les gestes, on trinquait haut, les visages s'enflammaient, l'œil s'égarait, une confusion des désirs étourdis par la fête. L'atmosphère hors du temps tenait à la fois de Breughel et de Le Nain. Les enfants jouaient avec les chiens dans le foin, les filles se penchaient pour servir et parfois le bout des seins durcissait sous les corsages rien qu'à effleurer le dos des hommes. On s'esclaffait de bon cœur, on racontait des histoires lestes pudiquement drapées d'un beau patois, puis à la fin du repas on chantait La chanson des blés d'or, J'ai deux grands bœufs dans mon étable *et* Le temps des cerises.

A cette heure, le soleil était au plus haut et la torpeur d'août à son paroxysme. La chaleur exaspérait les odeurs les plus cachées, odeur de l'herbe assoiffée et des feuilles brûlées, odeur de sève et de résine, odeur d'anis amer des carottes sauvages en fleur, odeur de cette poussière brûlante qui retombait lentement, odeur de la sueur des hommes toute parfumée de celle de la paille, une insurrection d'odeurs, et par-dessus, la belle arrogance des parfums qui venaient de la cuisine. En mangeant on mâchait aussi cette confusion d'odeurs et cette poussière de la batteuse qui appelait le verre de vin.

Jean Giono (photo collection les Amis de Jean Giono)

Chez nous, depuis la table le regard s'envolait sur le grand large du pays. Dans l'incandescence de la lumière glorieuse d'août, on avait sous les yeux le chevauchement des collines périgourdines jusqu'à l'horizon où se diluait le bleu du ciel chauffé à blanc.

Alors, dans la démesure cosmique de ce décor, tous ces hommes attablés, côte à côte sur leur banc de bois, se partageaient la nourriture, la lumière, l'espace, le temps, comme fondus dans une harmonie supérieure. Ils incarnaient prodigieusement dans leur densité et leur plénitude charnelles les festins antiques et les épiphanies paysannes que mon cher Giono a consacrées dans leur éclat et leur beauté par la force de son verbe. Ces agapes rustiques ramenaient aux tablées bibliques, reproduisaient le dispositif légendaire de la tablée originelle autour de laquelle on a partagé le pain et le vin en Judée, autour de laquelle on a communié. Cette corrélation entre la table profane et la table fondatrice m'a toujours beaucoup plu. J'ai toujours été honoré, flatté et ému d'y être admis, d'être associé au rite. »

Ce beau rite dont Giono fut toujours pour moi le grand prêtre. Je m'efforce d'en être le pratiquant à l'unisson de ces hommes attablés sans manières, mais qui savaient d'instinct jouir de la vie en sacralisant l'essentiel.

Voilà la grande leçon devenue dramatiquement d'actualité ! Alors à l'avenir, puissions-nous ne pas manquer au miracle de vivre en étant plus passionnément attentifs aux beautés et aux bontés du monde qu'il est urgent de ne plus dilapider.

Merci monsieur Giono. Le regain nous attend.

Michel Testut
à Mareynou, le 20 janvier 2022

Michel Testut, né le 11 mai 1943 à Brive-la-Gaillarde a passé son enfance entre Périgord et Corrèze dans une famille où l'on était magistrat de père en fils. Il fut publicitaire (Havas et RSCG). Nouvelliste, poète, conteur et moraliste, amoureux des mots comme il l'est de la vie, il a coutume de dire « qu'il est un volontariste du bonheur ». Ses thèmes de prédilection sont la nature, l'enfance, l'enracinement, les instants heureux du quotidien. A travers des textes courts qui parfois se rapprochent de la prose poétique, il s'attache à faire partager ses petits plaisirs (La Belle humeur) comme ses grandes douleurs (Et Mon cœur continue de battre). Marquée par Giono et des stylistes comme Jean-Claude Pirotte, Julien Gracq ou Pierre Michon, son œuvre, qui tient souvent du journal intime, est une célébration de la vie.

« Dis maîtresse, il a existé Elzéard Bouffier ? »

par Alexandra Ibanès

La classe d'Alexandra Ibanès brandissant le livre L'Homme qui plantait des arbres

Cette année-là, quand on parlait d'écologie à l'école, on pensait à un phénomène de mode qui allait bientôt disparaître, on n'imaginait pas l'ampleur de ce qui deviendrait quelques temps après, un enjeu éducatif de taille.

Pendant l'été, à la demande du club *Unesco* de Narbonne qui œuvrait pour la plantation d'arbres dans notre ville et dans ses environs, j'avais rédigé pour l'inspection académique un projet pédagogique autour de *L'Homme qui plantait des arbres* de Jean Giono. Ce travail m'avait demandé de nombreuses heures de recherche, je voulais que les pistes pédagogiques proposées aux enseignants soient les plus accessibles possibles. En effet, avec ma classe de CM2, nous venions de travailler de longs mois autour de *L'enfant et la rivière* d'Henri Bosco et la tutelle de mon établissement était venue me dire que le texte était trop difficile, pas accessible aux enfants, et que cette lecture en classe était trop ambitieuse, alors que mes élèves avaient été charmés par le récit malgré la complexité de la langue.

Comment faire aimer *L'Homme qui plantait des arbres* comme œuvre littéraire, philosophique et écologique à mes élèves ?

Chaque année dans ma classe, une compagnie théâtrale et musicale venait pour un stage d'une semaine. Souvent les spectacles à travailler avaient des trames pré-établies et laissaient une part de liberté aux enseignants. Je proposais à Sylvie et Marie, les animatrices, de monter l'œuvre de Giono en comédie musicale, avec des ombres chinoises. L'idée leur plut immédiatement et nous nous mîmes tout de suite au travail.

Il se trouve que l'on projetait à ce moment-là, au théâtre de notre ville, dans le cadre d'un dispositif *École et cinéma,* le fameux film d'animation du réalisateur québécois Frédéric Back qui avait mis en image le texte de Giono admirablement lu par Philippe Noiret. Toute la classe se rendit au cinéma et les enfants s'approprièrent d'emblée le récit de Giono. Le travail chapitre par chapitre démarra avec d'autant plus d'ardeur que les enfants savaient qu'un spectacle dont ils seraient eux-même les acteurs serait monté au printemps. Les élèves « philosophèrent » autour des notions de travail, d'opiniâtreté, de patience et de l'humilité pour mieux comprendre le texte. Il y eut ensuite un travail d'écriture de dialogues et ils apprirent des chansons pour illustrer le spectacle. Même la science fut mobilisée avec un travail sur les ombres chinoises. Enfin, en fonction de leurs talents et de leurs envies, les enfants se distribuèrent les rôles. Pendant que certains seraient sur scène en train de jouer les moments forts du roman, d'autres seraient aux percussions et au chant.

En plus des personnages de ce petit roman, l'auteur et ses enfants s'invitèrent dans la classe. En effet, pendant la semaine qui précéda Noël, j'eus l'idée de leur lire les *Contes des jours ordinaires* d'Aline Giono la fille aînée de l'écrivain. La magie était présente dans chaque phrase, les rêves étaient en ébullition ! Les enfants s'amusaient des taquineries entre Aline et sa sœur Sylvie qu'elle nommait Gracieuse : « *La cheminée disparaît derrière les paquets et les boîtes de toutes sortes. Nos chaussures sont quelque part sous cette avalanche. Gracieuse s'élance vers l'endroit où elle juge que doivent se trouver les siennes et commence à faire un vrai massacre de ficelles, de rubans arrachés et de papiers déchirés. Quand je pense que ce garçon manqué qui use ses vêtements en un rien de temps, a demandé un manteau de fourrure, je frémis. Le Père Noël aura peut-être été assez raisonnable pour ne pas le lui apporter...* »

Nous discutions de l'enfance, de Noël... Mais pour chacun, Aline, Sylvie n'étaient que des êtres de papier. Nous étions tellement bien en leur compagnie qu'une idée folle me passa par la tête. Et si la classe écrivait à

Sylvie qui était devenue une dame ? Je montrai à mes élèves une photo récente de celle-ci et leur dis « Envoyons-lui une carte avec le texte de sa sœur, et ceux qui le veulent feront des dessins et écrirons un mot. Ce n'est pas tous les jours qu'on peut écrire au personnage d'un livre ! »

Le rêve du vigneron par Serge Fiorio

Les enfants étaient fascinés, certains étaient sceptiques se demandant si je ne me moquais pas d'eux. Puis un jour, la classe a reçu une carte de Sylvie Giono/Gracieuse. Il s'agissait d'une reproduction de Serge Fiorio (un peintre qui était le petit-cousin de l'écrivain) intitulée *Le rêve du vigneron*.

« Voilà un début d'année chaleureux avec tous ces dessins, remerciez les enfants qui les ont dessinés. Je les ai trouvés à mon retour d'Australie où j'étais pour les fêtes (...) avec une pelletée d'amitié, Sylvie D. Giono »

Après ce cadeau amical, les enfants mirent encore plus d'ardeur à étudier *L'homme qui plantait des arbres*. Ils apprirent en un temps record des partitions de percussions qui illustraient chaque tableau, ils devinrent comédiens de l'ombre et de la lumière et chantèrent... *L'eau vive* de Guy Béart, *L'oranger* de Renaud, *Les amours les travaux* de Gilles Vigneault mais celle qui resta gravée dans tous les cœurs fut une chanson de Lucien Jacques qui était le meilleur ami de Giono : « *Les lauriers sont coupés, les lauriers et les chênes...* »

Le jour de la représentation, on invita au théâtre de l'école : les parents, la directrice de l'école, la responsable du club *Unesco*, un correspondant du journal local. Un invité surprise fit son apparition, il s'agissait de Félix Bourzeix un homme qui toute sa vie s'était comporté comme Elzéard Bouffier : il avait planté tant d'arbres à la sortie de Narbonne qu'en cinquante années, son jardin était devenu une forêt. Comme les enfants interprétaient à leur façon le livre, à la fin, ils distribuèrent à la centaine de spectateurs présents, un gland de chêne... Ainsi finissent les belles histoires. Cette « année Giono » fut riche d'enseignements pour nous tous. Je me fis aussi inspecter et on me conseilla d'utiliser un certain dossier pédagogique autour du roman qui avait été remis à ma circonscription sous le label de mon club, ce qui m'amusa beaucoup !

Depuis, avec les nouvelles directives pédagogiques, l'écocitoyenneté est au programme des écoles, *L'homme qui plantait des arbres* est devenu un best-seller dans les classes. J'imagine que beaucoup d'enfants demandent toujours : « Dis Maîtresse, il a existé Elzéard Bouffier ? »

Alexandra Ibanès

Professeure des écoles à Narbonne, **Alexandra Ibanès** a publié dernièrement *La philo à l'école primaire, témoignage d'une enseignante* (L'Harmattan) et *Cinq ans après* (les éditions du jais) la suite d' *Un été à l'Iris de Suse* (L'Art d'en Face). Elle écrit également des articles pédagogiques et littéraires pour les revues Diotime, Philomag, L'École des lettres, Instinct nomade.

ARBRES ET LIVRES
par Georges Cathalo

Depuis ma plus jeune enfance, arbres et livres ont toujours été mes fidèles compagnons et, lorsqu'on me pose la question de savoir quel livre j'emporterais sur une île déserte, je réponds spontanément : *L'homme qui plantait des arbres* de Jean Giono*. Ce livre, découvert tardivement, est une pépite d'espoir, un condensé d'humanité comme il s'en trouve hélas trop rarement dans la littérature. En une soixantaine de pages, Jean Giono dresse le portrait d'un berger analphabète et anonyme. L'histoire émouvante de cette personne est la preuve vivante que la banalité des gestes quotidiens comme semer ou planter peut trouver une réalisation concrète démesurée. Au règne tyrannique de la vitesse et de la 5G (!) retrouver les vertus de la lenteur et de la patience agit comme un vulnéraire. Cet exemple concret « d'utopie active » m'a servi au cours de ma carrière d'enseignant en élémentaire avec des actions concrètes de plantations. Par la suite, avec mon épouse et sa famille, nous avons reconstitué plusieurs kilomètres de haies brise-vents sur notre terre lauragaise en réparation des dégâts d'un remembrement brutal.

Pour diffuser la bonne parole contenue dans ce livre, j'utilise l'édition de 2003 parue chez Gallimard-Jeunesse, collection olio-cadet. Cet ouvrage est un petit bijou : format, mise en pages, illustrations et surtout sobriété d'un texte accessible d'où se dégage une forte impression de plénitude. Tout Giono semble réuni là en ces quelques pages d'une écriture juste et radieuse.

(*) ...avec le *Journal* de Jules Renard, le *Discours de la servitude volontaire* de la Boétie, les *Propos* du philosophe Alain, *Sur l'eau* de Maupassant et pour faire bonne mesure, les œuvres complètes de Louis Calaferte et d'Henri Roorda !

Depuis 1980, Georges Cathalo a fait paraître une quarantaine de livres, essentiellement de poésie. Il est aussi critique et chroniqueur dans de nombreuses revues, écran ou papier.

Jean Giono, c'est la magie !
par André Tillieu

Jean Giono par Jean-Yves Bertin

J'ai rencontré Jean Giono deux fois dans ma vie : du diable s'il m'aurait reconnu au cas où nous nous serions, peu après, retrouvés l'un en face de l'autre.

J'étais allé le voir chez lui à Manosque, par pur égoïsme naturellement. Mais il entrait dans cet égoïsme une part considérable de gratitude.

J'ai pas mal lu. À vrai dire, c'est sans doute la seule chose que j'ai faite à peu près bien…

Parmi tous les hommes de lettres, Giono est le seul – avec Georges Brassens – qui m'ait modifié en profondeur sans que j'aie eu pour autant à abjurer ma nature, mon tempérament et mes options fondamentales.

Il y a souvent au fond de nous des vérités informulées qu'on essaie confusément de gommer parce qu'elles ne cadrent pas avec la couleur qu'on affiche, ou alors qu'on ne sollicite pas parce que l'occasion ou le temps ne nous en sont pas donnés.

Giono et Brassens ont amené à la surface ces vérités-là.

Sans eux, mon « moi » eût été amputé, je n'eusse pas été tout à fait ce que je devais être.

Je l'écris sans fausse coquetterie.

J'ai connu Jean Giono à cette époque transitoire de la vie où, si la nature n'a pas été trop ingrate avec vous, on tente de repousser au plus loin l'âge adulte. C'était en 1942 : j'avais dix-huit ans.

Regain d'abord puis *Un de Baumugnes, Colline, Le Grand Troupeau, Que ma joie demeure,* etc. m'ont aidé à passer sans encombre ce gué difficile : il y avait, de l'autre côté, des gens respectables qui n'envisageaient pas uniquement la vie en termes de calcul, de profit, de situation, de carrière. La spontanéité de Giono, sa pureté, son culte des « vraies richesses » m'ont permis de ne pas perdre pied. Le poète, même dans ses ombres, était bien « un professeur d'espérance » ! Et ce poète m'initiait à « l'aventure de la phrase ». J'étais tellement séduit, ébloui par cette aventure-là, (par l'envol de la langue) que je la privilégiais outrageusement au détriment de l'intrigue du roman.

La guerre fut moins pénible à supporter puisque les mots de Giono entretenaient la paix, la vie et la joie.

Après la Libération, il y eut un trou...

La société me convoqua péremptoirement pour aller défendre « les valeurs du monde libre » !

Parti à l'armée, avide d'informations et de connaissances lyriques, j'en suis revenu frappé d'hébétude et cossard comme pas deux. Ainsi que n'importe qui (ou alors c'est qu'on n'a pas été enrôlé sous les bons drapeaux) ! Je me dissipais, j'optais pour la facilité. Les poètes n'avaient plus guère d'emprise sur moi, qui demandaient quelque effort. Il m'était plus aisé d'écouter pérorer les bonimenteurs de bistrots. Certes, je relisais encore de temps à autre un livre de Giono et j'en sortais toujours aussi fasciné mais ce ne m'était pas suffisant pour reprendre le collier.

Et puis, vers le printemps 1952, je suis tombé sur *Le Hussard sur le toit*. Je l'ai acheté. Au bout de vingt pages, j'étais redevenu moi-même, jamais je n'avais été militaire, ni fainéant et le monde, à travers cette confrontation d'Angelo et du choléra, redevenait savoureux et consistant.
Le plus drôle, c'est que je n'avais pas tout à fait affaire au même Giono. Mais le bonhomme avait beau avoir mis une sourdine à son lyrisme, j'avais quand même reconnu séance tenante sa petite musique.

C'était lui, à n'en pas douter : cet amour de la liberté, de la justice, cette spontanéité, cette générosité, ce panache, cette gratuité, cette jeunesse, cette « passion pour l'inutile », ces personnages de plein air. Il y avait là, en outre, un humour, une malice, une gaieté – que l'hécatombe des cholériques ne parvenait pas à entamer – qui me mettaient au comble de l'allégresse en m'accordant un sérieux supplément d'âme, qui me réinstallaient dans ma véritable peau.

Après ces temps de régiments, j'étais bien aise d'apprendre qu'il n'y a pas de grade dans le bonheur...

Sans grands mots, sans emphase, sans surenchère philosophique ou métaphysique, avec une aimable désinvolture même, *le Hussard* m'a restitué à moi-même.

Je me suis parfois reproché de ne pas avoir écrit à Jean Giono que je lui savais gré de m'avoir fait reprendre goût à la bonne mélodie sans m'avoir assommé de solfège. Je n'ai pas osé... Aline, sa fille – qui était une amie – regrettait cette retenue.

Pourtant si je considère – le plus sérieusement qui soit – *le Hussard* comme le plus beau bouquin de tous les temps, ce n'est pas parce qu'il m'a sorti de la médiocrité (à mes yeux, bien sûr), c'est tout simplement parce qu'il l'est pour moi.

Le hasard (si on veut) a voulu que je le relise en ce début d'année, quasi deux fois d'affilée.

Ce que cet hiver incongru me refusait, je me le suis accordé par petites tranches – exquises – de hussard et de toits manosquins. J'avais vingt-cinq ans, la moustache héroïque, je me prenais à tâter du crapulos, je tombais amoureux d'une chevelure brune qui encadrait deux grands yeux dans un visage en fer de lance... et Pauline me tutoyait affectueusement. Le romanesque confondait le quotidien à coups de prestige, de finesse et d'enthousiasme.

Ces fêtes de la mort, de l'égoïsme et de la volupté sont aussi un bréviaire du bonheur et de la liberté.

En bref, *le Hussard* est encore bien plus sublime, plus tonifiant, plus éblouissant que sont ce que j'avais pu croire au cours des cinq ou six lectures précédentes. Le chef d'œuvre !

Je trouve tout ce dont j'ai besoin dans *le Hussard* : Cervantès, Shakespeare, Dostoïevski et ce cher Stendhal... Stendhal qui a sûrement légué à Angelo son goût du monologue intérieur, du geste parfumé d'élégance, des altitudes (toits, tours, points de vue...), des bottes et des petits cigares qui aident à modérer les trop grandes exaltations pour les transformer en vraie félicité.

Il va sans dire que si *Le Hussard sur le toit* est son premier roman à mon palmarès, *Noé, Les Âmes fortes, Un roi sans divertissement, Les Grands Chemins, Ennemonde, Le Déserteur, Arcadie... Arcadie*, etc. etc. ne sont pas loin non plus.

Tous les mois, je relis un Giono comme on va à son cercle le mercredi.

J'aurais tendance à préférer maintenant les œuvres d'après-guerre (ne parlons pas de « deuxième manière » : les puristes se déchaîneraient) qui me paraissent plus subtiles, plus racées, plus dégraissées... plus rapides aussi... Et puis, j'en tiens désormais pour les lyriques à sourdine... question de goût, peut-être d'âge... outre que me voilà de plus en plus convaincu que c'est dans l'équilibre exact entre l'intelligence et la sensibilité que se trouve le secret des chefs d'œuvre et du génie.

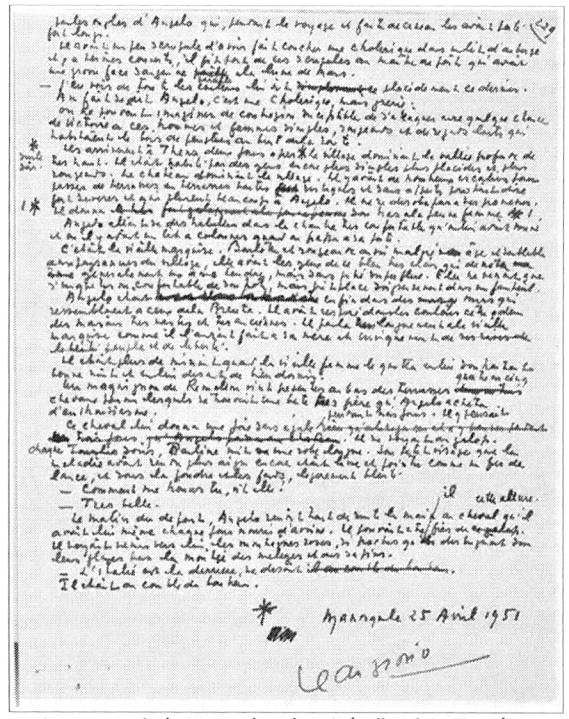

Le manuscrit du Hussard sur le toit (coll. Sylvie Giono)

Je ne délaisse pas pour autant le cycle panique et paysan.

Deux ou trois fois l'an, je me replonge dans *Colline* ou *Regain*... ou *Manosque-des-Plateaux* ou *Jean le Bleu*... pour me vautrer dans mes premières amours d'adolescent.

Allez savoir pourquoi je considère *Jean le Bleu* comme une œuvre de transition : une certaine malice, quelques notations piquantes peut-être...

Jean Giono, c'est la magie ! Avant tout la magie du verbe. Un verbe qui laisse traîner dans son sillage quelque chose comme une incandescence :

« la foudre bleuâtre pleine de paons sauvages de la jouissance ». Les livres sans style sont des livres « qui n'ont pas eu lieu ».

Ce Manosque étourdissant m'a appris aussi que, quelques catastrophes qu'il engendre, un roman n'est jamais vraiment triste s'il est bien écrit : la jubilation de l'écrivain, qu'on devine, transforme les désastres en poésie ! Tout compte fait, l'œuvre de Jean Giono est celle d'un homme en bonne santé !

Quoi d'étonnant si elle ne cesse de nous mettre « au comble du bonheur » !

Il me serait désagréable de confier, par exemple, la garde de mon chien à quelqu'un qui n'aimât pas Giono...

André Tillieu

Témoignage écrit pour l'exposition *Les Chants du monde de Giono* (catalogue réalisé par Jacques Ibanès en 1987).

André Tillieu (1924-2003) fut journaliste et écrivain. Ami intime de Georges Brassens, on lui doit quelques ouvrages essentiels consacrés au poète sétois et notamment le remarquable *Brassens - Auprès de son arbre* édité successivement chez Julliard, Presses-Pocket, Claude Lefrancq Editeur et Ananké, mais aussi, aux éditions PAC, *Brassens vivant, le succès dans la rupture* et l'excellent *Brassens, d'affectueuses révérences* chez Arthemus. Est paru chez Textuel un coffret en trois cahiers, *Les Manuscrits de Brassens*, chansons, brouillons et inédits dont l'édition est établie et commentée par André Tillieu et Alain Poulanges. On doit aussi à Tillieu *Cherche-Bonheur et autres nouvelles* (Lefrancq Editeur), *Le Noir d'Anvers* (Editions IPH) et, dans la toute petite et très coquette collection du " Veilleur de nuit ", une superbe série de petits essais, hommages ou fantaisies : *Un paroissien bien en selle, Alphonse Boudard - En guise d'adieu, En cassant la graine avec Georges Brassens, Louis Nucéra quitte la course !, Brassens et la Belgique, Un petit coin du panthéon poétique de Georges Brassens, Jean Giono - Pas une ride, De Liberchies à Carnegie - Django !*

Le rêve et la sève
par Christian Lenoir

Jean Giono par André Zucca (photo collection les Amis de Jean Giono)

Rentré dans la nuit, sans bruit, du bureau du Royaume-Uni, je me suis glissé auprès de ma belle endormie, elle demanda :

– Heu... c'était bien ton séjour ? Il est tard non ? Je ne t'ai pas attendu.

Mais elle était nue, tant et si bien que... puis, nous entrâmes au royaume des endormis, des endormis qui rêvent, et cette nuit... pour quelles raisons, mais qui peut réellement expliquer le monde des rêves ? Qui les scénarise ? Tenez, celui-ci : était-ce parce que j'avais lu cet encart dans l'avion sur Saint-Chamas, un des berceaux de la famille Giono ? Toujours est-il que, installé sur la table sous le mûrier, à maintenir les feuilles volantes par quelques galets, j'écrivais.

Ce rêve semblait puiser dans les lectures d'un de mes auteurs préférés : Jean Giono.

Ce rêve semblait répondre à cette envie de mettre en mots, d'écrire, de partager, de publier.

Ce rêve semblait rassembler des souhaits secrets que l'on me réservait.

Je me souviens de ces phrases qui me semblaient si faciles à écrire, comme si elles m'étaient dictées ; au cœur d'une nuit de rêve, j'écrivais à ... Jean Giono !

Bonjour Jean,
Votre dernier courrier m'a complètement ravi !

Le récit de votre promenade au cœur de cette garrigue est un enchantement ; étant à bonne distance de votre écrin, vos indications géographiques me sont bien utiles ; j'ai même délimité votre région de Cœur sur une carte épinglée à la maison : au nord par le cours de la Drôme de sa source jusqu'à Die, et au sud par la Durance de Sisteron à Mirabeau, enfin, à l'ouest par les plaines du Comtat Venaissin et les contreforts du Mont Ventoux.

Grâce à vos précisions, j'ai cette sensation de vous accompagner dans ces randonnées que vous appréciez tant, d'humer les senteurs des herbes à chaque coin de phrases puis, d'apercevoir le soleil, votre soleil, qui chauffe déjà le cœur et les mots.

Vous me confiez votre projet d'un nouveau livre dont l'histoire se déroulerait dans cette région, je pressens dès maintenant un monument ; c'est que votre amour de Dame Nature va se traduire par une description qui embarquera le lecteur.

Comme tous les ans, je me réjouis de venir à Manosque en juillet, dans trois mois exactement. Le plaisir de notre rencontre est un moment si espéré et la perspective d'une sortie autour d'un pique-nique me met l'eau à la bouche, et, vous le savez Jean, de marcher, discuter, apprécier cette *ondulation du plateau* selon vos termes sera savoureux. Vous évoquez 1953, une année qui m'est chère, en me proposant de revenir sur les traces de Lucien Jacques avec une visite de Gréoux-les-Bains, sa ville pour quelques années, où il exposait ses aquarelles. De cette même année, j'ai retrouvé il y a peu Les Cahiers de l'Artisan, il relançait cette revue qui lui avait permis de publier vos *Poèmes Accompagnés de la flûte* dès 1924 et vous m'aviez raconté que votre rencontre datait de cette année et grâce à cette revue. La semaine dernière, comme nous en avions parlé, j'ai pu relire dans un séminaire plusieurs passages de votre ouvrage *L'homme qui plantait des arbres* et je vous transmets le plaisir des auditeurs ! Ils témoignèrent de la beauté descriptive du récit apte à soulever les êtres, ou encore, d'autres se sentirent enlevés à vos côtés pour marcher au cœur de vos pages, bercés par le cours de l'histoire ; je fus interrogé sur cette particularité : votre rencontre avec cet homme planteur avant d'être mobilisé pour la 1ère guerre

76

mondiale et que vous allez retrouver. Je suis revenu sur ce passage : « Sorti de la guerre, je repris le chemin de ces contrées désertes. ... Il n'était pas mort. Il était même fort vert. Il ne s'était pas du tout soucié de la guerre. Il avait imperturbablement continué à planter. Le spectacle était impressionnant... en redescendant par le village, je vis couler de l'eau dans les ruisseaux qui, de mémoire d'homme, avaient toujours été à sec ... Certains de ces villages tristes dont j'ai parlé au début de mon récit s'étaient construits ».

Jean, vous réussissez via l'homme planteur, à faire ce grand écart d'une part, une vie au pays ' un temps hors du temps ' avec une vie qui s'adapte, une vie qui renaît, une vie qui améliore, comme l'eau qui revient grâce aux plantations de l'homme, sa « *forêt naturelle ... née sur un désert* » et les villages abandonnés qui revivent, et d'autre part, le temps de la guerre, des disparus « *j'avais vu mourir trop de monde pendant cinq ans ...* », et en juin 1945, c'est « *le délabrement dans lequel la guerre avait laissé le pays* ». Grâce à l'initiative de l'homme planteur, la vie a repris, fontaine, maisons, pendant cette guerre, un homme a préparé l'avenir.

Comme me disait un des participants : « ce livre m'a rendu ivre ».

Voilà Jean, vous écrire est du domaine du plaisir, et retrouver prochainement nos discussions sur vos sentiers de promenades va me tenir en haleine, à bientôt d'un prochain échange, que la Vie vous protège.

Bien amicalement.

Un bruit interrompit cette séquence de rêve, envolée l'impression de lettre, j'ai consigné immédiatement quelques éléments de cet écrit avant qu'ils ne s'enfuient. J'ai aussi remercié, pour cet immense moment.

Tant pis, Jean Giono ne m'a jamais écrit, et je ne lui ai jamais adressé ces mots, j'aurais tant aimé le faire.

C'était le p'tit matin, alors que le soleil commençait tout juste à réchauffer les pierres blanches de notre bergerie familiale, je m'affairais à la préparation d'un plateau que je venais déposer près du lit, je lui servis une tasse et je me servis, elle sourit :

– Tu fais du Prévert ? Tu sais : vous prélevez un café sur le plateau, et vous signez cette nuit en tant que drôle d'oiseau !

Duo de sourires, puis, ouvrant rideaux et portes-fenêtres vers le jardin, je balayais la cour ... juste du regard,

– Mais ? ... cet arbre, tu as fait des plantations ?

– Ah oui, ça te plaît ? ... parce que c'est un cadeau pour toi ! Je l'ai mis là provisoirement, j'ai craqué en le voyant, il faut que je te raconte, le pépiniériste m'a demandé tes passions, je lui ai répondu : toutes ? Et puis avec ton amour de la lecture, de l'écriture, des correspondances, il m'a dit avec son humour que je pourrais t'offrir un hêtre pour tes lettres ? Et puis, il a ajouté que sa copine lui avait offert hier *L'Homme qui plantait des arbres*, parce que ce livre est une merveille, tu confirmes j'imagine ?

– Tu ne peux pas savoir à quel point !

Point.

Christian Lenoir

Christian Lenoir, né en 1953 à Chartres, a exercé des fonctions en gestion des ressources humaines et d'organisateur auprès de sociétés du secteur tertiaire et industriel. En parallèle, des passions multiples comme les chantiers de restauration du patrimoine, les journaux d'entreprises, le studio photo, les organisations et animations de spectacles, randonnées équestres.

Giono en sa « librairie »
par Jacques Mény

Jean Giono dans sa « librairie » (photo collection les Amis de Jean Giono.)

À Dominique A.

Montaigne le modèle

« Mon ambition a toujours été de posséder un bureau de travail, une *librairie*, comme disait Montaigne. Combien de fois n'ai-je pas rêvé, du temps de ma jeunesse, à la librairie qu'il décrit », confie Giono en 1951 dans « Lundi », son texte-hommage à André Gide qui vient de mourir[19]. En 1944, se replongeant dans la lecture des *Essais*, alors qu'il se trouve au camp de séjour surveillé de Saint-Vincent-les-Forts, il note dans son journal : « Sur mon Montaigne, je fais lire à T. la description de sa librairie. Ce qui a été écrit de plus beau sur la paix et le bonheur[20]. » Ce lieu idéal de vie et de travail, à l'horizon de ses rêves et ambitions de jeunesse, Giono l'a bâti livre après livre, tel une œuvre au long cours, pendant plus d'un demi-siècle. Du « fruit » qu'il tire des livres, Montaigne écrit : « J'en jouis, comme les avaricieux des trésors, pour savoir que j'en jouirai quand il me plaira : mon âme se rassasie et contente de ce droit de possession. Je ne voyage jamais sans livres, ni en paix, ni en guerre. [...] ils sont à mon côté pour me donner du plaisir à mon heure : et à reconnaître, combien ils portent secours à ma vie : C'est la

---
19 Jean Giono, *De Monluc à la « Série noire »*, Les Cahiers de la *NRF*, Gallimard, 1998, p. 155-156.
20 *Bulletin* de l'association des Amis de Jean Giono, n° 44, 1995, p. 47.

meilleure munition que j'aie trouvée à cet humain voyage [...] Les livres ont beaucoup de qualités agréables à ceux qui les savent choisir[21]. »

Pour Giono, la bibliothèque est, comme l'olivette, un lieu privilégié « où l'on va pour oublier la vie ou la mieux connaître ». La passion des livres a dirigé sa vie à tel point qu'Élise, son épouse, a pu écrire dans ses « Souvenirs » : « Qu'a-t-il pu amasser comme éditions rares, éditions de luxe, etc. Les livres qu'il a tant aimés, qu'il caressait comme il caressait sa pipe. Je le vois encore en contemplation devant ses bibliothèques : ses trésors. Nous, qu'il a tant aimés, sa femme, ses enfants, ses petits-enfants ensuite, nous aurions été loin de lui, il ne se serait jamais ennuyé, mais privé de livres, il n'aurait pas vécu. Ils ont été le grand bonheur, le but de toute sa vie. Et il ne faut pas croire qu'il les achetait pour garnir des bibliothèques : il les lisait tous et il avait une mémoire considérable[22]. »

Les fondations de la *librairie*

« Le jour où, dans la chambre que je partageais avec mes parents, il me fut permis de placer à la tête de mon lit trois étagères de livres et une petite table, je crus être comblé. J'ai depuis un peu mieux contenté mes désirs en ce sens, mais j'ai dû achopper devant bien des traverses avant d'avoir une pièce assez grande, assez calme, assez pleine de livres à mon goût », poursuit Giono dans l'évocation de son amitié avec André Gide[23].

« Jamais sans livres, ni en paix, ni en guerre », écrit Montaigne. Les lettres envoyées à ses parents pendant les trente mois qu'il a passés au front entre juin 1916 et octobre 1918, montrent comment, malgré la guerre, Giono reste un lecteur impénitent[24]. S'il n'y parle pas de l'édition Nelson de *La Chartreuse de Parme*, dont il dira plus tard qu'elle l'a accompagné pendant toute la guerre, il s'amuse à raconter le pari que ses camarades prennent à son sujet : « Naturellement, à la tête de mon lit, sont les inévitables livres sans lesquels je n'existe pas. Je suis déjà célèbre pour ça ici, et il est de mise pour mes collègues de payer dix litres à celui qui prouvera qu'il m'a vu dans un poste sans livre. » À plusieurs reprises, faisant allusion à ses conditions de vie au front, il souligne la présence de livres dans sa « cagna » : « J'ai pour moi toute une baraque en bois grande comme le bastidon. J'ai l'électricité, une petite bibliothèque, un bon lit, une chaise en bois, un banc. » Ses parents lui expédient régulièrement *La Feuille littéraire* et pour contenter ses besoins de lecture, il se fait envoyer de Manosque des livres pris sur les étagères de sa bibliothèque, car « les livres ici sont aussi nécessaires que les

---
21 Montaigne, *Les Essais*, « La Pochotèque », Livre de poche, 2001, p. 1292-1296.
22 *Revue Giono* n° 8, 2014-2015, p. 166.
23 *De Monluc à la « Série noire »*, p. 156.
24 Voir *Lettres de la Grande Guerre* (1915-1919), hors série *Revue Giono*, 2015.

victuailles » : « Dites à Mlle Maurin [*Élise, sa future épouse*] qu'elle vous donne, là-haut dans mes livres, un petit livre anglais intitulé : *The Vicar of Wakefield*. Vous me l'enverrez avec mon petit dictionnaire anglais de poche » (1er juillet 1917). Peu de temps avant la fin de la guerre : « Envoyez-moi *Contes shakespeariens* de Charles Lamb. Il est dans la chambre de l'oncle sur l'étagère près de la fenêtre. Puis envoyez-moi aussi *Les Essais* de Macaulay[25]. Ce dernier doit être sur la bibliothèque dans ma chambre. Si vous ne trouvez pas, n'envoyez que le premier » (20 septembre 1918). En résumé, dans l'ordre des petits bonheurs du poilu Giono, « il y a des bouquins, du tabac et l'espoir de la permission prochaine ».

Inventaire autographe de la bibliothèque des années 20
(coll. Sylvie Giono)

En 1929, après la publication de *Colline*, Gide vient à Manosque rencontrer Giono, qui travaille toujours comme sous-directeur d'une agence bancaire. En attendant que celui-ci sorte de son travail, Gide passe le temps en furetant dans sa bibliothèque : « Je le retrouvai, le soir à six heures, dans ce petit couloir qui me servait de bureau. Il avait passé en revue, en m'attendant, mes étagères de livres. Il n'y en avait aucun des siens. Il me

---

25 Thomas Babington Macaulay (1800-1859), juriste anglais auteur d'*Essais* historiques, politiques et philosophiques, dont la traduction française avait paru en 1860.

félicita du choix de mes lectures. Il avait été surpris, me dit-il, de trouver une grande variété de lectures, une bibliothèque construite avec un sens qui s'était peu trompé. Il ne pouvait pas savoir le plaisir qu'il me faisait. Depuis plus de vingt ans, sou après sou, et avec une très grande prudence pour ne pas gâcher le peu d'argent dont je pouvais disposer pour ce plaisir, j'avais composé ma bibliothèque. Elle était la somme de mes joies, et subsidiairement mon orgueil[26]. »

Rétrospectivement, Giono affecte de ne pas avoir d'ouvrages de Gide sur ses étagères, ce que dément l'inventaire autographe qu'il a dressé des quelques cinq cents titres qui composaient sa bibliothèque à la fin des années vingt : on y trouve, en effet, *Prétextes*, *Le Retour de l'enfant prodigue* et *Les Nourritures terrestres*. Feuilletons cet inventaire rédigé sur un petit cahier d'écolier à couverture rose : nous y découvrons, d'une part, les noms d'auteurs qui eurent, certes plus que Gide, les faveurs de Giono au cours de ses années de formation ; d'autre part, les noms d'écrivains qui ne cesseront plus de l'accompagner jusqu'à la fin de sa vie et sont déjà là. Un autre constat s'impose : la prédominance, qui ne fera que s'affirmer au cours des décennies suivantes, de la littérature de langue anglaise, en traduction mais aussi dans le texte original.

Parmi les auteurs que Giono a beaucoup fréquentés dans les années vingt et un peu moins plus tard : Ronsard et Du Bellay (avec une préférence pour ce dernier), Lamartine, Musset, Leconte de Lisle, Heredia, Paul Claudel, Walt Whitman, Anatole France, Pierre Louÿs, Selma Lagerlöf. Quant aux compagnons essentiels, représentés par un ou plusieurs titres : les Grecs de l'Antiquité (Homère, Eschyle, Sophocle, Euripide, Aristophane, Platon) ; les Latins (Virgile, Ovide, Horace, Térence, Sénèque, César, Pétrone) ; Dante, Villon et L'Arioste ; Benvenuto Cellini, Machiavel, Rabelais, Montaigne ; Scarron et *Le Francion* de Sorel ; Lesage, Laclos, Casanova, Buffon, Tallemant des Réaux, Crébillon fils, Rétif de la Bretonne ; Hugo, Stendhal, Flaubert et Balzac (un seul titre pour chacun d'eux), Renan, Poe, Baudelaire, Gogol, Tolstoï et Dostoïevski ; Villiers de L'Isle-Adam, Rimbaud, Verlaine, Apollinaire, Proust, Mallarmé, Élémir Bourges, Alfred Jarry. Chez les « classiques » français du XVIIe siècle : Molière (« qui ne le touche pas »), La Fontaine et Madame de Sévigné (très appréciés), Pascal (indispensable compagnon), Racine (mais pas encore Corneille) ; pour le XVIIIe siècle : Marivaux, Voltaire, Rousseau, Grimm et Diderot (sa préférence allant à ces deux derniers).

Dans le domaine anglais : Shakespeare, De Foe, Richardson, Sterne, Percy Shelley, Thomas de Quincey, Ruskin, Walter Scott, George Eliot, Dickens, Stevenson, Byron, Meredith, Jack London, Rudyard Kipling, Oscar Wilde,

---

26 *De Monluc à la « Série noire »*, p. 157.

Jérôme K. Jérôme, Joseph Conrad, H. G. Wells, Samuel Buttler. Sans oublier les *Mille et une nuits* et le noyau initial d'une bibliothèque orientaliste qui comptera près de trois cents volumes quarante ans plus tard. Enfin, les prémisses d'une bibliothèque de religion chrétienne qui finira par compter une centaine de volumes : une Bible en dix tomes (traduction de Ledrain), *La Légende dorée*, Saint Augustin, Saint Thomas, Saint François d'Assise, François de Sales.

C'est avec ce bagage d'environ cinq cents titres que Giono emménage au printemps 1930 dans la maison qu'il ne quittera plus jusqu'à sa mort en 1970, sa thébaïde du Paraïs, au pied du Mont d'Or à Manosque. Quand il l'agrandira, ce sera pour y loger sa famille et ses amis, mais aussi pour pouvoir y accueillir de plus en plus de livres. En mai 1969, il annonce fièrement à son ami Henri Pollès, que nous retrouverons plus loin : « Nous avons maintenant 8 728 volumes catalogués. »

L'enfant et les livres

Retour aux premières années du XXe siècle. Avant de pouvoir les lire, le petit Jean Giono a écouté son père lui raconter certains livres, les lui commenter ou lui en faire la lecture. Au fil des textes et des entretiens où il évoque ses années d'enfance, Giono a égrené des noms d'écrivains et les titres d'œuvres qui ont accompagné sa jeunesse. Si quelques titres ne sont guère mentionnés plus d'une fois, d'autres reviennent constamment sous sa plume ou dans ses propos, ce qui atteste leur rôle fondateur dans la constitution de son imaginaire littéraire.

Dans *Jean le Bleu*, l'autobiographie romanesque de son enfance – où « rien n'était comme je l'ai écrit, où tout cependant est exact » – Giono raconte qu'un ami de son père, l'abbé Lombardi, lui avait apporté « un paquet de livres » : « Il y avait *L'Odyssée*, Hésiode, un petit Virgile en deux volumes et une bible toute noire[27]. » La Bible deviendra une référence majeure dans l'œuvre de Giono : « Je trouvais ça prodigieux du point de vue poétique [...] ce qui me touchait surtout, c'était les images. Je lisais les Évangiles, je voyais le drame pathétique qui se trouvait là. Mais je n'ai jamais réussi à le considérer autrement que ce que précisément j'ai trouvé dans *L'Odyssée* après. Pour moi, c'est une histoire à laquelle il n'était pas plus possible de croire que de croire à *L'Odyssée* ou que de croire à une pièce d'Aristophane[28]. » Toujours dans *Jean le Bleu*, l'enfant Giono découvre l'*Iliade* à travers la lecture que lui en fait un prêtre défroqué – peut-être le même abbé Lombardi – alors qu'il est en vacances chez un berger de Corbières, petit village voisin de Manosque. À propos des quelques livres que possédait son père, Giono introduit

---
27 *Jean le Bleu, Œuvres romanesques complètes*, II, La Pléiade, Gallimard, 1972, p. 84.
28 *Entretiens avec Jean Amrouche et Taos Amrouche*, Gallimard, 1990, p. 123.

des variantes, selon l'époque où il en parle. Outre le fameux *Manuel de santé à l'intention des milieux populaires* de Raspail, il mentionne un Malherbe hérité du grand-père carbonaro « qui aimait beaucoup le français », les *Contes* de Voltaire, *L'Homme qui rit* de Victor Hugo, qu'il relira à la fin de sa vie et commentera ainsi dans une lettre à Pollès : « Je me régale, mais mes premières lectures (qui datent de plus de cinquante ans) m'avaient laissé une impression de *gigantisme* que je ne retrouve pas et souvent l'auteur s'emberlificote dans un bavardage *malheureusement* toujours succulent, parfois très drôle. C'est un magistral numéro de Grock. Tel qu'il est, ce roman doit être dans toutes les bibliothèques des hommes de lettres. Quelle leçon d'humilité[29] ! » Dans ses entretiens avec Jean et Taos Amrouche de 1953, la bibliothèque paternelle, exclusivement hugolienne, est réduite à deux titres : « *Les Misérables* et *Les Châtiments* : il n'avait que ça. Il connaissait les poésies des *Châtiments* par cœur. Il m'a raconté d'abord *Les Misérables*, avant que j'aie pu lire le livre[30]. »

Giono et la malle aux livres dans la « galerie » de sa maison d'enfance en 1942
(photo André Zucca, collection les Amis de Jean Giono)

Giono a souvent raconté que tout avait commencé pour lui « non pas par un livre, mais par un appétit de lire », qui lui serait venu le jour où, dans une sorte de grenier au dernière étage de sa maison d'enfance, « une galerie

---
29 *Revue Giono* n° 14, 2021, p. 270.
30 *Entretiens Amrouche*, p. 103.

ouverte sur les toits et sur tout le paysage des collines », il a ouvert une grande malle couverte de poils et trouvé là « plusieurs centaines de livraisons des *Veillées des Chaumières* dépareillées : *La Reine Margot, Le Juif errant, Bras de cuir, Le Dernier des Mohicans*, etc. » Il date de là son départ « pour un long détour », qui de la lecture le conduira à l'écriture. Aux titres d'Alexandre Dumas donnés ici, il ajoutera à d'autres occasions : *La Tour de Nesle, La Dame de Monsoreau* et *Les Trois mousquetaires*. Quand Amrouche, lui demande quels sont les livres qui ont fait explosion dans son esprit quand il était jeune, Giono répond : « C'est tout simplement *Jocelyn* de Lamartine ! L'épisode se place à l'époque où je devais avoir douze ou treize ans. C'est après ça que j'ai pu lire Victor Hugo que j'avais toujours désiré lire[31]. »

Lectures de jeunesse

Giono ne cachait pas que ses années d'études au collège de Manosque n'avaient guère éveillé sa curiosité littéraire. Tout juste se souvenait-il de monsieur Yrondelle, le directeur de l'établissement, également professeur de latin et de philosophie, qui aurait attiré son attention sur Virgile, Cervantès et l'Arioste. Ce n'est qu'à partir de 1911 que les livres et la lecture vont devenir un viatique indispensable à sa survie morale dans la petite ville qu'il ne quittera jamais, mais sur laquelle pèse « un calme à la Tchékhov ». Ils vont lui permettre de trouver ce qu'il appelle des « chemins de fuite ».

Quand, à l'âge de 16 ans, il prend conscience de la précarité de la situation matérielle de ses parents, Giono quitte le collège pour leur venir en aide en entrant dans la vie active. Il trouve un emploi de coursier dans une banque, mais ses faibles revenus ne lui permettent pas d'acheter les œuvres d'auteurs contemporains. Pour satisfaire sa boulimie de lecture, il se tourne vers une collection à bon marché, les « Classiques Garnier », l'équivalent de ce que sera le livre de poche un demi-siècle plus tard : « Eschyle, Sophocle, Euripide, Aristophane, Homère, Virgile : c'était ceux qui coûtaient le moins cher chez Garnier, c'est ceux-là que j'achetais quatre-vingts centimes. Je ne pouvais pas acheter les modernes de cette époque – Anatole France, Gide, Paul Bourget – parce qu'ils coûtaient trois francs cinquante. Après les Grecs, c'est Cervantès que j'ai connu. » La période des « Classiques Garnier » dure environ trois ans jusqu'au début de la guerre de 1914-1918. Nous avons vu que pendant la guerre la bibliothèque de Giono s'était déjà enrichie de livres anglais peu communs, dont on se sait ni où, ni comment il se les était procurés. « Aux trois dimensions du monde, dans lesquelles il n'y avait que très peu de place pour moi, écrit-il en 1944 dans son essai sur Virgile, je savais qu'un de ces vieux bonshommes qui coûtaient 0,95 F allait ajouter une

---

31 *Ibid.*, p. 135.

quatrième dimension où j'aurais tout le large de faire impunément des quatre cents coups plus formidables que ceux du Casino. [...] Le plaisir que me donnaient les livres était d'abord physique. Il restait toujours pour une bonne part physique, par la suite : la joie de l'esprit s'ajoutant au bonheur de tenir entre mes mains des formes et des poids adorés. Je n'ai pas changé[32]. »

La « quatrième dimension »

Giono a maintes fois évoqué de quelle manière ses expériences de lecture avaient bouleversé sa vie d'adolescent à tel point que « le monde perdait même ses dimensions usuelles ». Dans la mesure où sa vocation s'est révélée à la faveur de la rencontre entre les grandes œuvres littéraires de l'Antiquité et le paysage méditerranéen où il les lisait, la « mine d'or inépuisable » du catalogue Garnier, riche en auteurs gréco-latins, est essentielle dans le processus qui va faire de Giono un écrivain : « Le pays que je voyais autour de moi dans ma solitude correspondait aux textes que je lisais dans Eschyle, dans Sophocle, dans Euripide et s'est établie tout de suite une sorte de communion entre les choses extérieures et les choses intérieures, ce qui m'a poussé à ce moment-là vers le besoin d'expression. » Il raconte : « J'allais à la recherche des paysages dans lesquels se passaient les drames des personnages qui m'avaient intéressé pendant le courant de la semaine. Lorsque je marchais dans les vergers d'oliviers, Pan était là, Apollon surgissait des herbes, Nausicaa était cachée dans un chemin en train de remonter le linge des lavoirs. Tout ça était mêlé. Je ne crois pas qu'un jour j'ai pu me promener dans un Manosque qui était Manosque. C'était un Manosque qui était tout ce qu'on pouvait imaginer. » Ses lectures métamorphosent les paysages qui l'entourent en une Grèce imaginaire : « Je ne connaissais pas la Grèce. J'en avais besoin. Je l'inventais. J'avais à ma disposition des vergers d'oliviers et des terres vallonnées. L'imagination démesurait facilement en valeur spirituelle le bronze des vergers, la rondeur du ciel et les lointains montagneux. Je passais tous mes dimanches à Delphes. » L'univers littéraire investit tout le réel : « J'étais dans un état second qui me permettait de voir Ulysse dans le marchand de cochons qui venait déposer des fonds à mon guichet de la banque. Je mélangeais les thèmes anciens et les modernes. Je vis qu'ils s'exaltaient. Je composais l'expression du monde dans cette lumière[33]. » C'est au cours de ses promenades dans cette Provence grecque et virgilienne que va s'éveiller en lui la conscience tragique de la condition humaine : « Je me suis rendu compte que Prométhée pouvait être enchaîné sur les collines que je voyais là [...] Au moment même où j'ai pu imaginer, sans vautour, que je pouvais être à la place de Prométhée, à ce moment-là, j'estime que j'ai fait un

---

32 *Virgile, Œuvres romanesques complètes*, III, La Pléiade, Gallimard, 1974, p. 1045-1046.
33 Jean Giono, préface de 1959 à son recueil *Accompagnés de la flûte*, p. 14.

grand pas. [...] À ce moment-là, je me suis rendu compte qu'il y avait un élément tragique dans la vie qui n'était plus seulement un élément des livres. [...] avec le Prométhée dont le vautour mangeait le foie, je me suis rendu compte qu'on courait un très grand danger à vivre. Pour moi, puisque j'étais sans Dieu, ce qui me paraissait le plus terrible, c'était de se bagarrer contre la vie. Le vautour, c'était la vie elle-même, et moi j'étais le petit Prométhée, le tout petit Prométhée dont le vautour pouvait manger le foie. Mon foie était dévoré par la vie[34]. »

De la passion de lire à celle d'écrire

« Il était sept heures, par un soir très chaud, sur les collines de Seeonee » : Giono attribuait à la lecture de cette « simple phrase » de Kipling, la première du *Livre de la Jungle*, la naissance de son désir d'écrire et la certitude de pouvoir le faire. Entre 1913 et 1916, il écrit une soixantaine de poèmes sous influence parnassienne, dont quelques-uns paraissent dans la presse bas-alpine, mais c'est au retour de la guerre que l'écriture s'impose comme une nécessité absolue. Au début des années vingt, il fait des gammes en composant des « images de plumes » en marge d'Homère, des *Mille et une nuits*, de Stevenson ou du théâtre nô[35]. Pour *Accompagnés de la flûte*, son premier recueil de prose poétique, édité par son ami Lucien Jacques en 1924, il se fixe un programme qu'il suit scrupuleusement : « Deux parties comprenant chacune huit à dix pièces. La première partie porterait le sous-titre : "dans la parole de Virgile", la deuxième "vers les bosquets d'Akadémos". Dans chaque partie, des phrases de l'*Énéide* et [du *Banquet*] de Platon motivent les poèmes qui sont – pour ainsi dire – des accompagnements de flûte aux divines phrases : d'où le titre[36]. » Et pour son premier roman achevé, après la tentative interrompue d'un récit médiéval intitulé *Angélique*, il choisit de revisiter l'*Odyssée* d'Homère. Écrit en 1925-1927, *Naissance de l'Odyssée* sera l'acte de naissance de Giono romancier. Sous une apparente fantaisie, la genèse fictive de l'épopée homérique qu'il nous propose, pose d'emblée le principe premier de son esthétique romanesque : l'art est mensonge et il n'y a de vérité que dans l'affabulation. Giono fait sienne les mots de Baudelaire qu'il soulignera dans son exemplaire des *Curiosités esthétiques* : « L'imagination est la reine du vrai. »

En transfusant dans ses premiers écrits tout un pan de sa bibliothèque de jeunesse, Giono n'imite pas, mais s'invente lui-même comme écrivain. Au contact des textes de l'Antiquité, il forge son outil, cherche et trouve sa

---

34 *Entretiens avec Jean Amrouche et Taos Amrouche*, p. 137-140.
35 À Lucien Jacques, il annonce des « images » en marge de Pétrone, Horace, Dante, Dickens, Oscar Wilde, Thomas de Quincey ou La Fontaine.
36 *Correspondance Jean Giono-Lucien Jacques 1922-1929*, « Cahiers Giono » 1, Gallimard, 1981, p.36-37.

musique personnelle, affirme rapidement sa singularité et ses dons. Si ses premiers textes affichent clairement le terreau littéraire dont ils sont issus, les références et les emprunts que Giono fera par la suite à ses lectures, seront masqués, détournés, dépassés, dans un fascinant jeu de cache-cache entre œuvres du passé et création nouvelle. Pour entrer plus avant dans le secret de fabrique d'une œuvre où se mêlent en permanence lecture et écriture, il faudrait se mettre dans la peau de Giono lecteur et avoir lu tout ce qu'il a lu. C'est ici que nous mesurons la chance qui nous est donnée de pouvoir consulter sa bibliothèque qui, contrairement à celles de beaucoup d'écrivains, n'a pas été dispersée après sa mort. Il faut être, en premier lieu, reconnaissant à ses héritiers de l'avoir maintenue en l'état dans sa maison de Manosque.

Giono dans la bibliothèque du rez-de chaussée (photo collection les Amis de Jean Giono)

Documenter la bibliothèque de Jean Giono

En mars 2016, la ville de Manosque fait l'acquisition de la propriété foncière du Paraïs : maison d'habitation et jardins, protégés depuis 1996 au titre des monuments historiques. Il est alors convenu entre l'équipe municipale et l'association des Amis de Jean Giono, que cette dernière se portera acquéreuse de la bibliothèque de l'écrivain, avec obligation de la maintenir sur place. Pour procéder à l'estimation financière, préalable à une acquisition qui sera effective en septembre 2017, un inventaire du fonds de livres est réalisé : 8 500 volumes ou documents sont recensés. Le nombre de titres est, lui, légèrement inférieur, certaines œuvres comptant plusieurs tomes.

Tous les genres sont représentés dans une bibliothèque, où la fiction romanesque est loin d'être dominante : géographie, histoire, sciences naturelles et physiques, correspondances, mémoires, carnets et journaux intimes, biographies, poésie, théâtre, philosophie, religion, critique littéraire, livres sur l'art, sciences politiques, sociologie, récits de voyages et d'expéditions maritimes, une centaine de dictionnaires et lexiques spécialisés et plusieurs centaines de « Série noire ».

À côté des livres, nous disposons d'une grande diversité de documents qui permettent de retracer l'histoire de la plupart des acquisitions faites par Giono pour enrichir sa bibliothèque, dont sa correspondances avec des libraires, des éditeurs, dont Gallimard et avec son ami Henri Pollès, qui fut l'un de ses principaux pourvoyeurs en éditions rares. Des notes dans le *Journal* et les carnets de travail de l'écrivain fournissent également de précieux renseignements. Ont été conservés plusieurs inventaires et fichiers établis par Giono ou réalisés sous son contrôle, comme nous l'avons vu plus haut en ce qui concerne les années vingt. Enfin, des centaines de factures de libraires ont été retrouvées pour la période 1947-1970. Ce sont des documents de premier ordre pour observer la manière dont s'est constituée la bibliothèque et dater l'acquisition des ouvrages. D'où, par exemple, le constat troublant auquel nous sommes conduits par l'examen des factures de libraires et la lecture de sa correspondance avec Pollès pour les années 1968-1970. Bien qu'il soit conscient de la dégradation de son état de santé et pressente que le temps lui est désormais compté, Giono achète des centaines de livres. Détachée des besoins liés à sa création maintenant ralentie, une passion irrépressible d'ajouter encore et encore de nouveaux livres à sa bibliothèque, et dans tous les domaines, s'est emparée de lui. Sans doute faut-il y voir la seule manière qu'il lui reste de faire souffler la vie aux approches de la mort.

À partir de cet ensemble d'archives, le travail du chercheur consistera à mettre tel ou tel livre de la bibliothèque en rapport avec ce qui, en amont de l'usage qu'a pu en faire Giono dans sa création, documente son acquisition, puis sa lecture à travers les traces qu'elle a éventuellement laissées sur le texte imprimé (marques, commentaires marginaux), dans son *Journal*, ses carnets de travail ou sa correspondance, avant d'étudier ce qui en aval de la lecture est passé d'un livre dans son œuvre.

Les mêmes documents serviront à établir l'inventaire de la « bibliothèque virtuelle », constituée des ouvrages absents physiquement des rayonnages, mais dont nous savons, à partir des informations fournies par les différents documents à notre disposition, qu'ils y ont un jour figuré. De multiples raisons ont pu faire qu'un ouvrage « disparaisse » de ces rayonnages : Giono a pu tout simplement s'en séparer parce qu'il ne l'intéressait pas ou avait cessé de lui être utile. Il s'en est dessaisi en fonction de l'évolution de ses goûts littéraires, ce qui se vérifie pour beaucoup de livres de ses contemporains qu'il a reçus, lus et même salués en leur temps, mais n'a pas conservé : ceux d'Henri Pourrat, par exemple, avec lequel il a correspondu au début des années trente, à qui il a donné des textes pour sa revue *Almanach des Champs*, mais dont l'œuvre ne semble plus l'avoir intéressé à partir d'une certaine époque. Que sont devenus ses Hamsun, dont il ne reste qu'un titre ? Giono a pu les rejeter après que le magazine allemand *Signal* l'ait comparé, en 1943, au prix Nobel norvégien devenu pronazi. Il ira même jusqu'à prétendre devant Gilles Lapouge ne l'avoir jamais lu ! Certains livres, dont quelques-uns ont été repérés dans les bibliothèques d'amis, ont pu être donnés ou prêtés et ne jamais être rendus. Néanmoins, dans son état actuel, la bibliothèque de Jean Giono conserve la très grande majorité des livres dont nous avons une trace de l'acquisition et de la lecture.

D'où viennent les livres ?

Giono n'a jamais eu recours aux bibliothèques de prêt et, de son temps, il aurait été bien en peine d'en trouver une proche de chez lui, qui puisse le combler. Il s'est aussi toujours plaint de ne pouvoir disposer à Manosque d'une librairie capable de lui procurer les ouvrages qu'il désirait et dont il avait besoin. Au temps des « Classiques Garnier », il passait ses commandes de livres par courrier, directement à l'éditeur, comme il l'a raconté dans *Virgile* : « Dès que j'avais écrit, la joie commençait. J'allais mettre moi-même la lettre à la poste. [...] C'était parti. Ils allaient venir ! J'attendais. Ce sont les plus pures émotions de ma vie[37]. » Nous ne savons ni où, ni comment il s'est procuré des livres au cours des années vingt. Sans doute auprès de libraires marseillais, qu'il s'agisse des Proust, Claudel ou Gide parus aux Éditions de la Nouvelle Revue Française ou d'ouvrages plus rares, comme un recueil de *Cinq Nô*, publié dans la collection « Les Classiques de l'Orient » des Éditions Bossard. Nous avons la certitude que Giono a acheté ce livre peu après sa parution en 1921, à la lecture de son poème en prose « Deux images pour illustrer Oïmatsu (Le Vieux Pin), inspiré de l'un des cinq nô du recueil, publié en octobre 1922 dans la revue marseillaise *La Criée*.

Éditeurs

Dès ses premiers contacts avec le milieu de l'édition, en 1928, Giono piocha avec avidité dans le catalogue de Grasset et surtout de Gallimard : « Je voulais vous demander, écrit-il à Jean Paulhan, en juillet 1928, si vous

---

[37] *Virgile, op. Cit.* p.1045.

pourriez me faire adresser par la NRF quelques-uns des derniers ouvrages parus. » Paulhan, qui comprit très vite qu'il y avait là un puissant moyen de s'attacher le jeune écrivain, lui fit servir gratuitement sa revue *La NRF* et lui rappelait à l'occasion : « N'y a-t-il pas de livres de La NRF que vous désiriez ? Il faut que vous me le disiez, de temps en temps. » Sensible à cette attention, Giono écrit à son ami Lucien Jacques en novembre 1928 : « La NRF à laquelle je n'ai rien demandé, m'envoie gratuitement ses nouveautés ; Grasset auquel je l'ai demandé ne m'envoie rien. » Giono connaît par cœur le catalogue Gallimard, suit le programme des nouvelles parutions, passe directement commande rue Sébastien-Bottin, d'où beaucoup d'ouvrages lui sont expédiés gracieusement. Ses lettres montrent un attachement particulier à plusieurs collections de la maison : de la Pléiade à la « Série noire », en passant par « Du Monde entier » et « Mémoires du passé pour servir au temps présent ». Elles dévoilent aussi ses goûts de lecteur : Hölderlin, Tocqueville, Dostoïevski, Mallarmé, Valéry, Faulkner, Steinbeck, Dos Passos, T.E. Lawrence, Michaux, Audiberti, Queneau, Chester Himes ou Frédéric Prokosh. Quant à « Proust, Gide, Conrad, Butler, Larbaud, Salmon, Hardy, Meredith, Claudel », déjà présents sur ses étagères quand il commença à être publié, il se fera envoyer leurs rééditions en particulier dans la Pléiade. Il arrive aussi qu'en échange d'une préface, Giono se fasse rétribuer en livres. Pour celle qu'il donne à *Moi, mes souliers* de Félix Leclerc, il écrit à l'éditeur : « Je ne veux absolument rien pour cette préface. Faites-moi simplement le service des éditions Amiot-Dumont. »

Libraires

Au fil des années, Giono a tissé des relations suivies avec plusieurs libraires de Marseille, Cannes, Nice, Grenoble, Lyon et Paris. Nous pouvons cartographier ce réseau à travers leurs factures. La librairie Flammarion à Marseille est de loin, sur une très longue période, le plus important et le plus régulier fournisseur auquel s'adresse Giono, qui s'est aussi lié d'amitié avec deux libraires niçois : Jean-Pierre Rudin et André Bottin. C'est surtout à ce dernier qu'il fait appel dans ses recherches de livres. Arthaud à Grenoble est le principal pourvoyeur de romans policiers, hors « Série noire ». Ponctuellement, Giono reçoit des ouvrages commandés à la Société de courtage international de livres et objets d'art à Nice ou aux librairies Henri Rossignol à Cannes et Jean Colliard à Lyon.

Aucune facture ne mentionne des titres d'œuvres récentes, Léautaud mis à part. Les recherches de Giono portent soit sur des œuvres littéraires du passé (de Rutebeuf à Mérimée, des romans du cycle arthurien à Samuel Pepys, de Machiavel à Stendhal) ; soit sur des ouvrages d'histoire nécessaires à la composition de son œuvre. Voici le type de lettre qu'il adresse à ses libraires : « Merci pour le Nicéphore Phocas [*Un empereur byzantin au dixième siècle, Nicéphore Phocas* de Gustave Schlumberger, édité par Firmin-Didot et Cie en 1890], quand vous l'aurez envoyez-le moi. Je cherchais en effet aussi le *Guzman d'Alfarache* de Le Sage mais je l'ai trouvé. J'ai bien reçu en son temps la vie du dit Guzman par Aleman, IIIe volume. Et je recherche toujours les deux autres. Pensez-vous toujours à mon Vauvenargues ? » (5 novembre 1948).

Spécialisée dans les livres d'occasion, la librairie « La Fleur du livre », boulevard Magenta à Paris, fournit Giono en titres utiles à l'écriture du *Bonheur fou* (livres d'Amédée de Cesena, Massimo d'Azeglio, Giovani Rufini ou sur Mazzini). Dans les années cinquante et soixante, le plus sollicité des fournisseurs parisiens sera la librairie Picard et Cie, rue Bonaparte. Plus occasionnellement, Giono aura recours aux services des librairies Albert Guillot, rue de la Bourdonnais ; Saint-Louis, rue Servandoni et Robert Bourdon, rue de Rennes. Les années soixante sont marquées par une accélération des acquisitions destinées à l'enrichissement de sa bibliothèque orientaliste, auquel pourvoient la Librairie orientale et américaine, la Librairie orientale H. Samuelian et la Librairie orientaliste Paul Geuthner.

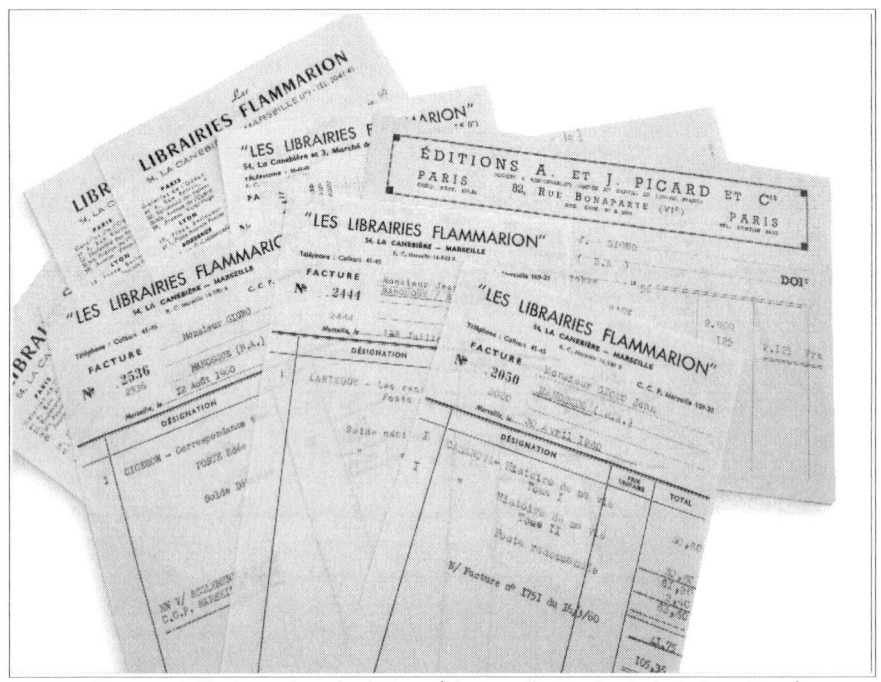

Factures de libraires adressées à Giono (photo collection les Amis de Jean Giono)

Catalogues

« Vous disposez, avec votre longue pratique de la recherche bibliographique, d'armes et de renseignements que je ne possède pas », écrit Giono à l'un de ses libraires, mais la correspondance qu'il entretient avec ses fournisseurs révèle une connaissance érudite des publications existantes dans les domaines, qui sont l'objet de ses recherches. Il reçoit et étudie les catalogues de nombreux libraires spécialisés dans le livre ancien et d'occasion, le *Guide du bibliophile et du libraire* édité par Gibert Jeune, les catalogues d'autographes de la maison Charavay. Toute sa vie, il a été abonné à la *Bibliographie de France*, où il surveille aussi bien l'annonce de la parution de ses livres, que l'actualité éditoriale de son temps. Il repère dans les revues spécialisées des livres qu'il voudra ensuite se procurer. Il écrit à Pollès en 1969 : « Je cherche le *Yi-kien tche* (il doit y avoir plusieurs volumes, presque 3 000 pages). Je ne sais même pas si le texte a été traduit. Peut-être – sans doute Shangaï, je le cherche là-bas – traduit par Chang Fu-Jui. Le *Yi-kien tche* a été au sommaire du *Journal asiatique*, fascicule n° 1, 1968. »

Souscriptions

Il arrive aussi à Giono d'acquérir par souscription des publications annoncées, comme la *Chronique de Abou-Djafar-Mo'Hammed-Ben-Djarir-Ben-Yezid Tabari,* traduite sur la version persane d'Abou-Ali Mo'Hammed Bel'Ami, d'après les manuscrits de Paris, Londres et Canterbury, que la Librairie orientale et américaine lui livre au fur et à mesure de la parution des volumes. Il a également acquis par souscription les vingt quatre tomes de l'*Encyclopædia Britannica*, parus en 1961 et les trois volumes de l'édition d'*À la recherche du temps perdu*, illustrée par Van Dongen, que Gallimard publie en 1947.

Envoi d'auteurs

De nombreux ouvrages dédicacés par ses confrères, amis ou admirateurs, se trouvent naturellement sur les étagères de sa bibliothèque. Citons les noms de Max Jacob, Saint-Pol-Roux, Jean Paulhan, Jean Guéhenno, André Gide, Ramuz, Alain, Aragon, Cocteau, Marcel Jouhandeau, Mac Orlan, Malcom de Chazal, Marcel Aymé, Pagnol, Montherlant, Jean Rostand, Henry Miller, T. S. Eliot, Samivel, Chester Himes, Heidegger, Malaparte, Roger Nimier, Lévi-Strauss, Jules Roy, Claude Mauriac, Romain Gary, Marguerite Yourcenar, Julien Green, Michel Tournier, Gustave Cohen, Gaston Bouthoul, Daniel Guérin.

Après son entrée chez les Goncourt en 1954, Giono reçoit quantité de livres en lice pour le célèbre prix décerné chaque automne. Il n'a conservé dans sa bibliothèque que quelques ouvrages qu'il a aimés (et pour lesquels il a généralement voté), comme *Les Racines du ciel* de Gary ou *La Loi* de Roger Vailland. Il distribue les autres autour de lui. Il collectionne, par contre, les romans de Bernard Clavel, qu'il apprécie. Quelques autres contemporains français sont présents dans sa bibliothèque, comme Giraudoux, Audiberti et dans une moindre mesure Céline, Adamov, Butor, Camus, Sartre et Beauvoir. Un rayon entier est consacré aux livres offerts par ses confères de l'Académie Goncourt, dont il semble que seuls Mac Orlan et Queneau l'aient intéressé.

Henri Pollès, le « chasseur dévoué »

À partir de 1946, le romancier et essayiste Henri Pollès va jouer un rôle considérable pour achalander la bibliothèque de son ami Giono. Leur passionnante correspondance, publiée dans la *Revue Giono*, nous permet de mieux cerner la relation de Giono aux livres[38]. Elle est également riche de considérations critiques sur les ouvrages, dont Giono sollicite l'envoi.

Pollès (1909-1994) a mené une « double vie » d'écrivain et de collectionneur-bibliophile. Auteur de sept romans et plusieurs essais en trente ans, il ne retrouvera jamais le succès rencontré par son premier roman, *Sophie de Tréguier*, prix du roman populiste en 1933. Comme il ne peut vivre de sa plume, Pollès se fait courtier en livres, spécialisé dans la recherche d'ouvrages « dépareillés », qu'il achète, revend, échange sans cesse, fournissant en raretés beaucoup d'écrivains, dont Max Jacob et Marcel Jouhandeau. Pendant plus de vingt ans, Pollès se mit au service de Giono pour combler ses désirs bibliomaniaques, lui trouver l'introuvable, avec une ferveur qui lui fait écrire : « Il faut trembler d'enrichir aussi grande bibliothèque. » C'est à travers leurs échanges que nous prenons la mesure de la boulimie de celui que Pollès qualifia de « Gargantua de lecture » : « Allez-y ; je ne serai jamais comblé ; ma curiosité est sans cesse éveillée. Continuez si vous n'êtes pas fatigué », lui écrivait Giono. Les listes de titres qu'ils échangent révèlent la diversité et de l'ampleur de cette « curiosité ». Prenons l'exemple de l'une des premières lettres de Giono à Pollès, datée du 9 juin 1946. Elle commence ainsi : « Puisque vous me proposez de m'aider à trouver des livres que je désire, voilà des titres que je cherche. Tout *Machiavel* sauf *Le Prince* (à moins que ce soit une bonne édition avec notes abondantes). » Suit une liste d'ouvrages sur les Borgia, l'histoire et la civilisation italiennes. Passant à « un autre ordre de préoccupations », Giono demande à Pollès de lui procurer « tout ce qu'on peut trouver de Lope de Vega et de Tirso de la Molina, en plus du dernier roman de Cervantes *Les Travaux de Persiles et de Sigismond*, mais dans la traduction du XVIIIe siècle. Suit Agrippa d'Aubigné, dont il veut non seulement *Les Tragiques*, mais aussi l'*Histoire universelle*. Enfin, apparaît un

---
[38] *Revue Giono* n° 11, 2018 et *Revue Giono* n° 14, 2021.

titre qui sera au cœur de leur correspondance pendant plusieurs mois : « *Véridique histoire de la Conquête de la Nouvelle-Espagne* par le Capitaine Bernal Díaz del Castillo. Trad. José-Maria de Heredia. 3 ou 4 volumes chez Alphonse Lemerre, 1878. » Et pour faire bonne mesure, Giono ajoute : « Tout ce qu'on peut trouver sur *l'ancien* Mexique, la civilisation Maya – Les Aztèques ». Le 29 novembre suivant, nouvelle lettre de Giono qui, outre « un *très beau* Machiavel complet en traduction [...] il faut que l'exemplaire soit *très beau*. C'est pour mon plaisir et si possible de format *portatif* », rappelle à Pollès qu'il veut toujours : « Tout aussi sur les Aztèques et les Mayas, le Mexique, le Pérou, Cortez, Colomb. Des livres de critique sur *Cervantès*. Des livres de voyage (mais *bons*) sur la Perse, la Chine. *Tous* les livres possibles sur *le Thibet*, tant textes poétiques traduits que de voyage, même en anglais. Livres de reproduction d'art sur ces pays » et des miniatures persanes en couleurs, car il veut « avoir une grande documentation sur ce sujet ». En 1969, Giono aura ce mot qui le définit parfaitement : « Peu à peu, par mes désirs, vous verrez quel personnage inconnu je peux être. » Sa bibliothèque révèle la diversité de ses préoccupations intellectuelles et l'immensité de sa culture.

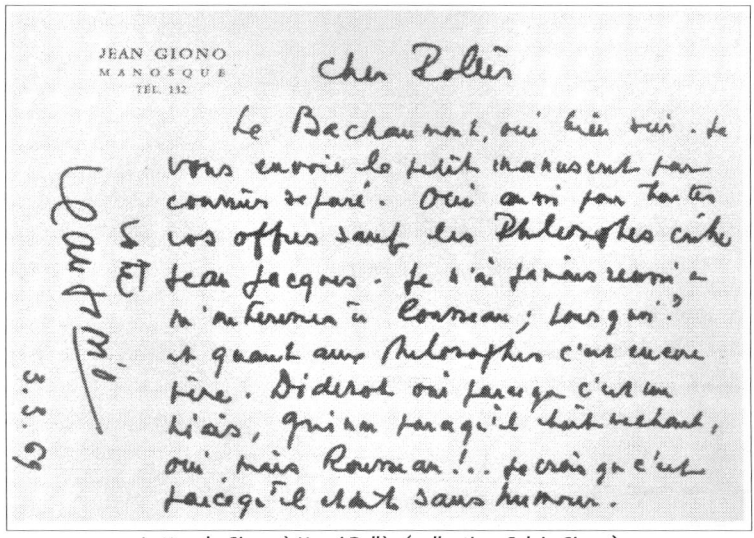

Lettre de Giono à Henri Pollès (collection Sylvie Giono)

Tous les livres possibles sur…

Quand il s'intéresse à un sujet, Giono veut disposer de « tout » ce qu'il lui est possible de se procurer sur ce sujet. Son degré d'intérêt se manifeste très concrètement de deux manières : l'accumulation et l'annotation. Il se produit avec les livres le même phénomène que celui décrit dans *Noé* à propos de la récolte des olives : « C'est le plaisir d'*amasser* qui me tient. » La plus belle

« avarice » – au sens très particulier que Giono donne à ce terme de résistance salvatrice à l'attirance destructrice pour le néant – préside à la constitution de « cantons » entiers de la bibliothèque. Son intérêt pour un auteur ou un sujet est signalé par la présence d'ouvrages documentaires ou critiques, souvent plus annotés que les œuvres elles-mêmes, comme c'est le cas pour Machiavel, Stendhal ou les romans du cycle arthurien. Voici quelques exemples d'écrivains, d'œuvres et de sujets qui ont fait l'objet d'une véritable thésaurisation de la part de Giono, qui accumule les éditions en langue originale et en traduction publiées à différentes époques, auxquelles s'ajoutent quantité d'études savantes : Dante, l'Arioste, Le Tasse, Shakespeare, Machiavel, Cervantès, Nostradamus, Rétif de la Bretonne, Sade, le Cardinal de Retz, Casanova, Stendhal, Walter Scott, Hugo, Dostoïevski, Tchékhov, Proust, Claudel et « tout Faulkner ». Ajoutons plusieurs séries de *Causes célèbres*, publiées entre 1757 et 1867, soit une cinquantaine de volumes, qui soulignent l'attrait qu'exerçaient « les fastes du crime » sur un écrivain, qui enrichira ce fonds de nombreux autres ouvrages traitant du brigandage, des grandes affaires criminelles, des mœurs et pratiques policières. Comme il peut s'y attendre, le chercheur trouve sur les rayonnages de la bibliothèque une ample collection d'œuvres de l'Antiquité gréco-latine, mais à côté des « classiques » il découvre les plus rares Strabon, Polybe, Macrobe, Lucain, Silius Italicus, Claudien, Ammien Marcellin. Il s'étonnera de l'érudition qui a présidé aux acquisitions relevant du domaine médiéval, dont les huit volumes de la *Vulgate version of the Arthurian Romances*, édités entre 1909 et 1913 par H. Oskar Sommer, d'après le manuscrit du British Museum, que lui procure, en 1949, M. Filliozat, directeur de « La Fleur du livre ».

Autre surprise, c'est le dix-huitième siècle, tous genres et pays confondus, qui est représenté par le plus grand nombre de titres. Enfin, pendant un demi-siècle, Giono va construire une prodigieuse bibliothèque orientaliste, dont il était très fier d'écrire à Pollès, en 1969 : « J'étudie le chinois depuis plus de quarante-cinq ans ; la langue, *purement écrite*, pas l'orale. J'ai une bibliothèque de plus de 300 volumes sur le chinois. Les étudiants de la faculté d'Aix suivant la chaire de chinois viennent la consulter chez moi : ils n'ont pas des textes rares que j'ai chez moi. »

Le fonds Stendhal mérite qu'on s'y arrête, car c'est le plus abondant à être consacré à un même écrivain : 130 volumes, dont 30 de critique. Si Giono possédait déjà quelques éditions de Stendhal avant octobre 1938, c'est à partir de cette date, où il fait l'acquisition des soixante volumes publiés par Henri Martineau aux éditions Le Divan entre 1926 et 1937, qu'il commence à « collectionner » les ouvrages sur Stendhal. Quand sa réputation de « stendhalien » fut connue, quelques exégètes, dont Maurice Bardèche (*Stendhal romancier*, 1947), lui envoyèrent leurs études critiques dédicacées. Dans une lettre à Marcel Thiébaut, directeur de la *Revue de Paris*, où il publie régulièrement depuis ses débuts, Giono écrit : « Dans votre chronique de la revue d'octobre 1952, vous parlez à propos de Stendhal de certains livres que je voulais me procurer et que vous me remettez en mémoire. Pour m'éviter des recherches dans les derniers numéros du bulletin bibliographique, pourriez-vous me dire le nom des éditeurs du *Calendrier stendhalien* et *Petit dictionnaire stendhalien*. De même pour un livre qui est je crois une sorte de Dictionnaire des personnages de Balzac (dont vous parlez également et que j'ai vu passer récemment dans la bibliographie, je crois). » Renseigné par Thiébaut, Giono commande et reçoit sans tarder les deux ouvrages de Martineau sur Stendhal, facturés par Le Divan. Quant aux cinq volumes du *Journal* de Stendhal, paru au Divan en 1937, la facture de la librairie indique qu'ils n'entrèrent dans la bibliothèque qu'en juillet 1953, ce que confirme une note à propos de ce *Journal*, prise peu après dans un carnet de travail de 1953.

Giono bibliophile ?

Giono était bibliophile au sens littéral d'amoureux des livres, mais il se défendait d'être un amateur de belles éditions et s'en expliquait à Pollès qui voulait le convertir à la bibliophilie : « Entendons-nous une bonne fois pour toutes : je ne suis pas bibliophile, *pas du tout*. Je cherche des ouvrages de documentation et d'étude. Même si les volumes sont en mauvais état, c'est le texte seul qui compte pour moi. Je les veux en premier lieu *complets*, et enfin dans la meilleure leçon. Je me fiche complètement de la reliure ou du papier. » En janvier 1969, il écrit à Pollès : « Ce que j'aime surtout ce sont les textes, même dépareillés ; les reliures ne me touchent pas ; l'extérieur ne compte pas. Il ne me faut que des textes. Je ne cherche pas une belle bibliothèque. Je l'ai voulue riche de contenu ». Une « bibliothèque utile », comme disait Jean-Louis Wagnière, le secrétaire de Voltaire, de celle de son maître à Ferney. Giono n'en est pas moins sensible à l'aspect physique du livre : « Je trouve un Bernis chez A. Picard. Il n'est pas beau. J'attends le vôtre », écrit-il à Pollès, dont il modère toutefois les ardeurs bibliophiliques : « Oui la *Jérusalem* en édition romantique me fera le plus grand plaisir. Et peut-être : *Atala*, *René*, *Natchez* et autres *Abencérages*. Mais, *doucement*, pas cher, pas rutilants, pas fracassants, tous petits, juste pour un provincial. »

Il se montre néanmoins très heureux de posséder quelques raretés. À Pollès, qui lui propose un Dante complet, illustré par Botticelli, « le genre de livre à mettre sur un guéridon dans le vestibule », Giono répond fièrement :

> Ah je vous bats, et dans les grandes largeurs : j'ai la 42ᵉ édition *rarissime* de Dante, in Venetia, Appresso Giovambattista, Marchio Seba fratelli, 1564, con lespositione di Christoforo Landino et di Alessandro Vellurello, avec les illustrations *originales* de Francesco Sansovino. Un monument de typographie vénitienne avec sa reliure originale. À la suite j'ai *54* éditions diverses, tant pour l'original que pour les traductions, notamment les traductions de Turin du 14ᵉ siècle jusqu'à la dernière édition bilingue qui a été particulièrement éditée à mon nom. Je suis un professionnel de Dante.

Heureux également d'avoir dans sa bibliothèque l'une des premières éditions de *L'Astrée* parue en 1612 ou, quoique sa reliure soit endommagée, la traduction française du *Premier livre des discours de l'Estat de paix et de guerre* de Machiavel, parue en 1544, ou bien encore un *Orlando furioso*, imprimé à Venise en 1586. Dans une lettre à Pollès, il ajoute : « Un magnifique Saint-Simon, Sévigné admirable, un La Pérouse introuvable etc. » Et à propos de son imposante collection – une soixantaine de volumes – d'ouvrages de Rétif de la Bretonne : « J'ai l'original des *Contemporaines* de Rétif, 30 volumes petit in-12 avec les gravures, 1782 et j'ai aussi du même, originale aussi (beaucoup plus rare), 16 volumes *Les Nuits de Paris* avec les gravures 1789-90-93. »

La rareté ou l'ancienneté d'un livre n'implique pas nécessairement qu'il soit traité comme un objet précieux. Giono ne montre aucun scrupule à souligner au stylo à bille rouge des passages entiers de la troisième édition du *Dictionnaire historique et critique* de Bayle, publié à Rotterdam en 1715. Il marque plus de « respect » aux volumes de la Pléiade, très peu annotés, contrairement aux éditions courantes, aux livres de critique ou de documentation. Paradoxalement, il fait relier d'une belle peau rouge les deux tomes des œuvres d'Aristophane parus en 1965 dans… le Livre de poche !

Sensibilité à la typographie

Se souvenant des livres qu'il achetait avant 1914, Giono déplorait rétrospectivement qu'ils aient été « mal imprimés et parfois incomplets ». Sa sensibilité à la typographie remonte à sa jeunesse, quand son oncle Marius, le frère de sa mère Pauline, qui était imprimeur à Manosque, l'a initié à exercer son œil sur les formes imprimées. Les conseils de l'oncle éveillèrent certainement sa vigilance en ce domaine. Quand il fait paraître son sonnet « Épitaphe aux Thermopyles » dans *La Dépêche des Alpes* en avril 1915, il reçoit de son oncle mobilisé près de Nancy, un avis de typographe : « Le compositeur qui a composé n'est malheureusement pas du métier, car il aurait dû, entre chaque quatrain, laisser un peu plus de blanc. Les alexandrins très alignés par le commencement des vers et ceux de huit pieds très alignés aussi, mais un peu renforcés par le commencement. Ça aurait donné beaucoup plus de clarté et le lecteur aurait beaucoup plus de facilité pour les lire et les comprendre. Tandis que ces erreurs typographiques donnent à tes vers l'aspect d'un taquoir[39]. » En 1922, son ami Lucien Jacques lui envoie son recueil de poèmes *Fontaines*, qu'il vient d'éditer lui-même aux *Cahiers de l'Artisan*. S'il en a aimé les vers, Giono commente beaucoup plus longuement la « présentation » des poèmes, qu'il trouve « très artiste » : « J'ai bien aimé le papier et les caractères du livre et la disposition des poèmes. La présentation est à mon sens d'une grande importance. L'harmonie des lignes imprimées doit charmer par un judicieux équilibre. » Quand, en 1947, un autre ami, le grand typographe Maximilien Vox, lui envoie un exemplaire des *Idylles* de Théocrite, typographiées par ses soins, Giono l'en remercie en des termes qui rappellent cette sensibilité très ancienne à l'art typographique : « Ce texte d'une typographie admirable qui joue à enchanter le lecteur par de la typographie pure. Cette unité de la composition qui va du plus petit filet au dessin lui-même. C'est une joie. Et que partage la famille. Élise, Aline, Sylvie, moi-même le caressons puis l'entrouvrons pour vite le refermer et remâcher notre plaisir[40]. » Une belle typographie est pour lui « une joie infinie pour l'œil ».

D'un livre à d'autres

Giono est un lecteur de préface attentif. Alors que le texte préfacé ne porte aucune trace de sa lecture, sa préface est souvent annotée et abondamment. On peut quelquefois se demander si sa lecture a dépassé le stade de cette introduction, où Giono trouve des informations bibliographiques, qui vont le lancer à la quête de nouveaux ouvrages.

Dans l'introduction de José-Maria de Heredia à sa traduction de la *Véridique Histoire de la Conquête de la Nouvelle-Espagne par le Capitaine Bernal Díaz del Castillo*, Giono découvre, signalée par Heredia, l'existence d'une autre traduction du même texte par Daniel Jourdanet, parue en 1877. Il n'aura de cesse que Pollès la lui procure, car si la traduction de Heredia est « une extraordinaire chose, terriblement belle ! », le « livre admirable » de Diaz est « peut-être aussi grand ! *et je pèse mes mots*, que *Don Quichotte* » et il lui faut absolument cette autre traduction : « Si vous la trouvez, prenez-la. Ainsi que tout ce qui se rapporte au même sujet, écrit par Cortez lui-même

---

39 Morceau de bois utilisé pour niveler les caractères d'une forme typographique à l'aide d'un marteau.
40 Voir *À la poursuite du livre rêvé par Jean Giono et Maximilien Vox. Dialogues typographiques*, dir. Marie-Astrid Bailly-Maître, coédition Rencontres internationales de Lure-Centre Jean Giono de Manosque, 2021.

ou par les moines. Également tout ce qui a rapport à Pizzare et Conquête du Pérou. Il y a aussi dans le même ordre d'idée : B. de Sahagun – *Histoire générale des choses de la Nouvelle-Espagne* traduite et annotée par D. Jourdanet et R. Siméon Paris 1880 ; une autre édition du même ouvrage édition de 1800 n'est portée que traduite par D. Jourdanet. L'une ou l'autre est d'un très grand intérêt pour moi. » Anticipant les désirs de Giono, Pollès lui proposera à sa grande satisfaction une édition de *L'Araucana*, poème épique d'Alonso de Ercilla sur la conquête espagnole du Chili, dans sa première traduction française parue en 1869 et, également dans sa première traduction française parue en 1650, *Histoire des guerres civiles des Espagnols dans les Indes, suivi de Suite des guerres civiles des espagnols dans le Peru*, un ouvrage de Garci Lasso de la Vega, réputé avoir inspiré à Voltaire l'Eldorado de *Candide*.

Une partie de la bibliothèque se construit ainsi par « ricochets » : un livre en signale d'autres, que Giono ne tarde pas à vouloir acquérir. En avril 1949, alors qu'il commence à travailler sur Machiavel en vue de l'édition des œuvres du « Secrétaire florentin » dans la Pléiade, projet dont il est d'ailleurs à l'origine, Giono est alerté par son ami l'éditeur Roland Laudenbach de l'existence d'un essai de James Burham, intitulé *The Machiavellians*. Celui-ci vient de paraître chez Calman-Lévy sous le titre *Les Machiavéliens défenseurs de la liberté* et Laudenbach ajoute que leur ami commun, le libraire niçois Jean-Pierre Rudin, peut le lui fournir rapidement. Sitôt le livre reçu, Giono procède à sa lecture approfondie, à tel point que sur les 294 pages que compte l'ouvrage, 209 présentent des marques de lecture et des commentaires marginaux. Les six premières parties du livre de Burnham traitent des pensées politiques de Dante, Machiavel, Mosca, Sorel, Michels et Pareto. Or, Giono n'a jamais lu Mosca, ni Pareto. La synthèse que fait Burnham du gigantesque *Traité de sociologie générale* de Pareto, publié en 1917 chez Payot, ne lui suffit pas. Il veut en connaître le texte complet et met aussitôt en chasse son réseau de libraire. Désir bientôt exaucé, comme l'indique une note de son *Journal* en septembre 1949 : « Je vais étudier Pareto dont par chance Aline a trouvé le traité de sociologie à Lausanne. » Les deux volumes du *Traité*, que Giono fait relier d'un beau cuir grenat, se trouvent toujours dans sa bibliothèque, partiellement annotés. *Histoires des doctrines politiques depuis l'Antiquité jusqu'à nos jours* de Gaetano Mosca est également présent dans la bibliothèque, mais n'a pas été annoté.

Ceci nous amène à nous arrêter un instant sur les abondantes lectures de Giono en matière de philosophie politique : Bodin, Machiavel, Bacon, Hobbes, Bayle, Montesquieu, Rousseau, Frédéric II, Benjamin Constant, Tocqueville, Marx, Lénine sont là dans sa bibliothèque, aux côtés de Saint-Just, Bonaparte, Proudhon, Sorel, Trotski, Souvarine, Pareto, Mosca, Léo

Strauss, Hannah Arendt. Giono étudie, crayon en main, un « classique » des études en sciences politiques : *Les Grandes œuvres politiques de Machiavel à nos jours* de Jean-Jacques Chevallier. Il se plonge dans l'ouvrage de Paul Hazard *La Crise de la conscience européenne (1680-1715)*, dont il possède deux éditions, l'une courante en un volume, l'autre illustrée en trois volumes. À travers Paul Hazard, il se frotte à la pensée politique de Spinoza, Locke, Bossuet, Burke, Grotius, Pufendorf, Cumberland, qu'il commente sur les pages de ses carnets de travail[41]. Il accumule les livres sur la Révolution française, bien qu'il prétende détester cette période, comme ceux sur la Révolution russe et le régime soviétique ; il lit et annote *Destin de l'homme* de Berdiaev, qui influencera l'écriture de sa *Lettre aux paysans sur la pauvreté et la paix*, aussi bien que le *Journal* de Goebbels, que Gide lui a recommandé et qu'à son tour, il recommande à des amis.

Il serait réducteur de justifier, comme pour vouloir en excuser Giono, son « appétit » de lectures politiques, par la nécessité où il se trouvait de se documenter en vue d'écrire sur Machiavel pour la Pléiade. Paradoxalement, il a lu moins d'œuvres de philosophie politique avant 1939, au temps de ses propres combats politiques, qu'après 1945, où il rejette toute forme d'engagement et manifeste un mépris sans appel pour la classe politique au pouvoir. On constate que l'intérêt pour les « grandes œuvres politiques », qui s'empare de lui après la guerre se prolongera bien au-delà de la publication de ses écrits sur Machiavel. Jusqu'à la fin de sa vie, Giono continuera à se procurer, pour les lire, les relire et quelquefois les commenter dans ses carnets des ouvrages sur la Révolution française, Lénine, Trotski, Staline, l'Union soviétique ou la Chine de Mao Tsé Toung. Sans doute cherche-t-il à travers ces lectures à s'expliquer les déconvenues de son propre parcours politique, dont il a trouvé un équivalent chez Machiavel. Le temps des épreuves terminé, son entreprise autodidacte d'éducation politique, a pu être guidée par la recherche d'un apaisement à travers la compréhension et l'élucidation des lois de la politique, que traverse la lancinante question de la liberté. Les termes « violence », « dictature » et « liberté » appellent des soulignements et des coches systématiques au fil des pages. Le pessimiste radical de Giono se fonde sur la conviction, renforcée à la lecture de Machiavel et plus encore de Hobbes, que l'homme est « naturellement mauvais » et qu'en conséquence tous les systèmes politiques sont nocifs et voués à l'échec. Mais il ne peut se départir d'une attirance pour l'étude des théories politiques, quant bien même confortent-elles son total désenchantement quant au « gouvernement des hommes ».

---

41 *Revue Giono* n° 3, 2009, p. 25 et suivantes.

Lectures savantes

À propos d'un personnage appelé « De Machin », que nous retrouverons à la fin de cet article, Giono donne une liste d'auteurs présents dans sa bibliothèque et ajoute : « y compris les exégèses sur... ». Giono s'est plu à cultiver une fausse image – qu'il a entièrement fabriquée – d'écrivain non intellectuel et qui ne serait même pas « intelligent ». Le catalogue de sa bibliothèque, où abondent « les exégèses sur... », dément des affirmations qui ne sont en réalité que des masques. Une édition du *Prince* venant s'ajouter à celles qu'il possède déjà peut l'intéresser, mais seulement si c'est « une bonne édition avec notes abondantes ». Il sollicite l'envoi de « tout ce qui entoure Grimm par exemple (et même *Grimm* lui-même) » et « la correspondance de Grimm, si elle est surtout *critique*, sera parfaite, même incomplète ». Il écrit à Pollès : « Je lis passionnément la correspondance générale de Sainte-Beuve. Pas tant pour la correspondance elle-même mais pour son appareil critique fort abondant. » Giono ne s'est guère exprimé sur sa lecture de Rabelais et la critique n'a guère étudié les rapports que son œuvre entretient avec celle de l'auteur des *Horribles et épouvantables faits et prouesses du très renommé Pantagruel Roi des Dipsodes*. Or sa bibliothèque révèle qu'il s'intéressait de près à Rabelais, car outre sept volumes des œuvres de Rabelais – dont un de 1841 portant sur sa couverture la signature de Giono et la date « 19-11-19 » – nous trouvons sur les étagères du Paraïs huit tomes de la *Revue des Études rabelaisiennes*, parus entre 1903 et 1912, et seize tomes de la *Revue du seizième siècle*, publication de la Société des études rabelaisiennes, parus entre 1913 et 1929. Giono qui se disait un « professionnel de Dante » tant il avait réuni et lu d'études sur le poète de la *Divine Comédie*, aurait pu tout aussi bien prétendre être, pour les mêmes raisons, un « professionnel » de Machiavel, Stendhal ou du théâtre médiéval. Au cours d'une visite qu'il rendit à Giono le jour de Noël 1930, le grand médiéviste Gustave Cohen fut stupéfait de découvrir dans sa bibliothèque un de ses ouvrages, « bouquin de lourde érudition, le plus assommant que j'aie écrit[42] » : *Le Livre de conduite du régisseur et le compte des dépenses pour le Mystère de la Passion joué à Mons en juillet 1501*. Trente ans plus tard, Giono reprendrait partiellement ce titre en intitulant l'édition du scénario de son film *Crésus* : « livre de conduite du metteur en scène ».

Pratiques de lectures

« Je lis en écrivant. Je lis, lorsqu'une phrase m'a amené à un endroit où il faut que je réfléchisse encore un peu pour la continuer. Je m'assois, je lis quelques pages d'un livre ou de plusieurs livres. Les livres que je lis d'une

---
42 Gustave Cohen, *Ceux que j'ai connus*, L'Arbre, 1946, p. 192.

façon courante, je les lis le soir, après souper. Dans la journée, je grappille dans la bibliothèque, je vais à droite, à gauche... Je ne lis pas de choses suivies pendant mon travail », confie Giono à Amrouche. Seule, la lecture des romans de la « Série noire » fait l'objet d'un rituel précis : Giono se donne une journée de repos, de préférence s'il pleut, pour dévorer les quatre romans de la livraison mensuelle de la collection, que Gallimard lui envoie systématiquement. Il les lit allongé sur le canapé de son bureau, en robe de chambre, fumant sa pipe sans discontinuer : « Le résultat, c'est l'oubli, c'est l'apaisement, le calme, les soucis effacés... C'est un plaisir et une médecine. »

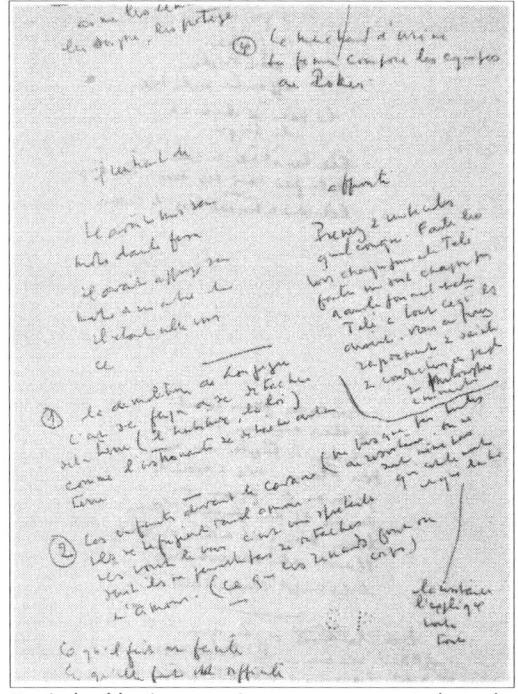

Essais de rédaction pour *Dragoon* sur une page de garde d'*Absalon, Absalon!* (coll. Sylvie Giono)

Mais dans son échoppe d'artisan d'images ou son laboratoire d'expérimentation littéraire, Giono pratique aussi la lecture « appliquée » au sens de ce mot dans l'expression « sciences appliquées » : une lecture dont l'objectif pratique est de nourrir sciemment sa propre écriture. Ce processus actif laisse des traces sur les livres et sur les pages des carnets de travail, qui sont en grande partie les brouillons de l'œuvre. Il a déjà été question à de nombreuses reprises des marques de lectures inscrites sur les livres de la bibliothèque. Elles sont de différents types : signets, segments de phrase soulignés, passages assortis de coches verticales (simple, double ou triple) ou d'astérisques dans la marge. Ce signe *, cher à Giono, accentue l'intérêt plus particulier d'une phrase ou d'un passage du texte. Moins nombreux sont les livres à présenter des commentaires marginaux. Enfin, Giono peut utiliser les pages de garde, voire de titre, d'un livre comme support d'écriture. Succédané momentané du carnet de travail, les pages de garde lui servent à prendre des notes personnelles proches du « Journal », à esquisser un plan ou ébaucher une phrase, sans qu'il y ait nécessairement un lien entre la teneur de ces notes et le contenu de l'ouvrage, mais ce n'est pas exclu. C'est le cas, par exemple, de nombreuses ébauches pour *Dragoon* lisibles sur les pages de garde d'*Absalon, Absalon !* de Faulkner, qui fut une référence essentielle de Giono pour la composition de ce roman qu'il laissera inachevé. Le « cas » du *Bonheur fou*, écrit entre 1953 et 1957, est remarquable. Témoins d'une campagne d'écriture particulièrement longue, des dizaines de livres de la bibliothèque présentent des notes pour ce roman sur leurs pages de garde, que ce soit une vieille édition des *Cosaques* de Tolstoï parue en 1886 ou *Mœurs de ce temps* de Maurice Sachs, publié en 1954, où l'on relève aussi des notes pour *Le Désastre de Pavie*, écrit de fin 1958 à juillet 1962.

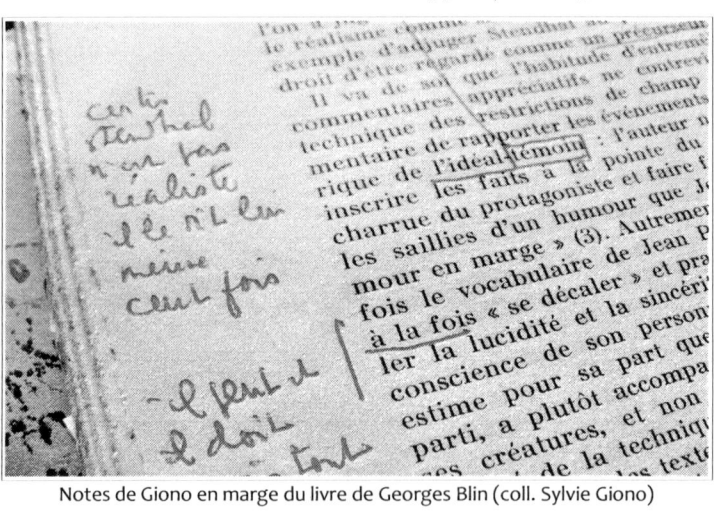

Notes de Giono en marge du livre de Georges Blin (coll. Sylvie Giono)

Giono se livre aussi à des commentaires marginaux en réaction au texte lu, sans lien avec la rédaction d'un de ses textes. C'est le cas de ceux qui occupent la totalité des marges de plusieurs pages de l'essai de Georges Blin, *Stendhal et les problèmes du roman*, où s'affirment ses convictions esthétiques et sa conception de l'art du roman. Par exemple, des phrases comme : « Le romancier n'est pas un *descripteur* / il ne décrit pas il *raconte* » ou « Je ne suis pas un *témoin*. Je suis un *créateur*. » Quand Blin cite la phrase de Zola « L'intervention passionnée ou attendrie de l'écrivain rapetisse un roman... », Giono aligne en marge des titres qui contredisent cette affirmation contre laquelle il s'insurge : « *Tom Jones, La Foire aux vanités*, etc. et plus bas *Les*

Misérables, sans compter *Guerre et Paix* et même Les *Karamazov, Les Possédés, L'Idiot,* etc. et Balzac. » Toujours dans les marges de Blin, il réagit vivement à la référence aux théories littéraires qui voudraient que le romancier ne puisse à la fois montrer son personnage de l'extérieur et faire pénétrer le lecteur dans sa conscience : « Il peut et il doit pouvoir tout ce qu'il veut à la fois : intervenir, ne pas intervenir. Il est libre de tout faire. Seul le résultat compte[43]. »

Quand les marges ne suffisent pas à accueillir les commentaires du lecteur, ceux-ci sont rédigés sur les pages du carnet de travail que Giono tient toujours ouvert sur son bureau à côté de son manuscrit. Mais il est rare qu'il indique les références du livre commenté ; le chercheur doit redoubler d'attention pour repérer la nature particulière de ces notes et les mettre en relation avec le livre-source. Le hasard guide quelquefois ses pas. C'est ainsi qu'ayant sous les yeux la préface de l'universitaire Armand Hoog à la réédition chez Stock en 1949 de l'*Histoire de la conjuration du comte Jean-Louis de Fiesque* du cardinal de Retz, il constate qu'elle est très annotée et remarque que plusieurs phrases cumulent plusieurs types de marques de lecture : soulignement, coche et astérisque. Cette insistance mérite examen. Or, que constate-t-on : toutes ces phrases tournent autour de l'expression « âme forte », analysée et commentée par l'auteur de la préface. Question : si Giono a lu cette préface au moment de la parution du livre au printemps 1949, à un moment où il n'avait pas encore trouvé le titre définitif de son roman alors en chantier, ne serait-ce pas de cette préface que lui serait venue l'idée de l'intituler *Les Âmes fortes* ? Le carnet de travail confirme cette hypothèse : Giono y a « essayé » son titre sous différentes formes, à côté d'une phrase recopiée de la préface de Hoog. La mise en relation de l'imprimé annoté et du carnet apporte la preuve irréfutable de ce qui a déclenché le choix du titre de son roman.

Les marques de lecture, un « portrait de l'artiste par lui-même »

« Quoi qu'on fasse, c'est toujours le portrait de l'artiste par lui-même qu'on fait », écrit Giono dans *Noé*. Sacha Guitry faisait remarquer que « citer les pensées des autres, c'est souvent regretter de ne pas les avoir eues soi-même et c'est un peu en prendre la responsabilité ! » De même, cocher des phrases sur un texte a souvent valeur de confidence sur soi-même. Relever les marques de lectures sur les livres de la bibliothèque de Giono, c'est aussi voir s'esquisser un autoportrait de l'écrivain. En 1930, Giono lit *Goethe, Histoire d'un homme* de Emil Ludwig, dont l'épigraphe pourrait d'ailleurs s'appliquer

---

43 Jean-Yves Laurichesse a consacré plusieurs études à cette section de la bibliothèque, dont « Les traces d'une passion : la bibliothèque stendhalienne de Giono », *Revue Giono*, n° 4, 2010, p. 93-117.

parfaitement à lui-même : « Sens-tu pas à mes poèmes / Que je suis deux en un seul. » Un passage retient son attention et il en souligne un fragment, où il ne peut que se reconnaître : « Il préserve sa solitude ; son besoin d'isolement alterne avec son besoin de société et ce va-et-vient qui se poursuivra jusque dans son extrême vieillesse n'est au fond, comme *tous les contrastes de son attitude* (souligné par Giono) que l'effet d'un réflexe de défense. »

Giono a abondamment coché et souligné des phrases de Baudelaire sur son exemplaire des *Curiosités esthétiques* (Lemerre, 1890), en particulier les passages consacrés aux notions de Beau et de beauté. De toute évidence, ces marques de lectures nous permettent d'approcher ses propres convictions esthétiques. Citons quelques-unes de ces phrases, où Giono se reconnaît dans les propos « antimodernes » de Baudelaire :

> « De jour en jour l'art diminue le respect de lui-même, se prosterne devant la réalité extérieure, et le peintre devient de plus en plus enclin à peindre, non pas ce qu'il rêve, mais ce qu'il voit. Cependant *c'est un bonheur de rêver*, et c'était une gloire d'exprimer ce qu'on rêvait... »
>
> « Je trouve inutile et fastidieux de représenter ce qui est, parce que rien de ce qui est ne me satisfait. La nature est laide, et je préfère les monstres de ma fantaisie à la trivialité positive. »
>
> « L'imaginatif dit "Je veux illuminer les choses avec mon esprit et en projeter le reflet sur les autres esprits". »

Du document à la fiction

Pour la composition de certaines œuvres, Giono a utilisé des « documents réels » à partir desquels il a créé des « documents imaginaires »[44]. Pour *Le Hussard sur le toit*, il a réuni une trentaine d'études historiques et médicales sur les épidémies de peste et de choléra en Provence au XVIIIe et au XIXe siècles. Les navigations imaginaires de *Fragments d'un paradis* empruntent à diverses sources, dont les *Voyages de l'Astrolabe* de Dumont d'Urville et les études ichtyologiques de Roule sur *Les Poissons et le monde vivant des eaux*. L'écriture de ses textes sur Machiavel et celle du *Désastre de Pavie* s'appuient sur une solide documentation historique, tout comme celle du *Poids du ciel*, qui conduit Giono à lire aussi bien des traités d'astronomie que des travaux sur la théorie de la relativité. La composition du *Bonheur fou* nécessitait d'avoir recours à de nombreux ouvrages sur l'histoire italienne du XIXe siècle, pour lesquels nous avons vu qu'il sollicitera plusieurs libraires. Un document

---

44 *Entretiens Amrouche*, p. 34 : « Je recherche les documents sur la révolution [*italienne de 1848*] peut-être pour créer grâce à ces documents réels, des documents imaginaires. »

lui a été particulièrement utile : *L'Italia nei cento anni* (1801-1900) *giorno per giorno illustrata*, par Alfredo Comandini. Il le décrit ainsi dans une lettre à Pollès, auquel il se propose de le prêter :

> Un extraordinaire ouvrage (de la plus grande rareté) qui donne non seulement jour par jour, mais pour les grands événements heure par heure, le déroulement et l'enchaînement des faits. Chaque volume comprend, outre les événements jour par jour et même heure par heure dans toute la péninsule, plus de 3 à 4000 gravures sur le costume, le paysage, la monnaie, les portraits, les fac-similés des proclamations, des journaux, la physionomie des événements. C'est le plus extraordinaire outil de travail qui puisse exister pour ces cent ans et pour l'Italie. En tout, plus de 20 000 reproductions gravées des faits et gestes de toute la société.

Quatre volumes sur les cinq que Giono dit posséder sont conservés dans la bibliothèque du Paraïs, le volume « 1826-1849 » étant truffé d'une très grand nombre de signets insérés pendant la campagne d'écriture du dernier roman du « cycle du Hussard ».

Arrêtons-nous sur la très rare *Copie de la procédure instruite contre les prévenus de brigandage comme auteurs ou comme complices*, ouvrage en quatre volumes paru à Draguignan, chez Fabre, Imprimeur-Libraire, en l'an XII, que nous désignerons par la suite sous la forme abrégée de *Copie*[45]. Giono en a amplement nourri *Dragoon*, « La Belle hôtesse » un des *Récits de la demi-brigade* et *L'Iris de Suse*. Ces textes sont tous rédigés dans les années soixante, mais Giono se passionne depuis très longtemps pour le brigandage, qui a régulièrement sévi en Provence, en particulier sous le Directoire et le Consulat. Une fois encore, il accumule les ouvrages par « ricochet ». Les factures de libraire nous permettent de dater l'acquisition en mai 1953 de l'*Histoire du brigandage dans l'Italie médiévale* de Marc Monnier paru en 1872 chez Michel Lévy et au mois de juillet suivant, des deux premiers tomes de *La Police secrète du Premier Empire* d'Ernest d'Hauterive, édité en 1805, où sont mentionnés de nombreux faits de brigandage perpétrés dans le sud-est de la France. À la même époque, Giono lit *Le Brigandage pendant la Révolution* de Marcel Marion (Plon, 1934). Il découvre chez Marion l'existence du livre d'un prêtre-historien bas-alpin, mort à Manosque en 1852, l'abbé Joseph-Marie Maurel : *Le Brigandage dans les Basses-Alpes*, « la seule monographie départementale qui ait été jusqu'ici consacrée à cet important sujet », selon Marion. Giono achète le livre de Maurel, où il fait une nouvelle

---

[45] Pour une étude plus détaillée, voir Jacques Mény : « Le brigandage, belle matière pour romanciers », in *Patrimoines gioniens*, dir. Michel Bertrand, André Not, Annick Jauer, Presses Universitaires de Provence, 2018.

découverte, celle de cette *Copie*, qui est l'une des principales sources de Maurel. Voici enfin un document réel et de première main, une matière brute, à partir duquel il devient possible de créer des « documents imaginaires ». Commence alors la quête de ces volumes de la *Copie*, dont Maurel signalait déjà la rareté en 1899. En 1965, à Jean Chalon, venu l'interviewer pour le *Figaro littéraire*, Giono déclare à propos des histoires de brigands, qui sont l'un des éléments de *Dragoon* en cours d'écriture : « J'ai là-dessus des montagnes de documents. Regardez mes *Procédures instruites contre les brigands*, vous pouvez feuilleter à votre aise. Il ne me manque qu'un volume, on me le cherche ». Il semble que personne ne lui ait jamais trouvé ce volume manquant – le tome II – qui ne figure pas aux côtés des trois autres dans la bibliothèque du Paraïs.

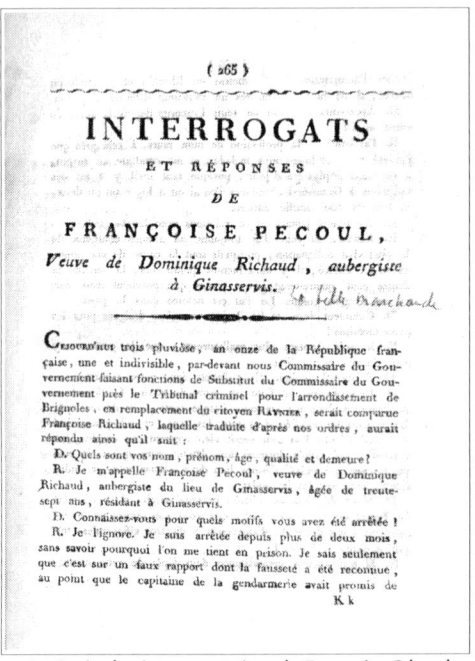

La Copie : les interrogatoires de Françoise Pécoul

La *Copie* devient pour Giono un véritable « catalogue » d'anecdotes et faits-divers, où il va puiser des noms de lieux et de personnages, des traits physiques et de caractère, des situations et actions criminelles, mais aussi des fragments de dialogue, des singularités de langage et des expressions pittoresques, qu'il les trouve dans les rapports officiels rédigés dans le style du temps, dans les questions du juge d'instruction et les réponses des brigands ou des témoins. Peu importe la rareté de l'ouvrage : c'est au stylo à bille rouge qu'il souligne, coche, corrige des erreurs typographiques, complète ou modifie des noms, intervient sur le texte pour le faire sien, y introduisant des compléments de dialogue, modifiant des noms. D'importants fragments de la *Copie* sont repris sans en changer un mot dans *Dragoon* et « La Belle Hôtesse ». Au début de cette nouvelle, tout le « paragraphe du procès-verbal d'interrogation de Jean-Pierre Pons dit Turriers », sur lequel Achille attire l'attention de Martial, est emprunté au véritable interrogatoire de Pons par le juge Pissin-Barral, tel qu'il est publié dans la *Copie*. Dans *Dragoon*, les réponses d'Ebénezeh Le Duc au juge qui lui demande de désigner ceux des brigands qu'il a connus et qui sont morts, de situer les caches où ils entreposaient leur butin et les lieux où les bandes se réfugiaient, puis de répondre d'un certain nombre de faits de brigandage, sont composées de phrases reprises, souvent mot pour mot, des réponses de Pons à Pissin-Barral. En 1969, après avoir abandonné la rédaction de *Dragoon*, Giono resserrera ces deux passages pour les intégrer aux souvenirs de Tringlot dans *L'Iris de Suse*.

Autre manière de travailler la matière de la *Copie* : Giono joue avec le texte du greffier qui a transcrit les interrogatoires des brigands en 1802-1803. Petit à petit, il s'y « ajoute » et y introduit des variations. Quand une réplique est dans la couleur et le tempo de son récit, il la garde, telle quelle, comme celle-ci adressée au juge par une brigande : « Ne savez-vous pas que l'on ne doit pas tout dire aux femmes ? » (la phrase étant soulignée en rouge et agrémentée d'un astérisque de la main de Giono sur l'imprimé de 1804). Puis progressivement, Giono décale, modifie, amplifie, dilate, accentue le trait ou l'édulcore pour s'approprier des personnages réels et les accueillir dans sa galerie de personnages imaginaires. Cette alchimie fascinante aboutit à la création du personnage de la Belle Marchande de *L'Iris de Suse*, dont le modèle historique, une certaine Françoise Pécoul, se révèle être une « âme forte » qui a tout pour séduire Giono : « Cette femme a fait plus de mal que le diable ; c'est un démon », a déclaré à l'instruction le chef des brigands, dont elle était la complice. Giono fait imaginer à, Tringlot, le héros de *L'Iris de Suse*, l'interrogatoire de la Belle Marchande par le juge Pissin-Barral, véritable nom du magistrat instructeur devant lequel a comparu Françoise Pécoul. Le romancier a sous les yeux la transcription de l'interrogatoire réel, qui va lui servir de trame. La comparaison entre le texte de *L'Iris de Suse* et celui de la *Copie* montre de quelle manière, il retravaille ce matériau documentaire pour créer « sa » Belle Marchande. Il commence par suivre de très près le texte de l'interrogatoire, reproduisant quasi à l'identique les premières passes d'armes entre le juge et la prévenue. Puis, il glisse un bref échange de sept répliques de son invention, avant de revenir au texte de l'interrogatoire imprimé en 1804, assortis de quelques ajouts. L'interrogatoire progresse en suivant l'ordre des répliques de la *Copie*, ornées de phrases inventées qui donnent vie et saveur au procès-verbal du greffier. Prolongée pendant plusieurs pages, cette joute ancrée dans les faits rapportés par la *Copie*, que Giono enrichit d'un jeu avec et sur les mots, finit par transformer Françoise Pécoul en « caractère gionien ».

Giono parlait du style comme d'un « travail de marqueterie ». Nous trouvons dans ses romans des phrases qui procèdent d'un assemblage surprenant entre des segments de texte sortis de sa plume et d'autres empruntés à un texte lu. C'est le cas d'une phrase du chapitre IV du *Bonheur fou* : « La vallée de la Sesia se resserrant peu à peu, les bataillons piétinaient depuis plus de quatre heures sur une route pierreuse encaissée dans des pentes forestières[46]. » En elle-même, cette phrase ne présente rien de singulier, sauf que son premier membre est issu, après simple modification du nom de lieu, d'un texte que Giono trouvait « extrêmement vivant, coloré, très personnel » : *Les Cahiers du Capitaine Laugier, mémoires historiques des campagnes et aventures d'un capitaine de demi-brigade pendant les guerres révolutionnaires et napoléoniennes entre 1791 et 1807*. À la page 103 du livre de Laugier, paru en 1893, Giono a coché la phrase : « La vallée de Storro se resserrant peu à peu, nous quittâmes ses champs couverts de vignes et d'ormeaux, de plantes potagères et de légumes. » Opérant un glissement des campagnes italiennes de Bonaparte à celles auxquelles participe Angelo dans l'Italie de 1848, Giono a intégré à son texte la formulation d'une notation typographique venue de Laugier. Une lecture approfondie des souvenirs désenchantés de ce capitaine de demi-brigade, qui n'est pas sans faire penser au Martial des *Récits de la demi-brigade*, nous permettrait certainement de relever d'autres détails du genre ayant fait l'objet d'emprunts. Giono a d'ailleurs noté sur une fiche insérée dans l'ouvrage les numéros de pages, où il a repéré des éléments qui pourraient lui être utiles, comme : « Combat de Salo 91-97 ».

Épigraphes

Au fil de ses lectures, Giono pratique avec délectation la chasse aux épigraphes, qu'il reporte dans ses carnets de travail. Pendant les cinq années, où il travaille au *Hussard sur le toit*, il en a accumulé des dizaines, venues de Sophocle, Shakespeare, Tocqueville, Gobineau, Mérimée. Au final, c'est une phrase de Calderón qui sera choisie. Mais les phrases d'autres auteurs qui ont un temps retenu son attention, traduisent son état d'esprit pendant l'écriture du roman, ainsi ce projet d'épigraphe tirée des *Pléiades* de Gobineau : « Je veux vous croire, mais je me soucie peu de ce qui sortira de vos ravages, surtout si c'est neuf. Je ne connais pas les mœurs futures pour les approuver, les costumes futurs pour les admirer, les institutions futures pour les

---

46 *Œuvres romanesques complètes*, IV, La Pléiade, Gallimard, 1977, p. 771.

respecter, et je m'en tiens à savoir que ce que j'approuve, ce que j'admire, ce que j'aime est parti. Je n'ai rien à faire avec ce qui succédera. En conséquence, vous ne me consolez pas en m'annonçant le triomphe des parvenus que je ne veux pas connaître. »

On prête beaucoup à l'imagination de l'écrivain, quelquefois trop. Pendant longtemps, il fut admis que l'épigraphe d'*Un roi sans divertissement*, reprise en tête du chapitre VI de *Fragments d'un paradis*, était pure invention de Giono, qui avait eu la malice de dissimuler sa source en l'attribuant à une énigmatique « Lettre de Auld Reckie ». Il fallut la sagacité de Denis Hüe, médiéviste fin connaisseur de Giono, pour en découvrir l'origine dans *Rob Roy* de Walter Scott. Ce que confirma l'exemplaire du roman en possession de Giono, où la citation était cochée sur une page cornée. Cochée également l'épigraphe du *Bonheur fou* dans l'édition de la correspondance de Mérimée. *Angélique*, premier roman de Giono composé et abandonné au début des années vingt, ne sera édité qu'en 1980, dix ans après sa mort. Le manuscrit est une copie de la main d'Élise Giono, conservée dans une bibliothèque américaine. Seules les deux épigraphes sont de la main de Giono. La bibliothèque nous permet de savoir qu'elles ont été ajoutées sur la copie longtemps après l'abandon du roman en 1922-23, car celle tirée de *Moll Flanders* de Daniel de Foë est cochée sur une édition de la traduction de Marcel Schwob parue en 1928.

« Besoins de métier »

En mai 1947, Giono écrit à une amie : « Je suis en train de relire *Lucien Leuwen* pour des besoins de métier. » En dehors des ressources documentaires qu'elle procure, la bibliothèque permet de revenir aux maîtres du passé ou de consulter quelques rares confrères contemporains admirés, comme Faulkner, pour résoudre des problèmes de construction, de narration ou de style. Ce qui se traduit par des consignes d'écriture du genre de celle-ci notée dans le *Journal*, le 4 mai 1949 : « Modèle (il me semble) descript[ion] de la lande vue du haut du rocher dans *Les Aventures de David Balfour* [de] Stevenson. À employer dans le *Hussard* à partir de maintenant. » Après la lecture d'*Absalon Absalon* de Faulkner, auquel il se réfère explicitement dans son carnet en juin 1955 à propos d'un projet de roman intitulé *Le Duché*, Giono écrit : « Forme moderne du récit - notes au bas de page – retours en arrière – Conversation avec toute sa liberté ». Une autre note de travail renvoie au procédé utilisé par Faulkner pour la typographie des monologues intérieurs d'*Absalon Absalon* – l'italique – , que Giono envisage de reprendre dans *Dragoon* : « Il se dit que (italique). Je suis obligé de dire noir, mais je pense blanc... Il se dit et mettre le monologue intérieur en italique... Ce qu'il dit, ce qu'il pense (en italique). »

La lecture pour « besoins de métier » conduit aussi Giono à se plonger dans des études critiques ou des ouvrages de théorie littéraire. Confrontés à un doute persistant dans le choix d'une technique narrative pour *Les Mauvaises Actions*, un roman qu'il n'écrira pas, mais dont le projet l'a hanté entre 1955 et 1960, Giono relit l'essai de Georges Blin sur Stendhal, y cherchant une solution pour sortir d'une véritable impasse dans sa création. Non seulement, il relit Blin, mais il le recopie et le commente dans son carnet de travail comme pour mieux trouver une issue à ses difficultés.

Dans les périodes d'attente et de réflexion entre deux œuvres ou quand un projet commence à se dessiner de manière encore floue, la lecture de certains textes est une stimulation qui met en marche ou oriente la création. Plus que la matière narrative ou intellectuelle d'un livre, c'est son style qui importe. La 19 mai 1944, Giono note dans son *Journal de l'Occupation* : « Découvert un livre extraordinaire de style : les contes espagnols de Scarron. Un art d'une couleur magique. Je l'ai trouvé ce matin caché dans ma bibliothèque où je ne le savais pas. Il m'a emporté vers un retour à ce *Roman comique* qui a enchanté ma jeunesse, ainsi qu'à l'*Histoire de Francion* et je constate que là, comme dans Fielding, va se trouver le dynamisme du départ nécessaire pour commencer à écrire *Les Grands Chemins*. Presque aussi grand par le style que Cervantès. Peut-être plus grand (par le style). J'ai été également touché ce matin par des passages de La Bruyère. Voilà tout un ancien canton de ma bibliothèque que je vais de nouveau visiter avec joie[47]. » C'est Giono qui suggérera – ce qui sera adopté – d'ajouter le *Francion* de Charles Sorel au volume de la Pléiade *Romanciers du XVIIe siècle*, paru en 1958. Il écrit alors à Michel Gallimard (et c'est un autre exemple de sa connaissance érudite des textes et des éditions) : « Il faut vérifier le texte de l'édition du *Francion* de 1858. La Bibliothèque Nationale a la version originale de 1622. Je ne suis pas sûr que, même si 1721 était sincère, 1858 le soit resté[48]. »

En février 1944, alors qu'il est « aux prises avec l'idée d'écrire un très grand et très sordide poème avec *Fragments d'un paradis* », Giono dresse dans son *Journal* une liste d'écrivains auxquels il pense au moment de se lancer dans la composition de son récit d'aventures maritimes : « Lautréamont, Rimbaud, Cook, Dumont d'Urville ; Edgar Poe, Faulkner, le Melville de *Moby Dick*. » En avril, alors qu'il veut pousser plus loin le chapitre intitulé « Les vents du nord-ouest », de nouvelles références lui viennent à l'esprit : « Peu à peu se précise la forme-Fielding pour un projet si éloigné de Fielding. » Quant à « l'outil, c'est-à-dire la phrase », voici que surgit une autre référence : « Car il y a le poivre de la phrase de Henri Michaux (et quelquefois son procédé) qui

---
47 *Journal, poèmes, essais*, La Pléiade, 1995, p. 430.
48 *Lettres à la NRF*, p. 408.

sera valable pour souvent (tirer en avant phrase par phrase, intensité dramatique du mot, cabestan de l'image qui donne sans cesse un tour de plus)[49]. »

La recherche d'un modèle « technique » explique certaines lectures inattendues. Comment expliquer la présence de six volumes des œuvres théâtrales complètes de Bertolt Brecht dans la bibliothèque de Giono ? L'hypothèse la plus vraisemblable est que Giono ait été incité par Jean Vilar à lire le dramaturge allemand. Vilar admire Giono depuis sa jeunesse. Devenu directeur du festival d'Avignon et du TNP, il n'eut de cesse de lui demander une pièce pour sa troupe. Or Giono n'aime guère écrire pour le théâtre et tarde à répondre à ses sollicitations. Désespérant d'obtenir une pièce originale, Vilar suggère à Giono d'adapter l'un de ses romans pour la scène et pourquoi pas *Le Hussard sur le toit*. N'y-a-t-il pas chez Brecht des formes théâtrales qui pourraient convenir à une telle adaptation ? À sa lecture, Giono entrevoit ce qu'il pourrait faire, prend quelques notes, mais n'écrira pas la pièce. Brecht, par contre, l'a intéressé et c'est à propos du cinéma qu'il tire de sa lecture cette réflexion notée dans son carnet de travail : « Il faut libérer le récit cinéma comme Brecht à libérer le récit théâtre. »

Ses lectures sont aussi pour l'écrivain un moyen d'enrichir son lexique. Le 28 avril 1949, Giono note : « Un beau vieux mot dans *Histoires des guerres civiles des Espagnols dans les Indes* de Garcilossa de la Vega, trad. Jean Baudouin, 1650 : "Les rivières qui s'*engolfaient* dans la mer". Toujours les beaux vieux mots (texte cité) : "*Il trajettait* sur ses épaules ceux qui pour être malades n'avaient pas la force de passer l'eau" (beau mot, et beau style aussi !) » Dans le même texte, Giono remarque : « *Bluette* pour étincelle. Il n'y faudrait que la moindre bluette pour mettre le feu aux poudres[50]. »

De l'art de l'emprunt et de la citation

« *Je crois que l'écriv*ain [...] *est complètement amoral. Il prend tout ce dont il a besoin partout où il peut...* », *déclarait* Faulkner devant les étudiants de l'université de Virginie. L'imagination flamboy*ante* de Giono a longtemps occulté combien son œuvre était saturée *de références à ses lectures, d'*emprunts et de citations, avoués ou dissimulés. Avant 1940, Giono ne mentionne aucun nom d'écrivain dans ses romans, mais le fait dans ses essais et nouvelles, comme dans « Vie de Mlle Amandine » (1934), où il rend hommage aux « livres remèdes » de Johan Bojer, Gorki, Stanislas Reymont, Whitman, Thoreau, Hamsun. En 1938, dans *Recherche de la pureté*, il cite explicitement Faulkner, qu'il vient de découvrir avec enthousiasme et qui l'accompagnera le reste de sa vie, au même titre que Stendhal. Mais,

---
49 *Journal, poèmes, essais*, p. 400 et 419.
50 *Revue Giono*, n° 3, 2009, P. 19.

contrairement aux apparences, les romans d'avant 1939 ne sont pas exempts d'un jeu conscient ou inconscient avec d'autres textes.

Paul Eprile, auteur d'une nouvelle traduction américaine de *Colline* parue en 2016 à New-York, a découvert une citation cachée de Walt Whitman au début du roman. Dans la description du lieu où se passe l'action, les Bastides Blanches, Giono écrit : « La laie gronde sous les genévriers ; les sanglots, la bouche pleine de lait, pointent l'oreille vers les grands arbres qui gesticulent. Puis, le vent dépasse les arbres, le silence apaise les feuillages, du museau grognon ils cherchent les tétines ». « Du museau grognon ils cherchent les tétines. » est un emprunt au poème 14 de la section « Chant pour moi-même » de *Feuilles d'herbe* de Whitman, on l'on trouve dans la traduction de Bazalgette, celle qu'a lue Giono : « Les petits de la truie qui grognent lorsqu'ils tirent après ses tétines. »

« Toute écriture est collage et glose, citation et commentaire », écrit Antoine Compagnon. Un roman comme *Le Chant du monde* en est un exemple. Giono y mêle des éléments venus d'Homère, d'autres empruntés au cycle arthurien ou au *Märchen* romantique ; il actualise les mythes grecs du Minotaure, d'Orphée et Eurydice ou de Prométhée. Il emprunte délibérément au *Rameau d'or* de l'ethnologue écossais James Frazer des rites comme la fête païenne de « la mère du blé ». Au départ de son roman, Giono a pu être stimulé par la lecture du *Vagabond chante en sourdine* du Norvégien Knut Hamsun, titre mentionné dans « Vie de Mlle Amandine ». Quand Giono écrit à Lucien Jacques ou à Jean Guéhenno qu'il voit *Le Chant du monde* comme une sorte de « saga norvégienne », ne pense-t-il pas au roman de Hamsun, où comme dans *Le Chant du monde*, un personnage remonte le long d'un fleuve où sont flottés des troncs d'arbres. Mais tout ceci reste soumis à son propre génie poétique qui fait fusionner ces emprunts et réminiscences dans une création nouvelle, dont il importe peu que le lecteur sache à quel point elle est tissée de références à d'autres écritures.

Un roi sans divertissement laisse entrevoir des pans entiers de la bibliothèque de Giono : Pascal bien sûr, qui donne son titre au roman, mais encore Nerval, Perceval, Apollinaire, Stendhal, Barrès, Dostoïevski, Dante, Melville, Faulkner. De ce « compagnonnage souverain » de l'écrivain avec les œuvres d'autrui, Jean-Paul Pilorget conclut dans sa thèse sur l'intertextualité dans l'œuvre de Giono : « La diversité, l'imbrication et la prolifération des références donnent à l'œuvre de Giono une consistance qui lui permet de retrouver le bouillonnement du réel par la médiation de la littérature[51]. »

Un exemple de citation explicite mais sans référence d'auteur se trouve à la fin du chapitre IV du *Hussard sur le toit*. Une jeune femme vient de mourir

---

51 Jean-Paul Pilorget, *Le Compagnonnage souverain de Giono*, L'Harmattan, 2006.

du choléra dans une quarantaine, malgré les efforts d'Angelo et d'un vieux monsieur pour la sauver. Assis à côté du cadavre, le vieux monsieur parle à Angelo de la peau d'Hélène de Troie, concluant son propos sur cette phrase : « La nature est un grand opéra dont les décorations font un effet d'optique. » Tout le texte prononcé par le personnage est entre guillemets, composé en italiques, Giono signalant ainsi qu'il s'agit d'une citation. Mais de qui ? À Pierre Citron, qui l'interrogeait à ce sujet, Giono répondit que « s'il ne l'avait pas inventée, elle devait venir de Bayle », chez qui Pierre Citron ne l'a pas trouvée. La citation vient en fait d'un texte des *Mélanges historiques* de Voltaire : *Lettres chinoises, indiennes et tartares*, « Réflexions de Dom Ruinart sur la vierge dont l'empereur Kien-Long descend ». Giono a scrupuleusement recopié Voltaire et dans sa bibliothèque, où se trouvent les *Œuvres complètes* de Voltaire, le coin de la page des *Mélanges historiques* où se trouve la citation est corné. Mais en parlant de Bayle, Giono nous lance sur une autre piste. Il a, en effet, souligné plusieurs passages de la notice « Hélène de Troie » dans le *Dictionnaire historique et critique* de Bayle et il en recopiera intégralement plusieurs lignes en 1963, mais sans citer sa source, ni indiquer qu'il s'agit d'une citation, dans sa préface à *L'Iliade* pour Le Livre de poche.

La bibliothèque dans l'œuvre

« Je ne me suis pas servi de [ma] maison dans mes livres, mais elle y a son rôle puisque c'est dans cette maison que je les ai presque tous écrits », confiait Giono à la fin de sa vie. Son bureau, dit « Le Phare », au second étage de sa maison, où il a travaillé entre 1935 et 1948, est décrit au début de *Noé*, dont le personnage principal est « celui qui écrit ». Au fil du récit, Giono inventorie partiellement sa bibliothèque qui devient un décor essentiel du « drame de la création », sujet de son « roman du romancier ». Passent ainsi des dizaines de titres cités ou simplement évoqués à travers une allusion, une citation plus ou moins explicite (au lecteur de trouver la référence)[52] : *Les Tragiques*, *Ubu roi*, le *Voyage de l'Astrolabe*, la *Holy Bible*, le *National Geographic Magazine* (auquel Giono a été abonné pendant au moins quarante ans), Machiavel, *Moby Dick*, *Les Possédés*, *Roméo et Juliette*, *Œdipe roi*, Calderón, Eschyle, Aristophane, Rousseau, Diderot, Homère, Cervantès, *Les Travailleurs de la mer*.

En 1948, Giono quitte « Le Phare » après avoir fait aménager le grenier de sa maison pour y installer un nouveau bureau, dont l'atmosphère allait être radicalement différente de celle monacale du précédent. C'est l'atmosphère

---

[52] Jean-Yves Laurichesse, « La bibliothèque aux olives. Poétique de la cueillette dans *Noé* », in Giono dans sa culture, dir. Jean-François Durand et Jean-Yves Laurichesse, Presses universitaires de Perpignan – Publications Université Montpellier III, 2003, p. 43-53.

de ce grand bureau, où il travaillera pendant seize ans, que Giono décrit dans le scénario qu'il tire en 1962 de son roman *Un roi sans divertissement*, quand il nous fait pénétrer dans la « grande maison noire » où vit le procureur « amateur d'âmes » et « profond connaisseur des choses humaines ». La porte de la maison s'ouvre et le scénario indique : « Bibliothèque dès le vestibule, tableaux, lampes très artistiques [...] luxe, couleurs, surtout des ors et des rouges. » La grande pièce où se tient le procureur podagre est « couverte de livres. Harmonie de bruns et de vieil or. Luxe, ordre, calme, volupté mais volupté intellectuelle »[53]. L'insistance de Giono à signaler la présence de livres autour d'un personnage, qui n'est autre que son double, montre combien la bibliothèque, source de volupté intellectuelle, est un « divertissement de roi » pour ce personnage aux prises avec « la plus grande malédiction de l'univers : l'ennui ».

Giono dans sa bibliothèque (photo collection les Amis de Jean Giono)

Dans *Cœurs, passions, caractères*, écrit au début des années soixante, Giono fait le portrait d'un certain « De Machin », prénommé Jean « comme tout le monde » ! « De Machin » vit à Aups dans une « vaste maison fortifiée du XIIIe, qui écrase le plus pauvre village du plus mélancolique des plateaux. » Quel meilleur remède à cette mélancolie qu'une « bibliothèque nombreuse », comme l'écrivait Voltaire de celle du château de Cirey, où il vivait avec Émilie du Châtelet. Giono inventorie sur plus d'une page le contenu de la bibliothèque de ce « De Machin », qui compte sept mille volumes et n'est autre que la sienne. La plupart des ouvrages mentionnés dans le texte se trouvent encore aujourd'hui sur les rayonnages de la bibliothèque du

---

53 *Œuvres romanesques complètes*, III, La Pléiade, p. 1343-1344.

Paraïs et parmi eux relevons des titres et des auteurs qui n'ont pas été mentionnés jusqu'ici : les ouvrages de Victor Bérard sur *L'Odyssée*, les *Instructions nautiques*, la *Diane* de Montemayor, Balthazar Gracian, Alfieri, Goldoni, « y compris les exégèses sur... », l'*Arabia Deserta* de Doughty, le *Genji* de Murasaki, le *Journal* de Pierre de l'Estoile, le *Simplicius Simplicissimus*, Ibsen... Et Giono de conclure, ce qui vaut pour lui-même, autant que pour son personnage : « Depuis le consulat de de Gaulle, par esprit de contradiction, il s'est mis à Corneille qu'il avait jusqu'ici refusé[54]. »

Dans la seconde version du début de *Dragoon*, la narratrice, Madame Hélène, rend visite à sa vieille amie Charlotte : « Repas dans la bibliothèque. C'est le paradis. La bibliothèque, c'est la grande réussite de Charlotte. Elle ne sait pas s'habiller, mais je reconnais qu'elle sait faire les bibliothèques[55]. »

Nul doute que Giono tenait sa bibliothèque, en tant qu'œuvre de toute une vie, pour l'une de ses grandes réussites. Comme toute bibliothèque d'écrivain, celle de Giono est un lieu privilégié pour observer le dialogue intime et les liens parfois cachés entre ses lectures et sa création, étudier ses pratiques intertextuelles et la genèse de ses œuvres, les replacer dans leur environnement intellectuel. La « librairie » de Giono reste un champ largement ouvert à la recherche gionienne. Et comment ne pas regretter, comme le lui suggérait Henri Pollès, qu'il nous ait privé d'un ouvrage consacré à sa passion pour les livres : « À quand, alors, un livre sur cet amour de longue haleine ? Je pense qu'on serait plus d'un à se régaler. »

Jacques Mény

Diplômé de l'Institut des Hautes Études cinématographiques (IDHEC), **Jacques Mény** a réalisé de nombreux documentaires sur des écrivains, dont Paul Claudel, Henri Pourrat, Léo Malet, Le Clézio, Marguerite Duras et Jean Giono, auquel il s'intéresse depuis 1968. Président de l'Association des Amis de Jean Giono depuis 2005, il a été le conseiller scientifique de l'exposition « Giono » au Mucem (2019-2020). Publications : *Jean Giono et le cinéma* (Simoën, 1977), Jean Giono, *Lettres à la NRF (1928-1970)* (Gallimard, 2015). Films : *Le Louvre, du donjon à la pyramide* (1989), *L'Affaire Voltaire* (1994), *Le Mystère Giono* (1995), *La Magie Méliès* (1997), *Citoyen Rousseau* (2001), *Loire, passion vive* (2002).

---

54 *Œuvres romanesques complètes*, VI, La Pléiade, p. 562-563.
55 *Œuvres romanesques complètes*, VI, La Pléiade, p. 702.

Giono
par Bernard Clavel

Bernard Clavel au Pissoux (photo Maurice Rougemont)

Lorsque j'ai lu *Colline* pour la première fois, puis *Regain,* puis *Que ma Joie Demeure,* j'ai eu envie d'aller renifler sur place cette terre merveilleuse. Mais la vie ne se plie pas souvent à nos exigences. J'ai dû attendre. Attendre en lisant encore et en relisant. Et plus j'avançais dans cette œuvre, plus mon envie grandissait.

Lorsque le jour est venu de partir, à vrai dire, mon envie avait diminué. Quelque chose qui avait un peu la voix du vent des Bastides Blanches me soufflait à l'oreille :

– Qu'est-ce que tu veux aller chercher de plus que ce qu'il y a dans ses livres ?

Mais ce vent n'allait pas jusqu'à dire :

– D'autant plus que ce qu'il y a dans ses livres, tu n'as aucune chance de le trouver ailleurs.

Alors, comme un serin, je me suis embarqué. J'avais souvent entendu dire de certaines œuvres très enracinées qu'elles étaient un reflet fidèle de telle ou telle province. Et j'ai cherché. J'ai cherché ce pays dont j'avais cru que l'œuvre de Giono était le reflet.

J'ai fureté tout autour de Manosque en agrandissant la spirale. Il est probable que j'ai dépassé sans les voir les montagnes ou Tringlot regarde Murataure faire ronfler sa voiture.

Et je suis rentré chez moi.

Pas déçu. Non. Pas du tout. Je venais de voir un pâle reflet de la terre que j'avais à portée de la main, sur le rayon des plus chers compagnons de route. Non, je n'étais pas déçu, car je m'étais considérablement enrichi : j'avais découvert ce que peut être la dimension réelle d'une œuvre. J'avais découvert qu'un homme peut partir d'un grain de sable pour se fabriquer, se tailler, se modeler, se sculpter un monde à sa mesure.

Bernard Clavel

Témoignage écrit pour l'exposition *Les Chants du monde de Giono* (catalogue réalisé par Jacques Ibanès en 1987).

Bernard Clavel (1923-2010) était celui qui gardait les yeux ouverts sur le monde, rédigeait sans cesse, avançait dans son œuvre, comme un bûcheron soulève sa cognée. On se souvient de son prix Goncourt 1968 pour *Les Fruits de l'Hiver*, dernier volet de sa saga autobiographique *La Grande Patience*, qui provoqua l'ire et le claquage de porte de la dite académie par Aragon (qui défendait alors François Nourissier). Bernard Clavel démissionnera à son tour de l'Académie en 1977, après y avoir été admis en 1971.

Giono du Contadour, du Trièves, de l'île Tristan da Cunha
et autres territoires imaginaires
ou
Du bon usage de la nitroglycérine et des divertissements en zones désertiques et en périodes hivernales; ainsi que de celui consubstantiel de l'encre et de la plume... d'oie (de préférence).

par Gérard Allibert

Jean Giono par José Correa

SOLITUDE (S)

Si j'invente des personnages, si j'écris, c'est tout simplement parce que je suis aux prises avec la plus grande malédiction de l'univers : l'ennui.
(Entretiens avec Marguerite Taos et Jean Amrouche – 1952)

Lorsqu'en 1959 Giono crée avec Andrée Debar et Alain Allioux *La Société des Films Jean Giono* son objectif est pour lui de produire des films dont il sera l'auteur des scénarios tout en se réservant la possibilité d'être associé à leur réalisation. Le premier de cette courte liste sera *Crésus* tourné dès 1960 sur le plateau du Contadour sur les hauteurs de la montagne de Lure, avec Claude Pinoteau derrière la caméra. La première décision du Manosquin a été de solliciter Fernandel pour y tenir le rôle principal, lequel s'est empressé d'accepter l'invitation. On peut aisément subodorer que ce choix n'a pour Giono rien de gratuit et que le romancier qui n'avait que très modérément goûté l'usage que Pagnol avait fait des adaptations de son œuvre, tout particulièrement *La Femme du boulanger* en 1938 – mais aussi *Jofroi* et *Angèle*, d'après *Un de Baumugnes*, en 1934 puis *Regain* en 1937, avec ce même Fernandel pour ces deux derniers tournages – trouvait enfin là la possibilité d'orienter *à sa manière* l'œil de la caméra. Affaire de point de vue donc. Avec un acteur vedette quasi aussi austère que le décor dans lequel il allait évoluer. De ce fait on ne se s'étonnera pas vraiment que le film pourtant présenté comme une comédie désorientera à sa sortie tout autant la majeure partie de la critique que son plutôt maigre public qui n'y rencontrera guère de raisons de pouffer de rire.

Ça serait au sujet du zéro ...

Faut dire que le sens de l'humour de Giono est du genre singulier. Et faut voir conséquemment Crésus-Jules qui vient d'hériter au cœur de cet autre désert des tartares d'une fortune (en faux billets) se débattre avec les explications mi-mathématiques mi-existentielles de son ancienne institutrice pour tâcher de comprendre ce que peut bien représenter le nombre de zéros à droite de la somme dont il a maintenant la charge, voire même la charge d'âme (l'algèbre n'étant en ce cas d'aucun recours en la matière) vis-à-vis de la petite communauté qui survit sur ce plateau... désormais à mille lieues de distance du projet d'utopie collective du *plateau Grémone* de *Que ma joie demeure* pourtant censé être cadastré dans ces mêmes limites géographiques. L'occasion de signaler à qui pourrait encore en douter que les géographies de Giono sont plurielles. Et à géométrie variable au fil des saisons.

« Nous habitons un pays qui, autour de nous, joue un grand rôle » écrira-t-il peu après et dans sa besace un désert en vaut *naturellement* un

autre. Cantons ensevelis sous la neige, territoire aride balayé par le vent, villages et hameaux écrasés sous un soleil sans partage, c'est kif-kif bourricot ! Plat unique et uniformité, d'où naît, dit-on, l'ennui... assez fréquemment qualifié de mortel dans les plus banales des conversations. Partout, lorsqu'on s'y voit confronté dans le paysage gionien, les mêmes, ou la même, vaste(s) solitude(s). Lesquelles (ou laquelle) ne prête(nt) pas de prime abord à se gondoler. Pas vraiment.
Ce pays et ses habitants, Giono en trace l'air de rien, comme juste au passage, un portrait détaillé (parmi d'autres, en d'autres pages) dans *L'Homme qui plantait des arbres*, texte devenu par acclamations universelles modèle de littérature dite jeunesse, sinon enfantine, si l'on veut bien – pour les esprits les plus juvéniles – ne point trop s'y attarder sur ces quelques lignes qu'ils pourraient considérer comme, disons, un rien insolites.
« Je connaissais parfaitement le caractère des rares villages de cette région. Ce sont des endroits où l'on vit mal. Les familles, serrées les unes contre les autres, dans ce climat qui est d'une rudesse excessive, aussi bien l'été que l'hiver, exaspèrent leur égoïsme en vase clos. L'ambition irraisonnée s'y démesure, dans le désir d'échapper de cet endroit. Les plus solides qualités craquent sous cette perpétuelle douche écossaise. Les femmes mijotent des rancœurs. Il y a concurrence sur tout, aussi bien pour la vente du charbon que pour le banc à l'église, pour les vertus qui se combattent entre elles, pour les vices qui se combattent entre eux et pour la mêlée générale des vices et des vertus, sans repos. Par là-dessus, le vent également sans repos irrite les nerfs. Il y a des épidémies de suicides et de nombreux cas de folie, presque toujours meurtrière. »

Caractère et *Démesure*, cette dernière (pouvant éventuellement prendre l'aspect d'une succession de zéros) souvent violente et transgressive, dont il se disait dans les environs d'Athènes qu'elle pourrait bien être mère de Pan. *Suicide* et *folie* pour compléter le tableau. De là sans doute, on peut le concevoir, le recours à quelques divertissements en adéquation. D'autant plus pour celui qui comme Giono ne souscrit pas aux réconfortantes perspectives pascaliennes. Perspectives par définition... à venir. Ultérieurement. Alors que le plateau est lui bel et bien là, sous vos pieds. Enfin, sous les pieds de qui s'y retrouve.
De fait, à terroirs singuliers, citoyens sortant quelque peu de l'ordinaire commun. Et distractions nécessairement à l'avenant.

Marie a « cinq ou six ans de moins » que Alexis, « dit le Six »... qui a en quatre-vingts. Ces deux-là habitent « le désert » au sommet d'un autre « plateau » à quelques centaines de mètres de part et d'autre d'une vieille

église « en ruine ». Leur créateur nous indique que « Nos deux solitaires font ainsi leur vie. Ils ne s'aiment pas, ils ne se détestent pas. Ils sont sur terre à la même époque ; c'est tout » puis il leur consacre une bonne douzaine de pages, absolument jubilatoires pour le coup, dans *Cœurs, passions, caractères* paru à la NRF en 1982, recueil regroupant des textes restés inédits mais écrits entre 1960 (tournage de *Crésus*) et 1970 (date du décès de Giono).
C'est Marie qui attaque les festivités. Attaquer étant en l'occurrence un mot assez juste. Elle a repéré, et immédiatement commandé, une «"Remington culbutée, à culasse renforcée, magasin à levier", capable d'expédier à quatre kilomètres un petit boulet explosif de la grosseur du pouce » sur le *catalogue des Armes et Cycles de Saint-Étienne*, catalogue dont on peut dès lors comprendre pourquoi le pacifiste patenté répétait volontiers au cours de ces années retirer succulent usage. Dans cette solitude il n'y a pas de neige, pas plus que de c*iel de plâtre* sous le soleil, pas même de bourrasques campagnardes. Pour se distraire un peu, il n'y a pas non plus d'âge pour cela, il faut s'accommoder avec ce que l'on a sous la main. De fait la Remington culbutée et ses petits boulets feront parfaitement l'affaire. Marie grimpe tant bien que mal dans le grenier de sa « maison bourgeoise », se met illico à canarder en direction du « château », également en ruine, de Six (noblesse oblige) et « fait tout voler en éclats : vitre, lampe et un beau morceau du mur d'en face. Ébahissement de Six ! Il pense à tout avant de penser à Marie. Il lui faut cinq minutes, mais il y vient : "Fille d'Adolphe, dit-il, [il s'agit du nom de son père, précédente figure de proue de cette autre dynastie locale] putain de vache, garce enturbannée". Dans le feu du plaisir Marie [qui n'est ni hussard, ni capitaine de louveterie] a mal épaulé, le fusil a sauté de ses mains, la crosse lui a à moitié démoli la mâchoire. Sur le moment elle a peur de s'être cassé quelque chose, mais non : ça fonctionne. D'ailleurs, elle n'a plus de dents ! »
Évidemment, il a quelques bonnes raisons à cela, le canardé va rapidement acheter « chez l'armurier de D. la même sorte de pétoire. » On va enfin pouvoir s'amuser un peu. À armes égales.
Des armes et de la poudre dont Giono – qui a maintes fois raconté comment il avait rendu inutilisable son fusil avant diverses promenades bucoliques entreprises sur le *Chemin des Dames* – va, dans cette période quelque peu désenchantée (aux lendemains d'Auschwitz et d'Hiroshima, joyeusetés et hommeries) faire soudainement abondant usage. Même si, l'humour demeurant mêmement singulier, et pour le lecteur tout aussi réjouissant, il opte parfois, particularité des pays rustiques et déshérités, pour l'économie de moyens. La nouvelle se nomme *Monologue* et a été préalablement publiée dans la revue *Table Ronde* en juillet 1950. Elle sera

finalement reprise en 1977 (il était temps) dans ce savoureux recueil intitulé *Faust au Village* du titre de l'un des sept textes qui en composent le sommaire. Mais pour ce qui en est de *Monologue* plutôt que d'un pacte avec Méphistophélès ce serait davantage un clin d'œil humoristique – version littérateur établi non loin du château de Lacoste – envers quelques préceptes, également singuliers, d'un marquis d'ancien régime de réputation, il est vrai, passablement sulfureuse. Préceptes, et dérivatifs, néanmoins tout aussi villageois. Qu'on en juge (quoique très partiellement) : « Le vallon de l'Iverdine passe pour être l'enfer. Alors l'enfer est partout ... Dans la montagne, les gens ont un plaisir : se suspendre par leur capuchon. Ce sont des capuchons en peau, fermés au cou par une courroie de cuir. La courroie se serre, le sang ne circule plus dans la tête : la connaissance se perd ... La première fois il ne faut pas toucher [le pendu], c'est paraît-il le meilleur. Il ne faut le dépendre qu'après qu'il a agité deux fois ses jambes ... Ça se fait également en famille. Les mères pendent leurs fils et leurs filles, le mari pend sa femme; on pend le père; on pend même le grand-père et la grand-mère ... Quand de nouveau on ne pourra plus tenir on dira : Jules, je languissais que tu arrives. La soupe est prête et j'ai reprisé les chaussettes : pends-moi un petit coup ! » Le but n'étant pour autant pas, à l'instar de Georges le moyenâgeux saluant Villon de songer à arroser les mandragores qui, au demeurant, ne pousseraient pas sur le sol battu de la cuisine. Il s'agit tout simplement (façon de parler) de perdre, un temps au moins, *la connaissance* des choses. À commencer par l'oubli de la marmite qui des heures durant continue imperturbable de mijoter sur le poêle en fonte que l'on tient de l'arrière grand-mère. Puis, dans le meilleur des cas, oublier à la suite le plateau. Ou le vallon. Ce qui est également du pareil au même. Au mieux, version contadine du fumeur d'opium d'antan (ou de crack contemporain) : s'oublier soi même.
Giono s'amuse. Terriblement. Et le lecteur semble avoir libre cours pour s'en amuser à son gré.

Parenthèse. Il existe aux Archives départementales de D. (04000) un fonds Giono qui abrite, pour son essentiel, une partie de la correspondance que l'auteur a reçue entre la fin des années quarante et le début des années soixante. Parmi toutes ces lettres j'avais (imparfait lointain) repéré jadis une coupure de journal (non identifié, mais daté de mai 1958, ce qui nous situe à l'époque de *Crésus*) annotée de sa main. Si Giono a pris soin de sauvegarder ce fragile fragment ce n'est à l'évidence pas pour l'extrait parfaitement anodin de l'entretien le concernant, mais pour la proximité avec l'article situé juste en-dessus et intitulé *Il n'est pas si facile de vivre,* article qui traitait d'un ouvrage... dont l'auteur venait de se suicider. Dans son interview Giono évoquait lui, d'un ton bon enfant, la nécessité de l'évasion et du rire, en particulier pour les parisiens présumés ne pas véritablement savoir le faire, sans doute pour leur manque d'intérêt pour le fameux catalogue stéphanois. Il avait alors encerclé puis relié d'une flèche épaisse le verbe « s'amuser » de sa phrase avec le titre en surplomb donnant instantanément à ce mot un sens bien moins léger, bien plus tragique et pascalien, celui de *se divertir.*

Lorsqu'en 1952 éclate ce qu'on a coutume de nommer *L'affaire Dominici,* Giono (qui rendra compte en 1955 du procès qui en résultera dans ses *Notes sur l'affaire Dominici*) veut y voir la preuve tangible de l'existence de ces paysans rudes et secrets à l'image de ceux qu'il lui arrive de mettre en scène, réalité d'une Provence noire dont doutait une fraction de la critique, ainsi qu'une partie de ses lecteurs. À commencer dans les environs de Manosque. À travers ce trait appuyé, c'est une semblable reconnaissance du bien fondé de quelques-uns de ses écrits, et de ce qui procède à leur écriture, que Giono relève sur cet encart de papier journal qui, dans son extrême modestie, pourrait bien figurer à la page des faits divers.

Et pourquoi pas, sur les plateaux, à celle des méfaits d'hivers. Au pluriel, car sur ce genre de hauteurs les mois de nivôse peuvent rapidement s'y révéler sans fin. À leur tour démesurés. Et, dans cette confrontation avec « ce désert extraordinairement blanc jusqu'aux lisières extraordinairement noires des bois, sous lesquels il peut y avoir n'importe quoi [Giono n'écrit même pas "n'importe qui", c'est dire la dimension toute relative qu'il accorde à la créature] qui peut faire n'importe quoi » la condition humaine plus que nulle part ailleurs peut aisément s'y découvrir ramenée à une analogue modestie extrême.

    Lieux, humeurs, personnages, atmosphère. Il s'agit du négatif de ce livre dont je tire la précédente citation, auquel je n'ai cessé de penser depuis que j'ai écrit la première de ces lignes et dont je réalise que je n'ai pas encore cité le nom. Sur la première page de son manuscrit, au-dessous du titre, l'auteur a écrit *Chroniques I.* Il y en aura de fait plusieurs autres à sa suite et si celle-là demeurera comme leur point d'orgue, toutes seront issues pour ce qui tient à leur écriture de ce même grand cru nouveau d'après guerre mondiale. La seconde pour le fils du cordonnier anarchiste. Puis, à nouveau en-dessous, besoin de bien définir son camp de base, il a noté *Opéra Bouffe.* Batifolage, légèreté et bouffonnerie... prétendument.

Quant au magistral positif tel qu'il figure pour la première fois le 30 juin 1947 en tant que titre de l'édition originale publiée par *La Table Ronde*

(Giono étant encore inscrit sur la liste noire des écrivains accusés de collaboration – aux côtés de Céline, Drieu et consorts – la maison Gallimard attendra précautionneusement quelques mois avant d'intégrer cette publication à son catalogue), roman flamboyant et pièce maîtresse de l'archipel gionien, il s'agit bien sûr d'*Un roi sans divertissement*.

Première des nouveautés (et pas la moindre) : un héros (si l'on veut) en uniforme. De gendarmerie pour commencer (celle de Louis-Philippe), mais uniforme quand même. Ancien soldat colonial du reste (On lui aurait dit ça, tout juste dix ans plus tôt, alors que venait de paraître *Refus d'obéissance* !) Ce héros (admettons) porte un nom, et pas n'importe lequel : Langlois.
Là, il serait bon de s'arrêter deux petites minutes. Après avoir démissionné en 1929 du Comptoir national d'escompte (agence anciennement sise au 7 boulevard de La Plaine) sur sa carte d'identité Giono a fait mentionner *homme de lettres*. Faut reconnaître qu'avec ces dernières il a toujours aimé jouer : je feins de tout montrer pour mieux dissimuler, et inversement ! (En 1951 ce sera la spécialité de *L'Artiste*, le bien nommé, tricheur addictif – dirait-on de nos jours – et personnage central des *Grands Chemins*). Pour nombre de ses personnages anagrammes et motsvalises figurent de la sorte en bonne place parmi les *amusements* gioniens favoris. Pour indépendant qu'il soit, Langlois le franc-tireur, au sens propre comme au sens figuré, ne déroge pas. Il porte en lui la présence de *l'ange*, tout comme il sait l'existence de *l'oie*. Et avec cette dernière, mythologiquement associé par le paisible fumeur de pipe, le *spectacle* de son sang.
Pour la juste référence à ce volatile il est besoin de remonter un peu dans le temps. À la toute fin du XIIème siècle, vers 1180-1190 précisément, date à laquelle l'inventeur du roman médiéval et précurseur du roman de chevalerie (Langlois est un cavalier émérite, tout comme le sera bientôt *le hussard piémontais*) le très courtois Chrétien de Troyes s'attaque à son *Perceval ou le conte du Graal*. Il y écrit :
« Quand Perceval vit la neige qui était foulée là où s'était couchée l'oie, et le sang qui apparaissait autour, il s'appuya sur sa lance pour regarder cette ressemblance. Car le sang et la neige ensemble sont à la ressemblance de la couleur fraîche qui est au visage de son amie. Tout à cette pensée, il s'en oublie lui-même. Pareille était sur son visage cette goutte de vermeil, disposée sur le blanc, à ce qu'étaient ces trois gouttes de sang apparues sur la neige blanche. Il n'était plus que regard. Il lui apparaissait, tant il y prenait plaisir, que ce qu'il voyait, c'était la couleur toute nouvelle du visage de son amie, si belle. » (Chrétien de Troyes - Le Conte du Graal ou le roman de Perceval - Traduction Charles Méla - Le Livre de poche classique – 2003)

Un *divertissement*, qui, sans pendaison ni tir d'artillerie villageoise, conduit Perceval à *s'en oublier lui-même*. « Et panse tant que il s'oblie » dit le manuscrit original bouleversant de modernité. Songe amoureux dans un second temps (On sait que Chrétien de Troyes a assigné Blanchefleur pour *amie si belle* à Perceval ... mais on ignore à quelle Fleur, ou même à quelle Blanche, pourrait bien se référer le créateur de celui devenu entre-temps commandant de louveterie) songe amoureux dans un second temps, mais émotion esthétique à son origine. Le sang sur la neige. « Gotes de sanc qui espandirent sor le blanc » dit encore le manuscrit merveilleux.

Scène du film *Un roi sans divertissement* - Réalisation François Leterrier (1963) Les films Jean Giono – scénario inédit de l'auteur.

Esthétique. Les mots *beau, belle, beauté* foisonnent dans le texte de Giono. Quatre fois dans la seule première page. Pas plus que l'abondance des zéros ils ne sont bien sûr à considérer du seul point de vue des mathématiques.
« Il existe enveloppant le premier (... par exemple, la connaissance économique du monde ...) un autre système de référence (...) Nous en sommes avertis par la beauté. On ne peut pas vivre dans un monde où l'on croit que l'élégance exquise du plumage de la pintade est inutile » note (à nouveau au passage : « Ceci est tout à fait à part. J'ai eu envie de le dire, je l'ai dit ») le premier et, si l'on veut bien consentir à cette énigme, mystérieux narrateur omniscient du *Roi*.
Et puisque *la bocca della verità* ne s'exprime jamais mieux que par l'entremise des *simples*, c'est « Bergues qui est célibataire, un peu sauvage » qui en un autre passage du texte se met « à dire des choses bizarres; et par exemple, que "le sang, le sang sur la neige, très propre, rouge et blanc,

c'est très beau." » Ne faisant cependant qu'annoncer la déclaration définitive du susdit narrateur : « Je dis beau. Parlons en peintre. »
Mieux vaut par suite ne point trop commenter ce que le pinceau a dicté. Heureux, heureuse, celle et celui pour qui ce texte des sommets et de leurs profondeurs *voisines* reste à aborder. Est-on si loin que cela, gouffres et vertiges, de ce *Moby Dick* dont Giono en 1938 vient d'assurer – avec, pour assistants, Lucien Jacques et Joan Smith – la première traduction française à l'enseigne (véritable édition originale) des *Cahiers du Contadour*.

Pas plus que, autres apparitions emblématiques autant que remarquables, je ne m'attarderai trop sur l'irruption dans les alentours de *Chichiliane* (que Giono écrit dans son manuscrit avec un seul n) de ces *Âmes fortes* qui, à peine deux ans plus tard, deviendront sous la plume du gardien du phare de Manosque le titre d'une de ses nouvelles *chroniques romanesques*. Éclatante manifestation de l'importance croissante de ces personnages singuliers devenus de fait quasi hégémoniques dans l'œuvre en train de s'écrire. Leurs acolytes de rang sont ici tantôt procureur royal (une lignée royale fort peu conventionnelle nonobstant, car voyant le buste de Louis-Philippe : « Roi ! dit Langlois. Il a l'air de dire : Et après ? ») tantôt (le sang supposément bleu ne faisant vraiment rien à l'affaire) « lorette » dans une ancienne *maison* de Grenoble et qui, par sobriquet villageois, s'est vu attribuée le surnom de *Saucisse* (les apparences sont souvent trompeuses, et ne trompent que ceux qui veulent bien s'en contenter). L'une et l'un, avec leurs différents appareils de connaissance, sont des « profond(s) connaisseur(s) du cœur humain » et des « amateurs d'âmes ». Âmes fortes – sans la moindre distinction de sexe, car en la matière Giono cultive une remarquable parité romanesque (Ô Pauline, Ô Thérèse, Ô Ennemonde, Ô madame Numance) – qui seront les dernières et fidèles compagnes nées de l'encre de chine très noire que, plus que jamais, l'homme de lettres... et le créateur de l'hêtre, celui de la scierie de Frédéric II, « l'Apollon-citharède des hêtres » – (qui d'ailleurs n'est « vraiment pas un arbre » ... alors quoi ? supprimer les initiales ?) – encre très noire donc que plus que jamais Giono aimera utiliser au quotidien.

Quant aux anges ils sont depuis les tous premiers poèmes de jeunesse d'indéfectibles accompagnateurs de l'écrivain. Ils s'appellent *Ange* ou *Angélo*, *Angèle* ou *Angiolina* au féminin, tout simplement *Jean (le bleu)*, et peut-être même *Janet* (aux doigts pleins de vipères). J'imagine volontiers maman Pauline, la blanchisseuse, chanter en guise de berceuse à celui qui restera son unique rejeton aux yeux d'un bleu profond : *Dors mon petit Jean, dors mon petit ange*. Et pour qui se joue des mots l'anagramme sonne comme une évidence. Giono peut même y ajouter la première lettre de son nom pour faire bon poids. Ces anges sont, sentinelles à demi-clandestines, présence de l'auteur dans sa création. Une autre sorte d'empreinte qui, en *arrière plan,* redouble celle des narrateurs tout puissants.

Mais, à partir du début des années 40, plus que de discrets avatars, Giono affirme reconnaître en eux la source personnifiée de son pouvoir de création. Dans *Pour saluer Melville*, que – à peine sortie de son incarcération au fort Saint-Charles de Marseille (pour pacifisme cette fois) – Giono publie en 1941, ils sont même pour le romancier certitude (nouvelle) d'un possible *comble du bonheur* (également nouveau). Le lecteur qui s'en tenait jusque là à l'espérance d'une joie à demeure pouvait en effet y lire : « Bienheureux ceux qui marchent dans le fouettement furieux des ailes de l'ange. » Ceux. Et celui.

Tableau de Serge Fiorio qui aurait bien pu s'intituler *La Poursuite* (derrière l'arbre la cape de l'homme est rouge... sang)

Un ange aux origines mêmes de la création, y compris sous-marine, comme dans *Fragments d'un paradis* (1944, deux ans avant l'avènement du *Roi*) périple maritime... « de découverte sentimentale. » Un long récit entièrement dicté par son auteur (c'est dire s'il était assuré de le posséder entièrement) situé aux abords de l'île Tristan da Cunha, la plus parfaite des solitudes car parmi toutes les îles de notre planète la plus éloignée de toute autre terre peuplée par l'homme. Cet ange nouveau (au féminin) y prend l'aspect d'une « raie monstrueuse » (possible accompagnatrice d'un autre monstre des profondeurs aquatiques) – avec « de grandes ailes » cependant, lesquelles permettent d'échapper à la trop grande *gravité* terrestre (on est dorénavant bien loin du Panturle de *Regain* « solidement enfoncé dans la terre comme une colonne ») – apparition hors norme qui laissera l'équipage « fasciné par le spectacle. »

Avec cette navigation côté cœur Giono s'attardait dans les parages bienheureux de *Pour saluer Melville*. Ce dernier titre masquant à vrai dire la plus fausse et assumée des biographies, puisque dissimulant surtout à son lecteur la plus réelle des transpositions... *sentimentales,* itou. Car si le rêveur d'océan y saluait bien un peu le démiurge créateur de *Moby Dick* (c'est au départ pour lui un texte de commande de Gallimard pour une simple préface à la traduction qu'il vient d'achever) c'est surtout le personnage d'*Adelina White*, amour totalement inventée de Herman, qu'il magnifiait dans ce récit d'une brève rencontre sur une calèche (il y aura pendant quelques temps maintes récurrences dans son œuvre d'un tel attelage, vision quelque peu enjolivée d'un banal autocar bas-alpin dans lequel il avait aperçu pour la première fois le modèle vivant de son désormais personnage de fiction).

White : blanc assurément.

... ou Blanche plutôt !

Le souffle nouveau de sa création nouvelle. Sur l'exemplaire de tête de ce livre qu'il offre à cette Blanche, une hypothétique Blanchefleur (serait-ce totalement étranger à ses prochaines références à Perceval ?) que depuis plusieurs mois il aime *furieusement* Giono a noté de sa plus belle écriture :

« Sans ange pas de poète, mais sans Adelina pas d'ange »

***

HISTOIRE (S)

On est toujours curieux d'un artiste (...) C'est une curiosité naturelle et qui satisfait ce qui semble être une petite passion. En réalité il s'agit d'une grande passion.

C'est (...) pour donner à la création non plus une origine divine, mais une origine humaine.

C'est vouloir à toute force avoir confiance en l'homme. Je trouve cette naïveté fort respectable.

Elle a comme une petite odeur prométhéenne de feu volé (...) Nous saurons désormais comment sont faits les voleurs de feu et quelles braises enflamment les nuits de la tribu.

Jean Giono – revue *Parenthèses* - février 1955

« 43 (1800 évidemment). Décembre. » C'est ainsi que le narrateur d'*Un roi sans divertissement* date l'arrivée du premier hiver meurtrier « dans le fer à cheval entre l'Archat et le Jocond [où, enseveli sous les couches de neige] il n'y a plus d'habitable, c'est-à-dire il n'y a plus d'endroit où l'on puisse imaginer un monde aux couleurs du paon. » Croit tranquillement qui veut aux tours de passe-passe largement dévoilés de *L'Artiste*. De même qu'aux évidences gioniennes toutes aussi ouvertement affichées. S'en méfiera pareillement qui le souhaitera.

Prenons le personnage de M. V.. Lorsqu'il apparaît pour la première fois sur une page du manuscrit c'est sous le vocable de M(onsieur) *Voisin*. Autant dire, excusez-moi à nouveau de cette assignation, vous et moi. À commencer par Giono lui-même. Confirmation manifeste en est affichée dans *Noé,* roman du romancier et récit quasi entièrement marseillais (Blanche/Adelina y habite alors) qui sera publié en décembre 1947, 6 mois à peine après le *Roi*. Dans ce texte notre conteur-menteur se délecte à décrire avec force détails comment dans son bureau situé au dernier étage du *Paraïs,* sa maison sur le versant du Mont d'Or, il a installé, se superposant à celui de son espace de travail, le décor de sa chronique. La scierie de Frédéric II « derrière le tuyau du poêle à bois », L'Archat « dans ma bibliothèque », « Chichiliane (...) un très joli petit parc sauvage, de l'autre côté du mur, dans mon dos », tout le restant du paysage à l'identique. Et c'est de cette façon qu'étant « parti vers l'Archat » M.V. s'est dirigé vers lui, « a traversé sa table » et qu' « à un moment même, (ils ont) coïncidé exactement tous les deux. » À cet instant, ajoute benoîtement le romancier, « j'étais monsieur V. ». Banale évidence. Pas même un point d'exclamation.

L'histoire est belle. Elle continue de se raconter ici et là comme une gourmandise. Mais cette superposition fantastique date-t-elle vraiment de la composition du *Roi,* que Giono a d'ailleurs écrit pour bonne partie dans sa ferme de *La Margotte,* éloignée de vingt-cinq kilomètres de Manosque (... ville dans laquelle il dira, lors de ces jours qui demeurent intranquilles pour lui, ne pas être assuré d'y bénéficier du « calme » dont il a besoin) ou même de la rédaction de *Noé* ? À vrai dire peu importe si l'on opte pour le point de vue du premier narrateur du *Roi* lequel, confronté à l'historien local qui « interprète » les faits, préfère se convaincre que « ce qui est arrivé est plus beau, je crois ». Sous cet éclairage, celui du conteur partisan de la *réalité augmentée* (augmentée du mensonge original d'Ulysse dans *Naissance de l'Odyssée*) Manosque, La Margotte et Marseille c'est pour la page blanche et vierge bonnet blanc et blanc bonnet par temps de neige qui écrase tout. Seul le verbe pour s'en distraire. Le plus royalement possible. Hiéroglyphes écarlates tracés en lettres de sang.

Notre (af)fabulateur des grands chemins (forcément *grands,* car ceux-là guidés par l'encre noire s'avèrent imprévisibles) en rajoutera du reste, et avec délice, une louche supplémentaire quelques années plus tard, en

1963, dans le film éponyme du roman que François Leterrier tourne alors dans l'Aubrac, à partir cependant d'un scénario original de son cru, et en sa présence (le second... et dernier des *Films Jean Giono*) lorsque au moment d'abattre le loup, « un monsieur » (un autre spécimen sur pattes d'âme forte solitaire) dans le cul-de-sac, ou le bout de la route, qu'est le supposé « fond de Chalamont » Giono y prête, en off, sa voix à ce même M.V.. Nouvelle assimilation des personnages. Et de leurs époques ?

En 1952, moins de cinq ans plus tard, dans ce même contexte succédant aux années dites noires, André Cayatte va tourner *Nous sommes tous des assassins* (que Jean Meckert – l'anar Amila de la *Série Noire* – novellisera la même année). L'affirmation de ce titre est-elle si éloignée que cela des paroles de Langlois s'adressant à Saucisse : « Je ne crois pas qu'un homme puisse être différent au point d'avoir des raisons totalement incompréhensibles. Il n'y a pas d'étrangers. Il n'y a pas d'étrangers; comprends tu ça, ma vieille. » Est-ce uniquement un commandant de louveterie (charge de facto fort utile lorsque l'animal bipède se met à exterminer en meute) qui s'interroge et affirme ? Est-ce seulement à son interlocutrice de 1843 qu'il s'adresse ? Ou, alors que l'horloge de Chichilianne (avec 2 n) vient de sonner minuit dans le siècle plusieurs hivers durant, Giono élargirait-il son propos à d'autres saisons hivernales, d'autres années quarante qui lui sont plus contemporaines ?

Il y a, c'est entendu (et il n'y a pas lieu d'y revenir), la malédiction de l'ennui pascalien qui s'attache à la condition humaine et traverse les temps, mais, sang versé pour sang versé, ce n'est peut-être pas tout à fait une coïncidence fortuite si Giono a écrit sa chronique (*recueil de faits historiques*, dit mon dictionnaire) – quête individuelle d'une esthétique (d'écriture) pour faire face à la laideur des temps calendaires – en 46. 1900 évidemment.

Son *Histoire d'hiver*, ce sera le titre d'une prépublication dans *les Cahiers de la Pléiade*, Giono la couche sur ses pages couleur paille japon (pour la beauté du contraste) en à peine plus d'un mois du 1er septembre au 10 octobre de cette année-là. 286 pages dans l'édition originale, ciselées comme auraient pu l'être celles d'une fulgurante nouvelle de quelques feuillets seulement. Pour tous ceux qui ne cessent d'être fascinés – façon galloise éventuellement – par ce travail d'orfèvrerie, comment ne pas y voir la manifestation d'un exceptionnel alignement de planètes. Style nouveau (que son auteur va entièrement revendiquer), personnages nouveaux (*Les Âmes fortes*) et histoires nouvelles, *les chroniques* : « Il n'a pas envie de continuer à écrire les petits livres qu'il sait faire. L'œuvre n'a d'intérêt que si elle est un perpétuel combat avec le large inconnu » avait-il fait dire au démiurge créateur de la baleine

blanche. Mais aussi (et surtout ?) pour l'écrivain, sans lequel (dixit ce même auteur) pas de fouettements aériens (lesquels permettent par surcroît de se mettre à distance respectable du plancher des vaches et des moutons... ainsi que des contrariétés qui peuvent à l'occasion s'y développer) la présence d'un ange nouveau (quel illustre entomologiste a soigneusement enregistré que « l'amour donnait des ailes » ?) même si, cela pourrait-il avoir quelques incidences sur la noirceur de l'écriture en cours, en cet automne 46, dans plusieurs des lettres que Giono adresse à l'incarnation physique de son « *amour onirique* » (la formule sera de Pierre Magnan) le climat entre eux n'y apparaît pas invariablement au beau fixe.
Sans escamoter, car indéniablement pas anecdotique, un regard politique nouveau sur la société des hommes. Giono au sortir de la seconde guerre mondiale (qui l'aura vu arrêté et interné à Saint-Vincent-les-Forts de septembre 44 à fin janvier 45, puis frappé d'une mesure d'éloignement de Manosque jusqu'en janvier 46... seulement quelques mois avant l'écriture du *Roi*), liberté retrouvée, et volonté d'en tirer ses propres comptes – quitte à en régler quelques-uns avec d'anciens proches et amis qui n'en seront définitivement plus – c'est, il ne faudra par exemple plus lui parler de l'utopie poétique et collective du Contadour, nouveautés à tous les étages. Finies également les exaltations fantasques à l'adresse de ces travailleurs de la terre qu'il nommait il y a peu « la race paysanne ». Et lorsque Saucisse en vient à « *engueuler* » ceux de son entourage, « la crème des abrutis et la fleur des imbéciles » selon ses dires, elle finira, parmi bien d'autres imprécations, par leur asséner que « la bouse de vos vaches ça vous suffit comme point de vue, hein ? » (un ange, quoique d'un autre modèle, passe sur la route de *Baumugnes*). Je n'oublie rien (du moins, c'est humain, de ce qui l'arrange de ne pas oublier) et je passe à tout autre chose. « Un nouveau monde, d'un vaste sans limite, de l'autre côté de l'Archat. »

De toutes ces nouveautés, l'attention *naturelle* du lecteur curieux de la création oblige à un arrêt sur la principale. Celle que, dans ces mêmes lettres, Giono dit considérer de la sorte. Elle se nomme Blanche Meyer, est accessoirement l'épouse de Louis, notaire à Manosque, du moins à ses débuts, et se trouve être plus jeune, de treize ans, que son amant (ils le sont depuis juin 1939). Prononcer son nom en quelques chapelles c'est toujours aujourd'hui encore aussitôt sentir le soufre... mais, comme de bien entendu, étant frappée d'anathème, elle continue plus souvent qu'à son tour d'alimenter nombre de conversations de l'entre-soi. Le simple lecteur, possiblement naïf et passionné, peut pourtant depuis quinze ans déjà en faire la connaissance, avec l'orientation d'une certaine boussole cependant, à travers le livre d'Annick Stevenson, *Blanche Meyer et Jean Giono* paru en 2007 chez *Actes Sud*. C'est toutefois bien moins la belle (la chose est assez communément admise qu'elle le fût) qui retiendra ici mon attention, que la substance de bien des lettres parmi les plus de 1 300 qui constituent l'essentiel de celles (il en existe d'autres ici et là) que Giono lui a écrites pendant plus de trente ans entre janvier 1939 pour la première et avril 1969 pour la dernière, alors que Blanche vit éloignée de lui depuis de nombreuses années. Dernière lettre dans laquelle (je cite uniquement de mémoire, ce qui tombe bien puisque cette correspondance est à ce jour propriété de l'Université... de Yale dans le Connecticut – pourquoi pas ? – à laquelle la susdite belle l'a un jour monnayée, pour s'assurer de sa sauvegarde, dira sa fille) de mémoire donc – mais le sens y est – il lui écrit, en bien plus tendre que ne l'exprime la périphrase suivante, *que les années qui passent n'auront jamais d'emprise sur elle.*

Blanche Meyer - vers 1936 - Photo Gerull Kardas

Notons qu'à cette même période, entre octobre 68 et novembre 69 – à peine quelques mois avant sa mort – Giono est absorbé par la rédaction de *L'Iris de Suse*, ultime chronique dont un personnage, quête finale de Tringlot l'ex-bagnard, se nomme *L'Absente*. (Trente ans plus tôt, c'est Herman qui déjà augurait à propos d'Adelina : « Elle est sûrement capable de rester des journées entières assise dans un fauteuil et totalement absente de l'endroit où elle semble être. ») *Iris de Suse* dont les toutes dernières lignes du texte, à l'instant où Tringlot la rejoint, consignent sobrement :

« Elle était là.
" Je suis comblé. Maintenant j'ai tout ", se dit-il.
Désormais, elle serait protégée contre vents et marées et elle ne savait même pas qu'il était tout pour elle. »

De là à envisager que Giono ait pu écrire 250 pages pour (ultime célébration de l'imaginaire, et de ses fantômes ?) en arriver à ces quatre dernières lignes.

Je crois ici nécessaire de rajouter à nouveau quelques nombres à propos de cette correspondance que sans doute à cause des influences arithmétiques de Crésus-Jules – j'avais cru bon de noter lorsque j'ai pu la consulter. Durant les quarante jours que durera la rédaction d'*Un roi sans divertissement* Giono adresse huit lettres à Blanche. Mais ces chiffres, comme ceux inscrits sur le tableau noir du Contadour, valent surtout pour ce dont ils sont porteurs et qui ne se compte pas sur les doigts de la main. Car, et c'est tout là l'intérêt de cet ensemble épistolaire (qui de fait nécessiterait, pour le moins, que l'on en fasse un examen attentionné afin d'en rendre compte) et plus précisément dans le fil de l'écriture du *Roi* le très grand intérêt de plusieurs de ces huit lettres, c'est que Giono s'adressant à sa lectrice idéale (car idéalisée) y fait connaître son ressenti le plus intime quant à l'écriture de sa chronique. Témoignage irremplaçable que certaines annotations de ses carnets d'écriture peuvent corroborer, voire compléter, mais certainement pas occulter. Quel *étrange* appareil critique se préoccupant un tant soit peu de braises nocturnes songerait à n'en pas, au moins, faire état ? À n'en pas même signaler l'existence ? Comment de ces lignes où le romancier évoque Balzac à propos de la violence de son récit, et de son style, ne signifier le moindre mot ? Comment surtout, à la lecture de ces lettres, ne rien dire des ruptures qui y sont très fougueusement revendiquées. Car Giono y tranche dans le vif, y proclame se surprendre lui-même de sa vitesse d'écriture et de cette nouvelle manière dont il est le premier à s'éblouir (le synonyme n'est en rien trop fort) de la beauté qu'il reconnaît à son texte et (c'est toujours lui qui l'écrit) du Giono jusqu'alors à lui-même inconnu (synonyme encore) qui s'y révèle. Un Giono nouveau. Excusez du peu.

Pourtant, soixante-quatorze ans plus tard (!) en janvier 2020, lorsque, pour honorer la mémoire de l'écrivain disparu un demi-siècle auparavant, la prestigieuse Pléiade-NRF-Gallimard publie un huitième volume consacré à son œuvre sous le titre *Un roi sans divertissement* (en caractères gras) *et autres romans* (dans un format inférieur) pas un mot à propos de ces phrases dans lesquelles notre voleur de feu revendique avec allégresse l'art et la manière de son imprévisible métamorphose. Rien non plus n'est ajouté en référence à cette même correspondance aux notices de *Pour Saluer Melville* et de *L'Iris de Suse* précédemment et respectivement parues dans cette même collection en 1974 pour son tome III et 1983 pour le VI. Pas plus pour ce qui concerne *L'Iris* que pour la pseudo biographie de *Melville*. Pas la moindre indication, par exemple, sur le fait que lorsque dans ce roman Adelina adresse à Herman le billet suivant : « J'ai maintenant une perception si fine de vous que même loin je devine à vos lettres, à leur rythme, à votre écriture, quand vous êtes au cœur de votre travail, ou si vous vous en évadez un moment » il s'agit du mot à mot d'une lettre de Blanche envoyée à Jean (et ce n'est pas la seule a être ainsi insérée dans le texte !) Seul ajout aux commentaires imprimés des années auparavant, une préface brillante (ce n'est pas de l'humour) pour *éclairer* cette réédition, dans laquelle son auteur consacre 4 lignes pour évoquer, dans sa septième page, l'existence d'« une autre Blanche »... et pour renvoyer prestement la patate chaude (hypothésons que ce puisse en être... de l'humour) à une note, également additionnelle par rapport à l'édition de 1974, du critique de *Pour Saluer Melville*. Lequel dans son addenda s'empresse de refermer cette porte en évoquant « une liaison de Giono avec une Manosquine » ! Nothing else. L'un semblant avoir oublié son nom, l'autre jusqu'à son prénom. Depuis une lecture ancienne d'*Avril Brisé,* je ne pense pas avoir souvenir d'une vendetta ancestrale aussi joliment perpétuée. Voilà Lure devenue une montagne albanaise. Ce qui, après tout, en pays gionien, n'a rien de bien invraisemblable.

Reste ainsi le seul livre d'Annick Stevenson[56] laquelle se fait la porte-parole de Jolaine, la fille de Blanche, pour témoigner – entre autres – de l'évolution au cours du temps de la passion amoureuse des premières années (de la part de Giono en tout cas) et de son influence sur la création du romancier. C'est le meilleur de cette publication qui, à sa sortie, fut une révélation pour bien de ses lecteurs. Mais venant d'une parole se jugeant injustement passée sous silence, le récit filial prend en maintes occasions l'allure d'un plaidoyer. Quitte à poser à la victime et

---

56 Le lecteur intéressé, et anglophone, pourra cependant se rapporter au texte de Patricia Le Page, une thèse de Doctorat de Philosophie soutenue en 2004 par devant l'Université du Maryland, thèse intitulée *Space of Passion : The Love Letters of Jean Giono to Blanche Meyer* qui n'a, à ce jour, (curieusement ?) suscité l'intérêt d'aucun éditeur de langue française... mais que l'on peut consulter intégralement sur le NET, à l'adresse suivante (accent et espaces compris) :
file:///C:/Users/Propriétaire/Desktop/BLANCHE MEYER/Love Letters-(Maryland) Patricia Le Page.pdf

donner parfois dans le comique involontaire. Lors de différentes crises survenues avec le passage du temps (chacun étant au final demeuré dans son couple, et le plus souvent à distance) lui est, notamment, « l'ingrat » et elle « l'incurable romantique ». Quant aux (nombreuses) sollicitations financières *du côté de* Blanche on considère que Giono n'en fait jamais assez et ne tient « qu'en partie ses promesses » (quantité de lettres conservées à Yale font bien plus que laisser penser le contraire). Cette dernière séquence, et ce qui en fait état à répétition dans la correspondance du Connecticut, peut effectivement se lire en diagonale. Ou ne pas se lire du tout. Ce ne sont assurément pas là des braises de nature à enflammer les ténèbres. Mais tout le restant ?

« Tiens, pose-toi un peu là, j'ai quelque chose de pas vraiment ordinaire à te montrer ». C'est Pierre Magnan qui parle et, mystérieux, introduit sa confidence. Nous nous trouvons dans le petit appartement de Forcalquier qui donne sur la place de la librairie, appartement qu'il occupe depuis qu'il a laissé pour un temps à Lou qui y repose la garde solitaire du Revest-Saint-Martin. Je suis bien loin de posséder l'extraordinaire mémoire de l'auteur de *Pour Saluer Giono* mais les mots qu'il va prononcer je suis bien certain aujourd'hui, des années plus tard, de n'en pas trahir le sens. Il écarte sans plus tarder les portes du bas du meuble qui me fait face révélant un alignement d'une quinzaine de dossiers et me tend le premier de la rangée. Celui-ci s'ouvre sur la reproduction dactylographiée d'une lettre en date du 2 Janvier 1939. « Je vous écris, cœur, ce soir même ». C'est ainsi, dans cette pièce parfaitement modeste (tout à fait à l'image de son occupant) que pour la première fois je vais découvrir la copie de ces plus de mille trois cents lettres dont je dois pour l'heure me contenter d'en lire trois ou quatre en vitesse. Car ce dont le romancier tient impatiemment à me faire part c'est la présence dans ces trois milles pages de nombreuses réflexions de Giono qui sont, me dit-il, un éclairage unique sur sa préoccupation permanente à l'égard de son travail d'écrivain. Que se trouve dans ces passages, au-delà du discours amoureux, et de ses tourments, leur substantifique moelle. Et qu'il y faut impérativement la parole d'un écrivain pour en révéler toute la sève. Pour cette raison, et pour de multiples autres (ça, c'est moi qui le précise) ce livre, ajoute-t-il, il est tenu de l'écrire.

De multiples raisons, c'est un euphémisme de le dire ainsi. Pierre a 15 ans ce mois de septembre 1937 lorsque, en compagnie de son ami Jeff Scaniglia, il va rejoindre pour la première fois le groupe des contadouriens regroupés autour de Giono qui les a invités sur le plateau et leur a promis un texte pour *Au devant de la vie*, un mensuel pacifiste dont les deux jeunes amis, assistés de quelques acolytes de leur âge, vont réussir à publier cinq numéros. Dont quatre contiennent un texte de l'auteur du *Poids du ciel*.

Au devant de la Vie - Manosque - Septembre 1937

On m'accordera qu'il existe bien des adoubements moins précoces. Et moins éclatants. La seconde des raisons est liée au titre de ce livre qu'il se fait un devoir d'écrire. Ce sera *Les Jardins d'Armide,* une référence explicite à *La Jérusalem Délivrée*, poème épique publié par Le Tasse en 1851 dans lequel Armide la magicienne éperdument amoureuse tente par ses sortilèges de retenir le chevalier Renaud dans ses jardins enchantés. Ce titre Pierre Magnan le tient directement de Giono qui avait en effet baptisé ainsi ce coin de colline planté d'oliviers où a eu lieu les premières rencontres à deux avec celle que déjà il rêvait de séduire. Des *Jardins d'Armide* qui bientôt vont foisonner dans son œuvre (on les rencontre même dans les parages de l'île Tristan). Or, comme Pierre Magnan l'indique dans les deux livres de *Mémoires* qu'il a publiés – *Apprenti et Un monstre sacré* – cette parcelle mal entretenue appartient de longue date à ses parents; son grand-père maternel ayant dépensé toute sa fortune pour l'acheter à un *Mexicain*, du nom de ces alpins, hauts et bas, ayant fui leur misère au-dessous de quelques volcans de la Cordillère locale... tel Urbain Timothée, le mari de Mme Tim la créole, laquelle donnera à Langlois l'idée du labyrinthe de buis (un cheminement incertain où, faute de capuchon, on peut néanmoins tenter de s'égarer un temps). Par delà ce cadastre complice, Pierre Magnan est devenu en cette année 1940 – il a alors dix-huit ans – le jeune compagnon de Thyde Monnier dont vient de paraître *La rue courte*, roman qu'elle a dédié à Giono. Par admiration pour ce dernier elle loue un appartement à Manosque, ce qui va lui permettre de mettre à l'étage inférieur une pièce à sa disposition où il pourra retrouver Blanche. Les jours où celle-ci arrive la première chez Thyde le jeune homme est le témoin de leurs conversations. Ces visites, celle de l'un, et celle de l'autre, Pierre Magnan les relate séparément dans les deux livres que je viens de citer... oubliant simplement d'en signaler la raison commune. Son indéfectible amitié pour l'homme, et son admiration jamais démentie pour l'écrivain, ne datent donc pas de la dernière pluie. Et lorsqu'en janvier 1946 Giono peut enfin rentrer à Manosque pour y accompagner sa mère à sa dernière demeure, il n'y aura pas foule autour de lui. Ils seront tout juste trois. Dont Pierre Magnan qui le racontera. Giono devant faire le quatrième pour porter le cercueil.

Mais tout cela, qui n'est pas rien en regard de l'humain, est finalement peu de choses quant à la destinée de celui qui à cette heure m'assure avoir l'obligation d'écrire l'histoire de ces *Jardins d'Armide*. En ce début d'année 40, la France est en guerre, mais pas encore envahie. Giono a appris par Thyde Monnier que l'apprenti typo s'adonne à l'écriture et insiste pour lire ses toutes premières pages. « Je souffre, je suis humilié » écrira celui-ci dans *Pour Saluer Giono*, et quand pour se faire le plus humble possible il évoque la difficulté d'écrire, « avec un mince sourire » Giono lui répondra : « C'est incommensurablement plus difficile que tu ne le crois ». Cette phrase Pierre Magnan l'a rapportée bien des fois sur le papier. C'est là son alpha et son oméga. Car, dans ce même paragraphe, celui qui publiera plus de soixante livres écrit encore : « J'ai tout misé sur cette phrase (...) C'est pour elle et par elle que tout arrivera dans ma vie.» De cela, et tenant toujours le recueil des lettres en main, je n'ignore rien. Comment ne pas être aussi convaincu que lui lorsque, définitif, il m'affirme *être tenu*.

Ce livre, qu'il fera pourtant annoncer "*à paraître*" dès 2003, Pierre Magnan laissera s'écouler un peu de temps avant de s'y confronter véritablement. La première des raisons en est qu'il a un volume en train, puis un autre à suivre, qu'il doit à Denoël son éditeur (*Les Jardins d'Armide*, il les destine à Gallimard, maison avec laquelle il me dira plus tard avoir obtenu un accord de principe). Une autre de ces raisons est que derrière ce titre se dissimule en fait un véritable récit biographique, lequel s'étale sur trente années de vie. Une version qu'il désire sans doute *plus belle* en regard de celle d'un historien officiel. D'ailleurs, dans une de ses lettres, lorsqu'il y fait référence, c'est de « *ma vie de Giono* » dont il est question (*Parlons en écrivain*, aurait-il pu consigner). La manière dont il rend compte dans *Un monstre sacré* des accès de jalousie qui émaillent la correspondance avec Blanche en est un exemple.

« – Le voici donc ce sentiment tant attendu ! nous dira-t-il. Jusqu'ici il ne s'est permis que l'usage des sentiments nobles et que le respect des hautes valeurs; maintenant il va descendre un peu plus bas dans le cloaque humain : voici enfin les trahisons et les machinations (...) les réalités qui vont rendre plus crédibles les personnages qui animent ses péripéties. »

La jalousie, comme un trop plein de neige, au bénéfice de la seule littérature.De ce point de vue, celui des *Chroniques,* on est naturellement bien loin du récit d'Annick Stevenson.

Il est vrai que, dans la vision de Pierre Magnan, Blanche ne mesure peut-être pas toujours le monde à la même aune que celui qui s'est éprise d'elle. Ou de son personnage. Pour en juger, il est possible de s'en remettre une fois de plus aux textes de ses *Mémoires* dans lesquels il arrive de croiser « celle qui s'est soigneusement construite elle-même. » On peut également (à ma connaissance cela n'a encore jamais été dévoilé, mais il y a à présent prescription tri-décennale) lire le portrait qu'il trace de son double de papier dans *La Naine* (Denoël 1987) où elle y est une actrice importante de ce « roman ... dont les protagonistes ont emprunté les traits physiques de personnages qui ont existé ». En matière de rosserie bas-alpine, c'est un petit joyau. Elle s'y nomme *Blandine* (est-ce méchant, ou pas ?) n'y est pas épouse de notaire... mais femme d'avocat, mère d'une petite fille unique, et – entre autres attributs constitutifs – possède des yeux verts, porte un manteau écossais (comme est écossaise la jupe que porte Blanche/Adelina lorsqu'elle apparaît dans *Noé,* jupe dont sa fille écrira que Giono l'aimait particulièrement) ainsi qu'un de ces fameux petits chapeaux si chers à l'élégante. Chapeau rouge qui, lui, sortira miraculeusement indemne de la tragédie villageoise.

Ce sera pourtant le même Pierre Magnan (ce qui n'est en rien inconciliable, d'autant plus qu'il y adopte alors le regard de Giono) qui, dans *Apprenti,* quinze ans plus tard, fera part de son immense émotion face à un cliché des temps perdus :

« J'ai devant moi la photo de cette morte quand elle avait trente ans. Quand elle était en pleine possession de sa beauté, de son talent à se faire aimer et de l'homme qui l'a aimée, lequel figure à côté d'elle sur cette photo : modeste et heureux.

Et je pleure. Oh, ce ne sont pas mes yeux qui pleurent. C'est mon âme. Et c'est pire. »

Au début de l'année 2012, Pierre Magnan, qui avait dû s'expatrier à Voiron, me confiait, d'une graphie devenue vacillante, avoir écrit 300 pages de ses *Jardins d'Armide*. Ce sera pour moi la dernière lettre reçue de sa main. À peine quelques semaines plus tard ceux qui l'aimaient l'accompagnaient pour son dernier adieu à Forcalquier, avant qu'il ne s'en aille rejoindre Lou auprès du pigeonnier aux oiseaux. Depuis, lorsqu'il m'arrive d'y songer, je ne cesse de me demander que sont (même inachevées, même tremblantes) ces trois cents pages devenues ? Dire que, sans même les avoir aperçues, je les regrette, et que j'en regrette leur âme, autant pour ses lecteurs que pour ceux de Giono, est bien en deçà de la vérité.

Me suis-je, avec ces *Jardins d'Armide*, si précieux à l'imaginaire du romancier, avec Blanche qu'il a aimé avec démesure (dans «le monde superposé», Angelo pouvait-il aimer Pauline différemment ?), avec Pierre Magnan qui aurait voulu peindre de son ami un portrait dont il lui avait été donné d'être le témoin, portrait qui nous demeure largement inconnu, me suis-je avec toutes ces chimères grandement éloigné de Langlois ? Et d'*Un roi sans divertissement* ? Peut-être pas tant que cela. Me revient en tête ce dialogue que Giono a écrit pour son film au moment où (la scène n'existe pas dans le roman) le capitaine de louveterie rejoint – seul à seul – M.V. chez lui.

Langlois : c'est chez vous ?
L'homme : Oui.
Langlois : La femme ?
L'homme : Ma femme.
Langlois : La petite fille ?
L'homme : Ma petite fille.
L'Homme (l'index pointé désigne un portrait) : Mon père.
Langlois : Ça ne vous a pas suffi ?
L'Homme : Ça vous suffirait ?

- - -

Giono aurait souhaité que ce soit Brassens qui compose la complainte de ce film, mais le Sétois étant victime de sa santé, c'est au final Brel qui le fera. Avec justesse. Ce même Brel, à propos d'un autre chevalier chasseur de moulins – dans un désert dont les dimensions n'auraient sans doute pas déplu au singulier ressortissant d'une Manosquine (ou mesquine, de son point de vue de 1946) petite cité de province – ce même Brel, un autre jour de quête fantasmagorique, laissera jaillir de sa plume quelques phrases exaltées... « Brûler d'une possible fièvre, Partir où personne ne part. »

Dans son *Journal de l'Occupation*, en date du 3 avril 1944, Giono avait pour sa part acté : « Où je vais personne ne va, personne n'est jamais allé, personne n'ira. J'y vais seul, le pays est vierge et il s'efface derrière mes pas (...) Le pays où les déserts sont vraiment déserts. »

* * *

Annexe. Dimensions de l'univers.

En 1887, un dénommé Louis Lingg, un possible voisin de *L'anarchiste* ayant donné ce nom à un chapitre de *Jean le Bleu,* une âme forte à sa manière, allumait dans sa cellule l'étrange cigare qu'il avait au préalable glissé dans sa bouche. Ceci dit, bien entendu, simplement pour la petite histoire. Chicago n'étant pas *Chichiliane*. Ça se saurait.

Pour ce qui touche à l'autre, plus vaste que grande, celle du *Nouveau monde*, une phrase du *Poids du ciel*, Giono aurait pu dès 1938 alerter son lecteur sur le risque d'explosions futures : « Nous avons décidé une fois pour toutes que l'univers est d'un côté et nous de l'autre. » Langlois, tout en fuyant son destin meurtrier, sera ce dynamiteur. À l'instant où sa tête prend « les dimensions de l'univers » et « éclair(e) la nuit » le « enfin » qui en ouvre la voie apparaît comme la pierre angulaire de cet accomplissement. En même temps qu'il introduit sur la page encore immaculée du romancier la promesse de ces territoires inexplorés... « aux lointains inimaginables. »

Gérard Allibert

Hiver 2021 - 2022

Né en 1954, **Gérard Allibert** a par le passé collaboré (nouvelles et hommages de lectures) à diverses revues ancrées en Haute-Provence. Ses récentes publications ont depuis quelques années trouvé leurs hébergements sur quelques blogs complices. Si la référence à Giono y est souvent présente, ses textes font la part belle à quelques écrivains et poètes (Pierre Magnan, René Frégni, Jules Mougin, Lucienne Desnoues) ou peintre encore (Serge Fiorio) qui sont, ou furent, ses amis. Et qui habitent, ou ont habité, cette région dont la montagne de Lure demeure l'épicentre de son imaginaire.

« J'ai pris le parti de me taire »
par Pierre Magnan

Pierre Magnan (photo D.R.)

Hélas que te répondre ? Ils en savent tous tellement plus que moi sur Giono que j'ai pris le parti de me taire.

Je me vois, à quinze ans, lisant un article méprisant d'Henri Massis, de Roger Giron ou de tel autre, lesquels à l'époque faisaient autorité à l'égal d'un Poirot-Delpech d'aujourd'hui ou d'un Angelo Rinaldi. Il fallait les lire, traînant dans la boue les ouvrages de Giono qu'ils accusaient de ne pas écrire en français.

Ce sont les mêmes, Aragon en tête, qui essayeront dix ans plus tard (en 1945), sous prétexte de je ne sais quelle attitude politique, de le faire rentrer dans l'oubli des hommes. Peu leur échaudait l'attitude politique, ce qu'ils essayaient de tuer c'était son génie contre lequel ils étaient dévorés d'envie.

Il fut de bon ton, à partir du *Hussard sur le toit,* de lui pardonner et d'aller l'interviewer. Il fut de bon ton d'avoir été de ses amis et surtout de se faire reconnaître pour tel.

Il pardonna à tous, il laissa son amitié se répandre sur tous et les inonder de ses bienfaits. Il avait un extraordinaire pouvoir d'oublier les offenses.

Pas moi ! Je me vois encore à l'enterrement de sa mère, qu'il adorait, en janvier 1946. Sauf les manosquins amis de Pauline, Jean, nous étions <u>Trois</u> en tout pour entourer le poète. Je les nomme : monsieur Henry, dit « le miche », Ludovic Eyriès, compagnon de la guerre de Quatorze et moi, âgé de vingt-quatre ans.

Il manquait un homme pour se saisir de la quatrième poignée du cercueil. Ce fut Giono lui-même.

Jean Giono et sa mère photographiés par André Zucca en juillet 1942

Je me vois, seul avec lui, redescendant du cimetière, regagnant sa maison par le bord du canal. Je me vois montant dans son bureau et lui me disant : « Tu vois c'est curieux, j'étais justement en train d'écrire la mort de la grand-mère. » Et il me lut une trentaine de pages de *Mort d'un personnage*. Ce livre était nourri des nuits de veille qu'il venait de vivre auprès de sa mère mourante.

Où étaient-ils ce jour-là, les cinq mille qui assistèrent aux obsèques de Giono lui-même vingt-quatre ans plus tard ?

Oh je sais bien ! Ils me diront qu'ils n'étaient pas nés ! Mais, si ce n'étaient eux, c'étaient donc leurs pères, leurs frères ou leurs bergers qui étaient absents !

Non. Je ne pardonne pas aux absents de ce jour. C'est pourquoi je me tais. C'est pourquoi je ne me mêle pas aux tresseurs de lauriers.

J'ai connu l'homme. Il est mon livre de chevet. Sa vengeance, malgré lui, a été terrible quoique involontaire : il est dans la Pléiade, il est dans la mémoire des hommes : ses contempteurs comme ses laudateurs n'y seront jamais.

Tu vois bien qu'il ne faut pas me demander quoi que ce soit sur Giono. Je suis trop passionné !

Pierre Magnan

Pierre Magnan a finalement accepté la reproduction de ces deux pages passionnelles qui soulignent la solitude dans laquelle se trouvait injustement plongé Giono après la seconde guerre mondiale.

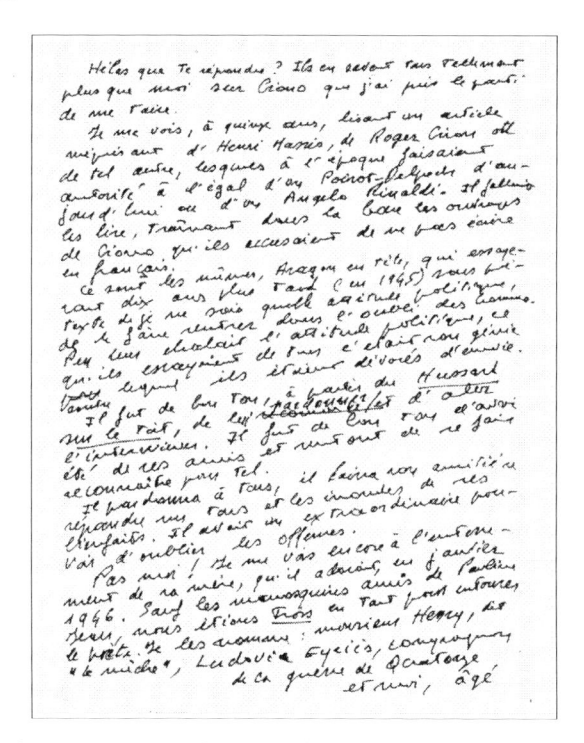

Témoignage de Pierre Magnan écrit pour l'exposition Les Chants du monde de Giono (catalogue réalisé par Jacques Ibanès en 1987).

Pierre Magnan (1922-2012) est né à Manosque. Il publie son premier roman, *L'Aube insolite*, en 1946 avec un certain succès d'estime. Trois autres romans suivent sans davantage de succès. Pour vivre, il travaille alors dans une société de transports frigorifiques, où il reste vingt-sept ans, tout en continuant toutefois à écrire des romans qui ne sont pas publiés. En 1976, il écrit un roman policier, *Le Sang des Atrides*, et obtient alors le prix du Quai des Orfèvres en 1978. À 56 ans, il écrit alors son plus célèbre ouvrage : *La Maison assassinée* en 1984, et obtient le prix RTL grand public.

Lettre posthume à Jean Giono
par Daniel Malbranque

Jean Giono écrivant (photo collection les Amis de Jean Giono)

Monsieur,

lorsque dans un poème j'écrivis *et Jean revenant du champ / plus savant qu'avant,* c'est à vous que je pensais. Savant, non pas de cette Science de laboratoire, d'université, de conclave, de ministère, à n'en pas douter fort utile, mais hélas trop souvent oublieuse des mystérieuses vérités qui nous obligent. Une Science hélas qui trop dicte de taire les leçons du ciel, des collines, des traditions, des rivières, des animaux, du vent, des sources et du sourire des hommes et des femmes, au profit de celles des chiffres et des grandes théories.

Nous habitons un pays qui autour de nous joue un grand rôle, dîtes-vous dans le monologue initial de votre *Faust au village*. Toute votre œuvre, chaque page de vos livres, à coup sûr nous l'enseigne. Mais il ne sert à rien de faire le professeur pour décortiquer la grâce de votre écriture. Il suffit de se laisser prendre par l'oreille et par la pensée afin de vous suivre. Votre dire nous mène si loin qu'une fois arrivé, livre refermé, l'on s'interroge : comment ai-je pu faire tout ce chemin ? C'est que votre plume qui est légère comme une aile de bouvreuil, ou le coton d'un nuage, envoûte et à la fois révèle le mystère derrière la simplicité de vivre, que l'on soit homme, animal, végétal ou minéral. *Tout parle* ainsi que le suggérait *la bouche d'ombre* de Victor Hugo.

Dans votre nouvelle intitulée *Silence,* cette parole peut s'entendre magnifiquement. *Silence* est le nom d'une ferme qui en impose et dont le propriétaire respecté vient de mourir. Vous nous faites alors parcourir par la grâce d'un dialogue entre villageois toute la panoplie des sentiments humains quand la Faucheuse survient, mais aussi la splendeur sobre et rude et sauvage des lieux, l'enracinement des traditions, la pulsion des ressentiments. Je ne résiste pas à citer, en preuve de la force de votre simplissime savoir, ce petit passage : « *Hier, il a organisé toute la campagne de l'hiver prochain pour les tanneries. Aujourd'hui, il est mort. Hier, il s'est reposé deux minutes dans son fauteuil. Aujourd'hui, il est roulé dans un drap et mis à la cave.* » Et puis c'est tout ! Il n'y a pas lieu de faire d'amples péroraisons : le mort a obéi à quelque chose qui est plus fort que lui, le cycle naturel de la vie qui un jour se conclut mais pas totalement puisque le déjà-plus entre, vous le laissez entendre, dans un nouveau cycle, celui qui fait retourner à la terre celui qui en vient.

Dans votre verbe il y a de l'amour. Nul ne peut en disconvenir. C'est un éblouissement constant qui se fait chair. Et ce rapport charnel avec le vocabulaire, avec les façons de dire, avec l'expressive liberté de vos phrases est vrai miracle. Car du mot vous nous rendez plus amoureux après chaque lecture. Votre nouvelle intitulée *Le Petit vin de Prébois* en est le parfait exemple. Ce vin que vous nous décrivez, ou plutôt que vous nous faites vivre par vos tournures et la jouissance qui en découle, nous le buvons, nous le savourons, nous nous en gargarisons. Nous devenons de Tréminis, de Lalley, de Saint-Maurice, de Prébois tant votre dire sait nous inclure, nous impliquer, nous mêler à l'action du récit. Nous ne sommes plus des lecteurs mais des confidents à qui l'on chuchote : « *L'hiver est ici une saison de lumière à cause de la neige. Vous verrez toute cette lumière entrer par la fenêtre et se précipiter dans votre bouteille qui devient comme un soleil. Ayez ce vin blanc sur votre table, écoutez ronfler le blizzard en dehors des murs, et attendez : le moment n'est pas loin où la joie que vous donne sa couleur, quoique grande, aura besoin de la joie de le boire.* » L'amour de la vie est lumière qui goulaye.

Avant de conclure ma missive, permettez-moi, Monsieur, de vous imaginer attablé devant votre maison du Parais à Manosque, pipe au bec. À l'arrière, un paysage qui nourrit votre écriture : *quatre maisons fleuries jusque sous les tuiles émergeant de blés drus et hauts.* C'est entre les collines, là où la chair *de la terre se plie en bourrelets gras.* À vos cheveux qui volent on sait que *le vent bourdonne dans les platanes,* comme il est joliment dit dans *Colline.* Autour de vous, on pourrait s'attendre à voir quelques silhouettes connues sirotant ce vin dont vous dîtes que la teinte est *un mélange du vert le plus bleu et de l'or le plus doux* : Gide, par exemple, pour la raison commune des *Nourritures terrestres* ; André De Richaud pour avoir dit superbement, dans *La Nuit aveuglante* ou *La Fontaine des lunatiques,* les forces qui nous dépassent ; Pierre Magnan, pays et disciple, donnant pour définition de son art cette formule qui vous siérait : « *Les auteurs d'aujourd'hui écrivent des livres de professeur. Mon ambition inavouable a toujours été d'écrire un livre d'instituteur.* » Et puis Joseph Delteil, le vigneron de Grabels, sans oublier Frédéric Mistral dont le nom suffit à chanter la Provence. On me souffle Charles Maurras, hélas !

Plutôt que ces sommités littéraires, je préfère croire qu'attablé avec vous, c'est un autre Maurras, César de son prénom, venu de la Montagne de Lure, qui allume comme vous sa pipe. À vos côtés se sont joints également Alexandre Jaume, Aphrodis Arbaud, Médéric Gontran et Gagou, tous issus du village évoqué dans *Colline.* Vous leur lisez les premières pages du livre que vous avez entamé : « *Vraiment, il y a des proverbes qui ont été faits par les hommes de la terre, les hommes qui ont vu cents forêts, cent lacs, cent montagnes et cent fois le ciel renversé. Il faut quand même croire qu'il y connaissaient quelque chose.* » Tous comprennent ce que cela signifie car tous ont vécu dans leur corps, en leur âme, la pure vérité qui entre deux bouffées de tabac sort de votre bouche. Tous savent que là sont *les vraies richesses.* Gagou vous demande le titre de ce prochain livre. Vous lui répondez *Que ma joie demeure* ! Puis j'ose imaginer, vos hôtes partis, vous allez dans la campagne écrasée de soleil ruminer quelque phrase qui vous fait souci. Revenu au Parais, phrase aboutie, alors, Monsieur Jean, n'êtes vous pas plus savant qu'avant ?

Daniel Malbranque

Daniel Malbranque est né en 1953, à Brest. En 2018, il a créé la revue de littérature *La Vie Multiple*. Il est membre du comité de rédaction de la revue *Instinct Nomade*. Il a publié récemment les 2 premiers tomes de son autobiographie: *Aller voir ailleurs* et *La perte des rêves*, aux éditions Germes de barbarie.

Fiorio-Giono
par André Lombard

Serge Fiorio devant un portrait de Jean Giono (photo D.R.)

Je veux tout de suite faire remarquer que la disposition des deux noms en cette accolade n'est ici en rien innocente sous ma plume. C'est que n'existant pas, hélas, en le domaine, de baguette magique, pas plus que de bâton de dynamite proprement adéquat, ce n'est, il me semble, qu'en insistant de la sorte à chaque fois que l'occasion s'en présente, que l'on peut espérer arriver un jour à faire expirer un tel cliché qui, comme tout cliché, a la vie dure : celui qui, à chaque réemploi, place encore bien trop souvent aujourd'hui le peintre « Serge Fiorio-cousin de Giono », à la remorque de l'écrivain de Manosque.

Traître appellation que celle-là, compliment à l'envers en quelque sorte, car ne disant rien de Fiorio en particulier tout en reléguant en même temps, d'un coup d'un seul, son œuvre peint aux oubliettes. Cliché mystificateur dont, s'en emparant, mille plumitifs à la file se sont déjà passé le relais, tandis qu'autant de bavards invétérés l'ont ensuite à leur tour employé, le rabâchant même à satiété, en disséminant ainsi la mauvaise graine un peu partout à la volée, à tous les vents, comme étant soi-disant de toute première et précieuse importance ! Ce qui, faisant l'un éclipser l'autre sous couvert de les rapprocher, a jusque-là évidemment nui au peintre et à son œuvre sans être, non plus, dans l'autre sens, d'un quelconque apport, il est vrai, envers Giono lui-même ou à l'égard de sa création.

Ceci dit seulement en guise de préambule, entrons maintenant de plain-pied dans le vif du sujet pour y entendre « Dionysos » évoquer lui-même en quelques lignes des scènes où le Giono des premières années trente apparaît ; autant dire celui – alors au plus près familier – qu'il connut le mieux d'entre tous les autres.

« En 1931 et plusieurs années de suite, Giono – cousin de mon père – vint en vacances chez nous, rue des Arcades à Taninges, en compagnie d'Élise, sa femme, et de leur fille Aline. Dès leur arrivée, s'installait avec eux dans la maison une atmosphère d'exaltation heureuse qui nous changeait de notre propre façon, pourtant déjà fort joyeuse, d'appréhender les jours.

En plus, Jean nous parlait de poésie, de livres qu'il écrivait, d'écrivains qu'il connaissait, de musique et de musiciens ; tout cela tisonnant en moi des aspirations intérieures fécondes, d'ailleurs déjà prêtes à éclore dans ma peinture.

À l'entendre donner ses appréciations sur les choses, sur les événements, petits et grands, le monde prenait une autre dimension et devenait magique. C'est sans doute pourquoi je l'écoutais toujours avec une grande attention toute particulière et un plaisir plus grand encore, satellisé autour de sa parole.

Le matin, il ne quittait pas sa chambre, écrivant comme à son habitude manosquine jusqu'à l'heure du repas. L'après-midi, par contre, nous prenions du temps pour parcourir le pays, faire l'ascension du Pic de Marcelly qui domine le village, poussant jusqu'au Praz-de-Lys qui était alors un plateau vaste et sauvage d'une beauté souveraine.

Dans ses lettres à Lucien Jacques, Jean amplifie à l'envi l'écho de ces randonnées hautes-savoyardes, se mettant carrément dans la peau d'un alpiniste chevronné ! Il y exprime et y satisfait, en fait, son besoin irrépressible d'ajouter à la réalité tous les fruits d'une imagination débordante qui le tiendra toute sa vie heureusement à sa merci. Dans le même sens, j'ai toujours pensé que la vision du Giffre – la rivière au bord de laquelle nous nous sommes beaucoup promenés – l'avait sans doute marqué pour devenir, sous sa plume, le fleuve qui « roule à coups d'épaules à travers la forêt » au tout début du *Chant du monde*. C'est une impression qui me revient chaque fois que je le relis, même s'il y a – et peut-être bien justement à cause d'elle – une disproportion énorme, démesurée, entre les deux cours d'eau, le réel et l'imaginaire. Pareillement, mais tout à fait en amont dans son œuvre, *Naissance de l'Odyssée* n'est-il pas né d'une rêverie ayant pour point de départ la vision de feuilles mortes flottant, immobiles, sur l'eau plane et lisse d'un bassin ?

La fête au Village par Serge Fiorio

Il nous réclamait souvent des chansons de l'Italie et plus particulièrement des chants du Piémont. En France, en général, quand quelqu'un se met à chanter, tout de suite il est désobligé, bêtement moqué et quasi mis en garde : « Tu vas encore faire pleuvoir ! » Mais dans ma famille c'était différent. Aussitôt, en écho, une autre voix, ou plusieurs – à vrai dire autant que nous étions – s'accordaient pour un chœur où chacun trouvait son plaisir en le partageant. Ravi, Jean nous taquinait, moqueur : « Et *amore* ? C'est pour quand *amore* ? ». Car il soutenait toujours aussi volontiers qu'il n'y avait pas une seule chanson italienne où il ne soit pas question d'amour ! Mais je ne l'ai jamais entendu chanter. Siffler oui, et mieux qu'un merle !

Parfois il nous rendait visite à la carrière. Là, il observait plus qu'il ne posait de questions. Ce travail en équipe le *travaillait* lui-même, lui *racontait* aussi beaucoup, et lui fournit jusqu'au titre d'un livre projeté qu'il n'a finalement jamais écrit, pas même commencé : *Danse de la barre à mine*. Un beau jour, étonné de nous voir débiter simplement à la masse des pièces encore énormes, il voulut s'initier à son maniement.

Malicieusement, mon frère Aldo lui présenta pour ce faire ce que, dans le jargon du métier, nous appelions une *bâtarde*, c'est-à-dire un bloc proprement indébitable de par la structure de la pierre. S'étant mis courageusement à l'ouvrage, il ne parvint, bien entendu, qu'à n'en détacher que quelques rares éclats dans des bouquets d'étincelles, et à s'exténuer !

Le berger par Serge Fiorio

Ne lui ayant pas fait part de la supercherie, notre travail quotidien lui en parut, du coup, d'autant plus titanesque ! C'est l'époque où il ne nous désigna plus, mon frère et moi, que sous les dénominations de « Jupiter-jeune » et de « Dionysos », ses « gionesques cousins » !

Une autre fois, il voulut assister au départ des coups de mine. Nous en avions préparé quatre. Trois coups partirent, mais pas le quatrième. Quand un coup ne partait pas, il fallait attendre vingt-sept minutes de sécurité avant de pouvoir sortir des abris. À la vingt-septième minute donc, nous sortîmes et le coup partit en même temps ! Ce fut un mitraillage conséquent de petits cailloux grêlant droit sur nos têtes. Les mains aussitôt croisées à plat sur le crâne, nous nous précipitâmes tous ensemble vers le creux de rocher le plus proche pour nous y abriter, quand, fortement impressionné comme nous,

Jean se mit à crier de toutes ses forces « C'est Verdun ! C'est Verdun ! », tout en courant à nos côtés.

Je ne lui avais encore jamais dit que je peignais, que je commençais à peindre. C'est en discutant avec mon père que celui-ci, dans la conversation, le lui révéla : « Serge, il peint. » Débordant alors d'enthousiasme il répliqua illico : « Serge il peint ! Serge il peint ! » Et puis, pas plus tard que le lendemain, c'est-à-dire vingt ans après s'être penché sur mon berceau au cours de vacances à Vallorbe, il se penche cette fois sur mon œuvre naissante dans un fruste baraquement de chantier qui, à ce moment-là, me servait aussi d'atelier.

André Lombard
St-Laurent, Viens, le 8 novembre 2021.

« Dans une vie, les rencontres sont essentielles car elles l'orientent et donc la déterminent en grande partie. Ainsi, celle que je fis de Serge Fiorio fut pour moi décisive, apportant de bonne heure une eau claire et limpide, autant qu'abondante, au moulin de ma curiosité de la vie et de ses secrets.

En effet, quel bonheur, mais aussi quel mystère fécond pour l'esprit, édifiant, de voir quelqu'un, de plus un ami, réinventer le monde si bien à sa façon, toujours fidèle à lui-même, et cela quotidiennement ! »

Né en 1955 à Banon, dans les Alpes-de-Haute-Provence, **André Lombard** rencontre Serge Fiorio en 1971, alors qu'il a déjà découvert sa peinture. Depuis ce temps, il n'a jamais cessé d'être attentif à l'œuvre et s'attache, chemin faisant, à en faire connaître et partager la richesse par diverses publications dont, notamment, un *Pour saluer Fiorio* précédé de *Rêver avec Serge Fiorio* par Claude-Henri Rocquet. Depuis janvier 2014, il anime un blog entièrement dédié à l'artiste : sergefiorio.canalblog.com

De la « permanente importance[57] » de Bruegel dans l'œuvre de Giono
par Michèle Ducheny

Jean Giono dans son bureau à la fin des années 60 (photo D.R.)

Si on vous demandait d'associer Giono à un peintre, que diriez-vous ? Peut-être citeriez-vous Van Gogh, ou Cézanne... Ou un peintre italien de la Renaissance, puisque Giono avait des origines piémontaises... Pour ma part je citerais plutôt Bruegel[58]. Oui, Bruegel, ce peintre brabançon, qui a vécu à Bruxelles, ma ville, de 1563 à sa mort, en 1569...

Que vous connaissiez bien Giono, ou Bruegel, ou les deux, ou aucun des deux, je me propose de tenter de vous expliquer le pourquoi de mon affirmation et de vous faire découvrir en quoi Bruegel a pu passionner Giono et l'influencer, profondément même, dans sa manière de décrire une scène ou un paysage...

Giono, qui était né, rappelons-le, en 1895, a découvert Bruegel dans les années 20, comme beaucoup de gens à l'époque d'ailleurs, car le peintre, qu'on surnommait avec dédain « Pierre le Drôle », était tombé dans un relatif oubli. Giono l'a découvert au musée Calvet d'Avignon d'abord, mais il s'agissait là de tableaux attribués à ses fils ou à leur atelier. Très vite, il voulut

---

[57] La formule est de Giono lui-même, en 1969, un an avant sa mort, lors d'une conversation avec Robert Ricatte, un des éditeurs de ses œuvres dans la Pléiade. (Pléiade, *Œuvres romanesques complètes* II, p. 1228)

[58] Pour ma part, j'écrirai toujours « Bruegel », tout en maintenant la graphie « Breughel » qu'utilisaient, selon l'habitude de l'époque, Giono et les autres auteurs cités.

en savoir plus sur le peintre et se procura le livre d'un historien de l'art réputé, Charles de Tolnay, livre accompagné d'un volume de planches en noir et blanc. L'ouvrage se trouve toujours dans la bibliothèque de Giono au Paraïs, sa maison à Manosque, et on peut constater que des passages ont été cochés ou soulignés par lui. On peut y voir aussi un autre livre, en allemand, de Gustav Glück, édité à Vienne, et illustré cette fois de fort belles planches en couleur. Giono montrait ce livre à tous ses visiteurs, dès le début des années 30. Par exemple à Henri Pourrat et Henry Poulaille, qui écrira : « Il avait sur son bureau un splendide bouquin de format oblong édité en Autriche et qui était composé de tableaux de Breughel, coupés en fragments, lesquels gardaient l'intensité de la toile vivante et permettaient de mieux voir les détails. [...] Giono était très heureux de posséder cet ouvrage, il disait rêver longuement sur ces pages[59]. »

Et en effet, un premier tableau de Bruegel apparaîtra très rapidement dans l'œuvre de Giono, dans *Jean le Bleu*, récit publié en 1932, mais le nom du peintre ne sera pas cité et le tableau sera présenté sous un titre inexact. Dans cette évocation sublimée de certains des souvenirs d'enfance de Jean le Bleu, on assiste à une scène fondatrice entre le vieux père de Giono, anarchiste, humaniste et autodidacte, et lui, alors jeune garçon. Ils sont tous les deux, au crépuscule, dans le petit jardin familial, sur la colline, et le père parle... Il décrit longuement « un beau tableau » qu'il a vu jadis dans un « journal d'images ». Du moins les souvenirs qui lui en restent... Il est établi que c'est du tableau de Bruegel, *Paysage avec la chute d'Icare*[60], qu'il s'agit.

> « Il y avait d'abord, devant, un homme gigantesque. On voyait sa jambe nue. Ses mollets étaient serrés dans des muscles gros comme mon pouce. Il tenait d'une main une faucille et de l'autre une poignée de blé. Il regardait le blé. Rien qu'à voir sa bouche on savait que, tout en fauchant, il devait tuer des cailles. On savait qu'il devait aimer les cailles grasses frites au plat et puis le gros vin bleu, celui qui laisse des nuages dans le verre et dans la bouche. Derrière lui – écoute bien, c'est assez difficile pour te faire comprendre – derrière lui, imagine tout un grand pays comme celui-là, plus grand que celui-là parce que l'artiste avait tout mis à la fois, tout mélangé pour faire comprendre que ce qu'il voulait peindre, c'était le monde tout entier. »

L'artiste, tel qu'il est perçu par le père de Giono, veut donc peindre « le monde tout entier »... Et n'a-t-on pas souvent dit de l'œuvre de Giono qu'elle était une « œuvre-monde » ?

---

[59] Henry Poulaille, « Les débuts de Giono », cité par Guy Riegert, « Breughel dans le texte », *Giono dans sa culture*, Actes du colloque international de Perpignan et Montpellier de mars 2001, p. 537.

[60] L'attribution de ce tableau à Bruegel lui-même est contestée.

Paysage avec la chute d'Icare © Musées royaux des Beaux-Arts de Belgique, Bruxelles

On constate évidemment que, dans cette description du tableau, rien n'est vrai. Mais tout « pourrait » être vrai. Par la bouche du père, qui est censé décrire ce tableau, c'est bien sûr Giono, devenu écrivain, qui parle et... qui ajoute ses propres inventions aux souvenirs vagues attribués à son père... Il le fait en un long passage accumulant des phrases très courtes. En voici les premières et les dernières lignes :

> « Un fleuve, un fleuve qui passait dans des forêts, dans des prés, dans des champs, dans des villes, dans des villages. Un fleuve qui tombait finalement là-bas, en faisant une grande cascade. Dessus le fleuve, des bateaux volaient d'un bord à l'autre, des chalands dormaient et l'eau était couverte de rides autour d'eux, des radeaux d'arbres coupés filaient à plat dans le courant ; de dessus les ponts des hommes pêchaient à la ligne. [...] Les champs étaient pleins de travail. Des hommes labouraient, d'autres semaient, d'autres moissonnaient, d'autres vendangeaient, battaient le blé, vannaient le grain, brassaient la pâte, tiraient les bœufs, bâtaient l'âne, retenaient le cheval, dressaient la houe, la hache, la pioche, ou pesaient si fort sur l'araire qu'ils en perdaient leurs sabots[61]. »

Ce qui intéresse surtout le père, c'est de se rendre compte qu'il n'avait dans un premier temps pas vu qu'Icare figurait sur le tableau. Les personnages ne l'avaient pas vu tomber non plus. Mais à y regarder mieux, le père se souvient, à la façon de Giono :

---
61 Pléiade II, p. 183-185.

> « Là-haut, en plein ciel, au-dessus de tout le reste qui continuait, qui ne regardait pas, qui ne savait rien, de tout le reste qui vivait au plein de la vie, là-haut, encore au-dessus de tout, Icare tombait. [...]
> La main maigre de mon père fit un geste pour dire que ça n'avait pas d'importance.
> Au bout d'un moment il ajouta : "Souviens-toi de ça, fiston". »

Ce qui nous intéresse surtout ici, dans le cadre de cet article, c'est l'inventivité étonnante de l'imagination fertile de Giono, qui décrit autour de cette chute d'Icare une multiplicité de petites scènes simultanées qui ne figurent absolument pas dans le tableau. Giono s'y ajoute et le « peuple » en quelque sorte, là où Bruegel avait limité la présence humaine à quelques très rares personnages isolés.

Christian Michelfelder, le premier exégète de Giono, qui l'a beaucoup fréquenté au milieu des années 30, raconte l'anecdote suivante (on est en 1936) : « Un soir, Giono m'a montré un album de Pierre Breughel le Vieux, qu'il étudiait alors à la loupe, s'étonnant sans cesse de l'imagination inépuisable de ce peintre[62]. » Nous pouvons donc nous faire une idée de l'écrivain, observant, scrutant les reproductions de tableaux de Bruegel, s'y immisçant, les pénétrant au plus intime, en prenant véritablement possession, en faisant vraiment « sa chose », les transformant au gré de son imagination ou de ses fantasmes.

Ouvrons une parenthèse. Giono, fasciné par le génie du peintre, l'interprétant à sa guise, l'« enrichissant » en s'y projetant, nous fait revenir en mémoire le remarquable film de 2011 *The mill and the cross* (« Le moulin et la croix ») du peintre et cinéaste polonais Lech Majewski. Lui aussi est fasciné par l'œuvre de Bruegel et, par les moyens les plus sophistiqués du cinéma contemporain, va « développer », quitte à le recréer, le tableau *Le Portement de croix*.

De cette œuvre aux centaines de personnages éparpillés dans tous les plans, du plus éloigné au plus proche, circulant, vaquant à toutes sortes d'occupations, « vivant », quoique immobiles et figés, dans ce terrible paysage dans lequel, presque dérobé aux regards, le Christ porte sa croix, le cinéaste va à la rencontre de quelques-uns d'entre eux et envisage leur vraie vie, quotidienne, réelle, triviale. Lui aussi est à ce point subjugué par tout ce que contient, ou peut contenir, le tableau qu'il l'illustre à proprement parler par une véritable fresque de la vie des Pays-Bas au seizième siècle. Mais telle que la recrée un homme du vingtième siècle, polonais et cosmopolite... Lucide quant à une société qui vit en temps de troubles, de guerre, d'insécurité et qui côtoie les pires atrocités en sombrant dans l'indifférence...

---

62 Christian Michelfelder, *Jean Giono et les religions de la terre*, Gallimard, 1938, p. 20.

Fidèle ? Fidèle à l'Histoire ? Fidèle à l'œuvre de Bruegel ? Fidèle aux intentions du peintre ? Traducteur ou traître ?

Qu'il en soit de Bruegel ou de Mozart ou de Molière ou de n'importe quel grand créateur (masculin ou féminin, évidemment), leur génie n'est-il pas justement d'avoir créé des œuvres qui pourront toujours être « relues », réinterprétées, repensées, enrichies ou détournées par d'autres créateurs ? Mais fermons cette parenthèse et revenons à l'importance de Bruegel dans l'œuvre de Giono.

L'écrivain, nous le disions, « peuple » un tableau comme *Paysage avec la chute d'Icare* même si celui-ci est très pauvre en personnages et ne contient aucune « scénette » descriptive. Ces petites scènes simultanées, elles se trouvent pourtant bien dans d'autres tableaux de Bruegel. Il place d'ailleurs souvent la ligne d'horizon fort haut, ce qui lui permet de disposer d'un grand espace et d'une grande profondeur de champ lui offrant une multitude de plans, depuis un avant-plan – souvent situé en hauteur pour permettre une vue plongeante – jusqu'à un extrême lointain. Il pourra ainsi multiplier les scénettes. Dans certains cas elles pullulent, ailleurs elles sont éparses. Certaines sont essentielles et signifiantes, d'autres ne sont qu'anecdotiques ou illustratives. Bruegel utilisera fréquemment ce procédé dans des tableaux soit « réalistes » (*Les Jeux d'enfants*), soit « illustratifs » (*Les Chasseurs dans la neige*), « historiques » (*Le Dénombrement de Bethléem*) ou « fantastiques » (*La Chute des anges rebelles*).

Les Jeux d'enfants © Kunsthistorisches Museum, Vienne

Le tableau *Les Jeux d'enfants* représente, dit-on, plus de 200 enfants, jouant à près de 90 jeux différents, en toutes saisons, à la poupée, aux échasses, aux osselets... Une observation sociologique de la réalité de l'époque dont on n'arrive pas à bout et qu'on mettrait des heures à décoder complètement.

Pour Pierre Citron, fin connaisseur de l'œuvre de l'écrivain, « le regard de Giono est celui de Breughel, avec ses scènes séparées, aperçues à des moments différents, et dont le peintre opère la synthèse, les juxtaposant en un ensemble d'une intense unité[63] ». Ce regard à la façon de Bruegel se traduira par des paysages en mouvement, souvent vus « de haut », comme par un « Icare qui a réussi[64] ». Ce n'est certes pas un hasard si Giono avait coché et souligné le passage suivant dans le livre de Tolnay cité plus haut : « En prenant le point de vue d'une *hauteur inhabituelle*, il nous libère des liens qui nous rattachent à la terre et nous permet de comprendre des lois et des relations nouvelles. » Et quand il travaillait à son essai *Les Vraies Richesses*, auquel on reviendra, il avait noté dans son *Journal* : « J'en suis vers la fin du chapitre IV, en train de créer une sorte de forêt montante en marche contre la civilisation. Une sorte de revue lyrique de nos forces. Comme si un général cosmique qui ressemblerait un peu à Breughel regardait du haut du ciel le déploiement des forces de la terre[65]. » Et plus loin : « Comme tout s'équilibre parfaitement de cette grande œuvre maintenant entreprise. On ne pourra la comparer qu'aux grandes œuvres de Breughel[66]. » Cet équilibre parfait dont parle Giono lui permettra de situer l'homme à sa juste place selon lui : un élément parmi d'autres, intégré dans le grand tout de la nature immuable.

Les exemples de ces séquences « simultanées » sont très nombreux et en général très longs. J'ai donc tenté d'en trouver d'assez courts, dans *Le Chant du monde* d'abord (1934). Giono décrit le fleuve du pays Rebeillard :

> « Un vol de grives épais et violet comme un nuage d'orage changea de colline. Il s'abattit dans les bois de pins en grésillant. Les renards aboyaient vers le large de l'eau. Des villages perdus dans l'océan des collines sonnaient de la cloche puis s'éteignaient sous des vols d'hirondelles. Une longue file de gelinottes aiguë comme un fer de lance volait à toute vitesse vers le bas pays[67]. »

> « Un essaim d'abeilles haletait, perdu dans le ciel. Des martinets frappaient l'eau avec leurs ventres blancs. Du frai de poisson animé par les courants profonds ouvrait et fermait sur le plat du fleuve ses immenses feuillages mordorés. Des brochets claquaient des dents. Les

---

63 Pierre Citron, *Giono*, Éditions du Seuil, 1990, p. 132.
64 *Triomphe de la vie*, Pléiade VII, *Récits et essais*, p. 682.
65 *Journal*, Pléiade VIII, p. 73.
66 *Ibid.*, p. 164.
67 Pléiade II, p. 208.

anguilles nageaient dans des bulles d'écume. Les éperviers dormaient dans le soleil. Les sauterelles craquaient. Le vent du soir faisait flotter le doux hennissement du fleuve[68]. »

Quand, en 1942, Giono rédige un découpage du *Chant du monde* pour l'adapter au cinéma[69], il va chercher des moyens cinématographiques pour exprimer la simultanéité des actions dans le pays Rebeillard et il songe à Bruegel. Pour la séquence 156 du film notamment. Et ce qu'il prévoit donne une idée très claire de ce que le peintre a pu lui apporter, et pas seulement pour le cinéma :

« De dos, Antonio et Matelot sur les dernières falaises des gorges. Devant eux, et sous eux, le pays Rebeillard (composer un Breughel, composer une sorte de Breughel *rouge*). Paysage coupé de haies : choses qui tournent en accord avec le rythme de la musique : une noria, un cheval qui tourne sur une aire tout en vue plongeante, comme en format réduit, mais très net. Un moulin à vent – un homme qui charrue. L'ordre des éléments composant le Breughel pourrait peut-être prendre la forme rythmique suivante : une roue de noria qui élève ses godets d'eau dans la cadence de la fugue enchaînée avec un gros marteau à assommer les bœufs qui tourne à bout de bras dans la cadence de la fugue et retombe sur un crâne de bœuf, le bœuf tombe, enchaîné sur un cheval qui tourne sur une aire, enchaîné sur un tanneur qui tire à la longue pince les peaux de la cuve, enchaîné sur un tanneur qui marche au rythme de la fugue, portant des peaux à chacun de ses bras sur le damier de la cour de la tannerie damée de larges cuves, la marche anguleuse de trois puis quatre, puis cinq tanneurs, enchaîné sur la marche anguleuse de trois, quatre, cinq files de chariots et de piétons dans un paysage de haies. Une roue de moulin à vent enchaîné sur trois ou quatre ronds et abattements de marteau à assommer et enchaîné sur les mouvements *rectilignes* des tanneurs tirant les peaux de la fosse.

La roue du moulin qui se hausse peu à peu en dehors *au-dessus* des ronds du marteau à abattre les bœufs, et quand le haussement aura laissé tomber sous lui ces ronds de marteau, les ailes du moulin font envoler l'image vers l'horizon où de lointains massifs de montagnes couverts de glaciers sont pareils à un immense voilier couvert de toile[70]. »

---

[68] Pléiade II, p. 402-403.
[69] Le film ne se fera pas et, en 1965, Giono ne participera en rien au film réalisé par Marcel Camus, avec Catherine Deneuve dans le rôle de Clara, la jeune femme aveugle du roman.
[70] Voir Jean Giono, *Œuvres cinématographiques 1938-1959*, textes réunis et présentés par Jacques Mény, Gallimard, 1980, p. 98-100.

On voit donc que le romancier-cinéaste, qui à l'époque a encore une expérience limitée du cinéma, a pourtant déjà une conception très précise des moyens d'obtenir l'impression de simultanéité qu'il souhaite atteindre, et ce par un montage rigoureux et complexe, souvent alterné, dont il joue habilement, inspiré en cela par Bruegel, sans qu'il se réfère à un tableau précis.

Mais il est arrivé aussi que Giono s'inspire d'un tableau particulier, et parfois même sans le dire… en arrivant en quelque sorte à décrire un « vrai faux Bruegel ». C'est le cas en 1938 dans *Le Poids du ciel*, où un passage décrivant une scène paysanne fait très nettement penser au tableau *La Moisson* :

> « Les faucheurs taillent des couloirs dans les champs de blé. La moisson est drue sur la terre ; on dirait que toutes les tiges sont bâties en fer. Les lieurs de gerbes se reposent près des lisières. Un a mis le genou en terre, il a dressé la gourde et boit avec un fil de vin qui fait l'arc. Les fermes sont de loin en loin dans la vallée, d'abord posées sur un petit carré de prés verts, puis entourées de blé sur pied, puis d'éteules déjà rasées. Tous les champs sont bordés d'une ligne de saules en laine bourrue, ou de vernes qui sont comme des points de croix, ou de frênes, tous très verts ; une ligne verte autour du champ ; bien encadré ; et de temps en temps de dessous cette bordure d'ombre les hommes sortent, entrent dans le champ et travaillent. D'autres vont, sur la route, balançant sur l'épaule la faux qui, de temps en temps, reflète l'éclair du soleil et fait voler les alouettes[71]. »

La Moisson ou *Les Moissonneurs* © Metropolitan Museum of Art, New York

---
71 Pléiade VII, p. 356.

Et la description se poursuit encore un bon moment... Giono n'a cependant pas pu voir le tableau, qui était à New York, mais il s'en souvient certainement car il avait été reproduit en noir et blanc dans le numéro III-IV des *Cahiers du Contadour* (de septembre 1937), pour illustrer un texte de son ami Lucien Jacques sur Bruegel. Une fois de plus, si on fait l'exercice de comparaison du texte et du tableau, on constate que certains éléments sont très fidèles, d'autres beaucoup moins, l'imagination de Giono recomposant le tableau qu'il n'a sans doute pas sous les yeux au moment d'écrire son texte.

Les paysages d'hiver de Bruegel – *Chasseurs dans la neige* ou *Le Dénombrement de Bethléem* – ont certainement influencé les scènes de neige de Giono, et ce jusqu'à *Un roi sans divertissement*. En 1939 en tout cas, alors qu'il réfléchit dans ses carnets à des plans possibles pour *Deux cavaliers de l'orage* (roman qui ne sera publié finalement qu'en 1965), il évoque nommément Bruegel : « L'hiver – neige. Breughel[72]. »

Giono va parfois très loin dans cette vision simultanée à la Bruegel. Dans un texte intitulé « Provence », un très vaste paysage est balayé du regard au cours d'une même journée. La végétation et le paysage changent en un mouvement continu, et le survol culminera en un paragraphe ininterrompu de plus de dix pages :

> « Dans la même journée, le blé vert qui vous vient ici au milieu de la jambe toucherait votre genou si vous pouviez vous mesurer avec celui qui est dans un champ à cinquante kilomètres d'ici ; il serait déjà un peu plus jaune et votre pas marcherait sur une route plus sourde, déjà la chaleur sécherait votre nez et la brume vous cacherait l'horizon ; à cent kilomètres le blé vous touche la hanche et il est déjà mûr ; à cent vingt kilomètres d'ici le blé est déjà coupé et la viscosité des juillets de la vraie plaine brouille dans le sirop de l'air au-dessus des éteules vides les formes les plus proches des arbres, des maisons et des hommes[73]. »

On pourrait multiplier à l'infini les exemples de vision simultanée, et ce à travers toute l'œuvre du romancier. Le procédé est réellement récurrent pour Giono, et il en a bien conscience. Il rêve en effet de tout dire dans un roman et va réfléchir à la question dans *Noé*, en 1947...

> « Si on avait le temps, si on pouvait surtout faire lire un livre comme on fait regarder un paysage, j'aurais pu essayer de mettre [suit très longuement tout ce qu'il aurait pu dire encore du personnage de Langlois dans *Un roi sans divertissement*] mais il ne m'est pas possible de faire connaître l'histoire que je raconte, le livre que j'écris, comme

---

[72] Pléiade VI, p. 848.
[73] Dans le recueil *L'Eau vive*, Pléiade III, p. 212-213.

on fait connaître un paysage (comme Breughel fait connaître un paysage), avec des milliers de détails et d'histoires particulières. Il ne m'est pas possible (je le regrette) de m'exprimer comme s'exprime le musicien qui fait trotter à la fois tous les instruments. On les entend tous ; on est impressionné par l'ensemble […] et le total fait un grand drame. […] Je n'avais pas projeté, avec Langlois, d'exprimer le total. Ou alors, il faut […] se donner à tâche d'exprimer la "monstrueuse accumulation". Mais, là alors, avec l'écriture on n'a pas un instrument bien docile. Le musicien peut faire entendre simultanément un très grand nombre de timbres. Il y a évidemment une limite qu'il ne peut pas dépasser, mais nous, avec l'écriture, nous serions même bien contents de l'atteindre, cette limite. Car nous sommes obligés de raconter à la queue leu leu ; les mots s'écrivent les uns à la suite des autres, et, les histoires, tout ce qu'on peut faire c'est de les faire enchaîner. Tandis que Breughel, il tue un cochon dans le coin gauche, il plume une oie un peu plus haut, il passe une main coquine sous les seins de la femme en rouge et, là-haut à droite, il s'assoit sur un tonneau en brandissant une broche qui traverse une enfilade de six beaux merles bleus. Et on a beau ne faire attention qu'au cochon rose et à l'acier du couteau qui l'égorge, on a en même temps dans l'œil le blanc des plumes, le pourpre du corsage (ainsi que la rondeur des seins pourpres), le brun du tonneau et le bleu des merles. Pour raconter la même chose je n'ai, moi, que des mots qu'on lit les uns après les autres (et on en saute)[74]. »

Au passage, Giono en profite pour rédiger un paysage à la Bruegel, combinant sans doute, à son gré et selon son inspiration, différents tableaux, *Le Combat de Carnaval et Carême*, *Les Jeux d'enfants*, *La Danse de noce*, *Le Repas de noces* ou *Les Proverbes flamands*... Il connaissait en effet très bien l'œuvre de Bruegel et il lui arrivera d'évoquer fugitivement aussi *Le Massacre des innocents*, *La Parabole des aveugles*, *La Tour de Babel* ou encore *Dulle Griet* (Marguerite ou Margot la Folle)...

Nous y voilà donc : Giono serait jaloux des peintres. Jaloux surtout de la vision simultanée que permet la peinture et que ne permet pas l'écriture. Il en aurait pourtant bien eu besoin dans *Noé*, ce récit dont le côté novateur, précurseur du « Nouveau Roman », n'a cependant guère été perçu par la critique. Il a cependant tenté d'y égaler Bruegel en évoquant les destins simultanés des usagers descendus du tram 54 qui sillonne Marseille de part en part. Mais il enviait aussi les possibilités de la musique, on l'a vu dans l'extrait de *Noé*, et, pour les mêmes raisons, du cinéma : « Il y a la tragédie de la parole, mais il y a la très puissante tragédie de l'âme des choses : si le

---

74 Pléiade III, p. 640-642.

cinéma ne l'exprime pas, qui l'exprimera ? Si j'essaye de le faire par l'écriture, il me faut cent mots et mille, et les choisir, et plier et replier ma phrase comme Augustin plie son fer, et même si j'y réussis, le temps que le lecteur mettra à lire la page où je l'exprime est sans ordre logique avec le temps de l'expression véritable quand l'âme des choses ajoute à mon âme par sa manifestation immédiate[75]. »

Même ses lecteurs et amis perçoivent l'importance pour lui de la référence à Bruegel. C'est le cas d'Henry Miller[76], dans une lettre du 3 octobre 1948, après la lecture d'*Un roi sans divertissement* : « Cette chasse au loup restera gravée en moi – quelle beauté dans la description de toutes les petites choses. C'était un peu comme un "Breughel" pour moi, mais avec plus de poésie que Breughel pouvait conjurer. »

Mais Giono, lui, a parfois repéré du Bruegel chez d'autres écrivains... Antoon Coolen par exemple, un écrivain hollandais. L'éditeur Grasset lui a demandé de rédiger une préface pour le roman de Coolen, *Le Bon Assassin*. Giono accepte : il travaille alors aux *Vraies Richesses* et est toujours très intéressé par Bruegel. Le volume est publié en 1936. Analysant longuement le style de Coolen, Giono donne le sentiment que c'est son propre style qu'il analyse. Le paysage n'est évidemment pas le même chez les deux écrivains, mais, pour le reste, le ton et l'atmosphère sont très proches, depuis les phrases courtes jusqu'à la vision « unanimiste » du monde. Commentant un roman de Coolen, Giono écrit en fait du Giono :

> « Il fait maintenant venir les saisons une à une. Elles se mélangent au drame avec leurs fleurs, leurs arbres, leurs oiseaux. Il apporte dans sa courte phrase pleine de retentissement à la fois les gloires de la terre et la bonté de son cœur. Et soudain apparaît un magnifique printemps. Il est à la page 95 du manuscrit. Alors, j'ai respiré l'odeur du sureau, je me suis souvenu des champs de lin que j'avais vus en Flandre, de l'énorme ciel qui entourait les fermes et faisait courir au-dessus des champs minces comme un trait de plume, un entassement magique de nuages et de vent. J'entendais sonner la clochette de bronze des chevaux. Je me sentais repris de ce féroce besoin de joie que donne le brasillement des peupliers nouveaux. Les phrases courtes ne me lâchaient plus. Toutes portaient un fardeau vivant : l'homme, l'oiseau, la maison, la servante, l'auberge, le charretier, le bûcheron, le pot de bière, le banc de bois, le fagot, la marmite, les saucisses, les bennes de lait, l'énorme derrière des femmes qui bêchent les lentilles, l'homme qui passe sur la digue, l'homme qui porte une oie par les ailes, l'homme qui boit, l'homme qui pisse,

---

75 *Triomphe de la vie*, Pléiade VII, p. 831.
76 La correspondance Giono-Miller 1945-1951 a été publiée dans la *Revue Giono* 7.

> l'homme qui crie, la femme qui court, la femme qui attend, plantée d'aplomb sur ses grosses jambes, le village qui fume comme un vieux foyer de cendres grises, derrière les minces fûts tigrés et parallèles des bouleaux à peine pelucheux, pendant que trois chemins s'en vont et flottent comme des banderoles, un dans la plaine, un dans la forêt, un dans la montagne portant des caravanes muletières sous le triangle noir des canards sauvages en route vers la Suède. Cette petite phrase courte qui fait soudain vivre un Breughel de printemps[77]. »

On a vu jusqu'à présent comment le Bruegel réaliste, aux multiples petites scènes parallèles, avait pu globalement inspirer Giono. Mais il y a une autre facette de Bruegel qui a profondément marqué Giono également. Il s'agit de sa veine « fantastique », dans la filiation de Jérôme Bosch (1450-1516), qui a vécu quasiment trois quarts de siècle avant lui, sa veine la plus appréciée de son temps, puisqu'on l'appelait « le nouveau Bosch »... Les deux peintres font preuve d'une imagination foisonnante, débordante, faite de visions monstrueuses et souvent délirantes. Et Giono s'inspirera alors parfois de tableaux précis de Bruegel : *Dulle Griet*, *La Chute des anges rebelles* et surtout *Le Triomphe de la mort*.

Dans son premier essai, *Les Vraies Richesses*, Giono oppose, ce qui est assez original et précurseur pour l'époque, les vraies valeurs et celles qui sont véhiculées par Paris, symbole et représentation de toutes les misères humaines. Paris incarné sous la forme de monstres. De monstres semblables à ceux de Bruegel ou de Bosch... Mais Giono ne mentionne jamais les deux peintres qui l'ont pourtant inspiré ! Il s'agit d'une interprétation libre en quelque sorte... Un extrait de cette longue évocation :

> « Loin, commence à hurler la terreur des monstres. Il y en a d'éreintés, couchés sur la lande, haletants ; pendant que la forêt verte suinte de partout, montant de tous les horizons, s'avance lentement, les cerne, s'approche, suinte comme l'eau d'un fleuve débordé ; ils ferment leurs yeux rouges, éblouis par l'approche de leur mort. D'autres fuient, s'abattent, se relèvent, retombent. D'autres s'apprêtent à combattre, mais hérissés de terreur. On ne peut supporter la description de ces bêtes[78]. »

Dans son *Journal* cependant, Giono identifie clairement certaines de ses sources picturales :

> « J'en suis au moment (fin du ch. IV) où faire son pain est devenu l'occupation du village. Je voudrais, après que les femmes sont descendues du four avec le pas ample qu'elles ont été obligées de

---

[77] La préface est publiée dans *De Monluc à la « Série Noire »*, Les Cahiers de la NRF, Gallimard, 1998, p. 121-122.
[78] Pléiade VII, p. 239.

prendre (elles portent des paniers pleins de pain sur la tête) (obligation qui déjà nous met dans le monde visionnaire), je voudrais que commence la "Kermesse paysanne" qui me portera jusqu'au palier d'où je vais m'élancer pour le rythme final du ch. IV. (Forêt en marche (forêt saxonne), chasseurs noirs, biches noires, flèches noires, le cor qui sonne pendant des mois et des mois ici et là, nous, de l'autre côté des monstres dont on ne peut pas supporter la description [...] tout ça, décrit à la façon des monstres de Jérôme Bosch et de Breughel. Loups portant des piques sur la tête et du feu dans les griffes. Poissons énormes vomissant des poissons se vomissant les uns les autres. [...][79]) »

Giono, poursuivant, toujours dans *Les Vraies Richesses*, son évocation des poissons se dévorant les uns les autres, décrit – plus ou moins précisément – un dessin de Bruegel : *Les gros poissons mangent les petits*. On connaît bien ce thème, qui a été traité également par Bosch. Cette fois, l'écriture lui permet d'aller plus loin que Bruegel et de détourner le dessin au service de sa thèse, la condamnation des valeurs matérialistes :

« Le poisson se renverse sur le flanc. Il se met à vomir une chaîne de poissons de plus en plus petits, se vomissant les uns les autres par des gueules dégoûtées. Tous les habitants de la rive du fleuve s'avancent dans les chemins. Ils portent de grands couteaux épais comme le troisième quartier de la lune. Ils poussent des brouettes, frappent des chevaux qui tirent les chars. Ils commencent à dépecer le gros poisson ; ils creusent des tranchées de mines dans sa chair. Ils l'attaquent à coups de leurs larges couteaux comme s'ils attaquaient une carrière de pierre de taille. Ils emportent de grands lambeaux de chair. Ils chargent les brouettes et les chars. Ils disent que ce poisson s'appelait l'abondance. Ils s'aperçoivent qu'il est comme tous les poissons : qu'il n'a pas de lèvres, qu'il a le crâne imbécile, qu'il se reproduit sans plaisir par simple perte de semence au milieu de l'eau. Sa chair n'a pas de goût. Elle fait devenir gras. Ils s'aperçoivent même qu'elle ne nourrit pas. Ça n'est pas une abondance de nourriture, c'est une abondance de choses inutiles[80]. »

Giono a imaginé qu'une « forêt en marche » s'est dirigée vers Paris pour « détruire » la ville. Des pigeons, qui ont « de petits yeux à facettes qui perçoivent le dispersement le plus étendu des choses », quittent la capitale et survolent les campagnes. Ils voient « le détail et l'ensemble ». Et Giono nous fait voir le paysage par leurs yeux, en une longue succession de phrases courtes et simultanées, très inspirée, une fois encore, de la vision unanimiste

---

79 Pléiade VIII, p. 77-78.
80 Pléiade VII, p. 241-242.

de Bruegel. En voici un passage, où on remarquera une présence essentiellement humaine, puisque ce sont les paysans et les artisans qui mènent le mouvement :

> « Les fermes sont en bas dans des clairières. Les hommes labourent ; des chevaux roux, tendus en avant, tirent la charrue dans la terre qui craque. Des semeurs vont pas à pas, s'entrecroisent, tissant l'étoffe bourrue des champs de blé. Des femmes lavent au ruisseau. Des femmes font la soupe. Des hommes aiguisent les faux. Des hommes portent des poutres pour faire un hangar. Des enfants mènent les troupeaux. Des femmes appellent vers les champs, les mains en clairon devant la bouche. Des colporteurs vont sur les chemins avec des boîtes. Des valets tressent des osiers verts, des osiers rouges, des osiers jaunes, pour orner le harnachement des chevaux. Des hommes construisent une maison ; les murs sont encore hérissés de perches. Des enfants naissent[81]. »

Le Triomphe de la mort © Musée du Prado, Madrid

Au moment où paraît *Les Vraies Richesses*, Giono note dans son *Journal* : « Passé de longues heures hier après dîner sur le Breughel, avec la loupe, pour suivre toute une danse macabre, le *Triomphe de la mort*. / Reçu le livre de Gide[82] et lu. Ce qu'il reproche est très grave mais on sent qu'il a autre chose à reprocher qu'il n'ose pas reprocher. [...] / Le Triomphe de la Mort est presque

---
81 Pléiade VII, p. 245-246.
82 *Retour de l'URSS*.

là, déjà en train de débonder son armée de squelettes (horrible détail, comme disent les journaux, ce tableau de Breughel est à Madrid !) »[83] Giono garde donc en tête les tableaux de Bruegel qui alimentent non seulement sa création littéraire mais aussi ses réflexions sur l'actualité politique et sur ce qui se passe dans le monde : la guerre est là et il va essayer de s'opposer de toutes ses forces à son extension. Au *Triomphe de la mort* de Bruegel, il opposera *Triomphe de la vie*, un essai publié en 1941.

Giono y évoque très longuement ce tableau foisonnant – on ne peut tout citer – s'attardant avec une grande précision sur les détails. Même si on peut relever quelques erreurs de lecture puisque, comme toujours, « l'imagination de Giono travaille sur les données de Breughel[84] » :

> « Oui, quoi faire si le sens de la mort vous saisit ? Sinon sauter sur ses pieds, tirer son épée à côté de la table où s'est répandu le jeu de cartes qu'on tripotait. Par terre sont tombés le baquet aux jambons et la boîte de jacquet et des cliquètements qu'on entend un peu de partout viennent de quoi ?
>
> De la guitare, des pions, des pièces du jeu d'échecs ? On dirait des entrechoquements d'os.
>
> Écouter haletant !
>
> Et comme, quand on écoute en retenant son souffle, on regarde lentement de tous côtés, voir soudain une femme au hennin blond, aux tendres yeux, saisie par des doigts de squelette, saisie aux hanches, autour de sa taille, sur son doux ventre par deux mains d'os ; et, muette, elle se renverse blanche comme de l'herbe glacée. Et, tout de suite, comme par une volte qu'on fait quelquefois, par exemple dans une polka de famille, à côté d'elle surgit la mort.
>
> C'est le squelette. Il est beau : pas de ventre, un os, pas de cœur, un os, pas de tête, un os.
>
> Ce qu'il y a d'admirable dans ce *Triomphe de la mort* de Breughel, c'est qu'étant de la peinture, tous les gestes sont arrêtés. L'homme a tiré à demi son épée du fourreau ; jamais elle n'en sortira ; la peur enflamme ses cheveux ; ils ne s'éteindront plus. Il est béant ; il ne fermera plus sa bouche.
>
> L'horreur qui est devant lui n'est pas une horreur qui passe, c'est une horreur qui dure.
>
> [...]
>
> Je me souviens parfaitement bien de ce Breughel : c'est vraiment le triomphe de la mort, un tel triomphe qu'à côté de la fanfare des

---

83 Pléiade VIII, p. 156.
84 L'expression est de Violaine de Montmollin, Pléiade VII, p. 727.

> trompettes sur l'autre bord du tableau par rapport à l'homme effaré qui essaie vainement de sortir son épée du fourreau, un squelette est assis dans l'attitude d'un homme qui pense. Il a allongé négligemment sa jambe droite, replié sa jambe gauche, puis son coude sur son genou, appuyé son crâne dans sa main d'os. Il se repose et il réfléchit. La mort même est fatiguée : la mort même est obligée de se demander ce qu'elle va faire maintenant. […]
>
> Ce squelette paisiblement assis et réfléchissant avec son crâne vide est plus terrible que tout le massacre. Il construit les temps qui vont suivre. […] C'est maintenant que le devenir des choses ne retourne jamais plus en arrière ; il va marcher en avant en ligne imperceptiblement droite.
>
> Si le progrès est une marche en avant, le progrès est le triomphe de la mort[85]. »

Giono a donc repéré un détail minuscule, presque invisible à l'œil nu mais qui existe bel et bien (à peu près au milieu de la hauteur, le long du bord gauche du tableau), et qui lui sert à préciser sa thèse : le progrès est synonyme de mort. Le progrès, en effet, c'est la mécanique, l'abstraction, la « civilisation ». Giono, comme il le fera souvent, s'appuie donc sur le tableau et le « trahit » en quelque sorte, pour aller plus loin[86].

S'écartant du tableau, Giono va ensuite longuement décrire une « danse macabre » en une accumulation de petites scènes, opérant en quelque sorte la synthèse des deux facettes de ce qu'il doit à Bruegel, entre réalisme d'une part et fantastique d'autre part :

> « Les mains des hommes étaient à l'abandon, molles et vides. Les instruments de musique, les outils, les rênes des chevaux, les plumes, les livres, les manches de la charrue, le semoir, le sabre, l'eau bénite, la corde de la cloche, l'ostensoir, la trompette : tout était tenu par des phalanges fermées sur des métacarpes. L'os de sel des phalangettes grattait les guitares ; les maxillaires écrasaient le cuivre des cors de chasse ; épaules de chevalier contre omoplates ; épaules de laboureur contre omoplates ; épaules de prêtre contre omoplates ; hanches de femme contre iliaque ; taille enlacée de cubitus, métacarpes plaqués aux fesses ; l'humanité sautait en cadence sèche avec les squelettes. Parfois, quelque princesse coupée de terre comme une gerbe, renversée dans l'angle d'un cubitus et d'un humérus, fanée comme du

---

85 Pléiade VII, p. 687-688.
86 Notons qu'un autre tableau de Bruegel appartenant à sa veine d'inspiration fantastique intervient aussi dans *Triomphe de la vie* : *La Chute des anges rebelles*, dans une moindre mesure cependant. Giono reprendra le sujet du tableau, de manière allusive, mais tout aussi significative, dans « Promenade de la mort », en 1939, pour exprimer de manière efficace et percutante son horreur de la guerre. (Voir le recueil *L'Eau vive*, publié en 1943. Pléiade III, p. 294-295).

foin, la tête flétrie, commençait à pourrir en pleine danse sous le rire sans limite de son cavalier d'os[87]. »

Si on voulait, pour conclure, résumer la marque de Bruegel sur l'œuvre de Giono, on pourrait peut-être distinguer un Bruegel « clair », réaliste, et un Bruegel « sombre », d'inspiration fantastique. De la même manière, on pourrait distinguer un Giono « clair » et un Giono « sombre », celui par exemple des années 30 et de ses essais philosophico-politiques, face à la menace de la guerre qui s'annonce. Tant pour Bruegel que pour Giono, ces distinctions que j'établis ici sont totalement arbitraires et paraîtront certainement outrancières à certains. Je les assume pourtant, car elles me paraissent avoir du sens dans le cadre précis de cet article, et dans la mesure où la noirceur de Bruegel va correspondre exactement à celle de Giono.

L'influence du Bruegel sombre est en effet liée exclusivement aux essais des années 30, *Les Vraies Richesses* ou *Triomphe de la vie*, et n'interviendra pas ailleurs dans l'œuvre de Giono. L'influence du Bruegel clair et réaliste, on la retrouvera tout au long des œuvres de Giono, de *Colline*, son premier roman, au dernier, *L'Iris de Suse*, dans des successions de petites scènes mises côte à côte et qui prennent parfois des proportions hors normes et plutôt surprenantes... Terminons par un passage qui va vous faire prendre de la hauteur et vous donner sans doute des envies de voyage...

> « Dès que le jour se lève, la plus extraordinaire diversité s'étale sous le soleil. L'aube sortant du Piémont installe d'abord ses théâtres italiens dans les forêts du Briançonnais, sur les glaces du Pelvoux, les pâtures de l'Isère, les dents de scie du Vercors. Elle saute plus bas, sur le sommet du Ventoux, de la montagne de Lure, plus bas encore sur Sainte-Victoire, sur Sainte-Baume. Elle ne touche encore la mer qu'au large. Près de la côte, de Marseille à Nice, ou, plus exactement, de Carry-le-Rouet à l'embouchure du Var, tout est encore dans l'ombre. Il faudra attendre que les premiers rais du jour aient pénétré dans les sombres vallées de la Drôme, dans les noires gorges du Diois, avant de voir s'allumer la frange d'écume qui bouillonne contre les roches rouges du Trayas. De forêts en glaciers, de pâtures en rochers, la lumière coule vers les vallons découvrant les montagnes mordorées du Nyonsais, les schistes bruns de Gap, les collines romantiques du Var, les déserts de Lure et du Canjuers ; elle touche de vermeil la pointe des villages perchés dans les vallées de la Drôme, de la Durance, de l'Encrême, de l'Asse, du Buech, du Verdon. Elle se glisse en même temps que la bicyclette du facteur dans la cour fortifiée des fermes hautes du plateau d'Albion ; elle se pose enfin dans la large Crau, sur les graviers de marbre faisant mousser une longue herbe

---

87 Pléiade VII, p. 725.

blonde transparente comme du verre. Maintenant, la mer étincelle comme le bouclier d'Achille ; les yachts s'enflamment de pavois en rade de Cannes ; le café fume devant les huttes de charbonniers dans les solitudes du Var ; les douaniers vont chercher le journal à Montgenèvre ; les flamants roses s'élèvent du Vaccarès ; le pluvier fait courir son fil bleu dans les roseaux du Rhône ; la grive appelle sur les pentes du Ventoux ; le blaireau rentre à sa tanière, dans les déserts de Lure ; les maraîchers discutent aux terrasses des cafés de Cavaillon ; les pêcheurs de Cassis commencent leurs premières parties de boules ; Marseille a lâché tous ses autobus dans les rues ; Grenoble compte ses pitons et ses cordes ; Valence se réveille au sifflet de ses chalands ; l'odeur du pain frais embaume des centaines de bourgs, mille villages. Les écoles perdues dans les bois avalent des petits enfants à la tête en boule ; l'alouette grésille en Crau, le corbeau croasse dans l'Alpe, l'aigle tourne au-dessus de Lure ; les troupeaux font fumer les chemins autour des Alpes ; les tankers soulignés de rouge mugissent au pont de Caronte. L'étang de Berre éblouit Saint-Chamas. Tout le Sud est en train de vivre[88]. »

Michèle Ducheny

Michèle Ducheny est licenciée en philologie romane de l'Université Libre de Bruxelles, longtemps professeur de français dans l'enseignement secondaire supérieur en Belgique francophone. Créatrice d'un site internet de 300 pages sur « Giono et les peintres », allant en quelque sorte de Bruegel à Brayer. Membre du conseil d'administration de l'association des Amis de Jean Giono.

---

[88] Il s'agit du texte d'un carto-guide Shell-Berre, datant de 1958, titré de ses premiers mots, « Comme une tache d'huile, la Provence... », et publié dans *Provence*, textes réunis et présentés par Henri Godard

Rencontre au tableau
Jean Giono et Bernard Buffet
par Marie-Laure Ruiz-Maugis

Bernard Buffet, *autoportrait*, 1955 (photo D.R.)

La Provence est une terre de peintres. Mais de cette terre, le plus grand peintre est la nature. Les lignes du paysage, les couleurs, la lumière offrent une perfection qui donne le vertige. En été, l'ensoleillement puissant et presque brutal découpe les volumes et exalte les tons. Éblouie, déconcertée, la génération des Monet, Renoir, Van Gogh, tous originaires du Nord, a fait de la Provence un tableau. Et Cézanne l'a réinventée, avant que d'autres, plus modernes encore, n'en fassent le laboratoire de leurs expérimentations.
La Provence est également une terre d'écrivains, amoureux de ce pays aussi rude que solaire.
Giono, « le voyageur immobile », la célèbre comme un peintre. Sous sa plume, l'espace et le temps s'étirent, comme le pinceau sur la toile. L'écrivain refuse pourtant la Provence de carte postale ; la sienne est minérale et sans fard : « Ma sensibilité dépouille la réalité quotidienne de tous ses masques ; et voilà, telle qu'elle est : magique. Je suis un réaliste[89] ».

---
89 *Noé*, in *Jean Giono - Œuvres romanesques complètes*, Tome III, Gallimard, Bibliothèque de la Pléiade,

Giono sait remarquablement décrire et grâce à la puissance de l'image, transporter son lecteur dans un monde à la fois familier et inconnu. Dans son « œil de peintre », la couleur est présente dans toutes les nuances d'une palette subtile. La recherche de la couleur juste afin de rendre une perception visuelle se double de l'utilisation d'un vocabulaire propre au travail du peintre, comme le montrent les expressions « bariolage », « coloriées », « enduits » ou « badigeonné ». L'écrivain, qui aurait hésité dans sa jeunesse entre peinture et écriture, écrit comme on peint.

Giono vit une relation étroite avec les peintres. Son œuvre regorge de références à des artistes du passé, Breughel, Bosch, les Primitifs italiens et les maîtres de la Renaissance, mais également Rembrandt, Gréco, Vélasquez ou Goya. Et plus proche de lui, Renoir et Van Gogh, sans oublier Cézanne.

Les sensations que lui procurent la peinture nourrissent ses visions d'écrivain. Peut-être est-il même un peu jaloux des peintres qui, sans les mots, peuvent par l'image susciter de manière immédiate un océan de perceptions et faire surgir l'inconnu. Parfois, Giono voudrait que « les phrases s'arrêtent[90] ».

Si sa fréquentation ne se limite pas aux artistes du passé, les contemporains, tout du moins les plus célèbres d'entre eux, ne suscitent pas chez lui l'enthousiasme attendu : Picasso, Braque, Dali et les peintres abstraits, dont il parle avec sarcasme, retiennent moins son attention que des peintres plus modestes qui font partie de son entourage et deviennent parfois des amis. Parmi eux, Lucien Jacques, « le plus violent ami », également poète, occupe une place à part. Rencontré en 1922, il assiste aux débuts de Giono. Parce qu'il a des entrées dans les milieux littéraires parisiens, il propose en 1928 à Grasset *Naissance de l'Odyssée*, qui est refusé, et surtout, en 1929, *Colline*, qui assure à Giono reconnaissance et célébrité. C'est également lui qui initie Giono à la peinture et, plus encore, ouvre son regard. C'est d'ailleurs dans la préface d'une exposition de Lucien Jacques en 1938 à Aix-en-Provence que Giono rédige un véritable hymne à la vue : « la chair émaillée du monde la touche, toute nue, et l'anime d'une jouissance qui ne cesse pas ». Giono apprécie la peinture de Lucien Jacques, de facture classique et aux tons doux. En 1959, lors d'une émission de télé « Plaisir des arts », devant Max-Pol Fouchet qui l'interroge sur les peintres les plus importants, l'écrivain loue son ami Lucien Jacques en évoquant « la tendresse », « la gentillesse », « la beauté presque grecque » de ses paysages.

En lisant ces mots, on s'étonne qu'un autre peintre, à la personnalité bien différente, ait pu lui aussi tenir une place de choix auprès de Giono : Bernard Buffet.

---

p. 705.

90 Propos recueillis par Luce Ricatte lors d'un entretien avec Giono, le 20 août 1968.

Buffet fut l'un des peintres français les plus célèbres du 20e siècle, avec Picasso et Matisse. L'un des plus populaires, dont les toiles se sont vendues dans le monde entier. Mais aussi, et ce n'est pas incompatible, le plus décrié et le plus haï.

Lorsqu'il rencontre Giono, en 1951, il n'a que 23 ans. Pourtant, il s'est déjà fait un nom dans le monde des arts. Il a également connu deux drames : la mort de sa mère, le 30 octobre 1945, et le divorce d'avec sa première femme, Agnès Nanquette, échec d'un mariage précoce qui n'aura duré que deux ans. Dès l'enfance, Bernard Buffet ressent l'appel de la peinture, une vocation qui ne fléchira jamais. Après avoir quitté le lycée Carnot, il suit les cours gratuits du soir de Victor Sacha Darbefeuille, un peintre originaire de Toulouse dont l'atelier, situé place des Vosges, constitue un extraordinaire espace de liberté pour ses élèves. L'adolescence de Bernard Buffet a pour cadre la guerre et l'Occupation. Chaque soir, il brave le couvre-feu et les bombardements aériens pour rentrer de la place des Vosges à l'appartement familial de la rue des Batignolles. Une adolescence meurtrie et en sursis.

En janvier 1944, à quinze ans et demi, il entre à l'École des Beaux-Arts de Paris, après avoir obtenu une dispense spéciale pour se présenter au concours, étant donné son jeune âge. On songe à Picasso, entré à 11 ans à l'École des Beaux-Arts de la Corogne, après avoir passé le concours « à part », et qui intègre à 14 ans seulement l'école des Beaux-Arts de Barcelone, la prestigieuse Lonja. Comme Picasso, Bernard Buffet est un dessinateur prodigieusement doué, ce qui lui vaut d'être très rapidement remarqué.

En 1947, une de ses toiles, *L'Homme accoudé*, est sélectionnée pour le Salon d'automne qui se tient au Palais de Tokyo. Le tableau représente un homme enfermé dans sa solitude, accoudé à une table, sur laquelle sont alignés un fer à repasser, une bouteille et une lampe à pétrole. Cette toile austère, peinte dans une harmonie mesurée de gris et de marron, est remarquée par la critique. Jean Riverain, dans la revue *Le Monde français*, se dit impressionné par sa force poignante : « Avec cette toile, on entre tout de suite dans un monde complet et fermé. N'est-ce pas réduire étrangement le champ de la peinture que d'ignorer son plus merveilleux pouvoir, celui de nous ouvrir des intimités qui nous demeuraient, sans elle, à tout jamais interdite ? Ce qui est le privilège du romancier ne pourrait-il aussi être celui du peintre, de certains peintres ? Il faut le croire à l'importance du sujet[91] ».

Sujet il y a, en effet, car Bernard Buffet manifeste dès ses premiers succès sont attachement à la figuration quand tant d'autres jeunes artistes se tournent à la fin de la guerre vers l'abstraction. La dislocation du monde provoquée par le conflit mondial et la Shoah a dégagé la peinture – ou tout du moins une certaine peinture – de toute soumission au réel (que pouvait-on encore peindre après la découverte des camps et le lancement des bombes atomiques sur Hiroshima et Nagasaki ?). Pour Bernard Buffet, profondément marqué par la révélation de l'étendue des désastres, l'abstraction est une fuite. C'est au contraire par le « sujet » qu'il veut rendre compte des horreurs de la guerre et de l'incompréhension qui l'accable.

Maurice Garnier devient son marchand exclusif, qui gardera toute sa vie un dévouement total pour le peintre. Mais c'est l'écrivain et critique d'art Guy Weelen qui, à la fin de l'année 1947, organise la première exposition particulière de Bernard Buffet dans la librairie « Les Impressions d'art » de Michel Brient, rue des Écoles. Pierre Descargues se charge de rédiger le catalogue : « Bernard Buffet peint comme s'il allait renoncer demain à tout art quel qu'il soit, c'est-à-dire changer de vie ou cesser de vivre. Cette pureté extraordinaire, pureté dans l'amour, pureté dans la haine, pureté qui s'anime d'un talent invisible mais déchirant comme une pensée, comme un cri, nous savons qu'il y a un public pour la reconnaître. Il y a des hommes pour accepter d'entrer dans l'univers cruel, brutal, cet univers de tous les jours que le peintre décrit avec une passion intense. »

Vision prémonitoire, mais pour l'heure, l'exposition est un échec public. Pourtant, le nom de Buffet circule, qui est retenu pour le Prix de la Critique en 1948 ; il présente *Deux hommes dans une chambre*, composition âpre et quasi monochrome, montrant un homme nu assis sur une chaise et un autre debout se déshabillant. La maigreur des corps s'inscrit dans le contexte de l'immédiate après-guerre, de même l'atmosphère inquiétante et tragique. L'œuvre crée des remous au sein du jury, peu habitué à une telle radicalité. Ses défenseurs passionnés obtiennent pour Bernard Buffet un premier prix ex-aequo avec Bernard Lorjou (qui n'aura pas la même postérité). On surnomme Buffet le « Radiguet de la peinture », comme pour souligner ce qui se dégage de lui : une force du désespoir propre à la jeunesse.

Le prix attire l'attention du marchand d'art Emmanuel David qui propose à Buffet un contrat d'exclusivité avec sa galerie et partagera ce contrat avec Maurice Garnier.

---

91 Jean Riverain, « Salon d'automne », in *Le Monde français*, novembre 1947.

Un soir d'avril 1950, alors que Bernard Buffet se trouve dans la galerie Visconti située 35 rue de Seine, Richard Anacraon, le libraire du 22 de la même rue, débarque avec son assistant âgé de 20 ans, Pierre Bergé. C'est le coup de foudre entre les deux jeunes hommes aux tempéraments pourtant très différents. Si Bernard Buffet est réservé, sauvage et mélancolique, Pierre Bergé est charmeur, sûr de lui et ambitieux.
En juin 1950, les deux amants, désireux de se mettre au vert, mettent le cap sur la Provence, où Emmanuel David leur à dégoté une maison inhabitée située à Séguret, à quelques kilomètres de Manosque. À quelques encablures de la maison de Giono.

Pierre Bergé est déjà en contact avec Giono. En effet, âgé de 15 ans, il avait osé solliciter l'écrivain pour un texte destiné au journal de son lycée à La Rochelle. Giono lui avait répondu – mais sans lui donner le texte – et une correspondance s'était engagée entre les deux hommes. C'est donc tout naturellement qu'il lui téléphone depuis Séguret. Giono invite Pierre Bergé et Bernard Buffet à venir passer la journée au « Lou Paraïs » ; ils y resteront neuf mois.
Les deux hommes s'installent en effet dans le bastidon prêté par Giono, situé derrière sa propre maison, petite habitation rustique de deux pièces. On peut supposer que le couple, qui circule sur une moto rouge, ne passe pas inaperçu à Manosque. Giono se moque du qu'en dira-t-on et les accueille avec générosité et ouverture d'esprit. « Les petits », ainsi que les appelle l'écrivain, sont invités à partager tous les dimanches le repas familial. Giono, qui est en train de terminer *Le Hussard sur le toit*, leur lit le soir les pages écrites le jour. On peut imaginer l'émotion de Pierre Bergé et Bernard Buffet à la lecture des derniers chapitres du roman par son auteur même, quand Angelo sauve Pauline du spectre du choléra, l'épidémie ayant révélé les personnages à eux-mêmes et à leur amour impossible.
Au bastidon, Bernard Buffet a cloué des toiles blanches sur les murs, car il a pour habitude de travailler sans chevalet. Il dessine sur ces toiles avec une telle vigueur que son trait grave le plâtre en-dessous. Il met dans son art une rage fiévreuse, comme si sa vie en dépendait.
Giono s'est pris d'amitié pour Bernard Buffet et ce dernier trouve auprès de lui l'harmonie et l'apaisement dont il a besoin : « il admirait chez l'écrivain ses étonnantes effusions lyriques, alors que Giono recherchait peut-être chez le peintre la mesure et l'austérité dont il avait besoin », confie Pierre Bergé[92].
Ce dernier n'est peut-être pas tout à fait juste lorsqu'il parle « d'effusions lyriques » ; Giono cherche la vérité dans un style de plus en plus concis qui trouve un écho dans les œuvres dépouillées de Buffet : « J'avoue que je suis

---

92 Pierre Bergé, *Bernard Buffet*, Pierre Cailler éditeur, Genève, 1958.

quelque fois comme un personnage de Bernard Buffet, écrit Giono. Il a surpris l'instant où l'esprit ne se fait plus chair, où la passion dévore tout, où il n'y a plus d'attitude ; l'instant où le personnage n'est plus en représentation. Ce que d'aucuns appellent : triste, mais qui est l'expression d'une vérité pure et simple, d'un fait, d'un état d'âme[93]».

L'amitié que se voue les deux hommes prend forme dans les vingt et une pointes sèches que Bernard Buffet réalise pour illustrer *Contre la guerre*. Dans ce texte écrit en 1939, Giono clame son pacifisme, les horreurs de la Première guerre l'ayant à jamais dégoûté de tout conflit. Le peintre ne peut qu'être sensible à ce texte, lui dont l'adolescence a été traumatisée par la guerre et qui a tout fait pour échapper au service militaire (bien qu'ayant entrepris de maigrir drastiquement, il n'a pas été complètement réformé). Buffet ne crée pas à proprement parler des illustrations du texte de Giono ; il conçoit des natures-mortes austères, des paysages désolés, sans aucune présence humaine, aux lignes géométriques et aux noirs profonds. Les verticales, horizontales et diagonales contribuent à forger une impression de solitude et de temps immobile. L'ouvrage paraît en 1953 chez Creuzevault qui lui donne une reliure sur laquelle des bandes noires s'entrecroisent, allusion aux bandeaux posés sur les yeux des fusillés.

À la fin de l'année 1951, Bernard Buffet et Pierre Bergé déménagent du bastidon et s'installent dans une ferme à Nanse, à dix-sept kilomètres de Manosque. Giono leur promet d'aller les voir, ce qu'il fera. Le peintre installe son atelier au grenier ; là aussi, les toiles sont directement clouées sur le mur. Dans ce cadre rustique, il exécute trois grandes toiles de 280 x 500 cm chacune, *La Flagellation*, *La Crucifixion* et *La Résurrection* avant de les envoyer à son marchand parisien. Buffet traite la Passion du Christ en termes humains, d'une totale désespérance.

Durant l'été 1952, à quelques kilomètres de Nanse, non loin de Lurs, éclate l'affaire Dominici. Pierre Bergé et Bernard Buffet se passionnent pour ce fait-divers aussi sordide que mystérieux tandis que Jean Giono couvre le procès de Gaston Dominici pour l'hebdomadaire *Arts*. Bernard fait le portrait du patriarche ainsi qu'un dessin de la ferme La Grand'Terre, dans lequel il la rend encore plus inquiétante que dans la réalité. C'est la Provence grise où la mort ne se fait pas oublier, celle de l'épidémie de choléra du *Hussard sur le toit*.

En 1954, Bernard Buffet réalise une série de grandes toiles sur les *Horreurs de la guerre*, dans lesquelles il convoque les gravures de Jacques Callot et de Goya sur fond de bataille de Dien Bien Phu. Dans le compte-rendu qu'en fait Pierre Bergé pour l'unique numéro de sa revue *Parenthèses* (février 1955), on perçoit des accents à la Giono : « L'austérité qui est sienne le prédisposait

---

[93] Jean Giono, *Bernard Buffet*, Fernand Hazan, Paris, 1956.

particulièrement à traiter d'un tel sujet. Il est sûr, là, de pouvoir donner libre cours à sa violence habituelle et à son lyrisme si mesuré. On pourrait définir ainsi Bernard Buffet : le peintre de la mesure. Je sais tout ce que ce propos peut avoir de paradoxal et pourtant, si on y regarde de près, on s'aperçoit vite qu'il n'y a, chez lui, aucune emphase, aucune exagération. Il réduit chaque chose à son expression la plus stricte, ne se laisse jamais emporter par son sujet, trouve toujours l'accent qu'il faut et, ainsi, fait preuve de mesure. [...] Comme à l'accoutumée, Bernard Buffet mit d'abord son dessin en place. Jamais une hésitation, jamais un trait qui ne fut aussitôt où il devait être. Il semblait graver dans le mur tant il mettait d'ardeur à inscrire chaque ligne. Il n'est besoin que d'étudier la largeur avec laquelle il a traité de son sujet pour comprendre ce que furent les premiers coups de crayon. Ce n'était pas une œuvre qui tolérait le remords. Il fallait que, d'emblée, il ait trouvé sa véritable expression et la juste destination de chaque chose. Perché sur une échelle, sur des tréteaux, le visage et les mains noirs de fusain, il travaillait sans cesse. Couvrir vingt et un mètres carrés demande une énergie peu commune. Il faut imaginer ce garçon frêle, d'apparence ascétique, se démener devant la toile blanche avec une volonté implacable et faire naître, de son crayon, des personnages d'épouvante, plus grands que nous, plus grands que lui ».
En 1955, Pierre Bergé et Bernard Buffet quittent Nanse, laissant peu de traces de leur passage. Lorsque Giono revient sur les lieux abandonnés à la mélancolie, il cherche les signes du passage de son ami peintre : « J'ai néanmoins cueilli, près des murs de la ferme vide, un bouquet de ces hauts chardons que tu as si souvent associés à des lampes à pétrole, des litres de rouge, des verres renversés et, à l'abri de l'amandier, près de la porte, un bouton de rose étonné, qui montrait encore un peu de couleur dans du noir[94] ».

Jean Giono restera toute sa vie fidèle à Bernard Buffet, à l'homme autant qu'au peintre, même quand celui-ci sera l'objet des attaques les plus cruelles. En 1965, lorsque Jean Carrière lui fera la remarque suivante : « On a reproché à Buffet de faire du Buffet », Giono répondra : « Mais moi, je fais du Giono aussi ».

Marie-Laure Ruiz-Maugis

Marie-Laure Ruiz-Maugis est historienne de l'art, conférencière et enseignante. Elle est auteur, en collaboration avec la réalisatrice Audrey Lasbleiz, de cinq documentaires Peindre la Bible pour France Télévision. Elle a également publié *Rembrandt et Bethsabée* aux Éditions Macenta (Paris, 2016), dans lequel elle explore la Bethsabée au bain, conservée au Louvre, en mêlant au thème biblique la vie et la création de Rembrandt. Elle est aussi auteur d'un recueil de poésie, *La Nuit nous surprendra toujours*, Éditions L'Harmattan, 2021.

---

94 Jean Giono, in *Cent tableaux de 1944 à 1958 par Bernard Buffet*, Galerie Charpentier, Paris, 1958

Un apprentissage du bonheur
par Christian Pastre

Jean Giono, aquarelle de Lucien Jacques

La lecture de l'œuvre de Giono a déclenché en moi un véritable coup de foudre littéraire. À travers elle, la littérature m'a été révélée dans toute la profondeur de ses effets. J'étais alors âgé de 22 ans et, étant père d'une petite fille, je devais exercer la fonction de surveillant d'internat dans un lycée pour financer mes études de philosophie et nourrir ma famille. Jusque là, j'avais lu tout ce qui m'avait été proposé dans le cadre des études secondaires, mais aucune des œuvres que je découvrais, plus par docilité que par intérêt, n'avait suscité en moi d'adhésion.

C'est par *Colline* que j'ai pénétré dans l'univers de Giono. Ce fut une révélation. Je dévorai à la suite toute son œuvre romanesque, ses essais et ses entretiens. Au-delà de me transporter pendant les longues heures de surveillance des élèves, cette première passion littéraire m'a permis de me libérer de l'addiction au tabac. Je venais juste de reprendre la pratique du rugby et, sur les stades, la nécessité d'arrêter de fumer se faisait âprement sentir. Ayant tenté de me sevrer de tabac à plusieurs reprises sans succès, j'en avais déduit que la détermination seule n'y suffirait pas. Il convenait d'opposer une passion plus puissante et plus pourvoyeuse de plaisir à une addiction qui me faisait alterner entre insatisfaction et déception. Je pris alors la décision d'acheter un ouvrage de Giono à chaque fois que j'aurais économisé l'équivalent de son prix en m'abstenant de fumer plusieurs paquets de cigarettes. Ce fut un double succès. Quelques longs mois plus tard, j'étais libéré d'une addiction qui me plongeait dans un sentiment d'impuissance, et j'avais accès à une source de plaisir intense et renouvelable à volonté.

Je n'ai compris que bien plus tard ce que l'œuvre de Giono avait touché et développé en moi. Il m'est d'abord apparu que ses romans me faisaient revivre, sublimées par la force des mots, les sensations de mon enfance et de mon adolescence, dans un environnement et parmi des gens semblables à ceux de la Provence du début du vingtième siècle. Dans le village de mes années de formation entre causses et garrigues du Languedoc, une humanité simple et profonde, la vigne, les oliviers, les troupeaux de moutons, les odeurs et la qualité particulière de l'air s'étaient imprégnés profondément en moi à mon insu. La lecture de Giono avait ravivé toutes ces impressions. En les révélant à ma conscience, elle exhumait des pans enfouis de ma mémoire. Prenant appui sur la force évocatrice des mots, elle les décuplait. Plus encore, elle ajoutait une légitimité littéraire à ma nostalgie d'une existence révolue.

Je compte Giono comme un de mes premiers professeurs de bonheur. En dépit de la dimension tragique de ses histoires qui ne s'en racontent pas, il propose un apprentissage du ressentir. Une forme de joie tragique qui ne se berce pas d'illusions sur la condition humaine mais désigne la participation consciente au monde sensible comme une possibilité de bonheur. Cette référence appuyée aux bonheurs simples, évidente pour un homme qui, comme lui, avait vécu dans sa chair la Première Guerre mondiale, lui était souvent reprochée. Il s'en irritait parfois. Pendant un entretien qui précédait la sortie d'un de ses nouveaux romans, il avait déclaré : « Ceux qui font la petite bouche et qui savent tout par cœur diront : Encore du bonheur ! »

Giono ne se posait pas en philosophe mais en poète. Il déclarait qu'il écrivait « pour s'ajouter au monde », pour créer son propre univers comme un point de vue singulier sur le réel. Il affirmait même avoir écrit *Colline* comme un poème. Pourtant, son œuvre comprend une philosophie implicite du bonheur. C'est par le truchement de son style même que cette pensée s'exprime. L'emploi fréquent de métaphores qui établissent des liens entre l'humain, la nature et l'animal nous invite à nous percevoir comme immergés dans un Tout qui nous englobe. Ce sentiment d'appartenance au Tout est pourvoyeur de bonheur pour qui en prend conscience et accepte de s'y abandonner. La lecture d'un roman de Giono est toujours pour moi, comme dans un exercice spirituel propre aux philosophies antiques, une prise de conscience jubilatoire de ma participation à la chair du monde.

En définitive, lire un roman de Giono, c'est surtout réagir émotionnellement à la puissance des mots. Ces mots qui nous touchent en évoquant la sensualité du monde. De surcroît, par la seule force de leur charge poétique, ils provoquent dans notre esprit une vibration esthétique. Cette intensité de plaisir ressentie à la lecture m'a progressivement conduit à désirer à mon tour utiliser les mots, non plus seulement comme de simples outils de communication mais comme des réceptacles d'émotions et d'échos profonds. Je me suis alors autorisé à écrire, avec une infinie modestie au regard de l'œuvre que j'admirais, mais comme encouragé par elle à oser créer, au moyen du langage, un univers singulier.

D'abord poussé par la nostalgie à recréer un monde révolu sublimé par la littérature, j'ai peu à peu été mû par la joie de réaliser quelque chose qui vaut mieux que moi, mieux que la banalité de ma propre personne. J'ai alors découvert le plaisir indicible de la quête du mot juste, le plus adéquat possible à ce que l'on pense ou que l'on ressent. Sur les traces de mon maître Giono, je cultive le désir en acte de me projeter au-delà de moi-même, en créant mon propre univers et en le proposant aux autres.

Christian Pastre

Christian Pastre est né dans un petit village du Minervois où il a vécu son enfance et son adolescence avant de faire des études de philosophie et d'histoire à Toulouse puis à la Sorbonne à Paris. Après quinze ans d'enseignement en banlieue parisienne, il est retourné à Narbonne où il a fini sa carrière de professeur d'histoire. Huit ouvrages publiés, dont *Vendanges amères* (Loubatières 1996) et *Dans la prison de Socrate* (Tautem 2017)

Faust au village
Jean GIONO

— Tu es de campos ?
— Oui.
— Tu es malade ?
— Oui.
— Qu'est-ce que tu as ?
— Il m'est arrivé une drôle d'histoire...

Cette fois, nous ne sommes pas partis pour la gare de Lus. Il m'a dit où il avait à faire et je l'y ai mené. Directement.

José CORRÉA
Hiver 2022

Lecture poétique de
Que ma joie demeure
par Franck Trémoulinas

Jean Giono au Contadour (photo collection les Amis de Jean Giono)

Quel rêve étrange !

En ce dimanche matin, de ce mois de janvier, j'ai du mal à apprivoiser mes esprits. En panne d'inspiration. Ô muse viendras-tu me libérer du vertige de la feuille blanche ? Je lève la tête, hasarde un regard à travers la vitre. Les premières morsures de l'hiver flagellent l'écorce des peupliers. Le givre recouvre les berges frileuses. La Dordogne s'écoule lentement, orpheline des gabarres restées à quai jusqu'au printemps.

Quel rêve étrange !

« *C'était un homme, parce qu'il était planté, les jambes écartées et, entre ses jambes, on voyait la nuit et une étoile.* »[95]

J'ai ce sentiment d'avoir traversé cette nuit paisible, emporté par ce choral de Bach qui bourdonne dans ma tête et que je ne puis chasser. J'étais dans un pays lointain, sur une terre écrite par de généreuses charrues. Le plateau des amandiers blancs ! Le plateau de Grémone ! En Haute-Provence ! Une sauvage nature où l'homme est dur au mal. Encouragé par je ne sais quel

---

[95] Les phrases en italiques sont des citations de *Que ma joie demeure* de Jean Giono.

murmure, j'étais à la recherche d'une ombre, d'une silhouette. Les herbes courbées par le vent qui dicte les saisons me soufflaient par bribes un nom singulier : Bobi. Un vagabond apparu il y a quelques années, venu y semer des graines de bonheur et de joie, un passage imprégné d'humanité dont se souviennent encore les méandres de l'Ouvèze et la pierre de Fra-Joséphine.

Quel rêve étrange !

« Le cerf roucoula un long mot sombre qui fit trembler son gosier et ses babines. »

Le soleil m'éblouissait. Les yeux plissés, j'avançais vers la Croix-Chauve. Dans cette forêt qui chante le printemps, j'y rencontrai un vieux cerf gardien de la mémoire des lieux. Il m'apprit avoir croisé, il y a quelques lunes, l'un de ses semblables acheté dans un cirque par Bobi et ramené à la Jourdane sur le plateau. Je l'écoutai attentivement, et il me révéla la curiosité suscitée par le roi aux immenses ramures. Un chapelet d'âmes éparpillées sur les terres se rendit sur place et y fut organisé un formidable repas ! C'était la première fois de leur existence que les habitants de la contrée se retrouvaient pour un moment de partage.

Quel rêve étrange !

« Semer la joie, l'enraciner et faire qu'elle soit comme un pré gras avec des millions de feuilles dans l'air. »

Les entendez-vous rire et respirer la joie ? Cette passion de l'inutile évoquée par Bobi. Jourdan ! Marthe ! Les Carle ! Hélène ! Aurore ! Honoré ! Rondelet ! Joséphine ! Barbe ! Zulma ! Je retourne sur mes pas et me dirige vers la direction indiquée par l'index des nuages laiteux. Me voici cheminant vers leurs demeures aux volets fermés. Ces mêmes seuils qui ont vu arriver Jourdan leur présenter Bobi, qu'il venait d'accueillir. Prélude de cette ivresse qui les inondera. Je m'imprègne du temps suspendu. Je touche la pierre. Je plonge dans un océan de narcisses. Je m'associe au chœur des oiseaux. Je suis des leurs. Ici Jacquou y a lâché ses juments qui y ont célébré leurs noces avec l'étalon du Carle. Là ils se sont donné rendez-vous pour capturer des biches afin de satisfaire le cerf et sont partis avec quatre calèches. Plus loin j'ai couru aux côtés d'Aurore sans pouvoir freiner ses tourments. J'étais un enfant de Grémone.

Quel rêve étrange !

« Il m'a dit que j'étais poète. »

Où es tu Bobi ? Toi qui disais « Être heureux c'est être simple », es-tu poète ? L'homme solitaire qui n'a pas de nom, celui qui tient un livre dont on ne voit pas le titre, ne te décrivait-il pas comme poète ? Pourrions-nous un jour associer nos poèmes ? Me diras-tu s'il est possible d'être heureux longtemps ? Pourquoi ne pas nous rendre dans la prairie des oiseaux où Zulma y gardait les moutons ? M'y apprendras-tu à déchiffrer les mystères des étoiles, ces logis qui clignent des yeux ? Ah le logis de la harpe ! Je ne désespère pas de te trouver avant l'orage qui menace depuis les monts de Nans.

« Cette chose haute en bois de cèdre qu'ils avaient créée avait l'intention de bien tenir son rang. »

Et toujours le vent qui laisse sa trace et fouette le désir de l'homme assoiffé de bêtes et de plantes ainsi que celui de la femme aux seins durs. Je trébuche sur un bout de cèdre. Est-ce avec celui-ci que tu as fabriqué avec Jourdan le métier à tisser de Marthe ? Avec les gravures sur le portique : un cerf et des étoiles. Cet ouvrage qui a illuminé la vieille Barbe qui renouait avec ses gestes d'antan en chantant « Aime joie ! Aime joie ! ». Cet ouvrage qui les a tous réunis à nouveau autour cette fois-ci d'une tablée. C'était leur deuxième moment de partage.

Quel rêve étrange !

« Elle avait beau rêver plus loin que la vie, elle n'apercevait pas d'espérance. »

Partagé l'as-tu été, me confessent les dryades enrichissant ma quête de toi. Aurore ou Joséphine ? Aimais-tu Aurore, mais c'est Joséphine que tu as choisie. C'était au temps des moissons. Tous ensemble ils maniaient la faux, confectionnaient des gerbes, ces corps de femme aux couleurs chaudes. Ainsi, allaient-ils faucher les champs des uns et des autres avec cette volonté de rassembler toute la récolte. Leur troisième moment de partage : celui du travail dans la joie ! Tu avais encore semé des sourires autour de toi. Cette richesse que l'on ne trouve pas sous la forme de quelques billets aplatis entre les draps au fond d'une armoire. Hélas ! Ce fut à ce moment-là qu'Aurore, âme fragile, Aurore qui t'a reproché de ne pas avoir plus de cœur qu'une rivière, décida de mettre fin à ses jours. Alors tu es parti chahuté par tes doutes qui ne t'ont plus abandonné.

Quel rêve étrange !

« Chaque grondement charriait les échos de toutes les formes du monde. »

Sans perturber mon sommeil, tu m'étais devenu une chimère. Là-haut, ils pensaient que tu allais revenir un jour. Et je cours, et je cours après toi. Et ma foulée me transporte vers le sud, suivant mon instinct. Là-bas, au-delà du ravin, émerge le dos arrondi de Saint-Julien-Le-Forestier. Mon souffle me joue des tours. J'halète ! Je ne puis aller plus loin ! Me dois trouver rapidement un abri pour échapper aux éclairs de l'orage qui me talonne avec son escadrille au ciel sombre. Je suis vaincu ! Point de Graal ! Pas de Bobi !

Accroupi dans un refuge de fortune, mon horizon est barré par cet épais rideau de pluie traversé par des langues de feu. Je suis anéanti ! Je me cache dans les bras tendus de l'humus trempé mais bienveillant...

Sur le plateau, la vie a repris son cours comme avant, avec ses espérances. Et si la joie n'était qu'une aspiration ? Le poète s'interroge. Va savoir Bobi ! Pourvu qu'elle demeure !

« C'était une nuit extraordinaire. »

Ce n'était qu'un rêve ! Un rêve qui a prolongé ma lecture achevée la veille. En ce dimanche matin de ce mois de janvier, mes esprits finalement me reviennent. Je saisis ma plume, me penche sur la feuille blanche et l'encre violette enfante les premiers mots qui raconteront cette poésie qui a bercé ma nuit. Je ferme les yeux quelques secondes et j'imagine Bobi et Aurore se tenir la main. Je pleure.

Franck Trémoulinas

Né à Périgueux en 1964, **Franck Trémoulinas** est poète et appartient au groupe *La Vie Multiple* fondé en 2018 par Daniel Malbranque autour de la revue du même nom, du Club des Hydropathes de Périgueux et **de la Société des Poètes Français et Francophones.** Il a publié récemment *L'Encre de ma liberté* et *Cette brume qui pleure l'écho de nos cœurs.*

Colline insurmontable
La Corporalité chez Giono et Gide
par Jill-Elyse Grossvogel

André Gide (photo D.R.)

« Mon amitié pour Jean Giono ne date pas d'hier. Si je suis demeuré assez longtemps sans le connaître, je me pique d'avoir été requis par lui dès ses débuts, d'avoir été l'un des premiers écouteurs de ses premiers écrits. Je me souviens d'une soirée à Pontigny où je donnais lecture, devant quelques attentifs rassemblés, des plus marquantes pages de *Colline* qui venait de paraître en revue. Il y avait bien plus et bien mieux qu'un simple don verbal : une vigueur, un relief surprenant, une joie contagieuse, une sûreté de touche, de dessin, une originalité saisissante et cette sorte d'étrangeté naturelle qui toujours accompagne sa sincérité lorsqu'elle échappe aux ornières de la convention, étonne d'abord, puis bientôt triomphe de la résistance. Le petit public, autour de cette lecture, fut conquis, je crois; ainsi se formaient des noyaux d'admirateurs qui, par la suite, sans cesse grossissant, devaient entretenir autour de Giono une curiosité et une admiration contagieuse. » *[lettre inédite: Fondation Catherine Gide]*

En 1928, Giono publie son premier roman dans une revue obscure, *Commerce,* que Gide découvre. Ensuite *Colline* paraît chez Grasset en 1929 dans les "Cahiers verts." Le moment où Gide a admiré et a fait connaître ce roman marque le début d'une correspondance qui durera jusqu'en août 1940, à savoir vingt-sept lettres, cartes postales et télégrammes de Gide, et vingt-cinq de Giono. *Colline* reflète la vision intensément écologique de son auteur. En effet, les personnages prennent conscience qu'ils vivent dans un univers qui est, en lui-même et pour lui-même, vivant. Une découverte effrayante. C'est l'un des personnages principaux du roman, Gondran, le beau-fils de Janet, qui, le premier, en fait l'expérience lorsque dans l'oliveraie, il blesse un lézard de sa pelle :

« ...il cligne de l'œil vers le petit tas de terre brune qui palpite sur le lézard écrasé. Du sang, des nerfs, de la souffrance. Il a fait souffrir de la chair rouge, de la chair pareille à la sienne. Ainsi autour de lui, sur cette terre, tous les gestes font souffrir ? Il est donc installé dans la souffrance des plantes et des bêtes ? Il ne peut donc pas couper un arbre sans tuer ? Il tue, quand il coupe un arbre. Il tue quand il fauche... Alors comme ça, il tue, tout le temps ? Il vit comme une grosse barrique qui roule, en écrasant tout autour de lui ? C'est donc tout vivant ?... Tout : bêtes, plantes, et, qui sait ? peut-être les pierres aussi. Alors il ne peut plus lever le doigt sans faire couler des ruisseaux de douleur ? »

Par sa relation avec la terre, sa terre, la colline, sa colline, Giono introduit un homme tout à coup conscient de ses actes, et se rend compte que les bêtes et les choses de la terre peuvent souffrir de la même façon que les hommes. Comme nous. Quand, une décennie plus tard, la guerre éclate et écrase cette sensibilité chez les hommes, Giono devient pacifiste pur et dur.

En laissant planer une tension irrésolue dans la petite population des treize personnes de *Colline*, Giono se libère pour accueillir le cosmos païen et animiste qu'il envisage pour ses prochains livres — pour la foi terrestre et érotique qui s'annonce. Il s'agit donc d'une petite communauté humaine, dénuée de conventions sociales, qui apprend à honorer son appartenance à une communauté, beaucoup plus vaste, d'animaux, de plantes, de sources, de feu et de vent. Giono expose la rupture des liens sociaux quand ils ne sont pas nourris par la Nature et il va insister sur le fait que l'espoir d'une société juste et d'une paix durable, réside non seulement dans le renoncement à la possession et à la domination, mais aussi dans le ressourcement auprès de la terre. Seulement au moment où l'on croit que les montagnes et les rivières ont leur propre vitalité, que le sol a même un sens de notre poids, que les vents et les nuages fourmillent de sensations, aurons-nous la liberté de trouver notre place dans une matrice de plus grande ampleur ?

Après sa lecture de *Colline*, Gide écrit tout de suite au romancier la lettre enthousiaste du 5 mars 1929 :

« Mon cher Giono,

J'achève, avec l'émotion la plus vive et larmes plein les yeux, *Un de*

Baumugnes que Paulhan avait eu la gentillesse de me communiquer, connaissant mon grand appétit pour ce qui sort de votre plume. Mes regrets s'en accroissent de ne pas vous sentir à mes côtés, sous la firme de la NRF; non, certes, qu'il y ait entre nous grand rapport; mais persuadez-vous en que, en raison de nos différences mêmes, vous n'aurez pas de meilleur lecteur que moi, ni de plus attentif, ni de plus sensible à vos extraordinaires qualités. Ne me demandez pas trop si je préfère *Un de Baumugnes* à *Colline*. Il me le semble aujourd'hui, mais aussi parce que je viens de le lire. Et pourtant *Colline* m'avait rendu très difficile, très exigeant; parlons franc, j'attendais tant de vous que je craignais beaucoup d'être déçu. Et puis, non, Dieu merci, dès les premières pages vous avez eu raison de mes craintes. Je me suis laissé emporter comme un fétu dans le puissant souffle de votre récit. »

Giono lui répond deux jours plus tard, de Manosque :

« Aucune lettre ne me sera jamais plus agréable que celle que j'ai reçue de vous. Quand on me parlait de *Colline* à Paris, je déduisais mentalement de la somme des éloges la large part de l'exagération; il restait, malgré tout, des appréciations très flatteuses: la vôtre surtout. Mais justement à cause de cela, j'avais une peur effroyable de faire le 'feu de paille.' Je me disais : "En lisant *Un de Baumugnes* Monsieur Gide pensera : 'Tiens, c'est déjà éteint.' Vous me rassurez. Merci pour la bienveillance que vous me témoignez, et pour cette sympathie spontanée qui vous a fait aimer mon premier livre....ici, dans ma solitude où tout prend sa juste valeur, c'est votre amitié qui va me donner le courage de continuer mon travail. »

*

Que peut relier ces deux hommes si différents de génération, de géographie, d'éducation, de tempérament, de formation, de parenté, de style ? L'admiration de Gide pour le jeune Giono ne s'arrête pas avec *Colline*. Il se prononce sur *Le Chant du monde* ("admirable") et sur *Que ma Joie demeure* (un passage "si beau, si glorieux") parmi bien d'autres. Gide a une conscience exacerbée de son héritage. Il s'en sert dans ses livres, et tente de se débarrasser des contraintes qui lui étaient imposées du côté maternel et protestant, résistant au plaisir et à la joie : « Je châtiais allègrement ma chair, éprouvant plus de volupté dans le châtiment que dans la faute — tant je me grisais d'orgueil à ne pas pécher simplement. ». Le lyrisme gidien, dont Giono parle (« Gide, avec son lyrisme, a plus de chances de survie ») représente un désir autre, qui est celui de transformer l'omniprésent esprit : « J'eusse voulu dormir, infiniment, dans l'humidité de la terre et comme une végétation. Parfois je me disais que la volupté viendrait à bout de ma peine, et je cherchais dans l'épuisement de la chair une libération de l'esprit » (*Nourritures*). Décorporaliser la chair ? Gide voit une "vigueur" et une "joie contagieuse" chez Giono après avoir lu *Colline* à voix haute pendant une soirée à Pontigny. La montagne du roman assume les caractéristiques de la vraie chair, d'une corporalité décrite par Giono : « La nuit plus fraîche est comme une promesse sur leurs joues; devant eux se dresse le grand corps de Lure: la mère des eaux, la montagne qui garde l'eau dans ses ténèbres de sa chair poreuse. ».

Mais de quoi s'agit-il exactement lorsqu'on pense à la corporalité chez ces deux auteurs ? Peut-être faudrait-il penser d'abord à la scène. Quand on passe sur un écran par exemple, on réduit la corporalité. Il manque <u>une épaisseur du réel</u>, cette langue des émotions, des visions, des sons et des voix <u>déposées et archivées dans le corps</u>, dont la parole, le geste, la partition, la vibration, l'aura, la jouissance et la douleur. La corporalité insiste sur le caractère propre de la constitution corporelle de l'homme, et veut expressément nous faire dépasser la discussion classique du rapport du corps et de l'âme. Dans la vie et l'œuvre de Giono, la corporalité définit les éléments naturels autant qu'elle définit l'homme. Ce n'est pas le cas chez Gide, mais sûrement ce qui lui importe dans des termes très clairs.

Serait-ce un élément païen chez les quatre familles des Bastides blanches qui croient en des esprits insolites, des sortilèges, des chats étranges, ces âmes simples qui sont si près de leur terre ? Le vieux Janet, mourant, évoque la possibilité que la colline est en train de les agresser mais les autres se disent entre eux que l'unique source de leurs problèmes est Janet lui-même. Il leur vient l'idée de le tuer, en anthropomorphisant la montagne : « Nous avons lutté contre le corps de la colline, il faut écraser la tête. Tant que la tête sera droite, on risquera la mort. ». La colline les menace comme une créature vivante. Ce qu'ils ignorent, ce que Janet sait, est que tant qu'ils ne sont pas en paix avec la terre, en harmonie avec elle, ils risquent de tout perdre. Les liens, donc, entre la vie et la littérature dépendent du mouvement moral ou éthique entre les deux. Côté "chrétien" si l'on veut. Et Gide ne s'en débarrasse pas.

« Certains ne savent voir dans ce livre [*Nourritures*], ou ne consentent à y voir, qu'une glorification du désir et des instincts. Il me semble que c'est un vue un peu courte. Pour moi, lorsque je le rouvre, c'est plus encore un apologie du *dénuement*, que j'y vois. C'est là ce que j'en ai retenu, quittant le reste, et c'est à quoi précisément je demeure encore fidèle. Et c'est à cela que j'ai dû, comme je le raconterai par la suite, de rallier plus tard la doctrine de l'Évangile, pour trouver dans l'oubli de soi la réalisation de soi plus parfaite, la plus haute exigence, et la plus illimitée permission de bonheur. »

Gide voit en Giono une variation de la notion du bonheur qui lui parle. Dans sa préface de 1927, il explique que « *Les Nourritures terrestres* sont le livre, sinon d'un malade, du moins d'un convalescent, d'un guéri — de quelqu'un qui a été malade. Il y a, dans son lyrisme même, l'excès de celui qui embrasse la vie comme quelque chose qu'il a failli perdre. ». Influencé par la pensée de Montaigne sur qui il vient d'écrire, il maintient qu'il est nécessaire d'apporter le bonheur à autrui pour se sentir soi-même comme une forme d'authenticité construite sur la lucidité. Il l'analyse dans *Les Nouvelles Nourritures* (1935) : on se développe en détruisant le vieil homme, le dénuement de soi. C'est l'expression de Goethe "Stirb und werde!" (meurs et deviens!) ou la parole évangélique « En vérité, en vérité, je vous le dis, si le grain de blé qui est tombé en terre ne meurt, il reste seul; mais, s'il meurt, il porte beaucoup de fruit. ». Les propos de St Jean se traduisent en une autre sorte de corporalité qui élargit et transcende celle de la Nature seule. « Fruits! j'ai mangé votre pulpe juteuse. J'ai rejeté les pépins sur la terre; qu'ils germent ! pour nous redonner le plaisir... chaque fécondation s'accompagne de volupté » (*Nourritures*). Pour Giono, plutôt influencé par Pascal, le bonheur est basé sur notre éloignement de ce qui est non-essentiel. Le bonheur, donc, n'est pas à trouver dans la possession des choses, des gens, d'un pays, mais dans ce que Gide appelle le dénuement : « Âmes jamais suffisamment dénuées pour être enfin suffisamment emplies d'amour — d'amour, d'attente et d'espérance, qui sont nos seules vraies possessions » et dans un autre passage « chaque désir m'a plus enrichi que la possession toujours fausse de l'objet même de mon désir » (*Nourritures).*

Gide et Giono s'accordent sur le concept de la possession mais ils l'expriment différemment. Gide octroie à son narrateur, le "je" des *Nourritures,* une lutte acharnée pour reléguer son intellect à une place inférieure à celle de son identification avec la terre, de son désir de relation intime avec les forces de la Nature, païenne, et par conséquent, avec la chair. Gide est frappé par la musicalité des voix diverses qui créent une symphonie pastorale enregistrée par Giono dans ses premiers livres. Quand il transmet à Gide les titres en voie de développement — *Le Grand Troupeau, Le Poids du Ciel, Présence de la Mort* — « qui ont l'air de pousser comme de bons arbres...Ils sont faits. Si c'est être faits que de les voir de bout en bout, il ne reste plus qu'à les écrire. » On sent tout de suite jusqu'à quel point il est enfant de ses terres, pur produit de son sol natal. Elles ont pris racine, ces forces naturelles, tant chez le vieux Janet, personnage qui communique avec la terre et ses créatures et qui vit en harmonie, que chez l'auteur. Pour Giono aussi, il s'agit d'une harmonie corporelle, la nourriture terrestre offerte par la région où il est né et où il a grandi. Gide se souvient, beaucoup plus tard, de leurs dernières rencontres : « Je l'ai revu, toujours le même…(avec une sorte de confiance, poétique et comme enfantine, que le meilleur) finira par triompher du pire, et l'amour de la haine, et le naturel des complications de l'esprit. Cette confiance devait l'entraîner bien loin. ».

*

Giono n'a pas intitulé son ouvrage *La Colline*, mais *Colline*, sans article. Le mot seul, le titre du livre, *Colline*, reste autonome. C'est significatif. Sur le manuscrit, Giono écrit *La Colline* et ensuite barre l'article défini. Pourquoi ? Devant n'importe quel nom, l'emploi de l'article défini indique soit une certaine distance pour établir une catégorie ou rubrique particulière (LA colline parmi plusieurs), soit pour préciser (LA colline du village des Bastides blanches). Sans article, Colline tout seul démontre la totalité de sa présence, un pouvoir qui nous assimile, une présence universelle et abstraite. En outre, l'absence de l'article impose une aura poétique et symbolique; elle confère à la colline une quasi-existence humaine. Si elle avait un article indéfini, elle serait devenue n'importe quelle colline. *Colline* privé de tout article retient sa puissante corporalité, celle de "sens" — direction, signification, sensation ou sensualité. Le titre en anglais nous révèle mieux l'intention de l'auteur : *Hill of Destiny*. Car les Bastides blanches sont isolées, dans « le domaine du vent » selon Giono, état précaire lorsque le puits s'assèche. Un incendie se déchaîne qui va ravager le pays. On demande désespérément à Janet la source de l'eau qu'il avait, lui, découverte et dont il retient le secret. Cet incendie violent est, d'après la description de Giono, comme un organisme vivant contre lequel la collectivité doit lutter, armée uniquement de sa connaissance du terrain. Une lutte comprise en termes corporels et sensoriels.

Très influencé par des écrivains américains, et soutenu par l'écrivain Henry Miller, Giono découvre Walt Whitman en français et lit sa biographie écrite par Léon Bazalgette en 1924. Il est séduit par l'égalitarisme et le panthéisme de Whitman. *Colline* et, en fait, tous les premiers livres sont ont quelque chose en commun avec ce poète passionné et révolutionnaire. La nature, vaste et sensuelle de Whitman, ainsi que le mysticisme mythique de Herman Melville marquent profondément Giono. Il fait, avec Lucien Jacques, la première traduction en français de *Moby Dick*. Il partage avec Melville une idée de l'échelle, sensible aux mouvement des animaux, de la lumière, du passage des saisons où ses personnages sont souvent ancrés dans une sorte de présent éternel. Dans *Colline* on trouve deux vérités définitives de Whitman: il existe des gens tout simples et "nus" et que cette terre couverte de forêts, de bêtes, de plantes existe "sans littérature." Ce sont également deux thèses chères à Gide comme à Giono. Giono révèle les paysans de Haute Provence dans toutes leurs particularités, mais montre en même temps la beauté terrifiante de la Nature crue, dépouillée de toute allusion classique. Il écrit de l'immédiat, qualité à laquelle Gide n'est pas insensible, lui qui est médiatisé par la pensée (justement "avec littérature") mais il ne cesse d'exprimer son désir : « Crois-tu pouvoir, en cet instant précis, goûter la sensation puissante, complète, immédiate de la vie, — sans l'oubli de ce qui n'est pas elle ? L'habitude de ta pensée te gêne; tu vis dans le passé, dans le futur et tu ne perçois rien spontanément. » *(Nourritures)*

Ce fragile équilibre entre la Nature et les hommes devient le cœur des rappels du vieux Janet : « Et s'il veut effacer les Bastides de dessus la bosse de la colline, quand les hommes ont trop fait de mal, il n'a pas besoin de grand-chose, même pas de se faire voir aux couillons; il souffle un peu dans l'air du jour, et c'est fait » ou bien « Contre nous, c'est toute la colline qui s'est dressée, le corps immense de la colline; cette colline ondulée comme un joug et qui va nous écraser la tête. Je la vois; je la vois, maintenant. Je sais pourquoi depuis ce matin j'ai peur. »

Dans *Colline* le vent, quand il remonte la vallée et redescend par les cols de la montagne, est lui-même un personnage, tout comme les volées d'oiseaux qui planent sur ces vents, et la forêt avec ses arbres qui s'agitent quand leurs racines recherchent de l'humidité fraîche, et le soleil aux bras ondulants de feu monte dans le ciel d'un seul coup, comme un lutteur. Giono raconte *Colline* au présent, ce qui lui est typique : la Nature est abondante mais sans ménagement et vaguement comprise par les personnages qui l'habitent. Il est difficile de ne pas commenter les premiers mots de *Colline* ("La terre du vent"). L'auteur nous parle des animaux dans leur habitat naturel avec un descriptif souvent régional, expressions connues par ceux qui habitent dans le pays aixois. Les premiers commentaires relient bêtes, terre, nourriture, vent, sang, feuillage, pertes du corps. eau, poils... Et parlent de la Lure, comme « un grand corps de montagne insensible » qui domine le pays. Elle « monte entre la terre et le soleil...son ombre fait la nuit aux Bastides. » Quand les arbres parlent dans *Les Nourritures*, ils ont un ton évangélique : « J'avais besoin d'un poumon, m'a dit l'arbre : alors ma sève est devenue feuille, afin de pouvoir respirer. Puis quand j'eus respiré, ma feuille est tombée, et je n'en suis pas mort. Mon fruit contient toute ma pensée sur la vie. »

*

Giono identifie les trois romans, *Colline, Un de Baumugnes* (1929) et *Regain* (1930), comme sa *Trilogie Pan* en essayant d'évoquer les riches énergies associées avec cette déité et de transmettre cette magie sauvage aux lecteurs. Demi-humain par le visage mais avec des cornes et l'arrière-train d'une chèvre. Pan est le dieu des étendues indomptées et farouches, des régions boisées, des prairies, des marais et marécages; il est le dieu de hauts escarpements rocheux seulement accessibles aux chèvres de montagne. Un puissant et précieux allié de toutes choses sauvages, le dieu cornu représente un pouvoir qui se déplace au cœur de la Nature : les rythmes souples de la musique villageoise et l'abandon sexuel printanier, l'exubérance spontanée d'un renouveau. Selon certains, Pan représentait la personnification cornue du sauvage honorée dans un Europe pré-chrétien et plus tard diabolisée par l'Église. Avec son premier roman, Giono tient justement à présenter cette version inquiétante et dangereuse, une version troublante pour ceux qui tombent aveuglement sur la Nature brute et indomptée qui provoque une peur vertigineuse qui s'appelle "panique." Encore une fois, c'est Janet, conscient de la mort toute proche, qui incarne le leitmotiv fondamental du roman en posant des questions rhétoriques à son beau-fils:

« Tu t'imagines de tout voir, avec les pauvres yeux ? Tu vois le vent, toi qui es fort ? Tu crois que c'est vide, l'air ?... Alors comme ça, tu crois que l'air c'est tout vide ? Alors là il y a une maison, c'est la maison et pas plus ? La colline, une colline et pas plus ?... La colline; tu t'en apercevras, un jour, de la colline. Pour l'heure elle est couchée comme un bœuf dans les herbes et seul le dos paraît; les fourmis montent dans les poils et courent par-ci, par-là. Pour l'heure elle est couchée, si jamais elle se lève, alors là tu me diras si je déparle. » Et encore : « Suis-je de taille à lutter avec la colère des collines ? » Et quand les jeunes parlent de Janet, il s'agit surtout de sa présence forte et unique parmi eux : « Il a toujours été très près de la terre, plus que nous. Il endormait les serpents, il connaît le goût de tout un tas de viandes : du renard, du blaireau, du lézard, de la pie... Il faisait des soupes de melon, il râpait du chocolat dans la bouille de morue. »

Paralysé, couché sur son matelas, hallucinations de serpents, d'obscènes souvenirs, un discours musical, Janet émet des paroles d'un langage partagé par les vieux marronniers et les éperviers, un sortilège de mots envoûtants et ambigus. Giono tient à commémorer cet héritage et à redonner vie à une culture orale marquée par la narration spontanée à voix haute — ce discours "musical" cité par Gide plus haut. Cependant Giono ne va pas exclure la culture littéraire (il était prodigieux dans son amour pour la littérature), mais plutôt creuser sous cette culture, pour arriver à une couche plus ancienne, viscérale, de langage qui nous ouvre au discours naturel des rivières, des forêts et de la pluie en utilisant un style fondé sur l'aspect corporel et sensoriel des choses. Tout le contraire du détachement abstrait de l'intellect littéraire, Giono explore une façon animiste de parler dans la vie paysanne, monnaie courante des cultures orales, non-littéraires et indigènes. Homère faisait partie de cette héritage non-littéraire, en s'appuyant sur des épithètes pour décrire la mer ou l'aube. Giono utilise aussi les comparaisons et les métaphores régionales qu'il connaît si bien et qui reviennent constamment dans ses écrits. On note surtout un effort parallèle dans *Nourritures* : « Tandis que d'autres publient ou travaillent, j'ai passé trois années de voyage à oublier au contraire tout ce que j'avais appris par la tête. Cette désinstruction fut lente et difficile; elle me fut plus utile que toutes les instructions imposées par les hommes, et vraiment le commencement d'une éducation. »

*

Gide et Giono à Manosque en 1935 (photo collection les Amis de Jean Giono)

La bibliothèque précieuse de Giono à Manosque conserve une dizaine de livres de Gide, souvent dédicacés par l'auteur et annotés par Giono, parmi lesquels *Les Faux-Monnayeurs*, *Amyntas*, *Saül*, *Perséphone*, *Les Nouvelles*

Nourritures, le Journal, Ne Jugez pas, Cahiers André Gide. Lors de sa visite à Manosque, Gide le trouve encore petit employé de banque où il travaille au moment de l'arrivée de son ami qui est accueilli par la mère de Giono, femme sans manière, qui montre à Gide les quelques livres dont Giono « s'était d'abord nourri. J'admirais » écrit Gide, « la sûreté de ce choix ». Giono lui a exprimé, en septembre 1929, son désir d'avoir surtout trois autres livres : *Voyage au Congo, Sur le Logone,* et son étude sur Dostoyevski . « Je suis en train de relire *Les Possédés*. » Giono lui avoue, le 7 mars 1929, que la lecture de *Si le Grain ne meurt...* « a été la plus grande émotion de [sa] vie ». Dans sa petite bibliothèque, Giono conserve aussi des études sur Gide d'Arnold Naville, Jean Delay et Claude Martin.

« Quand Gide vint chez moi, j'avais, en tout et pour tout, pu réserver à mon usage, dans notre petit appartement, une sorte de couloir étroit où étaient installés ma table et mes livres. C'est là que je le trouvai finalement, debout dans sa cape, le chapeau à la main, faisant la conversation avec ma mère.
...J'allais le voir à son hôtel entre une heure et deux heures et il retarda sa sieste pour passer ces cinquante minutes avec moi, à répondre magnifiquement aux maladroites déclarations d'amitié que je lui faisais. Je le retrouvai, le soir à six heures, dans ce petit couloir qui me servait de bureau.
Il me félicita du choix de mes lectures. Il avait été surpris, me dit-il, de trouver une grande variété de lectures, une bibliothèque construite avec un sens qui s'était peu trompé. Il ne pouvait pas savoir le plaisir qu'il me faisait. Depuis plus de vingt ans, sou après sou, et avec une très grande prudence pour ne pas gâcher le peu d'argent dont je pouvais disposer pour ce plaisir, j'avais composé ma bibliothèque. Elle était la somme de mes joies, et subsidiairement mon orgueil. Comme il avait remarqué quelques livres anglais, notamment un Whitman, il me demanda si je lisais l'anglais. Je lui dis que oui. Il me conseilla de lire Browning. Quelques jours après son départ, je reçus une petite édition de poche de poèmes et des drames de Robert Browning qui, depuis, a fait pas mal de voyages avec moi. » (*Hommage à Gide, NRF novembre 1951*)

Malgré la grande différence d'âge entre les deux hommes (26 ans), le prestige de Gide et son appartenance à une toute autre génération, Giono demande s'il ne pouvait pas l'appeler "cher ami" plutôt que "Monsieur Gide." Cependant devant ce "contemporain capital" Giono raconte qu'il n'a pas du tout été influencé par Gide. Quand Giono lui raconte *Un de Baumugnes* en chantier à Gide, Gide lui annonce en toute franchise que « les livres qu'on raconte bien sont généralement ratés ». Ou bien après avoir lu ce livre, introduit une petite correction, mais avec cette petite touche d'auto-dérision à la fin : « À deux reprises, j'ai rencontré un "de guerre las", qui m'a quelque peu surpris. Je sais que vous pouvez vous autoriser de certains exemples, mais qui ne me paraissent pas des meilleurs. Littré préfère "de guerre lasse", et je me laisse persuader par les raisons qu'il donne de cette préférence. Excusez ces remarques de pion. » — La litote gidienne de toute beauté. Mais l'admiration de Gide pour l'homme ainsi que pour ses livres est réelle : « Je me souviens de ce premier voyage que nous fîmes ensemble de Paris à Marseille. Nous nous étions inopinément retrouvés sur le quai de la gare. Nous ne dormîmes pas beaucoup cette nuit-là. Avec quelle joie je découvrais en Giono une noblesse, une dignité qui me forçaient de l'estimer bien d'avantage. Décidément il fallait compter avec lui. » En 1939, fidèle aux principes que Giono a exposés dans *Refus d'obéissance* et au moment où éclate la guerre, il refuse de partir avec la mobilisation générale. Il est arrêté et emprisonné par les autorités militaires. Gide, avec les amis de Giono, écrivent directement à Daladier, ministre de la défense nationale. La réponse est vague, évasive. Rien à espérer.

Les événements pendant la guerre sont prévisibles vu l'engagement de Giono bien avant, marqué par sa réponse à un télégramme qui lui arrive le 11 juin 1935, envoyé par Gide, Malraux et Aragon — « Insistons vivement présence congrès. Télégraphiez thème discours » — qui l'invitent au premier Congrès International des écrivains pour la défense de la culture où Gide doit faire le discours d'ouverture. Mais quelques jours plus tard, Giono leur répond: « Je n'irai pas au Congrès, car j'y serais parfaitement inutile. Je ne sais pas parler, et je n'ai rien à dire. Ici, avec ceux des campagnes où je vais de plus en plus, je suis utile. Je sais parler et je sais quoi dire. C'est donc que ma place est ici. Le travail que j'accomplis est sans gloire, mais j'ai confiance dans votre amitié. » Des paroles convaincantes car Giono est effectivement occupé avec *Les Rencontres du Contadour* entre septembre 1935 et 1939. Ce sont des réunions pacifistes organisées et initiées par Giono. Après avoir publié *Que ma Joie demeure,* et fortement contre la guerre, il achète une propriété près de Banon, avec l'idée d'y créer une sorte d'utopie. Le roman représente une vie rudimentaire et artisanale en pleine campagne, loin des usines. Certains participants arrivent des cercles intellectuels parisiens et le groupe publie une série d'articles après chaque rencontre d'une quinzaine de jours. Giono y croit fort car en juillet 1935, il décrit à Gide son intention d' « emmener dans la montagne de Lure une caravane de jeunesses communistes venant des Auberges de Montehoureau. Je voudrais faire établir des contacts de camaraderie entre les ouvriers et les paysans. Car la grande menace mystérieuse vient des paysans. Personne ne les connaît...Je crois qu'il faut en toute hâte, et toute autre occupation cessante, les imbiber des grandes idées généreusement révolutionnaires." En octobre il lui écrit que "la promenade dans la montagne de Lure avec mes étudiants et mes ouvriers a été une chose extraordinaire. »

*

Né dans une colonie vieille de mille ans, dans la vallée de la Durance, Giono observe les paysans dans les champs à l'ombre du Mont Lure au son des faux, au parfum de foin récemment fauché, en compagnie des chants rythmiques des bergers accompagnés de leurs troupeaux de moutons. La vie suit son train selon les saisons et Giono la suit, lui. Dans le petit lieu-dit où se passe *Colline*, les treize habitants tentent de survivre en cultivant la terre, et en allant chasser dans les forêts de pins, de chênes et de genévriers et dans l'air parfumé de clématite et de chèvrefeuille. Force centrale du roman, Janet, leur transmet une vérité ancestrale : « Ces collines », » dit-il, « il ne faut pas s'y fier. Il y a du souffre sous les pierres. La preuve ? Cette source qui coule dans la vallon de la Mort d'Imbert et qui purge à chaque goulée. C'est fait d'une chair et d'un sang qui nous ne connaissons pas, pas ça vit. » Paroles saisissantes, point charnière du livre. Giono donne l'essentiel de la colline, cette présence presque composée de la chair humaine — elle respire, change, montre sa colère, à travers les mots marquants et visionnaires de Janet : « La colline. Elle est toujours là, la colline. Elle est toujours là... Elle sera toujours là, la colline, contre nous, avec sa grande force menaçante. Elle ne peut pas partir; elle ne peut pas être battue une fois pour toutes. Cette fois on a gagné; demain, c'est elle qui gagnera. ».

Et, résultat concret, les mauvaises choses arrivent. Il y a une terrible tempête et le lendemain tout tombe sous le silence. Les hommes s'inquiètent. Ils remarquent avec inquiétude que la source d'où ils tirent l'eau du village, s'est asséchée. C'était la source découverte par Janet il y a très longtemps et maintenant ils doivent le supplier d'expliquer le secret pour en trouver une autre. « Ah, vieux coquin » plaisante Jaume, « tu contournes, tu ne veux pas me dire ton secret pour trouver l'eau ? » – « Mon fi, c'est pas possible; ça vient de naissance, si tu l'as pas de naissance, tu peux te fouiller. C'est le ventre de la mère qui l'apprend; fallait t'y mettre à l'avance. Ores, c'est trop tard. ». Giono ne sait pas faire parler ses personnages autrement que simplement. Ce sont les refrains d'une chanson primordiale : « T'es comme un fermier; il y a le patron. Le patron en belle veste à six boutons, en gilet de velours marron, le manteau en peau de mouton. Tu le connais, le patron ? T'as jamais entendu chuinter comme un vent, sur la feuille, la feuillette, la petite feuille et le pommier tout pommelé; c'est sa voix douce; il parle comme ça aux arbres et aux bêtes. Il est le père de tout; il a du sang de tout dans ses veines. Il prends dans ses mains les lapins essoufflés : Ah, mon pauvre lapin, qu'il dit, t'es toute trempé, t'as l'œil qui tourne, l'oreille qui saigne, t'a donc couru pour ta peau ? Pose-toi entre mes jambes; n'as pas peur, là, t'es à la douce. ».

Il n'y a que quatre fermes dans ce minuscule ensemble de logis qui s'appelle les "Bastides blanches." Comme souvent, Giono emploie un mot régional d'une couleur expressive, sans jamais avoir recours au Provençal, mouvement littéraire qu'il a toujours rejeté. Il admet à Gide en septembre 1929 : « Vous savez le sauvage que je suis; la langue que je parle est assez bonne pour les habitants des collines. Il aurait fallu là-bas [entretiens à Pontigny] pour moi un rôle muet. Et puis j'ai le geste mal adapté au belles compagnies. » Et Giono revient plusieurs fois à cette notion qui lui est fondamentale. Il aime mélanger des phénomènes climatiques avec des modalités sensorielles, il utilise, pour ce faire, des mots auditifs pour décrire des événements visuels ou des expressions tactiles pour décrire des sensations olfactives. Par ce moyen, un concept se transforme en réalité viscérale. Avec leurs murs de pierre blanchis à la chaux, les Bastides offrent un sens solide de sécurité à ceux qui y résident. Et pourtant, sous la terre aride, sous les activités de la communauté, remuent les vibrations volumineuses de la colline elle-même, ce corps broyant de vie qui soutient et peut-être même ressent ce qui se passe à sa surface. Elle n'est qu'un pli cutané dans l'immense chair du Mont Lure, l'implacable pouvoir qui s'étend ses ailes ombrées au-dessus de ce "débris de hameau."

Les familles du pays vivent au rythme de la Nature mais Janet les prévient qu'ils ne gèrent pas tout : « à quoi bon s'inquiéter des gestes de la terre ? Elle fait ce qu'elle veut; elle est assez grande pour savoir ce qu'elle a à faire, elle vit son petit train. ». Il prévoit que la colline se lèvera et mettra la communauté à l'épreuve, ces habitants des Bastides blanches qui sont « comme des colombes posées sur l'épaule de la colline. » Sa corporalité se met en évidence : « La nuit emplit déjà la vallée; elle effleure la hanche de la colline. ». Et Janet s'identifie avec elle, son corps à lui comme une extension de la terre et des animaux : « J'ai des serpents dans les doigts. Je sens les écailles passer dans ma viande. ». Même le rire devient un élément naturel : « son petit rire craque comme une pomme de pin qu'on écrase. ». Giono écrit l'immédiat, ses personnages agissent dans le présent. Gide y est sensible, mais ne parvient pas à entrer pleinement dans ce monde sans intermédiaire et le narrateur d*es Nourritures* s'exprime indirectement par le désir en se confiant à la distance exigée par le langage. Toute action par les personnages de *Colline* est physique, concrète, et non pas abstraite. On ne voit nulle part l'expression d'un désir qui remplace l'engagement corporel. Quand un paysan va dans les champs, il porte un souper champêtre, que l'essentiel : « une tomme toute fraîche dans sa gangue d'aromates, six gousses d'ail, une topette d'huile bouchée par un morceau de papier, du sel et du poivre dans une vieille boîte de pilules, un tail de jambon, un gros pain, du vin, une cuisse de lapin rôtie roulée dans une feuille de vigne et un petit pot de confiture. Tout cela pêle-mêle dans la besace de cuir. ».

Giono considère que la terre est la source indispensable de toute solidarité humaine, ce qui relie les êtres humains et leurs cultures, l'élément qui offre l'exceptionnelle possibilité de la paix. Cette relation fluide entre la terre et l'homme établit l'écologisme pastoral de Giono. Ses personnages n'existent pas en dehors de la nature qui ne leur est jamais indifférente, et souvent violente. Respectueux des paysans et des bergers mais méfiant des officiels et représentants de l'État, associations et programmes politiques, Giono croit que les seules solutions poussent directement de la terre lui-même et sa foi réside dans l'individu, souvent dans une quête solitaire et héroïque. Gide, membre du partie communiste, participe en 1932 au Congrès mondial pour la paix. Bien que Giono conçoive un projet où la puissance du monde paysan est mise au service de la paix et des idées révolutionnaires de la gauche, il n'est pas d'accord avec Gide, malgré le fait qu'il partage avec lui le pacifisme des communistes : « Je me méfie », dit-il en 1935 dans son *Journal*, « de l'intelligence de Gide et de Malraux ». Cela en dit long. Lorsqu'en 1938 Alain lance un manifeste pacifiste après les accords de Munich, Giono et Breton le signent, mais Gide refuse de signer. Giono signale, dans son Journal « une démission totale des grands vieillards » (Gide et Martin du Gard).

Toutefois, dans un très bel éloge à la mort de Gide, Giono se dit « vouloir continuer à être avec lui ce que j'étais quand il était vivant. Je n'ai rien à reconsidérer, ni a lui reprocher, ni à insinuer, ni à doser. Nos rapports ont été des rapports de camarades. Il a été parfait. S'il y avait quelque chose à reprocher à quelqu'un, ce serait à moi. Je n'ai jamais désiré qu'il soit autrement qu'il était » ("Lundi" NRF, novembre 1951).

Jill-Elyse Grossvogel
Chicago le 10 mars 2022

Née à Manhattan, **Jill-Elyse Grossvogel** est titulaire d'un Doctorat de Cornell University à NY et d'un DEA de Littérature Comparée et Beaux-Arts de l'université Aix- Marseille. Elle fut conseiller scientifique pour la Rétrospective Claude-Emile Schuffenecker du Musée de Pont-Aven et du Musée Maurice Denis à Saint Germain-en-Laye et publia le Catalogue Raisonné de l'artiste. Ses articles dans le *Journal des Arts, Quadri & Scuplture*, son interview à *France Culture* et une émission télévisée à Londres étaient consacrés aux faux Van Gogh attribués à Schuffenecker. Elle est aujourd'hui sollicitée pour des expertises par Sotheby's et Christie's à Paris, Londres et NY.

Jean Giono : la chair de la terre
par Annie Christau

Giono (photo collection Les Amis de Jean Giono)

Lorsque j'ai découvert Giono, c'était dans *Colline*. Mes racines se sont mises à frémir et quelque chose d'énorme m'a submergée, moi, fille de la terre. J'ai su ce que représentaient ces racines et comment elles avaient façonné ma vie.

Les gens de la terre, ma famille, je les ai vus s'échiner, souffrir, maudire leur condition et pourtant ils étaient soudés à cette terre. Était-ce la passion, la nécessité, la fatalité ? Ils étaient nés là et ils mourraient là, chez eux. Les orages n'y pourraient rien changer. Cette terre, ils l'aimaient, cette terre c'était leur être entier corps et âme.

Comment ne pas me souvenir de mon père, partant à la retraite et dans l'obligation d'arracher ses vignes, vignes qu'il avait plantées lui-même. Je ne puis oublier le désespoir de cet homme qui en perdit la santé et la vie. C'était cher payé une existence de labeur acharné !

Alors bien sûr les paroles de Giono me transportent. Sa langue se déguste comme une miche de pain blanc sortie du four, il y a tout dans ces mots : le parfum, le goût, la texture, la chair. Quand nous rentrons dans l'écriture de Giono, c'est un long poème qui s'écoule, comme un petit ruisseau qui nous entraîne, nous croyons entendre les cigales (pourtant Giono dit qu'il n'y a pas la moindre cigale dans son œuvre), nous respirons le thym des garrigues, c'est là, nous y sommes (pourtant Giono se défend d'avoir fait une œuvre régionaliste).

Il y a deux langues chez Giono, la langue poétique du récit narratif et la langue ancestrale de « ceux de la terre » avec ses tournures étranges qui donnent aux dialogues une réalité palpable. Mais cette réalité devient aussi poésie s'élevant au dessus de cette immédiateté de la vie paysanne pour en faire de l'art.

« Moi, dit-il si je me pose là au beau courant d'air, je le veux bien, c'est de mon vouloir, mais la bête, c'est tout niais, sans bras devant le mal. Alors si c'est pas un peu nous qui prenons sa défense, qui ça sera ?...

« Ce que c'est couillon, un homme ! » dit Clarius dans *Un de Baumugnes*

Au fur et à mesure de la lecture, nous percevons les métamorphoses du vivant, la terre devient humaine et l'homme devient lui-même élément de la nature, c'est un amalgame sensoriel, sensuel. Dans *Regain*, Panturle se confond aux labours avec son pantalon de velours côtelé : « Il est debout devant ses champs. Il a ses grands pantalons de velours brun, à côtes ; il semble vêtu avec un morceau de ses labours... il est solidement enfoncé dans la terre comme une colonne. »

Giono, mieux que personne raconte cette terre, moelleuse et fertile, la terre mère, la terre faite femme, agitée de passions et de désirs... Cette « bonne terre grasse, pleine d'air et qui porte les graines... »

Giono peint la nature généreuse mêlée à l'humain avec la poésie charnue d'une langue chaude, teintée d'une extrême sensualité.

Ainsi l'homme-poisson du *Chant du monde* :
« Ses bras luisaient dans l'écume de l'eau. C'étaient deux beaux bras nus, longs et solides, à peine un peu renflés au-dessus du coude mais tout entourés sous la peau d'une escalade de muscles. Les belles épaules fendaient l'eau. Antonio penchait son visage jusqu'à toucher son épaule. A ce moment l'eau balançait ses longs cheveux comme des algues. Antonio lançait son bras loin là-bas devant, sa main saisissait la force de l'eau. Il la poussait en bas sous lui cependant qu'il cisaillait le courant avec ses fortes cuisses. »

Et la femme-moisson du *Grand Troupeau* :
« C'est devenu la chanson de toute sa chair : ce rythme de faucheuse, ce balancement dans le blé, cette corne qui bat son ventre, cette chaleur qui

brûle sa nuque, ce craquement de l'herbe rousse qui se couche, le vol de la faux à l'aile unique... »

Et la femme neuve qui donne l'amour :

« Elle était le pain. Elle a dit : mange-moi ! elle est venue d'elle-même sous la dent, avec sa lèvre toute chaude et son corps ouvert. » (in *Le Grand Troupeau*)

Mais aussi il dit la terre, ingrate et sèche, la terre mauvaise et farouche, faite de solitude, d'avarice, de jalousies et de mort... de « méchantise », mot succulent sorti d'un creuset ancestral comme le verbe « déparler » pour délirer.

C'est la terre de ceux dont le travail se nomme peine et « éclate en gémissements ». J'ai le souvenir des bruits de suicides qui venaient à mes oreilles d'enfant, un tel s'était pendu dans la grange, un autre s'était empoisonné avec des produits nocifs, sans parler de ceux qui se faisaient sauter la cervelle avec des détonateurs ou des chevrotines à sanglier... Misère ! Désolation ! les damnés de la terre !

Giono dénonce cette nature qui s'oppose à l'humain : la cruauté, la destruction, la vengeance, les incendies, il sait que la nature tue. (*Colline*) « Un torrent de fumée jaillit, écrase le ciel, oscille un moment dans le vent, puis, gonflant ses muscles noueux, résiste, s'étale, et dans sa chair grésille l'agonie des oiseaux. » Et le secret de Jamet résume la malédiction humaine, la noirceur de l'âme, le besoin de rédemption : « Je vais te dire le secret....il y a trop de sang autour de nous....et le maître n'a plus assez de salive et de parole pour guérir... À la fin du compte ces bêtes, ces arbres, c'est à lui, c'est au patron...toi et moi, nous sommes à lui, aussi ; seulement depuis le temps, nous avons oublié le chemin qui monte jusqu'à ses genoux. »

Chez Giono le bien et le mal se combattent. Pour la romancière Emmanuelle Lambert, commissaire de l'exposition Giono au Mucem, il existe deux Giono : « On peut superposer deux choses, il y a l'homme réel et il y a l'écrivain. Et je pense que l'écrivain, lui, il est né dans la tranchée. Et de là est sorti un écrivain qui n'a cessé de travailler et de poursuivre la question du mal. »

« L'œuvre de Giono nous fait comprendre que pour trouver la lumière, il faut d'abord creuser les ténèbres. » dit encore Emmanuelle Lambert.

Malgré la fatalité, la lumière et l'espoir remontent toujours des profondeurs, la où l'on ne les attendait plus (*Regain*) : « On entend respirer les herbes à des kilomètres loin, ils sont chez eux. Le silence les pétrit en une même boule de chair. »

Il y a de la spiritualité dans l'œuvre de Giono, l'amour bien sûr et la rédemption par le sang, l'homme minuscule dans l'immensité de l'univers, la colère des éléments qui est peut être le courroux d'un dieu devant la faute des hommes ; des images bibliques se devinent dans ces épopées paysannes, récits intemporels, immortels, gravés dans la mémoire universelle.

Emmanuelle Lambert, commissaire de l'exposition Giono au Mucem (2020)

Giono le pacifiste est lucide, il sait que d'un moment à l'autre l'équilibre peut être bousculé, rompu. Il y a de la colère dans cette constatation et tellement de force dans ces chemins de vie qui nous donnent l'énergie d'avancer éternellement ; avec le cœur, l'arbre, les pierres... « C'est fort une pierre, une de ces grandes pierres qui partagent le vent ; droites depuis qui sait ? Mille ans? » ...

Annie Christau

le 17 août 2021

Enseignante, créatrice de l'association *Arlitea* et animatrice d'ateliers d'écriture, **Annie Christau** a publié *Créations poétiques autour de l'arbre* en collaboration avec Isabelle Burignot ((Retz, 2012) et *Saison de paix, souvenirs de terre* (Éditions Amalthée, 2017) .

Giono et l'Académie Goncourt
par Serge Montigny

Bernard Buffet peignant les académiciens Goncourt (photo D.R.)

En 1954, Serge Montigny[96] est journaliste à *Combat* en charge des pages littéraires. Voici rassemblés et mis en perspective une série d'articles où Jean Giono est omniprésent. On y (re)découvrira les cuisines du Prix Goncourt sur une période allant de décembre 1954 à décembre 1955. Dans l'article qui suit, daté du 2 décembre 1954, il est question de l'élection du remplaçant de Colette (extrait) :

Le successeur de Colette[97] à l'Académie Goncourt sera désigné lundi prochain jour de l'attribution du Prix. Primitivement, cette élection avait été prévue pour beaucoup plus tard – janvier ou février – et cette précipitation ne manque pas de laisser perplexe. En effet, pour que les « Dix » réduits à neuf aient décidé d'inscrire une question aussi importante à l'ordre du jour de leur prochaine – et décisive – réunion, il faut qu'une majorité apparaisse brusquement possible sur un écrivain connu.

Or, le nombre des « académisables » est actuellement très réduit ; le nom

---

96 Serge (Labrunie) Montigny 1922-2005 journaliste et écrivain.
97 Colette est morte le 3 août 1954.

de Colette étant assez prestigieux pour décourager les candidats dont la renommée n'est pas encore solidement établie. Les noms de Blaise Cendrars et de Jean Cocteau[98] ont pourtant été fréquemment cités depuis la mort de l'auteur de *Gigi* et l'on ne peut encore assurer que l'un ou l'autre n'accepte pas un jour de prendre place dans le dixième fauteuil. Mais on parle aussi avec insistance de Jules Roy, l'auteur du *Navigateur* qui semble tout désigné pour un choix éventuel, de Louise de Vilmorin, l'auteur des *Belles amours*, grande dame du style, et de quelques autres parmi lesquels on est surpris de ne pas trouver un écrivain comme Emmanuel Roblès, lequel a pourtant prouvé qu'il était non seulement un très bon romancier mais encore un homme de théâtre affirmé.

L'incertitude règne donc et les Goncourt gardent jalousement leur secret. Le chroniqueur en est réduit à faire des suppositions ou des rapprochements hasardeux. Il est un fait, notamment, dont les Goncourt n'ont pas manqué d'être frappés : la réprobation qui se manifeste dans les milieux littéraires devant la possible attribution du Prix Goncourt à Simone de Beauvoir pour *Les Mandarins*. Si son talent est hors de cause, sa notoriété bien établie et son œuvre déjà importante militent contre elle. Le Prix Goncourt ne doit-il pas être, avant tout, un prix de découverte ? Mais son dernier roman est un grand livre, ne serait-ce que par le témoignage qu'il apporte sur l'époque ayant suivi immédiatement la Libération. [...] Ce « que faire » est évidemment embarrassant. Et il est possible – ce n'est, empressons-nous de le dire, qu'une supposition – que les Goncourt aient envisagé d'offrir le fauteuil de Colette à Simone de Beauvoir afin, d'une part, de reconnaître publiquement son talent, d'autre part de sauvegarder leur rôle de « découvreurs ». [...] Le scrutin de lundi prochain promet de toute façon d'être très animé. Il est vrai que les « Dix » ont également procédé hier à l'élection de leur bureau : Roland Dorgelès, président ; Francis Carco, vice-président ; Gérard Bauër, secrétaire général et Alexandre Arnoux, trésorier. Les autres : Philippe Hériat, Pierre Mac-Orlan, Armand Salacrou, André Billy et Raymond Queneau disposeront donc d'un président tout neuf pour agiter la sonnette !

***

Point de Giono dans cette liste de prétendants et pourtant c'est bien lui qui remportera l'élection. Pourtant Jean Giono n'a jamais figuré au palmarès du Prix Goncourt auquel il a concouru notamment avec *Colline* en 1929. Mais ni pour cet ouvrage ni pour les suivants l'écrivain n'obtiendra la récompense. Un temps pressenti pour le Nobel de Littérature, il lui échappera en 1957 au profit d'Albert Camus. Jean Giono ne se verra d'ailleurs jamais décerner de prix littéraire

---

98 Jean Cocteau lui préférera l'Académie française qu'il intégrera le 3 mars 1955 au fauteuil de Jérôme Tharaud.

français important. A défaut de Goncourt, il a reçu en 1929, le prix américain Brentano pour *Colline*, en 1930 le prix Northcliffe pour son roman *Regain* et le Prix littéraire Prince-Pierre-de-Monaco *pour l'ensemble de son œuvre*. Mais revenons au premier déjeuner du nouvel académicien raconté par Serge Montigny dans *Combat* le 6 janvier 1955 :

« J'ai préféré les Dix aux Quarante par horreur de l'uniforme ! ». Ni fleurs ni discours. En toute simplicité, les Goncourt ont accueilli Jean Giono venu tout exprès de Manosque pour participer au premier déjeuner de l'année 1955. En guise de réception solennelle, on se congratula, on se félicita avec bonhomie, et Armand Salacrou avec qui, disait-on, le successeur de Colette à l'Académie Goncourt était « en froid », faisait plaisir à voir tant il tutoyait ostensiblement son nouveau collègue, et riait.

Ce fut Francis Carco, pâle et fatigué, trottinant difficilement, qui montra semble-t-il le plus d'impatience à rencontrer Jean Giono. Il arriva en effet à 12h10 et il fallut attendre une bonne demi-heure pour voir arriver Roland Dorgelès puis, successivement, Alexandre Arnoux, Raymond Queneau, Gérard Bauër en compagnie de Jean Giono, Pierre Mac Orlan, Armand Salacrou et enfin André Billy et Philippe Hériat.

Cela se déroula d'abord dans les règles. Gérard Bauër présenta la dame du vestiaire (« C'est à elle que vous aurez affaire dans « notre » maison ») et le maître de céans M. Jean Drouant qui chuchota un « très honoré de vous accueillir M. Giono » à rendre fière toute la population de Manosque en Basse-Alpes.

Puis, dans le salon particulier, autour de la table ronde, on parla tout de suite de... l'affaire Dominici. Tout se passait en famille. Le commentateur de Machiavel, l'ermite d'une Provence recréée en tant de romans originaux, semblait être depuis toujours de l'Académie Goncourt. Il dévoilait les dessous du crime de Lurs qu'il est un des rares à avoir étudié vraiment à fond. Armand Salacrou qui a suivi le procès en sa compagnie lui donnait la réplique. Les autres s'étonnaient devant la précision des explications, des faits, des noms.

André Billy cependant désirait depuis un instant rompre cette discussion passionnée :
– Pourquoi avez-vous un air de Picard demanda-t-il.
– Parce que mon grand-père l'était ! Dit Giono.
– Ah ! Ah ! Je savais bien que nous avions un air de famille !
Et l'auteur de *Que ma joie demeure* ne résista pas au goût de la définition :
– Les mensonges des Picards se reconnaissent. Ceux des Provençaux ne se reconnaissent pas du tout. Mais ils sont aussi menteurs les uns que les autres.

Serge Montigny (accroupi) à un déjeuner des Goncourt en 1955.

Court intermède avant que dans sa part de galette Alexandre Arnoux, le rêveur, ne découvre la fève des rois et ne coiffe (symboliquement) la couronne. On demanda (des journalistes curieux) à Roland Dorgelès ce qu'il pensait de la « dérobade » de Simone de Beauvoir après l'attribution du Prix Goncourt, et en particulier de l'interview (la seule) qu'elle a donnée à l'*Humanité Dimanche*.

– Quand on accepte un prix, dit-il sans mâcher ses mots, on en accepte également les servitudes, d'ailleurs passagères. Pour une femme de son âge et de sa situation, je trouve que son attitude est insensée. Ce n'est pas le public du journal à qui elle s'est adressée qui va lui acheter les 100.000 exemplaires grâce auxquels elle va gagner un nombre respectable de millions !

– Ah ! pardon ! intervint Philippe Hériat, ce qu'elle a accepté ce ne sont pas les millions, mais une plus large audience pour son livre. Elle n'a jamais recherché la publicité, la position de Simone de Beauvoir se défend donc parfaitement !

– Moi, je n'ai pas d'opinion, ajouta philosophiquement Gérard Bauër.

Resterait, après le déjeuner qui se termina vers trois heures, à savoir si Jean Giono eût voté pour *Les Mandarins* le 6 décembre dernier :
- Oui, j'aurais certainement voté pour ce livre, dit-il tout en tirant sur sa pipe. Vu de Manosque, je considère ce roman comme un livre d'anticipation, bourré d'exotisme, et m'initiant à une faune littéraire que je ne connaissais pas. Je n'aurais pas pris plus de plaisir en lisant un ouvrage sur les mœurs des coléoptères.

Comment Jean Giono conçoit-il son rôle de juré du Prix Goncourt ? Lit-il beaucoup ? Selon quels critères va-t-il juger les 150 ou 200 romans qui lui seront chaque année offerts au choix ?
- Depuis quatre ou cinq ans, dit-il, je me suis remis à lire beaucoup et j'ai lu tous les romans des jeunes romanciers que l'on m'a envoyés. Manosque est un endroit où l'on s'ennuie sans livres et j'en emporterai en promenade. Ce sera d'ailleurs une rude épreuve car je connais peu d'œuvres qui résistent à la nature, au grand soleil, au vent, etc. l'Odyssée ou Don Quichotte. Je crois que ce qui soutient le mieux un livre dans la nature, c'est le style. Je sais bien que vous me direz que j'en aurais fait abstraction pour *Les Mandarins*... mais passons ! Je crois que j'aimerais les romans qui correspondront non pas à ma façon d'écrire mais à ma façon d'être. Il y a, en tout cas, une chose qui me rebutera certainement, c'est la mode – moins sensible actuellement – qu'ont adoptée les romanciers français d'imiter les romanciers américains, alors que ceux-ci ont eux-mêmes depuis longtemps appris à écrire dans Flaubert ou Stendhal.

L'auteur du *Hussard sur le toit*[99], qui va être porté à l'écran par René Clément, se risque ensuite à donner quelques précisions sur la démarche qu'avaient faite auprès de lui Marcel Pagnol et un autre académicien français pour lui demander d'accepter de poser sa candidature chez les quarante :
- Il est vrai que Marcel Pagnol est venu me voir peu de temps avant que Gérard Bauër vienne à son tour me trouver à Manosque au nom des Goncourt. Mais entre les deux académies, je n'ai pas hésité. Si au Quai Conti la réception avait pu se faire en chandail, j'aurais peut-être accepté, mais je ne me vois pas dans un habit de parade qui ferait rigoler tout le monde, et moi le premier. Autre chose, le fait d'être obligé de solliciter chacun des quarante académiciens pour avoir le droit – s'ils l'acceptent – d'entrer sous la coupole, me glace d'avance. Ici, chez les Goncourt, c'est extraordinairement sympathique. Je reviendrai en mars et en mai, plus souvent encore avant le prix et je ne serai pas obligé d'habiter Paris.
On en vint, bien sûr, à reparler de l'affaire Dominici.
- Je suis pour la réouverture du procès, dit-il. Mais tout ce que je pourrais vous dire d'autre ne peut être imprimé. Il faut attendre. »

---
99 René Clément finira par jeter l'éponge et ne fera pas le film.

Là-dessus, Jean Giono, qui va bientôt publier *Le Bonheur fou*, deuxième tome du *Hussard*, s'en alla, chaudement emmitouflé dans son manteau. Il venait de vivre son premier déjeuner Goncourt. Et il souriait.

***

En novembre 1955, voici comment Serge Montigny relate les délibérations des académiciens Goncourt (dans *L'Actualité Littéraire*), un mois avant la remise du premier prix de l'ère Giono :

L'histoire des prix littéraires a surabondamment prouvé que ces vedettes annuelles de la comédie des lettres, et en particulier les quatre lauréats désignés par le Fémina, Le Goncourt, le Renaudot et l'Interallié, ne sont pas toujours, hélas ! les plus méritants. Le passé nous enseigne par exemple que les Goncourt ont préféré, en 1910, Louis Pergaud à Guillaume Apollinaire et à Colette ; en 1913, Marc Elder à Valéry Larbaud ; en 1917, Henri Malherbe à Jean Giraudoux ; en 1920, Ernest Pérochon à Pierre Mac Orlan : en 1924, Thierry Sandre à Henry de Montherlant ; en 1931, Jean Fayard à Jean Schlumberger, etc.

On dira qu'il existe aujourd'hui 2.000 prix littéraires (!) et que, par conséquent, un jour ou l'autre, justice pourra être rendue aux « recalés ». On dira aussi qu'avec le temps l'Académie Goncourt sait reconnaître ses torts et qu'elle a notamment offert un siège à Colette, à Mac Orlan et à Giono. [...]

Jean Giono qui a succédé, on le sait, à Colette à l'Académie Goncourt, sera « l'homme mystère ». Chacun ignore en effet comment il s'acquittera de son rôle, quelles sont ses affinités, et surtout quelle sera son influence dans les prochains votes. Mais on a tout lieu de croire que son jugement sera très sévère. N'a-t-il pas dit le 5 octobre dernier, au cours du déjeuner mensuel des Goncourt : « J'ai déjà lu une centaine de romans... C'est d'une médiocrité sans exemple ! ».

Très aimée chez les Goncourt, Colette elle-même n'a jamais fait, par son choix, attribuer le prix. Elle manquait de constance et, si elle aimait un livre, elle ne lui restait pas toujours fidèle jusqu'à l'ultime tour de scrutin. Souvent, elle finissait par se rallier à la majorité. Les dernières années d'ailleurs elle votait par correspondance et sa double voix de présidente ne pouvait pratiquement pas jouer.

Quels sont donc les « grands électeurs » de l'Académie Goncourt ? Il est difficile de le dire avec exactitude, les délibérations demeurant secrètes autour de la table ronde du Restaurant Drouant.

Mais on peut avancer que depuis une dizaine d'années l'influence de Roland Dorgelès, autrefois fréquemment déterminante a, dans une certaine mesure, baissé. Ses candidats sont souvent malheureux et l'auteur des *Croix de bois*, après d'orageuses discussions, finit généralement par se rallier, lui

aussi, à la majorité. Les dernières années c'est lui qui suggéra l'attribution du prix 1953 à Pierre Gascar. Il est réputé pour ses colères et, lors de l'élection de Raymond Queneau au fauteuil de Léo Larguier, il s'insurgea violemment contre le soutien que certains Goncourt accordaient à Robert Kemp, un candidat au même fauteuil.
– C'est l'une de vos meilleures tirades ! Lui lança alors Roland Dorgelès, lorsqu'il eut terminé.

Reste Gérard Bauër qui assume les fonctions de Secrétaire Général de l'Académie. Son influence est considérable sinon déterminante. Durant les discussions, il écoute avec une attention dissimulée. Puis, lorsque tout est terminé, que tout le monde est fatigué... il résume la situation ! Il ajoute des arguments décisifs et rallie chacun.

Comment votent les Goncourt ? Cela se fait en plusieurs étapes. Chaque premier mercredi du mois, les Dix se réunissent pour confronter leurs lectures. On parle des livres qu'on a aimés. Ceux qui ne les connaissent pas encore les lisent à leur tour. Peu à peu les romans qui ne correspondent pas à la ligne « naturaliste » des Goncourt sont éliminés. Il ne reste bientôt plus qu'une dizaine de titres, puis trois ou quatre. Et c'est sur ceux-là que l'on votera le dernier jour.

Le vote se fait à haute voix et, depuis quatre ans environ, par ordre alphabétique. En 1954, c'est Alexandre Arnoux qui a voté le premier, cette année ce sera probablement Gérard Bauër. [...]

Les délibérations du jury du Prix Renaudot (qui est décerné le même jour que le Goncourt) et celles du jury du Prix Interallié sont entourées de plus de mystère. Mais le Prix Renaudot passe pour être un prix de « repêchage » et le Prix Interallié, qui est réservé à un romancier journaliste, également. Dès maintenant, donc, les paris sont ouverts...et que les meilleurs gagnent !

***

Et puis il y a cet entretien avec Serge Montigny publié dans *Combat* le 8 décembre 1955, quelques jours seulement après la proclamation du premier Prix Goncourt de l'ère Giono. Vous trouverez ci-après le courrier adressé au journaliste dans lequel Giono répond par écrit aux 21 questions qui lui sont posées. A la suite, le texte de la version publiée dans *Combat* présenté en « romain » et des extraits du verbatim des échanges qui l'ont précédé (la version « off ») en « italique ». Nous en avons retrouvé le tapuscrit original[100] ce qui nous a permis de compléter certaines réponses de l'article publié. On constate que Giono s'est parfois livré à de l'auto-censure. Deux documents précieux qui nous éclairent sur la manière dont il gérait sa communication.

---

100 Le Fonds Serge Montigny est constitué par un ensemble de documents cédé en 2005 par son épouse Catherine Guillery-Labrunie aux Archives départementales de Lot-et-Garonne sous la référence 133J. Ces articles de *Combat* et de *L'Actualité littéraire* sont issus de ce fonds.

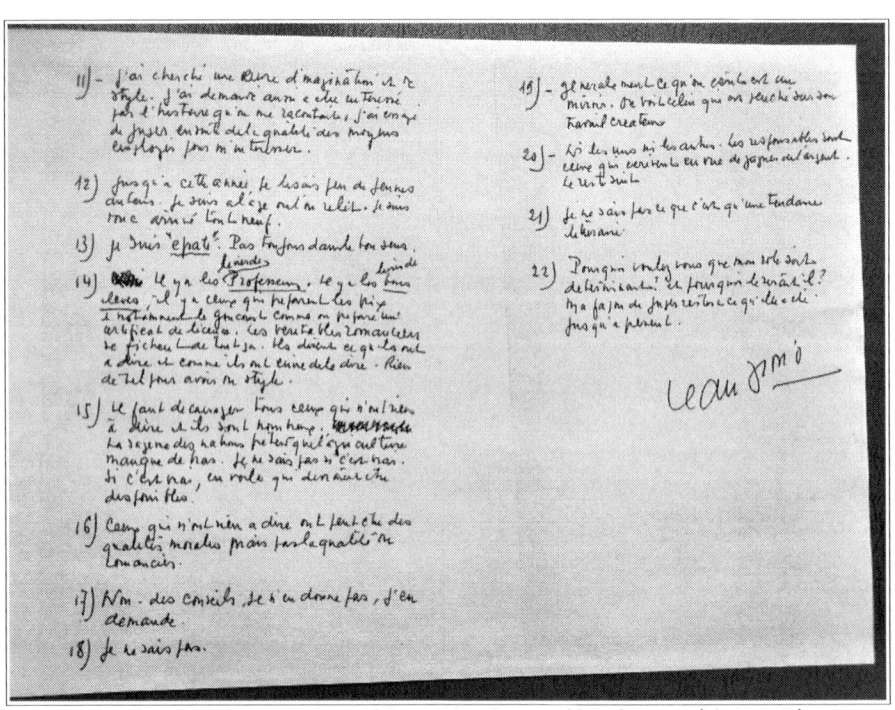

Courrier adressé par Jean Giono à Serge Montigny en décembre 1955 (photo D.R.)

Après avoir pour la première fois participé à son attribution, Jean Giono juge le Prix Goncourt

Dès l'élection de Jean Giono à l'Académie Goncourt, en décembre 1954, chacun fut persuadé que ses choix seraient, dans l'avenir, déterminants. Ce solitaire qui, depuis son premier livre, *Colline,* édifie loin de l'agitation parisienne l'une des œuvres les plus originales et les plus fortes de notre époque, pouvait apporter chez Drouant un esprit nouveau, une exigence non encore émoussée par « l'à-peu-près » qui se fabrique trop souvent en chambre à Paris. Pour la première fois donc Jean Giono a voté lundi dernier. On sait que jusqu'au bout il a tenu tête à la majorité qui défendait les couleurs de Roger Ikor, en votant durant cinq tours – ce qui empêcha certains ralliements – pour le livre de Jean Dutourd, *Doucin,* dont il aime l'humour « à la Swift ». Mais, comme il nous l'a confié lui-même, cette année il a surtout « voulut voir comment cela se passait ». Comme on le lira ci-dessous, il repart pour Manosque persuadé que l'Académie Goncourt juge en toute équité. On dira peut-être qu'en tant que nouvel élu, il ne pouvait faire autrement que défendre ses pairs, mais il nous paraît cependant que son jugement, et l'accent avec lequel il le formule, mérite considération. Avant son départ, nous lui avons posé exactement vingt-et-une question auxquelles il a bien voulu répondre. Tout d'abord sur le Prix lui-même, ensuite sur la littérature en général. Certaines étaient insidieuses, d'autres directes. Qu'on ne s'y trompe pas. Quand Jean Giono répond : « J'ai trouvé les délibérations intéressantes », ce n'est pas un désir de se dérober qu'il faut y voir peut-être mais l'expression de quelque regret ou tout au moins d'une inquiétude. On verra, en lisant ses réponses, que l'auteur du *Hussard sur le toit* a pesé ses mots et, en les choisissant parmi ceux qui semblent les plus neutres, leur a donné beaucoup de virulence. Il faut retenir, en tout cas, la proposition qu'il fait de ne pas accorder le Prix Goncourt lorsque la production de l'année est trop médiocre. Ce serait donner à l'Académie un éclat plus grand encore et lui reconnaître une existence qu'elle n'a pas montrée, par exemple dans le cas de Paul Colin en 1951. Ce serait aussi obliger les éditeurs à ne publier que des œuvres accomplies ou parfaitement originales. Quant au jugement que porte Jean Giono sur la jeune littérature, il est bref mais franc. Il y a trop de romanciers, dit-il, qui préparent le Goncourt comme on prépare une licence. Il faut les décourager. Nous livrons à nos lecteurs ces réflexions. Jean Giono les développera sans doute un jour comme il en a l'intention. Ces réponses constituent en tout cas un blâme certain pour les mauvais romanciers.

Serge Montigny

1 – **Que pensez-vous du Goncourt 1955 et de la façon dont il a été attribué ?**
Giono – Je n'en pense rien. Il a été attribué de façon régulière. [*J'ai déjà répondu à cette question en présence de l'Académie Goncourt au cours de notre repas du 30 novembre ; je leur ai dit « si à la suite d'une catastrophe vous étiez tous morts et que je sois seul vivant, et sois destiné à donner le Prix cette année, je ne le donnerais pas, moi personnellement je ne le donnerais pas ».*]

2 – **Êtes-vous déçu ou non ?**
Giono – J'ai trouvé les délibérations intéressantes.

3 – **Le livre primé est-il le meilleur ?**
Giono – A mon avis, non, puisque j'ai voté pour un autre.

4 – **Si vous aviez été seul juge, auriez-vous attribué le prix ?**
Giono – C'est une éventualité qu'on ne peut pas imaginer. Un prix Goncourt où je serais seul juge ne serait plus un Prix Goncourt. [*On a beaucoup parlé dans les journaux de supprimer le Goncourt. Et précisément ce matin j'ai vu dans le journal qu'on parlait aussi de cette idée de ne pas distribuer le Goncourt. C'est la première fois qu'on le dit. Moi, j'ai essayé timidement d'en parler à la table des Goncourt. Avant d'en parler, je me suis dit « voyons que se passerait-il ? », je garantissais mes arrières, je prenais des lignes de repli et j'ai dit très timidement : « Qu'arriverait-il si on ne distribuait pas le Goncourt ? ». Et j'ai regardé aussitôt si les assises du restaurant ne tremblaient pas ; elles ne tremblaient pas, c'était bon signe ; puis j'ai regardé mes collègues qui n'ont pas dit non tout de suite. Alors, j'ai continué : « Cela revaloriserait peut-être le prix si certaines années on ne le donnait pas. ». Enfin, mes collègues m'ont répondu une chose qui m'a fait rentrer dans ma tanière: « Enfin, que ferons-nous dans trente ans si, justement l'année où on n'aura pas décerné le Prix, on a publié le premier roman d'un romancier qui sera finalement le Balzac de notre époque ? ». « Eh bien, on pourrait alors faire un gros mea culpa en disant ce n'est pas les jeunes auteurs qui ont manqué de talent mais c'est nous qui avons manqué de perspicacité », moi je suis toujours partisan de l'humilité. Je sais que quelquefois mon opinion n'est pas la meilleure, que parfois je me trompe, et actuellement je suis peut-être en train de me tromper, j'ai peut-être froissé des amis, peut-être ai-je desservi la compagnie qui m'a accueilli ? C'est parce que je suis comme les autres et ce serait par conséquent pourquoi je n'aurais pas découvert ce Balzac.*]

5 – **Croyez-vous à l'utilité de ce Prix ?**
Giono – Oui, à condition de décider que, certaines années, il pourrait ne pas être distribué pour médiocrité. [*J'y crois à condition de lui donner une très grande valeur. Mais n'y aurait-il pas lieu d'envisager des années pendant lesquelles on ne le donnerait pas, pendant lesquelles il n'en serait pas question ? Il s'agit de savoir si on couronne un chef-d'œuvre ou si l'on cherche simplement à aider les jeunes ? Et si c'est vraiment aider les jeunes auteurs que de leur attribuer un prix. Je crois qu'un peu de malheur au début leur permettrait d'écrire avec beaucoup plus de nervosité, ce serait meilleur, je crois, que d'écrire en attendant un prix. J'ai été comme tous ceux qui attendent actuellement le*

Goncourt, moi aussi j'ai attendu le Goncourt en 1929[101]. Certains avaient décidé qu'étant donné que j'avais eu le prix Américain Brentano, je ne pourrais avoir le Goncourt. Mais j'attendais jugeant que j'avais écrit des choses assez importantes pour le mériter. Certains attendent le prix bêtement comme le personnage dont Dorgelès nous a raconté l'histoire l'autre jour, ce personnage attendant le Goncourt en pêchant à la ligne. J'étais le même exactement à ce moment-là, à Manosque. Le Goncourt m'aurait bien arrangé car j'avais du mal à boucler les mois en faisant des articles pour L'Intransigeant[102] pour 300 francs, et cependant le Goncourt n'atteignait pas à l'époque la vingtaine de millions qu'il atteint maintenant ; c'était minime. J'ai attendu pendant très longtemps et je n'ai jamais obtenu le Prix. Ma situation était aussi précaire que celle de pas mal de jeunes écrivains actuels qui n'ont pas de fortune, qui n'ont pas beaucoup d'argent : j'avais une famille à charge, ma femme, et quantité de choses auxquelles il fallait faire face ; avec ma plume j'essayais de me tourner vers d'autres côtés. Donc pour moi il n'a pas été question de juger de l'utilité du Goncourt, mais j'ai pu juger de l'utilité qu'il y a pour ceux qui n'ont pas eu le Goncourt car cela m'a été très utile.]

6 – En voyez-vous les inconvénients et quels sont-ils à votre avis ?

Giono – L'inconvénient est dans l'intensité de la lumière qui est ainsi projetée sur l'œuvre couronnée. L'ombre qui retombe sur les autres est injuste. L'intense lumière est parfois aussi cruelle pour le lauréat. [Il n'y a pas à proprement parler d'inconvénient, je ne crois pas, à décerner un prix à un livre. Maintenant, pourquoi dire « Prix », c'est une « distinction ». Il n'y a pas d'inconvénient à ce que des écrivains réunis décident et disent « voilà un livre sur lequel nous sommes d'accord, qui est un bon livre, qui honore les écrivains, qui honore la nation dans laquelle le livre a été écrit ». Ça c'est épatant. Moi je voulais apporter une petite distinction. Je suis en train de faire une sorte de critique, je n'ai pas le droit de faire la critique, et tout à l'heure je vais vous parler précisément car je crois que vous allez me poser la question « pourquoi j'ai jugé de telle ou telle façon ». « Juger », je ne me reconnais pas le droit d'être un critique ; tout ce que je peux dire en fait de critique, c'est mon opinion. Quand je reçois un manuscrit d'un jeune auteur qui me dit : « J'ai fait un livre, dîtes-moi ce que vous en pensez, ai-je des chances auprès d'un éditeur ? ». Je lui réponds que les éditeurs jugent eux-mêmes si un livre est valable ou pas. Si vous voulez mon opinion personnelle, si je vous dis qu'un livre est bien ou mal, cela ne voudra pas dire que le livre est bon ou mauvais. – Voilà, après vous avoir fait cette restriction, je pourrai vous donner mon jugement. Il m'a rendu beaucoup plus nerveux pour faire mon travail, cela m'a donné un sentiment de force. Quand j'ai vu que je n'avais pas le Goncourt, je me dis « tu leur feras des livres qui les obligeront un jour à te donner le Goncourt ». Je n'ai jamais eu le Goncourt mais on m'a élu à l'Académie, sorte de victoire bien supérieure à celle qu'on pourrait avoir en rongeant son frein, en devenant amer. Plutôt que cela, j'essayais d'écrire des livres de plus en plus dignes de l'avoir, j'essayais d'acquérir chaque année suffisamment de qualités pouvant le mériter. Mais ils ont trouvé chaque fois un meilleur que moi, j'ai essayé de faire mieux moi aussi.]

---

101 Pour son roman *Colline*. C'est Marcel Arland qui a finalement obtenu le prix avec *L'Ordre*.
102 *L'Intransigeant* est un quotidien qui a paru de 1880 à 1948.

7 – Vous avez déclaré, au mois d'octobre : « Ce que j'ai lu est d'une médiocrité sans exemple ! » Or, vous avez défendu un candidat. Pourquoi ?

Giono – C'était au mois d'octobre. J'ai continué mes lectures après cette date. On a avancé des chiffres qui sont fantaisistes quant à la quantité de livres reçus. J'en ai reçu 162. J'en ai lu environ 70. Les autres ne méritaient que d'être parcourus. Et encore ! [*...c'est à dire que si au bout de la vingtième page, je constatais qu'il y avait une répétition des mêmes fautes, une absence d'intérêt, à ce moment-là, je parcourais, j'essayais de donner encore une chance en allant vers le milieu puis, si j'avais fait la confirmation que ce que j'avais lu dès le commencement était bien jugé, je parcourais le reste du livre et je le mettais de côté. Pour les autres que je lisais avec attention, je suis allé jusqu'à noter des corrections, dans les exemplaires où les bonheurs de style, les bonheurs de raccourcis m'avaient retenu, je notais les négligences trop manifestes car vous pouvez trouver un livre qui vous intéresse, qui vous attire jusque vers la fin de son histoire et qui, malgré tout, soit un livre écrit avec négligence. Il faut beaucoup de talent pour faire cela,*]

8 – Dans le passé, certains choix ont été parfois critiqués. Maintenant que vous connaissez la façon dont les votes ont lieu, quelle est votre opinion ?

Giono – Quel que soit le choix, il sera toujours critiqué. Il n'est que plus ou moins critiqué. Mon opinion maintenant est que le choix se fait avec passion mais avec intelligence et sensibilité. [*Il faut malgré tout couper les ailes à un canard. Avant que je fasse partie de l'Académie Goncourt, j'entendais des gens dire quand un livre de Gallimard avait le prix « Gallimard pèse dans la balance », j'entendais dire que l'on achetait les voix. J'ai constaté d'abord qu'on ne peut pas acheter de voix et que tous mes collègues sont sur ce plan d'une honnêteté scrupuleuse ; je suis absolument certain de l'honorabilité de ce jury, d'abord ; et ensuite, pour les éditeurs : depuis six mois, j'ai rencontré au-moins 20 fois Gaston et Michel Gallimard, qui sont mes amis avant d'être mes éditeurs, jamais une seule fois le mot Goncourt n'a été prononcé et jamais on ne m'a parlé d'un livre en me disant « est-ce que vous l'avez lu ? ». Il n'y a jamais eu une intention de diriger si légèrement que ce soit mon attention vers un livre quel qu'il soit. Je peux m'en porter garant. M. Bauër m'a dit ce matin : « Je suis persuadé que j'ai vécu ces jours-ci les affres (on peut dire le mot, il n'est pas trop fort) car durant ces journées c'était véritablement les affres, j'étais en présence de mes collègues qui se demandaient aussi de quelle façon ils allaient voter ». Nous avons lu avec attention presque tous les livres, je peux dire tous les livres car chaque fois que l'un de nous parlait d'un livre, quel qu'il soit, d'autres répondaient en face « mais oui, je l'ai lu », en en citant des passages ; on confrontait son opinion sur la valeur d'un paragraphe. Nous les avons lus comme il faut, ça je suis absolument sûr de l'honnêteté de cette compagnie.*]

9 – Est-il honnêtement possible à un Goncourt de tout lire ?

Giono – Comme je l'ai fait, oui. D'ailleurs, au cours du déjeuner du 30 novembre, je me suis rendu compte que mes collègues avaient tous lu les mêmes livres que moi. Nous pouvions discuter sur la qualité de certains paragraphes, même de certaines phrases. [*Moi, Montigny, j'aimerais assez, puisqu'on pense que certains*

Goncourt ne lisent pas, dire ce que j'ai remarqué. Par exemple Carco : tout le monde dit qu'il lit très peu, mais je trouve qu'il lit avec beaucoup d'intelligence et qu'il écoute beaucoup. Il le dit lui-même, il lit très peu. C'est peut-être par modestie qu'il dit cela ; je pense qu'il doit lire pas mal. Chaque fois qu'on parle d'un livre, il l'a lu. Lire très peu, cela peut peut-être vouloir dire lire 40 ou 50 romans. Justement, pour avoir plus de temps de lire, pourquoi ne reculerait-on pas la date de remise des livres pour le Prix Goncourt ? Pourquoi cette date ne serait-elle pas reportée plus tôt dans l'année. Au lieu d'être limitée au 15 octobre comme les autres années, pourquoi cette date ne serait-elle pas fixée au mois de juillet, on aurait plus de temps. J'engage là mon honnêteté même : je suis sûr que les livres que nous n'avons fait que parcourir ne méritaient que d'être parcourus. Je suis sûr de cela. Sur 170, par conséquent il y en a à peu près 110 qui ne méritent même pas l'impression, livres écrits trop hâtivement – c'est ce qui m'a rendu peut-être le plus aigre (c'est peut-être une question que nous verrons après que je suis en train d'empiéter).]

Jean Giono dans sa bibliothèque (photo collection les Amis de Jean Giono)

10 – Selon quels critères avez-vous vous-même jugé ?

Giono – J'ai cherché une œuvre d'imagination et de style. J'ai demandé aussi à être intéressé par l'histoire qu'on me racontait. J'ai essayé de juger ensuite de la qualité des moyens employés pour m'intéresser. [*J'aime aussi quand les personnages* *ont des sentiments réels, quand ils ne sont pas des personnages en carton découpé ; il faut que les personnages aient un corps, un volume, ça et le don de vie. C'est surtout ça que j'ai cherché dans les romans que j'ai lus. Mais je continue à dire que la critique m'est très désagréable car je ne suis pas un critique, je le répète, mon opinion est subjective..*]

11 – Quelle idée vous faisiez-vous de la littérature moderne avant de l'avoir abordée d'aussi près ?

Giono – Jusqu'à cette année, je lisais peu de jeunes auteurs. Je suis à l'âge où l'on relit. Je suis donc arrivé tout neuf. [*Je ne m'en faisais pas d'idée spéciale, je me disais simplement « il faudra que tu lises cela »... mais je n'avais jamais le temps. Enfin, le fait d'être élu à l'Académie Goncourt m'a forcé à lire. Tant que je n'en avais pas l'obligation, je préférais relire les auteurs que j'aimais, Stendhal, Balzac. Parfois, je me disais : « Tu pourrais peut-être relire aujourd'hui un roman de Balzac » ou « Pourquoi ne relirais-tu pas la Pléïade ? Et demain, je pourrai peut-être lire un petit Shakespeare ou un petit poème de Du Bellay. ». D'autres fois je relisais Machiavel ou Don Quichotte ou l'Odyssée. Car on peut passer sa vie à relire, dix vies même, cent vies, dix mille vies. Donc, il a fallu l'Académie Goncourt pour me prendre par la peau du cou, pour que je me lance dans ces romans actuels en me persuadant « il faut que tu le lises ! ».*]

12 – Qu'en pensez-vous aujourd'hui ?

Giono – Je suis « épaté ». Pas toujours dans le bon sens. [*Lorsque j'ai vu s'accumuler les romans venant de tous les côtés pour le Goncourt, je vous avoue que je les ai d'abord regardés pendant un certain temps avant de porter la main dessus, c'est à dire celle avec laquelle on va tourner les pages pour l'étude définitive. Finalement, un soir, j'ai pris timidement le premier et je me suis mis à lire. Par conséquent, c'était le premier livre que je lisais de la littérature contemporaine, de la génération qui me suit (peut-être à cause du livre par lequel j'ai commencé, je vous dirai pas lequel) ; j'ai été intéressé parce que je trouvais qu'il y avait-là de nouvelles méthodes, un style qui comportait une rapidité moderne particulière à notre époque. J'ai été surpris d'être plus intéressé que je le croyais d'abord. Cela a été la première réaction. Je me suis dit « tu vas peut-être éprouver beaucoup de plaisir ». Heureusement, cela m'a donné du courage pour continuer. Mais après un certain temps, au bout d'un mois, j'ai été harassé de toute l'ignorance, l'insuffisance et l'arrogance de ces jeunes écrivains. J'ai constaté qu'ils écrivaient n'importe quoi, n'importe comment, pourvu que ça fasse le nombre de pages donné. Et non seulement ça mais j'ai trouvé qu'ils traitaient leurs problèmes avec une arrogance qui ne se justifie pas parce que leur expérience ne peut pas être très grande, ils ont 25 ou 30 ans ces jeunes auteurs dont je parle. Tous ces romans, ça fait l'effet d'être écrit dans une arrière-salle de café, avec une petite amie à côté de soi à qui on dit « tu vas voir ce que je vais leur pondre (ou faire?) aux Goncourt ! » ...Et c'est d'une cochonnerie immonde ! Voilà ce que ça donne cette insuffisance, cette ignorance, cette suffisance de soi et cette obscénité qui me désarme (on sent alors qu'on ne peut faire deux choses à la fois : le faire et en parler!), cette avalanche de scènes qu'on voit partout, c'est désagréable. Je suis très content quand on parle d'amour, ça me plaît beaucoup mais que ce soit fait comme il faut, avec prudence, avec la grande noblesse de Stendhal : on ne voit jamais quand Fabrice fait* *l'amour avec... On n'a pas besoin qu'on nous l'explique, on sait très bien comment ça se passe. On n'a pas besoin qu'on nous mette les points sur les i, et encore moins d'ajouter des i, pour ajouter des points. Le pire est que dans ce genre on a l'impression que les dames ont la première place. Je recevais dernièrement un roman de ce genre et je n'ai pas osé le donner à couper à ma secrétaire, non pas que ma secrétaire soit plus prude que les autres mais j'aurais rougi qu'elle parcoure même un tel livre. Ce sont souvent des petites bourgeoises, bien installées dans leur petit intérieur très coquet, faisant leur petit roman destiné également au Goncourt, qui écrivent ces livres immondes à faire rougir des corps-de-garde. On ne peut y voir une femme sans qu'elle se fasse avorter, pas une fille sans qu'elle soit amoureuse de son père, pas une mère sans qu'elle couche avec son fils. Ce n'est pas vrai tout ça, qu'on ne nous raconte pas d'histoires. On peut raconter cela une fois, ça suffit, mais pas tout le temps.]*

13 – Quels sont les principaux défauts dont souffrent les jeunes romanciers ?

Giono – Il y a des livres de « professeurs ». il y a des livres de « bons élèves ». Il y a ceux qui préparent les prix, notamment le Goncourt, comme on prépare un certificat de licence. Les véritables romanciers se fichent de tout ça. Ils disent ce qu'ils ont à dire et comme ils ont envie de le dire. Rien de tel pour avoir du style. [*Dans les livres que j'ai eu à lire, j'ai remarqué parfois une sorte de genre Goncourt. J'ai l'impression qu'il y a une tournure de phrase Goncourt, qu'il y a des histoires avec une longueur Goncourt, un style Goncourt et dans certains de ces livres j'ai vu quelquefois des phrases mêmes Goncourt, des phrases qui peuvent plaire à l'un ou à l'autre des Goncourt ; les auteurs semblent parfois ménager certaines susceptibilités pour attirer des personnages dans son camp. Je crois qu'il y a des auteurs qui donnent l'impression d'avoir comme objectif non pas de faire un bon livre, un bon roman, mais d'être bien placés pour le Goncourt.,*]

14 – Faut-il les encourager ou les décourager ?

Giono – Il faut décourager tous ceux qui n'ont rien à dire et ils sont nombreux. La sagesse des nations prétend que l'agriculture manque de bras. Je ne sais pas si c'est vrai. Si c'est vrai, en voilà qui devraient être disponibles !

15 – Ont-ils tout de même des qualités ?

Giono – Ceux qui n'ont rien à dire ont peut-être des qualités morales mais pas la qualité de romancier. [*Je comprends qu'ils ont des qualités que j'aurais voulu avoir à leur âge, des qualités formidables : ils ont surtout une qualité de persévérance qui leur fait continuer leurs livres jusqu'à la fin. Des livres de 300, 400 et même 600 pages ! C'est une grande qualité ça, c'est épatant !*]

16 – Avez-vous des conseils à leur donner ?

Giono – Non. Des conseils, je n'en donne pas, j'en demande. [*Le Goncourt n'a aucune importance. Il faut qu'ils s'en désintéressent, il ne faut pas qu'ils y pensent. Quand même, je voudrais bien faire comprendre aux gens une chose que moi j'ai essayé de* *comprendre. Là, évidemment, ils veulent monter sur une estrade pour la distribution des prix, pour une couronne qui vaut quinze ou vingt millions, c'est ça surtout qui les intéresse, ce n'est pas l'estrade (si, cela les intéresse aussi un peu), eh bien, le prix qu'on vous décerne ne sert strictement à rien. De même que je dirais à un jeune homme qui est au collège que la fin de ses études n'est pas la distribution des prix, n'est pas non plus le diplôme qu'il va peut-être acquérir mais la noblesse intérieure qu'il aura gagnée par ses études, le jugement que lui donnera la culture, eh bien, il y a de la noblesse à écrire un bon roman, à être véritablement (les mots de la langue française sont désagréables pour notre corporation, on ne sait pas si on doit dire des « hommes de lettres », le mot « écrivain » est aussi désagréable, cela peut vouloir dire « écrivain public » et prêter à malentendu, disons « romancier » puisque les Goncourt couronnent des romans, disons « romancier »), il y a une noblesse, une très grande noblesse, à faire son métier que l'on soit romancier ou cordonnier. Quand on fait un bon livre on n'a pas besoin du Goncourt, si on le sait on en est très content et ça c'est la grande récompense. Bien entendu, vous allez me dire tout de suite : il faut payer le beefsteak, tous les jours, et le boucher, c'est d'accord ; mais moi j'ai payé tous les jours le boucher, or, j'étais probablement le plus pauvre, sans qu'on le sache, de tous ceux qui ont écrit pendant la période qui a précédé celle pendant laquelle nous sommes en train de distribuer le Goncourt : je n'avais pas d'argent, j'avais beaucoup de charges et, malgré ça, j'estime que je n'ai jamais été aussi heureux d'écrire que pendant cette période où je n'avais pas de prix, où jamais l'attention du public ne se dirigeait vers moi, où il n'y avait pas de public autour de moi ; j'étais content de les écrire mes livres et j'étais assez orgueilleux de ce que je faisais : ce n'est peut-être pas un bon sentiment (mais on ne peut pas avoir que de bon sentiments). Cela m'était une douceur d'être chez moi avec mon papier quand je venais de faire des petites phrases pas mal réussies. Anthologie... J'apprenais à connaître ma faiblesse mais à connaître aussi ma force et cela me donnait à moi une satisfaction supérieure à celle que m'aurait donné le Prix. Mais faisons encore le compte dans tout cela : je vous dis la satisfaction que je ressentais vraiment à ce moment-là mais il faut dire aussi tout de même que le 5 décembre, j'attendais, je me disais « le Goncourt est à midi, tu l'auras peut-être ». Ni Grasset, mon éditeur, ni aucun de mes amis, qui étaient loin et qui n'étaient d'ailleurs pas du monde des lettres, ne me disaient que j'avais des chances ; c'était moi qui me donnais les chances, je me disais « s'ils connaissaient de quelle façon tu travailles, s'ils reconnaissaient que les livres que tu écris ont un peu de valeur, peut-être te décerneraient-ils le pris ? ». A ce moment-là j'attendais et, quand je dis que le bonheur que j'éprouvais à écrire était plus grand que le bonheur de recevoir un prix, cela n'empêche pas que j'aurais sauté comme un cabri si je l'avais reçu, le prix, car tout mon avenir aurait été assuré, et c'est ça qui est valable pour celui qui le reçoit, pour ceux qui l'auront les années suivantes, ça c'est le bon côté du Prix. Mais je crois qu'avant il faut placer la satisfaction de faire un bon livre, et de le bien faire..*]

17 – Est-ce une crise du style, du sujet, de l'écriture ?

Giono – Je ne sais pas. [*Je ne suis pas très qualifié pour vous répondre. Au fond, et vous l'avez vu dans tout ce que je vous ai dit, et bien que ce soit un mauvais sentiment, je fais ce qui m'intéresse moi. Je cherche à avoir un style très rapide et qui raconte une* *histoire. Je crois que le roman c'est raconter une histoire et ne pas se perdre dans des débats idéologiques plus ou moins dissimulés.*]

18 – A quoi attribuez-vous cette médiocrité ?

Giono – Généralement ce qu'on écrit est un miroir. On voit celui qui est penché sur son travail créateur. [*A la multiplicité des écrivains. Je me souviens que lorsque Colin a eu le prix en 1929, il y avait trois ou quatre jeunes écrivains. Actuellement, il y en a plusieurs centaines, ce qui diminue la proportion d'ouvrages de qualité ; ce qui n'empêche pas qu'on retrouve tout de même trois ou quatre œuvres de qualité par an. Cette multiplicité est due je crois aux méthodes d'édition actuelles qui permettent la sortie de nombreux ouvrages.*]

19 – Les éditeurs sont-ils responsables ? Et les prix ?

Giono – Ni les uns ni les autres. Les responsables sont ceux qui écrivent en vue de gagner de l'argent. Le reste suit. [*Non, les éditeurs ne sont pas eux-mêmes responsables de cette espèce de foire qui fait que l'on veut avoir son éventaire sur le marché. Avant il y avait trois ou quatre marchands qui vendaient de bons couteaux et de bonnes charrues, maintenant il y en a des quantités qui vendent des faux couteaux en carton ondulé ou des articles de cotillon.*]

20 – Apercevez-vous déjà les tendances littéraires auxquelles les Goncourt sont particulièrement attentifs ?

Giono – Je ne sais pas ce que c'est qu'une tendance littéraire. [*Nous revenons à ce que nous disions tout à l'heure, qu'il y a certains romanciers qui préparent le Goncourt comme un certificat de licence et qui cherchent une certaine formule à employer. Mais, d'après ce que j'ai vu, mes collègues sont surtout sensibles à la valeur propre de l'écriture, du livre. Mac Orlan, l'autre jour, à la télévision, a dit et il l'a redit aussi à table : « au fond, écrire c'est de l'art, il faut que les personnes qui écrivent sachent que c'est un métier qui n'a de valeur que quand on le fait comme il faut ».*]

21 – On attendait de connaître votre premier choix d'académicien pour vous juger. Vous êtes en effet considéré comme l'homme qui peut jouer un rôle déterminant lors des prochains votes. Avez-vous le sentiment que, dans l'avenir, votre façon de juger sera différente de celle des autres Goncourt ?

Giono – Pourquoi voulez-vous que mon rôle soit déterminant ? Et pourquoi le serait-il ? Ma façon de juger restera ce qu'elle a été jusqu'à présent. [*Non, je ne peux pas préjuger de l'avenir. Je ne crois pas que cette opinion était juste. Je ne pouvais pas être un électeur déterminant. Je n'ai pas remarqué d'électeurs déterminant en particulier. Les discussions les plus passionnées étaient très courtoises même dans la violence. Non, je n'ai rien vu de tout cela. En tout cas je n'aurai certainement pas un rôle à jouer différent de celui de mes autres collègues ?*]

***

Pour clore ce dossier « Giono et l'Académie Goncourt », voici un échange de lettres entre Jean Giono et Serge Montigny datant de juin 1959. Entre temps, le journaliste a quitté *Combat* en 1956 et est devenu responsable du service de presse des éditions du Seuil, poste qu'il occupera jusqu'en 1980. Mais revenons à ce mois de juin 1959…

> Cher Montigny,
>
> Merci de votre lettre. Les Âmes fortes n'ont eu aucun succès. Vous savez que cela m'est indifférent mais vous pouvez comprendre comme tout ce qu'on m'en écrit me touche. C'est le dernier livre de moi que Gide a lu et il a dit à Herbart : "cette fois Giono est fou, il a écrit un livre en charabia et composé en charabia. Je n'y comprends rien"
>
> Il y a un autre livre de moi que j'aime bien, c'est *Noé* vente tout à fait nulle. On n'a pas encore épuisé le premier tirage après 15 ans. Si vous ne l'avez pas lu, demandez-le de ma part à Laudenbach à la Table Ronde.
>
> Merci encore et toute mon amitié
>
> Jean Giono

Lettre de Jean Giono à Serge Montigny, juin 1959

La réponse de Serge Montigny à la lettre de Giono quelques jours plus tard :

10 rue de l'Odéon, Paris 6ème
Paris, le 20.06.59

Cher Monsieur Giono,
Je viens de relire *Noé* qui est un livre prodigieux. Je l'avais lu vers l'année 48 à Toulouse où j'habitais alors et où, un livre de vous sous le bras, j'allais au bord de la Garonne, sous les lignes ployantes mi-vertes mi-blanches des peupliers qui, tels ceux de Mme Numance, « ronronnaient et étincelaient comme des chats ».
C'est bien la première fois au monde qu'un romancier parvient, sans supercherie, sans drogue, par son seul pouvoir créateur à rendre concrète et plausible la coexistence des deux réalités : quotidienne et imaginaire ; à brasser, sans jamais les confondre, les paysages réels et ceux, plus émouvants encore, qui ne le sont pas.
Admirable est le début, cette vision qui s'élargit au fil des pages à la dimension d'un monde cohérent, qui s'étend bien au-delà des murs de votre bureau et fait surgir des cartes, du poêle, de la bibliothèque, les visages tourmentés qui peuplent tous vos livres.
« Je prends en ce moment un grand plaisir à l'aventure de la phrase » écrivez-vous et comme je vous envie cette aventure, le souffle descriptif, cette fougue qui vous fait jeter sur le papier des rafales de mots ; l'un appelle l'autre, et vous musardez dans vos collines, « votre » sensibilité dépouillant la réalité quotidienne de tous ses masques pour la rendre « telle qu'elle est : magique ».
Alors, comment ne pas admirer ce voyage à Marseille, la rencontre d'Angelo, l'étonnante visite de la Reine de Troie, l'histoire si belle d'Empereur Jules ? Et comment ne pas applaudir à la virtuosité avec laquelle de chaque voyageur du tramway 54 vous faîtes un personnage réel – l'Albatros, l'homme à la cigarette, la femme à qui on a fait des rayons – plus réel que si votre œil, votre inspiration ne l'avait recréé. Quelle leçon !
Et quelle importance que Gide ait échoué, comme il le fit pour Proust, devant un univers dont l'ampleur dépassait le sien. Gide était toute mesure et tout calcul, comment eût-il aimé ce qui s'organisait avec un naturel qui lui faisait défaut, une humanité qu'il n'avait pas, une densité qu'il n'a jamais atteinte. Que représente Gide aujourd'hui pour les hommes de ma génération et même pour les plus jeunes ? Que lit-on encore de lui ? Son journal que je n'ai jamais pu lire en entier tant il nous montre une écriture surveillée au point que sa sincérité paraît toujours incertaine ? *La Porte étroite*, ce poème de l'impuissance et de l'inaccessible ? *Isabelle* ? Ou la *Symphonie Pastorale* à laquelle le cinéma a fait un sort qu'elle ne mérite pas ?
Il a laissé une œuvre morte, figée. La vôtre éclate, vit, bouillonne de sève et il n'est pas jusqu'à *Triomphe de la vie*, lu pourtant en 1945 en Angleterre, qui ne m'ait laissé une impression durable. Laissez vos noirs chemins nourrir les autres. J'ai fait lire à vingt jeunes ou vieux, écrivains ou non, *Les âmes fortes*, et tous ont été saisis par la beauté de ce chœur antique écrit en plein vingtième siècle et qui vivra. Quelques uns ignorent ce qu'ils appellent votre « deuxième manière ». L'autre jour

je déjeunais avec un critique (de France Observateur) qui ne la connaissait pas. Je lui ai parlé de vous avec tant de chaleur qu'il m'a promis de lire. Mais d'autres suivront et c'est ainsi que les œuvres s'épanouissent et se prolongent.

D'ailleurs, vous avez des amis. Hier, je déjeunais avec Jean Vincent Bréchignac qui dirige à la RTF, France II, et Emmanuel Roblès. J'étais heureux de les entendre parler de vous comme ils l'ont fait. Car ceux là sont le public agissant. Ils aident une œuvre à élargir son champ. Ils vous aident sans que toujours vous le sachiez .

Cher Monsieur Giono, continuez, c'est tout ce que je pourrais dire et croyez à ma déférente admiration. Serge Montigny

***

Et puis, en ce début d'été 1959, il y a une révolution de palais qui se prépare au Seuil et Serge Montigny est aux premières loges. C'est en juillet que germe en lui l'idée du Goncourt lorsqu'il lit les épreuves du livre *Le Dernier des justes* d'André Schwarz-Bart : « Il faisait beau. Je me vois assis devant la maison, sur une chaise longue, en train de lire les grands placards. Au fur et à mesure que je lisais, je criais : « C'est mon Goncourt, c'est mon Goncourt ! ». Ce Goncourt, c'est la plus grande certitude que j'ai eue de ma carrière. Je sentais que je me trouvais devant un génie tout à fait naturel. C'était un génie tout à fait jaillissant. C'était le premier livre du Seuil qui me semblait à la hauteur du Goncourt. Nous ne l'avions jamais eu et nous n'avions personne du Seuil parmi le jury. ». Aussitôt rentré à Paris au début du mois d'août, Serge Montigny envoie un jeu d'épreuves à Gérard Bauër, secrétaire général de l'Académie Goncourt, puis, dans un deuxième temps, il transmet le manuscrit aux autres membres du jury. Après de nombreux rebondissements, le livre obtiendra le Prix Goncourt en décembre 1959 (sans que Jean Giono ne lui accorde sa voix d'ailleurs). Serge Montigny écrit dans ses carnets le 7 décembre 1959 : « L'année se termine, une année pas comme les autres couronnée par un succès personnel de prestige puisque au Seuil nous avons eu le Goncourt pour lequel j'ai fait beaucoup. La revanche du Juste. ». Il ne sait pas encore que son deuxième roman, *L'âme en feu*, sera à son tour dans la sélection du Prix Goncourt en 1961.

(Ces documents ont été mis en perspective par Bernard Deson)

Serge (Labrunie) Montigny est né en Lot-et-Garonne en 1922. A seize ans, il fonde à Toulouse une revue littéraire, *Jeunesse nouvelle*. A la Libération, il collabore à différents journaux et publie des nouvelles. En 1949, il est journaliste à *Combat* où il suit l'actualité littéraire. En 1956, les éditions du Seuil lui offrent la direction du service de presse qu'il conservera jusqu'en 1980. En 1959, il publie son premier roman, *Nous ne sommes pas seuls*. En 1975, son roman policier *Une fleur pour mourir* obtient le Prix du Quai des Orfèvres. Dramaturge, il écrit plusieurs pièces dont *Je t'appellerai indulgence* et *Les bouffons de Troie*. De 1987 à 1989, il est président du Centre régional des lettres Aquitaine. Installé à Issigeac de 1997 à sa mort en 2005, il y poursuit la rédaction de ses carnets encore inédits.

Lire Giono aujourd'hui
par Christian Cottet-Emard

Jean Giono caricaturé par Luc Sorgue

Je voulais commencer en posant cette question inutilement arrogante et provocatrice ; que reste-t-il de Giono ? Non. Je préfère plus humblement : que me reste-t-il de Giono ? Je l'ai lu avec fièvre entre mes quinze et trente ans et je me suis éloigné de lui comme on prend ses distances, tout confit d'admiration, avec un maître aimé car si le feuillage bruissant d'un grand arbre inspire et rafraîchit, il n'en faut pas moins se lever et reprendre son chemin avant que l'ombre ne succède aux jeux de lumière. Comme l'adieu fut hésitant et risqué, je conclus cet exigeant et exaltant compagnonnage en gardant sous le bras le livre de Pierre Citron, la monumentale biographie de Giono à la mesure du génie de l'homme et de l'écrivain.

Dans mes années de journalisme, l'occasion me fut donnée de transmettre au secrétariat de rédaction de l'édition de l'Ain du Progrès un portrait de Giono âgé pour illustrer un de mes articles, ce qui déclencha le coup de téléphone perplexe de ma collègue au marbre : « C'est qui ce grand-père ? Il a l'air sympa mais c'est pour quel papier ? ». Cette remarque s'inscrivait bien sûr dans l'incessante dégringolade du niveau culturel de cette rédaction où le poète Francis Ponge fit pourtant un passage mais il faut reconnaître que l'image de Giono dans le grand public est encore trop souvent liée à la figure du vieux sage, pipe au bec et mijotant à la provençale ses histoires au coin du feu. Ce cliché est-il un héritage des Rencontres du Contadour au cours desquelles admirateurs de l'écrivain à succès et « disciples » du penseur pacifiste quadragénaire venaient chercher, moins qu'un enseignement, plutôt des échanges amicaux, spontanés, en somme des éléments de réponses aux angoissantes questions de l'époque ? Giono était bien un intellectuel, c'est-à-dire un écrivain en prise avec les préoccupations de la société de son époque sans rien céder à sa nature profonde de romancier et de poète. On voit ici que le puissant courant lyrique et poétique qui irrigue son œuvre n'a évidemment rien à voir avec le petit artisanat d'un écrivain régionaliste auquel le réduit encore une part notable de son lectorat populaire.

Jean Giono à la fin des années 30 pendant les Rencontres du Contadour (photo collection les Amis de Jean Giono)

Dans cette œuvre polymorphe, la Provence est certes là mais pas la plus ensoleillée et surtout, pas pittoresque pour deux sous. Ce n'est pas la Provence des vacances éblouies du jeune Marcel Pagnol et de son père en gloire dans les collines mais celle de Jules, le berger dans *Crésus*, le film réalisé par l'écrivain lui-même qui conte l'histoire du taciturne et frugal vieux garçon au bon sens rudement mis à l'épreuve par une mauvaise farce de la fortune. À l'image de la Provence de Giono, celle que j'ai vainement cherchée dans mes tout premiers voyages parce qu'elle est pour une grande part imaginaire, le personnage de Jules interprété par Fernandel est aussi rustique que son environnement et son mode vie. Rugueux dans ses rares relations sociales, il ne s'embarrasse pas d'excessive séduction. Pour « le sentiment », il allume la lanterne au bord de la fenêtre de sa maison isolée sur les hauteurs afin de prévenir Fine, une veuve encore jeune installée plus bas, qu'il est en appétit, tel le ver luisant envoyant à sa partenaire son signal nuptial lumineux dans l'immensité de la nuit. Pendant ce temps, le vent court les collines pelées, secoue les volets tremblants et il est un personnage au même titre que le vagabond des hautes solitudes. Ainsi en est-il, dans l'imaginaire de Giono, pour l'orage, l'eau, le champ de blé, le choléra[103], l'éclaircie, les saisons, les nuages, le beau et le mauvais temps, toute la nature sauvage habitée par l'esprit de la nature humaine mais qui n'est pas l'humain.

Quand cela sert son récit, Giono, habité par les accès de grande peur qu'il disait parfois éprouver lors de ses promenades (un sentiment de panique diffuse que peut connaître tout randonneur au contact des éléments), n'hésite pas à décrire la montagne, la colline ou le village comme des créatures animales surgies de l'inquiétant bestiaire du dieu Pan en son exil terrestre. Dans ces parages de réalisme magique, une symphonie se joue. Tout instrument a sa place dans l'immense orchestre dont le chef Giono au pupitre réussit à individualiser la plus petite flûte dans le déferlement des bois, des cuivres, des cordes et des chœurs. Jean Giono, le Gustav Mahler de la littérature française ! Malgré la déclaration de l'écrivain : « Je ne mets rien au-dessus de la musique », voilà un parallèle qui peut paraître un brin saugrenu, j'en conviens, sans doute bien hasardeux aussi (Giono avait des centaines d'enregistrements dans sa discothèque, peut-être pas du Mahler) mais je dois reconnaître d'une manière très subjective qu'à chaque écoute de l'imposante *Troisième symphonie* hantée par les humeurs du dieu Pan, je pense à Giono et à son rapport avec la nature qui tient autant de l'émerveillement et de la vigilance que de la panique et du réconfort.

Giono ne s'est pas laissé dériver dans le courant de la célébration romantique de la nature, sans doute parce qu'il vivait à son étroit contact mais aussi, peut-être, pour une autre raison en rapport avec sa distance à l'égard des formes modernes de spiritualité et plus encore de la religion. La première guerre mondiale dans laquelle il fut jeté tout jeune poète en 1915 et dont il connut les pires épisodes l'éloigna-t-elle des dogmes religieux et des concepts philosophiques ? Elle lui ouvrit en tous cas la voie du pacifisme militant lorsque pointa la seconde, ce qui lui fut reproché par ceux qui manquent de l'imagination nécessaire pour comprendre ce que peut ressentir un jeune homme qui voit la cervelle de son camarade lui couler dessus pendant la mitraille.

En tant que jeune lecteur de Giono, ce sont ses écrits pacifistes qui m'ont le plus marqué. En me plongeant plus tard dans ses romans, surtout ceux de la première période où foisonne l'évocation des forces de la nature mais aussi dans ceux de sa deuxième manière, moins lyrique et plus centrée sur la dynamique de l'action des personnages et de leur psychologie, j'ai constaté que tous les registres du grand œuvre de Giono fonctionnaient à plein dans

---

103 *Le Hussard sur le toit.*

Refus d'obéissance, Précisions et *Recherche de la pureté* parce qu'il lui fallait mobiliser toute sa puissance créatrice pour dénoncer la guerre et exprimer le dégoût viscéral qu'elle lui inspirait à l'intention des nouvelles générations. De ce fait, les Écrits pacifistes de Giono offrent au lecteur un concentré de sa vision du monde, de son style littéraire et de son éthique. C'est donc par les *Écrits pacifistes* que je conseillerais aux jeunes générations de lecteurs d'entrer dans l'œuvre de Giono, là où sa pensée et son élan vital se déploient de la manière la plus directe et la plus moderne, la plus actuelle aussi. Par exemple, le thème récurrent de la dénonciation et du refus de la réification de l'être humain reste aujourd'hui d'une brûlante actualité.

L'humain considéré comme matière première, Giono a vu cette infamie à l'œuvre durant les années de jeunesse que la guerre lui a volées mais il a vite compris que la modernité s'en nourrissait et continuerait longtemps de s'en nourrir, sous d'autres formes d'asservissement de l'homme, sans doute moins visibles que la guerre mais qui restent des entreprises de réduction et de destruction de l'individu et de ses libertés fondamentales. C'est la raison pour laquelle le romancier en appelle et en revient toujours, en opposition aux faux progrès, à la force de régénération et de consolation de la nature où l'individu conserve à son contact son humanité ou renoue avec elle. Là s'affirme encore l'actualité du message de Giono à destination de ses lecteurs d'aujourd'hui et de demain.

Comme il en est de tous les grands auteurs devenus des classiques, l'actualité de la pensée de Giono et de ses analyses de la modernité ne dispense pas le lecteur du vingt-et-unième siècle d'un effort de lecture. Le ton incantatoire qui résonne aussi bien dans ses fictions que dans ses textes plus théoriques peut constituer sinon un obstacle au moins une diversion. Le monde rural qu'il décrit a presque entièrement disparu. Son ode à la terre nourricière et consolatrice, déjà à la source de malentendus d'ordre politiques en raison de la récupération de ces thèmes par la propagande d'un État défait ne cherchant rien d'autre que la survie dans la compromission avec les postures d'une idéologie infectée par le culte de la force primitive et de la sacralisation brutale de l'espace vital peut contribuer à brouiller son message. Giono écologiste avant l'heure ? La piste peut s'avérer d'autant plus glissante que certains courants actuels de l'écologie politique peuvent encore puiser dans ce terreau empoisonné.

Après ses mésaventures à la fin de la seconde guerre mondiale, Giono n'a heureusement pas fait les frais d'autres interprétations et récupérations douteuses. Il n'en demeure pas moins qu'il faut vraiment le lire « dans le texte », c'est-à-dire s'immerger dans son univers, dans son imaginaire et surtout dans son interprétation du monde qui est avant tout celle d'une nature poétique en déploiement dans le grand rêve éveillé du roman et, souvent, de la fiction onirique. C'est en ces courants que l'œuvre de Giono navigue dans le temps.

Christian Cottet-Emard

Né le 24 novembre 1959 à Montréal dans l'Ain, **Christian Cottet-Emard** doit patienter quinze ans avant de fumer son premier cigare. Il aime s'absenter, en pensée et en forêt. Auteur de poèmes, d'essais, de romans (dont Le Club des pantouflards, éditions Nykta, collection Petite Nuit, 2006) et de nouvelles, il a été membre du comité de lecture de la revue de littérature Le Croquant et a collaboré au Magazine des Livres. Il a obtenu une bourse d'écriture du Centre national du livre en 2006. Il est membre du comité de rédaction de la revue Instinct nomade. Depuis 2005, il tient un blog: http://cottetemard.hautetfort.com/

Jean Giono
et l'Antiquité grecque et latine
par Jean-Loup Martin

Jean Giono chez lui (photo D.R.)

Pour Alexandra et Jacques Ibanès

*Il y a derrière l'air du jour des forces
étranges que nous connaissons mal.*
Jean Giono, *Naissance de l'Odyssée.*

1 – Ulysse le menteur

Mon épouse et moi-même avons bien connu le cardiologue qui soignait Jean Giono à Manosque. Un jour il nous a raconté un joli « mensonge » de ce grand écrivain, qui lui a affirmé que l'on pouvait voir des péniches sur la Durance, en provenance ou à destination de Marseille, transportant de mystérieux chargements. Cet ami cardiologue nous disait en substance : « Je savais bien que la Durance n'est pas navigable, que l'on n'y voit jamais de péniche, et Giono le savait aussi bien que moi et il savait que je le savais, mais il inventait avec tant de conviction, tant de feu que, pendant la durée de son récit fabuleux, je le croyais, je *voyais* l'impossible devenu vrai : des péniches sur la Durance ». (Certes la Durance, « Druentia » en latin, était navigable dans l'Antiquité, mais elle ne l'était plus à l'époque de Giono.)

Jean Giono (1895-1970) était un grand « menteur ». Tous les écrivains sont des « menteurs », surtout les plus grands, et Jean Giono est l'un des plus grands écrivains du XX° siècle, l'égal de Franz Kafka, Dino Buzzati, Umberto Eco, Mikhaïl Boulgakov, James Joyce, Virginia Woolf, John Steinbeck, William Faulkner, Jorge-Luis Borgès, Gabriel Garcia Marquez et quelques autres. Extraordinaires « inventeurs » de mondes imaginaires et pourtant bien « réels ». « Poètes » au sens grec antique du terme, c'est-à-dire « fabricants » : le mot grec « ποιητῆς » (poïétês) signifie d'abord « créateur, fabricant, artisan », puis « poète ». En l'occurrence fabricants de mythes, qui nous en disent peut-être plus sur nous-mêmes, êtres humains, que la réalité dans laquelle nous sommes englués, réalité souvent sordide, cruelle, parfois lumineuse, chaleureuse. « *Je suis un mensonge qui dit toujours la vérité* » a écrit Jean Cocteau (1889-1963).

Pierre Citron (1919-2010), dans son remarquable livre sur Jean Giono (dans la collection « Écrivains de toujours » des Éditions du Seuil, 1995), fait une brillante analyse de ce rapport subtil entre mensonge, vérité et « mensonge qui dit toujours la vérité ». Pierre Citron écrit notamment (page 20) :

« *Giono se disait, en toute bonne conscience, menteur : pourquoi ne pas le dire après lui ? Dans la vie de tous les jours, dans ses rapports avec les autres, il était, s'il le fallait, capable de dire la vérité. Mais cet effort lui coûtait. Il préférait inventer. Si les menteurs calculateurs et intéressés lui répugnaient, il tenait qu'il était bon de mentir pour embellir et égayer.* ».

Jean Carrière (1928-2005), l'auteur de *L'Épervier de Maheux* (Éditions Jean-Jacques Pauvert, Prix Goncourt 1972), est peut-être le seul « vrai » disciple de Giono, non pas imitateur, mais lui aussi extraordinaire inventeur, fabuleux défricheur de sensations, de mondes rudes et cruels, fraternels pourtant. Il a consacré lui aussi un livre remarquable à Jean Giono (dans la collection « Qui suis-je ? » aux Éditions « La Manufacture », 1985). Jean Carrière écrit notamment (page 11) :

« *À l'instar de Faulkner, son homologue américain, Giono est le plus grand menteur de la littérature française du XX° siècle. Il ment comme il respire. Le mensonge n'est pas chez lui une deuxième nature. C'est son élément naturel.* »

Ces phrases de Jean Carrière ouvrent le premier chapitre de son livre. Ce chapitre est intitulé *Ulysse*. Et précisément le premier roman terminé par Jean Giono s'intitule *Naissance de l'Odyssée* (rédigé de 1925 à 1927, publié en 1930). Le héros ou plutôt l'antihéros c'est évidemment Ulysse, en Grec : « Ὀδυσσεύς » (Odysseus), qui a donné son nom à l'*Odyssée* : dès le premier vers de cette épopée fondatrice attribuée au mythique Homère, aède aveugle,

Ulysse est défini comme « πολύτροπον » (polytropon) que Philippe Jaccottet (1925-2021) traduit par « l'Inventif » et Victor Bérard (1864-1931) par « L'homme aux mille tours ». Ulysse le rusé, certains disent : « le fourbe ». En tout cas : le Menteur. Pierre Citron écrit, à propos de *Naissance de l'Odyssée* (page 20) :

« *C'est le roman du menteur, du fabulateur triomphant, dont les inventions l'emportent sur le réel : le roman du créateur* ».

Et Jean Carrière (page 20) :

« *Ulysse écrit dans sa tête – celle d'Homère, aveugle dit-on – le roman d'une Odyssée qu'il est bien incapable de vivre* ».

Ulysse le « créateur ». Giono le « créateur ».

Jean Carrière écrit encore (pages 20 et 21) :

« *Dans les années 1928-30, Giono produisait cette* Naissance de l'Odyssée *à peu près passée inaperçue à l'époque : c'était pourtant la clé qu'il fournissait au futur lecteur des œuvres qui sommeillaient en lui.* ».

Dès la première page de ce roman, Giono nous dit tout sur son livre, sur ses personnages. Tout ? Non, bien sûr. Mais suffisamment pour que nous sachions où l'écrivain-menteur va nous conduire (nous « mener en bateau » : la formule s'impose ici). Il y a d'abord l'épigraphe empruntée à Pierre de Ronsard (1524-1585) : « *La mer qui sçait ainsi que toy piper* », mais Giono ne cite pas le vers qui suit : « *Se fait bonnasse afin de te tromper* » et préfère lui substituer un commentaire : ces décasyllabes ce sont « *Les paroles que dit Calypson ou qu'elle devoit dire ...* » (« Calypson » : orthographe du XVI° siècle pour « Calypso »). On n'est pas tout à fait sûr que Calypso a bien dit cette phrase qui s'adresse à Ulysse, mais aussi à l'auteur (et peut-être au lecteur) : elle a dû la dire, elle l'a peut-être dite.

« Piper » : dans son *Dictionnaire de la langue française* (rédigé de 1847 à 1865, publié de 1863 à 1873), Émile Littré (1801-1881) donne cette précision : « Au sens figuré : Tromper, séduire, enjôler ». L'un des champs lexicaux principaux de ce roman est donné d'emblée. On le retrouvera dès les premières lignes du texte de Giono : Ulysse ouvre les yeux. Il est allongé sur une plage, sur « *cette terre qui participe encore à la cautèle des eaux* ». « Cautèle » : vieux mot français. Émile Littré le définit ainsi : « Précaution mêlée de défiance et de ruse ». Et dans son *Dictionnaire alphabétique et analogique de la langue française* (publié de 1953 à 1964), Paul Robert (1910-1980) donne comme synonymes au mot « cautèle » : « Défiance, finesse, prudence, rouerie, ruse ». La mer et la terre ont les défauts d'Ulysse. Ou l'inverse : Ulysse a les défauts de la mer et de la terre. Et ces défauts sont peut-être en réalité des qualités.

Dans *Naissance de l'Odyssée*, Giono nous donne une curieuse image d'Ulysse, de ce héros homérique, loin de ce que l'on imagine, loin de ce que l'on croit savoir : pour Giono, Ulysse est « *peureux* » ; il est « *ce faible Ulysse courageux pour les seuls exploits de la langue* » (déjà dans *Esquisse d'une mort d'Hélène*, datée de « Thionville, 1919 », Giono qualifiait Ulysse de « *peureux* »). Ulysse invente, pour répondre à un guitariste aveugle (oui, comme Homère), une ruse, un voyage, une « Odyssée » (on pourrait dire une « Ulyssade » comme on dit une « galéjade », mais nous sommes chez Jean Giono, pas chez Marcel Pagnol). Ulysse invente un voyage qui n'a jamais existé, « *qu'il est bien incapable de vivre* », mais qui finit par devenir plus vrai que s'il avait réellement eu lieu. Ulysse le « *peureux* », le lâche, le fanfaron, « *ce n'était pas un trop mauvais garçon, mais il avait menti, menti d'affilée comme on respire, comme on boit quand on a soif, tant et tant qu'il ne reconnaissait plus le vrai du faux, qu'il n'y avait plus de vrai dans sa vie, son imagination cristallisant sur chaque brin de vérité une carapace scintillante de mensonges.* ». Et, à la fin de cette *Odyssée* imaginée et donc vraie, plus vraie que vraie, Ulysse « *comprenait la beauté de son mensonge, né de sa cervelle, tout armé, pareil à Pallas née de Zeus !* ». Pallas c'est Athéna, déesse de la Sagesse, de la Raison, qui préside « aux arts et à la littérature », nous dit Pierre Grimal (1912-1996), dans son *Dictionnaire de la mythologie grecque et romaine* (1951) : dans l'*Odyssée*, la « vraie », celle qui aurait été inventée par un mythique aède aveugle nommé Homère, Athéna, sous l'apparence de Mentor, protège Ulysse et Télémaque, fils d'Ulysse et de Pénélope – et dans *Les Aventures de Télémaque* (1699), roman de Fénelon (1651-1715), Minerve, que les Romains identifient à Athéna, prend aussi l'apparence de Mentor et protège Télémaque. Dans *Naissance de l'Odyssée* de Giono, quand Ulysse revient enfin à Ithaque, Pénélope hésite à le reconnaître : « *Mais, aussitôt, passait dans l'air tremblant la forme aérienne de cette astucieuse Pallas dont on ne sait jamais si les ruses sont ruses, tant elle a de malice à souffler le mensonge dans la peau vide des réalités.* ». Ce portrait de Pallas Athéna pourrait être le portrait d'Ulysse (et celui de Giono ?).

Oui, « beauté » du « mensonge », de l'art, de la création. Magie de la parole qui crée un monde. Magie de la littérature, ce « mensonge qui dit la vérité ». Télémaque qui, dans le roman de Giono, a « réellement » vécu des aventures dangereuses, personne ne le croit car, le niais, il dit ... la vérité ! Les mensonges de son père créent une vérité plus vraie que la sienne. Et l'on savoure l'humour de Giono ... Humour qui devient ironie grinçante quand on pressent que le père et le fils vont s'affronter dans un combat mortel. L'humour est plus léger et joyeux quand Giono nomme deux servantes de Pénélope, « *ces paresseuses* » : Philinte et Arsinoé (comme deux personnages du *Misanthrope* de Molière, où Philinte est d'ailleurs un homme !) – ou quand il commet des anachronismes : par exemple la guitare qui remplace avantageusement la cithare antique.

Magie du « Verbe » qui est au commencement, comme l'affirme le début de l'Évangile de Saint Jean. Mais l'univers de Giono, l'univers d'Ulysse ne sont pas chrétiens. Les dieux sont partout. Les dieux sont tout. Et le poète et ses personnages les font exister, font partie, comme les dieux, de cet univers.

Cet univers c'est évidemment celui que Giono connaît, invente, décrit, crée et recrée, celui qu'il a sous les yeux, celui qu'il a dans les jambes, celui qu'il arpente. C'est la Provence âpre, rude. La Provence des grands plateaux désolés, des roches abruptes. La Provence quasi déserte. La Provence à peine moins rude des plaines à blé et à oliviers. La Provence du vent : le vent, « personnage » essentiel dans *Regain* (1930), le vent qui a un visage, un « *sein rond* », une « *grande main tiède* », « *ce vent (...) qui fait l'homme* », qui a été le « marieur » d'Arsule et de Panturle ; ce vent qui, dans *Naissance de l'Odyssée*, a une « *main brutale* » et même, dans *Jean le Bleu* (1932), un corps entier. La Provence des odeurs, des saveurs que Giono sait si bien faire ressentir au lecteur par son style si poétique, si imagé, si sensuel, par ses métaphores inouïes (des dizaines, parfois des centaines de métaphores dans chacun de ses livres). Rien à voir avec la Provence méridionale, « marseillaise » de Marcel Pagnol (1895-1974). La Grèce imaginaire dans laquelle se déploient les aventures imaginaires, imaginées par Ulysse (par Giono en fait), ce n'est pas la Grèce réelle, où Giono n'est jamais allé, c'est la Provence, austère, mystérieuse, animée d'un souffle puissant, d'une vie intense et secrète. Les paysages grecs que Giono décrit dans son premier roman, c'est en Provence, autour de Manosque, la ville où il est né et mort, que Giono les a vus, qu'il les recrée, qu'il les « fabrique », poète inspiré, enthousiaste. Au sens propre, au sens grec antique, « enthousiaste » signifie « habité par les dieux », voire « hanté par les dieux ». Dans ce roman panthéiste, les paysages, les pays sont, comme le poète, « habités par les dieux ». Quand Ulysse demande son chemin à un « *valet indolent* », celui-ci lui confirme qu'il ne s'est pas trompé : « *Mais monte vite, il y a des dieux dans les bois* ». Ulysse le sait. Il ne doute pas de l'existence « *de tous les petits dieux inférieurs, sylvestres et champêtres dont on suit la trace au matin, sur la boue des marais, et qui font d'un homme une rave ou un terme de bois poli* ». Il sait aussi qu'il y a des nymphes dans les sources : « *il en avait un jour touché une des lèvres en buvant à même l'eau verte* ». Et des « *lambeaux de la chair de Zeus* » passent « *dans la nuit* ». Ulysse le menteur, le subtil, « l'homme aux mille tours », « l'Inventif », proteste quand on l'accuse de mensonge (lui, le menteur !) : « *Que je sois changé en baudet si je mens, dit Ulysse ; aussitôt, inquiet, il épia le bruit des dieux dans la forêt* ». Et c'est ce même Ulysse qui chante les dieux, affirmant qu'ils sont partout dans le monde, dans les collines, sous les manteaux, « *entre les lèvres qui s'approchent pour un baiser* ».

Et, parmi ces dieux innombrables et omniprésents, Pan, le dieu de la nature sauvage et cruelle, nourricière et protectrice, revient à plusieurs reprises hanter les lieux que traverse Ulysse, hanter Ulysse lui-même : « *Le museau fouinard de Pan dépassait les feuillages »* ; Mousarion a eu « *un enfant qui a deux petites cornes d'or. C'est Pan qui l'avait prise !* » ... Et surtout : « *Je me suis égaré dans la colère de Pan silencieux !* » pense Ulysse, saisi d'une peur « panique », Ulysse perdu dans une nature hostile qui le terrifie, Ulysse qui erre en proie au remords : « *J'ai juré le nom des dieux ? Je me suis mêlé à leur vie terrible ! Pourquoi ?* ». Et un peu plus loin : « *J'ai attiré leur œil sur moi !... Étais-je pas bien caché dans les herbes ? Je les ai défiés par le dard de ma langue, puis j'ai clamé mon nom vers eux, comme un couillon !* ».

Giono dans son bureau à la fin des années 60 (photo D.R.)

2 – Pan, le dieu de l'univers ou le Grand Tout

Le dieu Pan était déjà présent dans un texte peu connu de Giono, Sous le pied chaud du soleil (1921) :

« *Cette empreinte de patte cornue, comme deux croissants de lune collés, c'est le grand Pan qui est passé dans le sentier, le vaste dieu multiple et dissolu (...)* ».

Pan, nous le retrouvons dans les trois romans que Giono écrit après *Naissance de l'Odyssée*. Certes ces trois romans : *Colline* (1928) – que Giono dédie « À la mémoire de mon père » –, *Un de Baumugnes* (1929), *Regain* (1930) n'ont apparemment rien à voir avec l'Antiquité grecque. Mais Giono lui-même les a réunis sous le titre *Trilogie de Pan*. Il a lui-même expliqué comment il est parti des trois lettres du nom de ce dieu : « *J'avais mis à* Colline *la lettre P parce qu'*Un de Baumugnes *c'était A et* Regain *c'était N. C'était déjà combiné à l'époque. J'avais déjà une idée de structure.* ». Giono a également précisé : « *Mon intention était de découvrir dans ces trois livres la* *vieille âme de Pan, enterrée dans les limons, de la tirer hors des hommes et de la faire luire au soleil.* ».

Dans son *Dictionnaire de la mythologie grecque et romaine*, Pierre Grimal présente ainsi ce dieu grec : « *Pan est un dieu des bergers et des troupeaux (...). Il est représenté comme un démon à demi homme et à demi animal. Sa figure barbue a une expression de ruse bestiale (...). Son front porte deux cornes.* ». (Dans ce portrait, on retrouve la « ruse » qui caractérise aussi Ulysse.)

Les Grecs de l'Antiquité expliquaient le nom de Pan par une étymologie hasardeuse : ce nom viendrait de l'adjectif « πᾶν » (pan), qui signifie « tout », car, malgré son apparence monstrueuse, Pan aurait réjoui le cœur de *tous* les dieux quand son père Hermès le leur présenta « *enveloppé dans une peau de lièvre* » juste après sa naissance. Pierre Grimal ajoute : « *Cette étymologie sera reprise par les mythographes et les philosophes qui verront dans le dieu l'incarnation de l'Univers, le Tout* ». D'après une autre légende, tardive et inattendue, également rapportée par Pierre Grimal dans son *Dictionnaire*, sa mère serait ... Pénélope ! Elle l'aurait conçu soit avec Hermès, soit avec *tous* les prétendants, qui seraient donc *tous* à la fois les pères de ce curieux monstre ! (Curieuse conception de la conception !)

Son nom a donné en français le mot « panique ». Pan est un dieu monstrueux, qui se déchaîne, qui se manifeste à travers une nature hostile. Et dans ces trois romans de Jean Giono, certes Pan n'apparaît pas directement, rien ne semble renvoyer à l'Antiquité grecque, mais la nature, la terre, les forces telluriques se manifestent de façon parfois terrifiante, dans leur hostilité à l'homme. Deux de ces trois romans racontent la lutte de l'homme contre la nature, à la fois belle et hostile, menaçante de différentes manières : incendie dans *Colline*, sécheresse dans *Regain*. Orage et inondation jouent un rôle important dans *Un de Baumugnes*, puisqu'ils permettent à Amédée de découvrir où Angèle est séquestrée par son père Clarius, mais ce n'est qu'un épisode relativement bref dans une histoire qui est essentiellement une histoire humaine, un drame au sein d'une famille.

Lutte de l'homme contre une nature qui provoque la panique au sens le plus violent du terme. Une nature que l'homme ne peut pas dompter mais où il peut trouver sa place s'il sait rester humble, s'il sait se fondre dans les éléments. (Ces trois romans sont aussi des histoires humaines, des histoires de folie, de haine, de solidarité, d'amour.)

Dans cette trilogie, certains personnages imaginés par Giono sont grotesques et menaçants, terrifiants même comme peut l'être Pan. Dans *Colline* Gagou l'innocent a une apparence monstrueuse, mi homme mi bête ; et, la nuit, « *La lune fait de Gagou un être étrange* ».

Mais surtout, toujours dans *Colline*, Janet (dont le nom est presque l'anagramme du prénom de Giono : Jean), Janet qui est une espèce de

« savant », de « sorcier », parle du « patron » à Jaume, qui vient le consulter car les catastrophes, annoncées par un chat, s'abattent sur leur hameau de quatre maisons, les « Bastides Blanches », notamment un incendie terrifiant. Janet dit :

« *La terre c'est pas fait pour toi, unique, à ton aisance, sans fin, sans prendre l'avis du maître, de temps en temps. T'es comme un fermier ; il y a le patron. (...) Tu le connais, le patron ? (...)*

« *Il est le père de tout, il a du sang de tout dans les veines.* »

La dernière phrase, où le mot « tout » est répété, est une bonne définition du « patron », qui pourrait bien être Pan (le « Tout »). Et, plus loin, Janet ajoute :

« *Et s'il veut effacer les Bastides de dessus la bosse de la colline, quand les hommes ont trop fait de mal, il n'a pas besoin de grand-chose, même pas de se faire voir aux couillons ; il souffle un peu dans l'air du jour, et c'est fait.*

Il tient dans sa main la grande force. »

Mais, plus tard, Jaume doute : « *Si c'était un mensonge pour me tromper, pour mieux m'avoir* » ? Car Janet est « *menteur et rusé* » (comme Ulysse !) et méchant. C'est un « salaud » : c'est du moins ce que pense à plusieurs reprises Jaume, persuadé que c'est Janet qui a provoqué l'incendie. C'est Janet qui est responsable de tous les drames, qui est coupable : les hommes en sont tous convaincus. Et Janet devient un bouc émissaire qu'il faut éliminer.

Mais Pan n'est pas forcément, n'est pas toujours un dieu féroce, c'est aussi la figure tutélaire, la nature envoûtante et protectrice, le grand « Tout ». Dans son *Dictionnaire de la mythologie grecque et romaine* (1985), Joël Schmidt (né en 1937) le définit ainsi : « Médecin, guérisseur, prophète, inventeur de la syrinx, la flûte pastorale » (dans *Un de Baumugnes*, Albin joue de l'harmonica pour dialoguer avec Angèle séquestrée : l'harmonica c'est une sorte de flûte de Pan, si l'on veut).

Dans *Regain*, il y a Panturle – son vrai nom c'est Bridaine ; si « *on y dit Panturle* », est-ce que la première syllabe de ce surnom c'est, de la part de Jean Giono, une référence à Pan ? – Panturle ressuscite un hameau, une ferme, une terre parce qu'il est lui-même une force de la nature, aussi bien au sens actuel qu'au sens antique, mythologique. Une force bénéfique parce que respectueuse de la Nature, du grand « Tout ». Panturle sauve Arsule après avoir été sauvé par elle (et par Gédémus) alors qu'il risquait se noyer. Le portrait de Panturle, presque au début du roman, montre bien son aspect monstrueux, celui – peut-être – d'une divinité de la Nature (celui du dieu Pan ?) :

« *Le Panturle est un homme énorme. On dirait un morceau de bois qui marche. Au gros de l'été, quand il se fait un couvre-nuque avec des feuilles de figuier, qu'il a les mains pleines d'herbe, c'est un arbre. Sa chemise pend en lambeaux comme une écorce. Il a une grande lèvre épaisse et difforme, comme un poivron rouge. Il envoie la main lentement sur toutes les choses qu'il veut prendre ; généralement, ça ne bouge pas ou ça ne bouge plus. C'est du fruit, de l'herbe ou de la bête morte ; il a le temps. Et quand il tient, il tient bien. ».*

Et à la fin : « *Il est solidement enfoncé dans la terre comme une colonne* ». C'est la dernière phrase du roman : Panturle comme un temple dédié à la Nature, Panturle planté dans la terre, dans la vie – et dans sa famille : Arsule va avoir un enfant.

Et puis, dans *Regain*, il y a aussi Gaubert, le forgeron : on pense évidemment à Héphaïstos, à Vulcain. Et quand Gaubert tapait sur l'enclume, ça faisait « *pan pan ; pan pan ; pan pan ; ce qui était le bruit encore un peu vivant du village* » : faut-il voir dans cette onomatopée une manière indirecte (et amusante) d'introduire le nom de Pan dans le récit ? (Cette onomatopée, on la trouve aussi dans *Un de Baumugnes* pour évoquer « *le bruit d'un pas sur un chemin : et pan, et pan* », mais il me paraît un peu plus difficile cette fois d'y voir une allusion plaisante au dieu Pan !)

L'un des « personnages » principaux de ces trois romans qui constituent la *Trilogie de Pan*, c'est justement la Nature, agressive et destructrice, mais aussi amicale, nourricière, la Nature dans sa puissance, sa fécondité, symbolisée par un dieu : Pan. La Nature, personnage à part entière. Le vent, l'air, les arbres, l'eau, le ciel, la terre, le feu agissent, interagissent avec les humains, parlent, pensent, éprouvent des sentiments, des sensations.

La nature, provençale, manosquine, Giono enfant puis jeune homme l'a parcourue, emportant avec lui dans ses explorations ces livres classiques qu'il achetait parce qu'ils n'étaient pas chers : Homère, Virgile, les Tragiques grecs. Cette nature, provençale dans sa réalité rude, grecque dans sa force tellurique et sa luminosité, pleine de présences mystérieuses, anges mais aussi divinités païennes, elle est le décor ou mieux : elle est un personnage essentiel de l'œuvre de Giono dès ces quatre livres qui inaugurent l'une des œuvres majeures du XX° siècle et elle le restera dans toutes ses autres œuvres. C'est évident pour les romans écrits entre les deux guerres mondiales, mais la Nature est encore très présente et toute-puissante dans les romans écrits après la seconde guerre mondiale (romans que l'on a souvent qualifiés, à tort ou à raison, de « stendhaliens »), souvent sous sa forme la plus brutale, la plus meurtrière, par exemple l'inondation et l'orage monstrueux vers la fin de *Deux cavaliers de l'orage* (1965) ou l'épidémie de choléra dans *Le Hussard sur le toit* (1951), et, nous dit Jean Carrière (page 47), Jean Giono a écrit dans ses carnets que le choléra, « *c'est la nature qui règle ses comptes au crayon rouge* ». Et l'on pourrait encore évoquer la mort de Bobi dans *Que ma joie demeure* (1935) : « *La foudre lui planta un arbre d'or dans les épaules* » (Le lecteur peut penser à la foudre de Zeus – mais aussi aux bombardements de fer et de feu de la première guerre mondiale). Et Gagou qui meurt dans l'incendie (dans *Colline*) « *entre dans le pays des mille candélabres d'or* ». Le feu, la foudre – associés à l'or.

Jean Giono dans sa bibliothèque chez lui à Manosque en 1960 (photo D.R.)

3 – La Provence grecque de Jean le Bleu

L'Antiquité grecque et latine, c'est en fait dès son enfance que Jean Giono l'a découverte grâce à son père et à celui qu'il appelle « l'homme noir ». Il raconte cette période heureuse de sa vie dans *Jean le Bleu* (1932) : c'est ainsi qu'on le surnommait car il avait les yeux bleus, et le théâtre de Manosque s'appelle Théâtre Jean le Bleu.

C'est dans ce livre que Jean Giono raconte la célèbre histoire de *La Femme du boulanger* : rien à voir avec le film de Marcel Pagnol (1938), et l'on comprend que Giono ait été furieux de cette trahison cinématographique (il y aura même un procès entre les deux créateurs). Chez Giono le dénouement est violent, et si Aurélie revient chez son mari le boulanger, le berger et ses complices le font payer cher aux villageois. Ici aussi Giono nous plonge dans sa Provence rude, dans sa Provence « grecque » et non dans la Provence « marseillaise » et pagnolesque. L'histoire telle que la raconte Giono se termine par un épisode étrange : des feux dans la nuit, des galopades de chevaux, des coups de fusil. Le lendemain, « l'homme noir » demande au petit Jean le Bleu de quoi il s'agissait ; Giono répond : « *Je ne sais pas* » et commente ainsi : « *Je pensais à la mort de Patrocle, à Briséis, la fille du marchand de chevaux* » – Patrocle, l'ami d'Achille, mort au combat contre les Troyens, ce qui provoque la vengeance furieuse d'Achille ; Briséis, la captive d'Achille que lui ravit Agamemnon, ce qui provoque la colère d'Achille (et le vrai sujet de *l'Iliade*, ce n'est pas la Guerre de Troie comme on le croit souvent, mais l'épisode de la Colère d'Achille). Selon Pierre Grimal, le « vrai » nom de Briséis c'est Hippodamie : on reconnaît dans ce nom « véritable » le mot « ἵππος » (hippos), le cheval ; l'équivalent masculin c'est Hippodamos, qui signifie « dompteur de chevaux » ; est-ce ce nom qui a inspiré à Giono cette curieuse indication selon laquelle Briséis serait « *la fille du marchand de chevaux* » ? Est-ce à cause des galopades de chevaux que Giono a cité Briséis-Hippodamie plutôt qu'un autre personnage de la légende ? Ou, plus simplement, parce que Briséis a été enlevée à Achille comme Aurélie a été enlevée à son mari le boulanger, déclenchant ainsi une histoire de colère et de vengeance ? Cet épisode de *La Femme du boulanger* ramène in extremis Giono à l'Antiquité grecque, à l'épopée antique, à *l'Iliade*, à la Nature âpre et généreuse.

Mais surtout, dans ce même chapitre, Giono nous raconte, dans un style éblouissant et sensuel, dans un feu d'artifice de métaphores profondément originales, un épisode déterminant de son enfance. Un jour son père lui dit :

« *(...) ouvre la malle, là-bas. Il y a un paquet de livres pour toi. L'homme a dit que tu commences à lire le premier. Samedi prochain il sera là, tu lui diras ce que tu n'as pas compris, il t'expliquera, lui. Comme ça.* ».

Grâce à cet homme, que Jean Giono appelle toujours « l'homme noir » sans jamais nous donner son vrai nom, Jean le Bleu découvre ainsi « *L'Odyssée, Hésiode, un petit Virgile en deux volumes et une Bible toute noire* ». Premier contact avec *l'Odyssée*, première rencontre avec Ulysse. Giono lit ces livres. « L'homme noir » les lit aussi, les lui lit à voix haute :

« *Toute cette grande danse du cyclope et d'Ulysse, il la lisait avec une voix juteuse et ronde qui s'approfondissait en échos moussus sur le mot de "caverne", qui glissait et giclait dans le lait et le vin et coulait comme du vent et de l'écume sur les voilures, sur les rames, sur la mer.* »

(Cette phrase extraordinaire est un bon exemple de la richesse du style de Giono, de l'originalité de ses métaphores, de sa sensualité, de sa vision du monde.)

Un autre jour, « l'homme noir » lui donne *l'Iliade*, épopée également attribuée au mythique aède aveugle Homère. Le petit Jean la lit « *au milieu des blés mûrs* » tout en gardant le troupeau. Autour de lui et de « l'homme noir », les femmes et les hommes se battent avec la nature : leurs armes sont des « *fourches de fer* » avec lesquelles ils lancent les gerbes sur les chars.

« Bataille » sur la terre provençale-grecque, dont le petit Jean le Bleu est le témoin ; « bataille » sur la terre troyenne-grecque dans le livre dont Jean Giono enfant est le lecteur. Bagarre, bataille, guerre de l'homme contre la nature. De même, dans *Un de Baumugnes*, Amédée « *entre en bagarre (...) avec le blé* ».

« L'homme noir » explique l'*Iliade*, lit aussi :

« *Il avait, en lisant, une science du texte – je sais, à présent, ce que c'est ; il entrait sensuellement dans le texte –, une telle intelligence de la forme, de la couleur, du poids des mots, que sa voix m'impressionnait non pas comme un son, mais comme une vie mystérieuse créée devant mes yeux. Je pouvais fermer mes paupières, la voix entrait en moi. C'est en moi qu'Antiloque lançait l'épieu. C'est en moi qu'Achille damait le sol de sa tente, dans la colère de ses lourds pieds. C'est en moi que Patrocle saignait. C'est en moi que le vent de la mer se fendait sur les proues.*

Je sais que je suis un sensuel. »

Grâce à « l'homme noir » et aussi grâce à son père Jean-Antoine Giono dont il fait un éloge vibrant d'émotion et de gratitude, d'amour filial (alors qu'il ne parle guère de sa mère), Giono découvre en même temps l'épopée grecque, les aventures d'Ulysse (dont il fera l'usage que l'on sait, entre parodie et empathie), la nature « virgilienne » (celle des *Géorgiques* plus que des *Bucoliques*, celle des paysans au dur labeur et non celle des bergers idylliques ; celle que célèbre, à sa façon, rude et rustique, Hésiode dans *Les Travaux et les Jours*), le combat de l'Homme contre la Nature (mais aussi leur complicité), « *l'odeur des femmes* », sa sensualité : « *Je sais que je suis un sensuel* ». Les mots employés par Giono pour faire l'éloge de « l'homme noir » s'appliquent aussi à l'écrivain qu'il est devenu. Giono a lui aussi « *une telle intelligence de la forme, de la couleur, du poids des mots* », il a en écrivant une telle « *science du texte* », il sait si bien créer « *une vie mystérieuse* », que le lecteur est ébloui et enthousiasmé. Tout le chapitre consacré à ces découvertes fondatrices, tout le livre à vrai dire, est un chef d'œuvre de poésie, de sensualité, de communion avec la Nature, avec la vie.

Dans les dernières pages de *Jean le Bleu*, Jean Giono n'est plus un enfant ni un adolescent. Jeune adulte, il est employé de banque à Manosque, puis soldat : c'est la première guerre mondiale. Le ton est parfois amer, révolté (quand il évoque la mort au combat de son meilleur ami Louis David). Mais surtout il rapporte ou invente (avec Giono on ne sait jamais) deux conversations avec son père, impossibles à situer avec précision dans la chronologie (avant ou après la guerre ? En tout cas son père, qui meurt en avril 1920, est un vieil homme, malade, amaigri, qui est devenu « *cruel et dur* »). Dans la seconde de ces deux conversations, son père évoque un personnage de la mythologie grecque : en fait il décrit, de mémoire, un tableau dont il a vu, longtemps auparavant, la reproduction dans un journal, un tableau dans lequel « *l'artiste avait tout mis à la fois, tout mélangé pour faire comprendre que ce qu'il voulait peindre, c'était le monde tout entier* ». On peut considérer que c'est l'ambition littéraire de Jean Giono : « *Peindre (...) le monde tout entier* » par la « couleur » des mots. Son père lui décrit, lui montre, lui fait imaginer, lui fait voir ce « monde » : le paysan au premier plan, le paysage, fleuve, mer, forêts, champs, les villages, l'intense activité humaine – de la vie à la mort : ici une femme accouche, là on fait « *brûler les morts* » (Devenu adulte, écrivain, Jean Giono nous fera imaginer, nous fera voir, à nous lecteurs, le monde, l'humanité). Son père lui dit enfin de quel tableau il s'agit : « *Ça m'avait donné un gros entrain. C'était intitulé* La Chute d'Icare. ». Le père pense d'abord qu'on « *s'est trompé de titre* ». Mais, regardant de nouveau le tableau, le scrutant, il aperçoit effectivement Icare :

« *Là-haut, en plein ciel, au-dessus de tout le reste qui continuait, qui ne regardait pas, qui ne savait rien, de tout le reste qui vivait au plein de la vie, là-haut, encore au-dessus de tout, Icare tombait.* ».

Le lecteur a reconnu un célèbre tableau attribué à Pieter Brueghel l'Ancien (1525 ?-1569), dont Giono ne cite jamais le nom. Mais dans les différentes versions de ce tableau, dans les copies qui en ont été faites, ce n'est pas Icare qui est encore en l'air, qui tombe déjà, c'est son père Dédale qui vole, qui ne tombe pas : Icare, lui, est en train de se noyer, et l'on ne voit que ses deux jambes qui sortent de l'eau où il se débat. La mémoire du père de Giono est-elle défaillante ? Ou bien le père « invente »-t-il comme le fera son fils ? Ou bien est-ce Giono qui invente ? Mais ce tableau lui « *avait donné un gros entrain* », sans doute par sa vision précise et minutieuse de la nature, de l'humanité, de la nature « travaillée » par l'humanité – ce « *gros entrain* » que l'on ressent à la lecture des romans de Giono.

Cette longue description de la nature, du travail de l'homme dans la nature – avant d'en arriver enfin au « personnage » d'Icare – c'est évidemment du plus pur Giono dans la richesse et l'originalité des métaphores, dans la sensualité du style, mais elle aboutit à une conclusion étrange, presque décevante : « *La main maigre de mon père fit un geste pour dire que ça n'avait pas d'importance* ». Qu'est-ce qui n'a « pas d'importance » ? Le tableau ? La description qu'en fait le père de Giono (ou plutôt Giono lui-même) ? La « morale » que l'on pourrait tirer de ce récit ? Peut-être la « chute » d'Icare », car ce qui est « important » c'est ce que montre réellement ce tableau, ce que montrent réellement Jean Giono et son père : la vie – la vie qui grouille, la vie des paysans « réels », la vie de l'humanité – et non la mort d'un personnage mythologique, imaginaire ...

Tout Giono est déjà présent dans cette enfance « gréco-provençale », rustique, rude et heureuse, chaleureuse, harmonieuse, cette enfance dans son « *village des champs, bruissant d'oiseaux, de brebis et d'odyssée* » telle que Giono la raconte, l'invente dans *Jean le Bleu*.

4 – Survivance de l'Antiquité

Dans la suite de l'œuvre de Giono, les personnages et les légendes de la mythologie grecque semblent disparaître complètement ou du moins ils ne sont plus présents de façon aussi explicite que dans *Naissance de l'Odyssée*, *Jean le Bleu* ou même les trois romans de la *Trilogie de Pan*. Mais les allusions plus ou moins voilées, les réminiscences, les réécritures, les transpositions, les filiations sont (ou paraissent) relativement nombreuses.

Dans *Deux cavaliers de l'orage* (1965), les héros du roman s'appellent Jason. L'un d'eux, Jason l'Artiste, épouse Ariane dans des conditions rocambolesques, et ils ont trois fils, Marceau, Marat, Ange. L'aîné, Marceau est surnommé Jason l'Entier. Son prénom Marceau vient peut-être du nom de Mars, dieu de la guerre chez les Romains, et il est vrai qu'il est très bagarreur : Giono raconte quelques combats tout à fait « épiques » de ce personnage turbulent. Les noms sont mythologiques (Jason, Ariane), mais, du moins en apparence, l'histoire racontée par Giono ne l'est pas, et d'ailleurs dans la mythologie grecque Ariane et Jason ne se rencontrent pas : ils n'appartiennent pas à la même légende, ni à la même famille, même si leurs deux familles sont aussi maudites l'une que l'autre. Toutefois on trouve dans ce roman de Giono ces phrases : « *(...) un Jason ne peut avoir de passion que pour un Jason (...)* » , « *Un Jason ne peut aimer qu'un Jason* » qui s'appliquent plutôt bien au Jason mythologique tel que le dépeignent Euripide (480-406 avant notre ère) et Sénèque (?-65) dans leurs tragédies qui portent le même titre : *Médée*, et aussi Jean Anouilh (1910-1987) dans une pièce de théâtre également intitulée *Médée* : un Jason lâche et peureux – comme l'Ulysse inventé par Giono ! – égoïste et cruel (Mais les Jason dépeints par Giono sont courageux, vigoureux et savent ce qu'ils veulent, où ils vont, ce qu'ils font : par rapport au Jason de la mythologie ce sont en quelque sorte des anti-Jason !).

Et puis Marceau est rusé – comme Ulysse ! Et il y a cette notation inattendue et amusante à propos des mulets que Marceau et Ange veulent vendre et qui sont décidément très « humains » : « *C'étaient des menteurs. Ils faisaient tout le temps semblant.* ». Des menteurs – comme Ulysse, et comme Giono ! Les frères Jason sont aussi des « dompteurs de chevaux » comme Hippodamos.

Toujours dans *Deux cavaliers de l'orage*, vers la fin, la mythologie apparaît de façon plus nette. Le « Flamboyant » vient défier Marceau Jason l'Entier. Avant le combat, Marceau dit : « *Laisse faire les dieux* ». Pourrait-on y voir une allusion aux dieux antiques ? Mais quand quelqu'un lui demande : « *Pourquoi les dieux ?* », Marceau corrige aussitôt : « *Le bon Dieu, quoi ! (...) je ne sais pas pourquoi j'ai dit les dieux* ». Giono semble donc se débarrasser très rapidement de la mythologie, mais elle revient très vite de façon plutôt spectaculaire. Tout de suite après ce bref dialogue, quand la poitrine nue du « Flamboyant » apparaît, tous les spectateurs de ce combat sont émerveillés par le tatouage qui la recouvre entièrement : « *un grand bateau à voiles ! Un trois-mâts* ». On peut évidemment y voir le navire d'une *Odyssée* ou, si l'on préfère, le navire Argo sur lequel Jason est parti à la conquête de la Toison d'Or. La proue de ce bateau est « *faite avec une femme nue, moitié poisson !* » : on pense irrésistiblement à une sirène. Les sirènes jouent d'ailleurs un rôle important dans les deux légendes antiques, celle d'Ulysse et celle de Jason. Dans l'épopée de la Toison d'Or, le chant d'Orphée est vainqueur de celui des sirènes, et Jason et ses compagnons peuvent continuer leur navigation jusqu'à la victoire. Une précision toutefois : dans la mythologie grecque, les sirènes ne sont pas mi-femme mi-poisson, mais mi-femme mi-oiseau. Mais surtout le portrait du « Flamboyant » est très évocateur : « *Ce n'était sûrement pas un homme ; ou très peu. On recula autour de lui. Il était mélangé de gros serpents entortillés sans queue ni tête* ». Ce personnage est bien un monstre – et l'on peut même y voir un monstre mythologique. Et leur combat, d'ailleurs très bref, est bien un combat épique, comme celui qui auparavant a opposé Marceau à Clefs-des-Cœurs et comme celui qui ensuite opposera Marceau à deux hommes monstrueux, Mignon et Bel-Amour. Chaque fois Marceau est vainqueur. Puis l'on retrouve la nature qui provoque la peur panique vers la fin du roman : un orage monstrueux et une inondation impressionnante (comme dans *Un de Baumugnes*, mais avec plus de brutalité) s'abattent sur la terre ; Ange lutte désespérément contre ces éléments déchaînés (contre le dieu Pan ?) pour retrouver Marceau et le sauver des eaux – comme, dans *Regain*, Arsule et Gédémus ont sauvé Panturle des eaux et comme Panturle a sauvé Arsule de sa vie misérable – et comme Marceau lui-même a sauvé Ange auparavant : réciprocité des sauvetages dans ces deux romans. Et puis, à la fin, la sauvagerie, voire le sadisme de Marceau, vaincu au combat par Ange et qui se venge cruellement de son frère, font irrésistiblement penser aux tragédies de Shakespeare, « pleines de bruit et de fureur » (comme le dit Macbeth, à l'Acte V, Scène 5 de *Macbeth*) et surtout aux familles maudites de la mythologie grecque, notamment les Atrides : sang, meurtres, et même sexualité ambiguë – certaines scènes peuvent laisser imaginer ce type de relations entre les deux frères (comme dans la famille d'Œdipe) : homosexualité suggérée, qui se double d'un inceste ....

Les mythes antiques apparaissent sous une forme plus ou moins voilée dans d'autres œuvres de Jean Giono, et notamment dans *Le Chant du monde* (1933). On peut voir dans ce roman des allusions aux poèmes homériques, l'*Iliade*, l'*Odyssée* : les deux principaux personnages masculins, Antonio et Matelot effectuent un voyage périlleux, une espèce d'Odyssée, en particulier sur « le fleuve », qui est un honorable substitut de la mer ; et, comme les Grecs ont incendié Troie, Antonio et le « besson » (fils de Matelot) incendient Puberclaire, domaine de Maudru (dans la première syllabe du nom de Maudru on reconnaît la racine du mot « Mal », que l'on retrouve aussi dans le nom du domaine de la « Maladrerie »). On peut aussi voir dans ce roman Mithra et le culte du taureau : Maudru parle avec les taureaux ; et, pour l'enterrement de son fils, la vieille Gina *« va faire marcher toute la vieille coutume taureau ».* On peut aussi y trouver la légende d'Orphée : ici Antonio serait Orphée ; il sait parler aux éléments, aux rochers, aux animaux, mais l'un de ses surnoms, « Bouche d'Or », fait plutôt penser à un théologien chrétien grec, Saint Jean Chrysostome (345-407), dont le surnom « χρυσόστομος » (chrysostomos) signifie littéralement « à la bouche d'or ». Et Clara pourrait jouer le rôle d'Eurydice. Clara est aveugle (comme Homère, comme le guitariste de *Naissance de l'Odyssée,* comme l'aède Démodocos dans l'*Odyssée*, comme le devin Tirésias) ; et, comme tous ces aveugles, Clara *voit* l'invisible. Clara *voit clair*, Clara est « clairvoyante », comme l'indique son prénom : *« je vois beaucoup plus loin que vous »* dit-elle à ses compagnons ; *« je vois beaucoup mieux que toi »* dit-elle à Antonio, qui l'a sauvée, qui l'a sortie d'un lieu qui s'apparente à l'Enfer.

Mais, plus que tout, c'est la nature qui est ici chantée. Ce titre, *Le Chant du monde,* peut d'ailleurs avoir deux significations : soit c'est le monde qui *chante*, soit c'est quelqu'un (l'auteur ; tel ou tel personnage) qui *chante* le monde, qui le célèbre. Dans le premier cas, la nature et ses bruits, ses chants, ses murmures, ses cris forment un chant, une symphonie, un opéra – et les éléments naturels sont des personnages à part entière, comme les humains, avec une psychologie, des sentiments, des émotions. Jean Giono lui-même déclare, dans un article publié dans le journal « L'Intransigeant » du 17 juin 1932 : *« Il y a bien longtemps que je désire écrire un roman dans lequel on entendrait chanter le monde ».* Et dans ce « chant du monde », on peut retrouver Pan et le déchaînement de la nature « panique », notamment au moment du dégel. Dans le second cas, l'écrivain célèbre le monde et ses mystères – et l'on peut faire un rapprochement avec les *Hymnes homériques*, attribués à Homère, mais en réalité plus récents que *l'Iliade* et *l'Odyssée*, en particulier avec l'*Hymne 30 : Pour la terre, mère de tous les êtres.* Cet hymne est une célébration de la terre qui *« nourrit tout ce qui est au-dessus du sol ».* S'adressant à la terre, le poète grec antique (et anonyme) écrit : *« C'est par toi que s'épanouit tout ce qui a beaux fruits ou beaux enfants »* (traduction de Jean-Louis Backès, Gallimard, Folio Classique, 2001). On n'est pas très loin de Giono – sauf que les textes de Giono sont portés par une poésie charnelle, une vibration, une sensualité, une démesure aussi, qui sont absentes du chant un peu grêle, un peu simple des *Hymnes homériques*.

Dans ce roman, comme dans la plus grande partie de son œuvre, Jean

Giono célèbre l'harmonie entre les humains, entre l'homme et les éléments, entre l'homme et la nature. Les titres de certains livres de Jean Giono en sont comme la proclamation : *Le Chant du monde* (1933), *Les Vraies Richesses* (1936), *Le Triomphe de la vie* (1941), *Le Bonheur fou* (1957). Et ce que nous pouvons nous souhaiter à tous : *Que ma joie demeure* (1935).

Mais de plus en plus, dans l'évolution de son œuvre, Giono s'éloigne, au moins en apparence, de la mythologie gréco-romaine, de l'Antiquité. La sauvagerie humaine devient plus présente, plus oppressante dans ses romans : la haine, la vengeance, la destruction, la mort – la violence de la nature contre les hommes, la violence des hommes entre eux. La tonalité des derniers romans est plutôt amère (mais la violence est présente dès les premières œuvres de Giono, notamment dans *Colline*).

Peut-on pour autant parler de pessimisme, de désespoir ? L'héritage de Giono n'est pas de haine, mais d'amour. Le chant du monde, les vraies richesses, le triomphe de la vie, le bonheur fou – tels qu'il les « invente » : c'est ce que Jean Giono nous donne dans son infinie générosité d'écrivain, de poète, d'être humain – pour que notre joie demeure.

*****

P.S. Malgré tout, j'aime Marcel Pagnol, son théâtre, ses romans, ses souvenirs d'enfance, ses films, même ceux qui sont (plus ou moins bien) adaptés de Giono – à condition d'oublier justement qu'ils sont tirés de récits de Giono !

Jean-Loup Martin
Pertuis, octobre-novembre 2021

Jean-Loup Martin est né le 13 avril 1948 et a l'intention de mourir centenaire. Marié, père, grand-père. Professeur de lettres classiques pendant trente-neuf ans, dont trente et un dans un collège de Manosque, à quelques dizaines de mètres de la maison de Jean Giono. A publié quelques recueils de poèmes et de nouvelles, un roman, une pièce de théâtre : tous ces livres sont épuisés (comme leur auteur). Publie régulièrement des articles dans la revue *Brèves*.

Les parents Giono et Jean enfant et adulte (détail d'une fresque de José Correa)

Giono, faire bouillonner la vie comme un torrent
par Olympia Alberti

Jean Giono par Jacques Terpant

Spinoza affirmait : « La seule perfection, c'est la joie. »

En ce sens profond de la sagesse, qui plus joyeux que Jean Giono d'avoir échappé à la boucherie du « grand troupeau » – ainsi nommait-il la Guerre de 14, d'en être revenu vivant mais marqué à jamais par l'horreur d'avoir vu ses compagnons explosés, déchiquetés, arrachés à leur jeune vie ? Et l'on ose s'étonner qu'il devînt pacifiste ? Sans parler de son ami russe, Ivan Ivanovitch Kossiakoff, *fusillé pour l'exemple* parce qu'il ne s'était pas réveillé au clairon. Il n'y avait pas assez de morts, sans doute.

À la lecture approfondie de toute son œuvre, on remarque qu'elle fonde un parcours de puissance spirituelle, qui va de l'enfance de contemplation à l'aboutissement – accueillir l'autre dans sa maison de livres, en passant par la joie inépuisable de créer.

I – Il était, depuis l'enfance, un contemplatif naturel. Enfant unique et très aimé par des parents unis, il commença très jeune à regarder la nature, seul, à dialoguer avec les énergies cosmiques avant même de savoir qu'elles étaient appelées ainsi, à y puiser une force et une puissance qui un jour nourriraient son écriture. Chez lui, la lumière prend très vite toute la place, intérieure aussi – et ce qui fait la densité de la lumière : l'amour, l'admiration et l'émerveillement inépuisable, la joie, l'intelligence qui lit et feuillette le monde comme un livre, l'observation sensible, la conscience de la mort et donc le jaillissement du Vivant.

Que ce soient « la solitude de l'herbe », le vertige du vent sur les hauts plateaux de Provence, les poussières d'étoiles, la toute splendeur de vivre avec plénitude le sommait d'un devoir de gratitude qui ne pouvait être que de célébration. Dès l'enfance, cette beauté le renvoyait aux questions intérieures. Il n'y a pas de hasard : flanqué d'un petit frère ou d'un petit copain, eût il autant observé les arbres, les animaux, les vastes ciels nocturnes, les taches sur les murs qu'il peuplait de personnages comme dans ce chef d'œuvre, *Jean le Bleu* ? « *La fureur d'exister éternellement, qui avait donné odeur aux brebis et faisait battre les béliers me dévorait aussi.* »[104] Il n'y a rien de platonique dans ce corps à corps avec la vie totale, puisqu'il insiste : « *Car un peuplier qui bruit dans le vent, je le comprends avec mon corps.* »[105]

Il est déjà dans son être intime un écrivain en marche, il regarde, respire et décrypte les senteurs de chaque petite vie, il nourrit son âme de toutes les richesses que le Dieu Pan donne à profusion à ceux qui guettent, rêvent, absorbent jusque dans leur sang (disait Rilke) les enchantements de la terre et du ciel. La chair vibre et se spiritualise – ce pour quoi nous sommes sur terre. Et il l'apprend et le comprend : « *La vie m'ensevelissait si profondément au milieu d'elle sans mort ni pitié que parfois, pareil au dieu, je sentais ma tête, mes cheveux, mes yeux remplis d'oiseaux, mes bras lourds de branches, ma poitrine gonflée de chèvres, de chevaux, de taureaux, mes pieds traînant des racines, et la terreur des premiers hommes me hérissait comme un soleil.* »[106] Comment ne pas penser immédiatement à l'extraordinaire *définition* que Rûmî donne de Dieu : « Sa Présence ne te laisse pas absent de Lui un seul instant. » ?

Alors, dans ses premières années, le futur créateur nourri de peu de lectures mais denses, comme la *Bible* et *L'Odyssée*, de beaucoup d'observation et de pensée, comprit que pour *créer* à son tour la vie, dans une symphonie de romans cosmiques, il fallait faire se développer en soi, la double richesse de la vie, le féminin et le masculin, pour pouvoir proférer de la vérité humble, immense et généreuse, qui donnerait à aimer la vie comme il l'aimait. « *L'homme, on a dit qu'il était fait de cellules et de sang. Mais en réalité, il est comme un feuillage. Non pas serré en bloc, mais composé d'images éparses comme les feuilles dans les branchages des arbres et au travers desquelles il faut que le vent passe pour que ça chante.* »[107] Que ça

---

104 *Jean-le-Bleu*.
105 *Le Poids du ciel*.
106 *Les Vraies Richesses*.
107 *Que ma Joie demeure*.

chante... La vie devait *chanter*, d'ivresse et d'amour, et l'humain devait y veiller, pour ne pas perdre le sens divin de son existence.

Pierre Viénot, illustration pour *Que ma joie demeure*

II – Tout, du monde, lui parlait, lui *chantait*, et lui faisait voir et toucher que seule sa poésie naturelle, qui est de réception comme de création, lui permettrait d'écrire et de faire ressentir un jour « le chant du monde » qu'il savait percevoir et qu'il voulait partager : la plus belle philosophie du monde et des galaxies s'était emparée de lui, *donner à aimer*. Il en vivait avec plénitude, de toute sa respiration.

Et ce sera l'impalpable qui s'incarnera dans un toucher, une saveur, une forme, toujours, d'exultation : « *L'ombre était épaisse comme la pulpe d'un fruit.* »[108] Il éprouve en permanence un immense sentiment d'unité entre le monde et l'humanité, les animaux et le ciel ; pour son champ perceptionnel très ouvert, tout est Un. Les *Correspondances* baudelairiennes, il les incarne, il les illustre avec une densité d'écriture rarement atteinte, où les mouve-

---

108 *Naissance de l'Odyssée*.

ments de la vie sont rendus en poème, en épousailles des sens, des règnes, des espaces de sentir. Et chez Giono, le poème, c'est l'amplitude respiratoire et, en réverbération, la grande densité spirituelle : « *Au milieu du bruit, les deux biches <u>entendirent le son d'une ancienne odeur</u>... ça datait de l'année d'avant. C'était l'odeur des ciguës fleuries tout autour de la clairière Lénore.* »[109] Qui, avant Giono et depuis l'intimité de l'univers qu'il a su révéler et créer, qui a eu l'audace d'évoquer '*le son d'une ancienne odeur*' ? Alors la célébration devient somptueuse, servie par une écriture attentive, qui veut faire éprouver et ressentir chaque éblouissement au plus vrai.

Il faut être un grand spirituel, bien avancé dans la connaissance de notre incarnation terrestre, pour être capable d'écrire : « *Je ne dis pas que la pierre est morte. Rien n'est mort. La mort n'existe pas. Mais, quand on est une chose dure et imperméable, quand il faut être roulé et brisé pour entrer dans la transformation, le tour de roue est plus long.* »[110] La transformation, qui est la loi de la vie créée...

Et le chant demeure dans des *ordres* voisins, celui de la joie, de la gratitude, de la prière reconnaissante – qui a *reconnu* comme vrai le chemin de perfectionnement de l'humain et de tous les règnes (de la pierre, du végétal, de l'animal) sur terre. Le fait même que le mot *joie*, si lumineux, vibre dans un titre majestueux de son œuvre, souligne à quel point pour lui toute la grâce du vivant était là, dans sa Présence – au sens que lui donne Rûmî, quand il tente de s'approcher du principe Divin créateur, dans la définition qu'il nous offre dans le Mathnavi, et que ce titre résonne comme ce qu'il est : une prière, de demeurer dans la perfection chère à Spinoza.

Il atteint à la grâce des mystiques quand, célébrant la vie dans son infini, il écrit : « *La nuit bougeait. Elle avait les mouvements lents et souples, la liberté cosmique des mouvements du sang dans un homme ou dans un animal endormi ; la danse à laquelle doivent obéir les océans, la lune et les étoiles et qui entraîne doucement le sang quand la bête dort.* »[111]

On note que Giono place d'emblée sa réflexion sur le plan métaphysique, sur le sens même de ce que les soufis nomment « le tout Vivant. » Les règnes s'étagent en une progression qui va du plus inerte apparemment, la pierre, au plus vibrant, l'Humain. La vie s'exprime autrement, mais elle est. Toute.

D'avoir beaucoup contemplé, de contempler chaque jour beaucoup, lui donne une conscience et une hauteur de vue que n'atteignent que les humains qui cultivent le plus difficile pour *se connaître* (conseil salvateur de Socrate) : ce que je nomme toujours le plus rare, l'intimité avec soi-même. Et dans cet espace intérieur immense, Giono était un champion. Rien ne lui

---

[109] *Que ma Joie demeure*.
[110] Ibidem.
[111] *Que ma Joie demeure*.

était étranger : son œuvre déborde de tout ce qui foisonne dans le verbe vivre, l'amour, l'existence qui lutte pour sa survie, la douleur, la folie, des bêtes et des hommes, la solitude – « *une quintessence de mélancolie, de douleur, d'irrémédiable tristesse* » disait-il, des femmes et des herbes, des parfums et de l'ombre. Il n'assène rien, il questionne, et en cela, la lecture devient retour à soi, à notre visage, à notre plus grande conscience du monde, qui nous impose, bien plus important que l'arrogance des droits, un immense cahier de *devoirs*.

Pierre Viénot, illustration pour *Que ma joie demeure*

« *Des paliers de lumière portaient le regard ébloui de la terre à l'herbe, de l'herbe à l'arbre, de l'arbre jusqu'aux cavernes du ciel où, dans la profondeur des gouffres en mouvement, volaient les étincelantes colombes du soleil.* »[112] Qu'on ne s'y trompe pas : il y a dans ce 'regard ébloui' moins la perte d'une maîtrise que l'acceptation d'un dépouillement, que le goût d'une pureté enfin accordée et rejointe : celle d'y voir clair, au sens le plus initiatique, le plus lumineusement abandonné et confiant.

---

112 Ibidem.

Il suffirait pour évoquer la joie spirituelle (et charnelle, d'évidence, mais quand on atteint un tel degré de flamboiement, c'est tout un) de citer infiniment, nombre de passages émerveillants de ses livres. Car Giono avait un monde en lui, le monde capté, reçu, tissé d'admiration, d'amour illimité pour la vie et la connaissance qu'il en avait acquise, d'expérience. Il accueille avec les yeux, avec la peau, avec le souffle et ne peut qu'écrire, débordant : « *Semer la joie, l'enraciner et faire qu'elle soit comme un pré gras avec des millions de racines dans la terre et des millions de feuilles dans l'air. Qu'elle soit la participante comme la mer qui danse, le fleuve qui danse, le sang qui danse, l'herbe qui danse, le monde tout entier qui tourne en rond.* »[113] Il nous semble qu'il perçoit et rend le tout vivant comme un derviche tourneur... à la danse infinie.

Un frisson de plaisir l'enfante et un regard d'âme le met au monde d'aimer. Alors, c'est cela, comprend-on, qu'il faudra faire : écrire, pour donner à aimer, par-dessus tout ; et comment résister à ces mots de grande *voyance* intime, quand Jean entend une voix qui chante – et c'est l'oreille qui s'éduque, l'ouïe qui devient fine, et peut déceler la souffrance dans le chant, «*Ce n'était plus la voix prisonnière de Madame-le-Reine. C'était la pleine voix libre et pure qui montait sans travail et sans peine du centre même de la douleur.*»[114], d'où les mots vont nous décrire les sons d'une flûte qui atteint un espace insaisissable et pourtant réceptif en nous : « *elle dessinait le corps de ce bonheur dédaigneux qui habite la tête libre des parias.* » Splendeur inégalable de la mise en mots, qui rejoint très en profondeur, irréfragable, ce qu'on peut appeler *poème*.

Il semble que tout soit dit, ou plutôt que l'on se restreigne à suggérer pour laisser les lectrices et lecteurs inspirés aller voir plus loin, derrière les collines, voir l'arbre « et on *respire l'arbre, et voilà que ça n'est pas pareil, les deux images ne se superposent pas – car aujourd'hui le poumon n'est plus seulement un organe de nourriture, mais il est un organe de connaissance.*»[115] Le mot de 'connaissance', chez un créateur aussi attaché au sens que donne toute plénitude d'être, n'est pas hasardeux. (Il est intéressant, en passant, de noter qu'en hébreu, le poumon, *respirer* et *voir* ont une racine étymologique commune...) La maison de vivre et d'aimer, elle sera construite avec tout le vrai, avec *son mortier d'ombre*, qu'il aura su déchiffrer, épeler, lire, pour mieux passer, transmettre aux autres, comme on ouvre des portes et balise des chemins. «*On entrait dans l'odeur comme dans un rideau de laine ; c'était chaud et ça se plaquait sur la figure à étouffer. J'en avais des ronds de bras pour l'écarter.*»[116]

---

113 *Que ma Joie demeure*.
114 *Jean-le-Bleu*.
115 *Les Vraies Richesses*.
116 *Jean-le-Bleu*.

III – Oui, c'est évident, il devait y arriver un jour. Oui, c'est Giono qui a écrit : « *«Tout de suite j'ai écrit pour la vie, j'ai voulu saouler tout le monde de cette vie. J'aurais voulu pouvoir faire bouillonner la vie comme un torrent, et la faire se ruer sur tous ces hommes secs et désespérés, les frapper avec des vagues de vie froides et vertes, leur faire monter le sang à fleur de peau, les assommer de fraîcheur, de santé et de joie, les déraciner de l'assise de leurs pieds à souliers et les emporter dans le torrent.»*[117]

On assiste en une phrase à la conscience mémorielle d'un écrivain qui se dresse, comme le mystique qu'il est, pour entraîner l'humanité à sa suite, la rendre enfin joyeuse. Je l'ai dit, je l'affirme encore, l'œuvre de Giono est une des œuvres maîtresses de l'humanité, à l'égal de Shakespeare, Cervantès, Dostoïevski, Tolstoï, Rilke, Virginia Woolf, Emily Dickinson... et s'il en appelle au corps vivant, c'est pour faire chanter l'âme – « L'âme est la composante de tout »[118] – et il nous offre de le suivre sur ce chemin de crête de la vie, où l'être de Giono chante et n'a jamais eu peur d'affirmer la vie, intense et libre. Hommage à la douceur de son père, dont il caresse le front de ses mots si tendres : « *Mais mon père était un primitif que rien n'inquiétait. Il se servait toujours de cinabre, de neige et d'or.* » Qui oserait se ridiculiser à nier que Giono est un poète au sens le plus visionnaire ?

Ce père qui un jour d'offrande inspirée dit devant son fils, peut-être avec un mêlement de nostalgie et d'espérance, « *Ce qu'il faudrait dans notre famille, c'est un poète.* »[119], et ainsi lui tend la main dans l'invisible, l'adoube et le fait entrer dans la pure gloire du sacré, au point que Giono ne lâcha jamais des yeux la voie juste, la voie lumineuse, pour dire qu'il « fallait des forces spirituelles...pour vivre une vie humaine », et là, cet adjectif 'humaine' doit se mériter, entre le renoncement aux apparences, et la toute royauté de l'acceptation. Ce poids de splendeur à porter... quelle grâce ! Il veut garder foi en l'homme, qui un jour se dépassera, il a foi en la vie, qui toujours portera les humains vers plus de lumière et de soif de lumière, et c'est cette foi en la part divine de l'être qu'il nous donne, à chaque livre. Quelle joie d'avoir toute une vie été nourrie de cette œuvre-là, sans complaisance dans la tristesse, la désespérance et la médiocrité, quelle chance d'avoir compris qu'il nous léguait sa révolte, la puissance de son désir de pérenniser la joie, de la célébrer et atteindre la splendeur qui délivre, jusqu'à nous confier, humblement : «*Et je prépare lentement dans mes épaules de grandes ailes pour vous emporter sournoisement au-delà du monde le jour où vous aurez confiance en moi.*»[120]

---

117 *Refus d'obéissance*.
118 *Le Poids du ciel*.
119 *L'Eau vive*.
120 *Que ma Joie demeure*.

Quand comme un annonciateur, il profère, dans *Le Poids du Ciel*, « La divine vérité parle à haute voix », il veut surtout nous inciter, nous supplier d'entendre, de ne pas nous affaler dans nos paresses satisfaites de si peu, et nous répéter : «... *les vraies richesses, plus elles sont grandes, plus elles sont extraordinaires, plus on a de joie à les donner.* »[121]

Olympia Alberti
Nice, 9 janvier 2022

Olympia Alberti vit à Nice et à Paris, a publié près d'une cinquantaine de livres (romans, poèmes, nouvelles, essais, biographies...). Elle a notamment reçu un prix de l'Académie française pour l'ensemble de son œuvre poétique, le prix Thyde Monnier de la SGDL pour *Rilke, sans domicile fixe*, et le prix Émile Faguet de l'Académie française pour *Giono, le grand western*. Parmi ses derniers ouvrages, citons *Le Royaume de sa nuit. Mère Teresa, le récit d'une vie* (Réédition Presses de la Renaissance, 2016), *Etty Hillesum, l'Amour dans l'âme*, (réédition Presses de la Renaissance, 2015), *L'Or perdu de la joie* (Salvator, 2012), et *Marguerite Duras, une jouissance à en mourir* (Réédition Baie des Anges, 2021), et deux Que sais-je, *Venise* (2016) et *Florence* (2019). Son essai *Petit éloge de la Gratitude* (éditions Pérégrines) a trouvé un écho profond auprès des lecteurs. Elle a participé au numéro de la revue Instinct nomade consacré à Marguerite Duras (2020).

---

121 *Les Vraies Richesses*.

C'est à Jean Giono que je dois, en grande partie, la découverte d'un bonheur de lire, qui ne m'a plus quitté. Adolescent, dans un pays nordique et gris, je me souviens d'avoir été transporté par la vitalité de son style, la vision d'un monde paysan transfiguré par l'imagination poétique, l'omniprésence d'un Sud austère et profond. A travers ses romans, je m'éprenais d'une terre pour moi inconnue, et que je désirais rejoindre. Si je me suis installé dans un village languedocien, c'était pour répondre à son appel, et en conformité, me semblait-il, avec le message que j'avais perçu dans son œuvre. J'ai lu ses livres au fur à mesure de leur publication. Au début de ma propre aventure d'écrivain, ils m'ont parfois influencé. Je n'ai cessé de sympathiser avec son humanisme, son optimisme fondamental, son sens aigu de la nature et des liens qui l'unissent aux personnages. Il reste, à mes yeux, l'un des rares romanciers français qui ait su donner à la prose le souffle et la tension du langage poétique. Poète donc, et, bien sûr, voué à une célébration presque païenne. Je relis régulièrement Giono, et si désormais il m'arrive de faire quelques réserves, çà et là, sur telles lenteurs d'un récit ou sur d'excessifs déferlements lyriques, l'essentiel de l'émotion et de la joie demeure. Il est, à mes yeux, le parfait antidote à l'intellectualisme, au nihilisme, au formalisme exsangue qui, ces trente dernières années, ont ravagé et appauvri le paysage littéraire français. Face à une telle étroitesse, désespérée et désespérante, Giono m'apparaît plus que jamais comme un signe de générosité et de santé.

Jean Joubert

Témoignage de Jean Joubert spécialement écrit pour l'exposition *Les Chants du monde de Giono* (catalogue réalisé par Jacques Ibanès en 1987).

Mes jalons Giono
par Jacques Ibanès

Jean Giono surfiguré par Jacques Cauda

1. La première fois : Lycée Mignet à Aix-en-Provence

Je suis en salle d'étude des Premières. Le maître d'internat, M.Pelincq est un jeune professeur agrégé avec lequel le courant passe très bien. Cette année-là, je découvre comme mes camarades la littérature de notre siècle, ce qui nous change un peu des classiques. Un soir, M. Pelincq propose à ceux qui le veulent de faire une lecture à haute voix en choisissant un auteur de leur choix. Un de nos camarades se lève et commence à lire avec un bel accent provençal :

« *L'herbe tressaille. Sous le groussan jaune tremble le long corps musculeux d'un lézard surpris qui fait tête au bruit de la bêche.*
 – Ah, l'enfant de pute.
La bête s'avance par bonds brusques, comme une pierre verte qui ricoche. Elle s'immobilise, les jambes arquées ; la braise de sa gueule souffle et crachote.

D'un coup, Gondran est un bloc de force. La puissance gonfle son bras, s'entasse dans les larges mains sur le manche de la bêche. Le bois en tremble. Il veut être la bête maîtresse ; celle qui tue. Son souffle flotte comme un fil entre ses lèvres.
Le lézard s'approche.
Un éclair, la bêche s'abat.
Il s'acharne, à coups de talons sur les tronçons qui se tordent.
Maintenant ce n'est plus qu'une poignée de boue qui frémit. Là, le sang plus épais rougit la terre. C'était la tête aux yeux d'or ; la languette, comme une petite feuille rose, tremble encore dans la douleur inconsciente des nerfs écrasés. Une patte aux petits doigts emboulés se crispe dans la terre. Gondran se redresse ; il y a du sang sur le tranchant de son outil. Sa large haleine coule, ronde et pleine ; sa colère se dissout dans une profonde aspiration d'air bleu.
Subitement il a honte. Avec son pied il pousse la terre sur le lézard mort. »

Nous sommes tous saisis. Le texte que nous venons d'entendre est totalement différent de ceux des auteurs que l'on nous a conseillé de lire, les Gide, Camus, Sartre, Hervé Bazin... Dès le lendemain, je cours acheter le numéro 590 de la collection Livre de poche. C'est *Colline* de Jean Giono. L'illustration de la couverture ne me dépayse pas : un vieux berger précède un troupeau de chèvres comme j'en vois dans mon village. Derrière lui, deux mas, trois cyprès et au-dessus, des collines comme des vagues.

Je lis d'un trait le roman-poème et avant d'oser passer au roman suivant *Un de Baumugnes*, je relirai *Colline* durant quatre années avec la même joie, m'interrogeant avec Gondran sur cette terre animée d'une vie propre.

2. Paris : des après-midi entières à la bibliothèque Mazarine

Étudiant exilé dans la capitale, je suis en manque de lumière et de vent. Alors, je me rends, à trois pas de ma faculté, à la bibliothèque Mazarine. Il paraît qu'elle est la plus ancienne de France. Nous sommes en plein hiver. Je me suis mis à dévorer les livres de Giono dans leur ordre de parution. Je me heurte au « *poitrail blanc des eaux subitement cabrées dans les ténèbres* ». Je découvre qu'« *Il peut y avoir toute une forêt dans un aboiement de renard* », que les odeurs coulent « *toutes fraîches* », que « *les hirondelles tombent comme de la grêle* », qu'on peut apercevoir dans l'œil du papillon sur le point de mourir un incendie « *d'une admirable et terrible couleur rouge* » et que peut-être on pourra entendre un jour « *le halètement des granits* ».

Dans l'ivresse de ces festins de mots, j'ai entrepris de recopier sous le fanal vert de la lampe de bureau, un livre aperçu un jour de vacances à la vitrine d'une librairie à Manosque et que je n'ai eu pas les moyens d'acheter.

Alors, mes après-midi se métamorphosent en « *des fantasmagories de ténèbres et d'or* ». Je me balade à m'y perdre dans les sentiers de la montagne de Lure et je croise des villages lunaires sur le plateau du Contadour, jusqu'à parvenir à la phrase ultime : « *Provence perdue, intelligente, grise, cachée, silencieuse, solitaire, loin de tout. Tant pis !* ». Quand je rentre chez moi, il fait nuit et j'espère bien entrevoir « *des cavernes du métro, des sangliers éblouis [qui] sortiront en tremblant de la queue.* ».

3. Le voisin de Giono : rencontre à la MJC de Manosque

Le premier volume des œuvres complètes de Giono vient d'être édité dans la Pléiade et l'abondant appareil de notes mentionne à plusieurs reprises le nom de Privat-Jean Molinier. J'ai envie de rencontrer cet homme et je téléphone à la mairie pour obtenir son adresse. On me répond que le mieux que j'aie à faire est d'appeler la Maison des Jeunes où M. Molinier passe ses après-midi. En effet, je tombe très vite sur une voix à l'accent chaleureux qui roule les r. Il m'apprend tout de go qu'il a été jadis compagnon charpentier, qu'il a fait son tour de France, qu'il fut le voisin le plus proche de Jean Giono et qu'il sera heureux de me rencontrer quand je viendrai dans la région. Quelques mois plus tard, me voici au pied du Mont d'Or. Auparavant, j'ai relu *Manosque des Plateaux* : « *Ce beau sein rond est une colline ; sa vieille terre ne porte que des vergers sombres. Au printemps, un amandier solitaire s'éclaire soudain d'un feu blanc, puis s'éteint. Du haut du ciel, le vent plonge ; la flèche de ses mains jointes fend les nuages. D'un coup de talon il écrase les Alpes, mais l'air des plaines proches ne le porte plus ; il nage à grands coups d'aile et il crie comme un oiseau naufragé.* ».

Le voisin de Giono me reçoit comme un ami de longue date. D'emblée, il souhaite que l'on se tutoie, alors qu'un demi-siècle nous sépare. « Avec Giono, nous avions à peu près le même âge et lorsque je me suis installé à Manosque en 1938, j'avais lu toutes ses œuvres sur les chantiers. Comme j'habitais à 70 mètres en-dessous de chez lui, je suis allé me présenter comme compagnon du Tour de France. Compagnon ? m'a-t-il dit, alors ma porte vous est ouverte, vous venez quand vous voulez. Et c'est ainsi que sur une période de plus de trente ans, pas vrai, je lui ai rendu visite une ou deux fois par semaine. » Pendant plus de trois heures, tout en extrayant des livres rares de sa bibliothèque et en en lisant des extraits, il évoque le conteur qui se plaisait à lui narrer en primeur les histoires du roman qu'il était en train d'écrire, l'humoriste, le visionnaire, l'homme généreux qui lui écrivit une préface pour un recueil de ses poèmes. Et avant de prendre congé, il me remet un exemplaire de la revue *Loisirs Haute-Provence* dans laquelle il décrit l'homme qu'il a connu : « L'imagination de Giono ne fut jamais au service des doctrines, théories, engagements que l'air du temps préconisait. Il la préserva toujours soigneusement de pareilles souillures. Elle était liberté, création, délivrance. Elle appartenait à l'homme nu, dépouillé... »

4. Reillanne : la première exposition Giono

Naguère, les organisateurs n'étaient pas encore affublés du titre pompeux de *commissaires d'exposition*, mais Émile Lauga aurait pu se parer sans usurpation d'un tel titre, puisqu'il avait exercé la fonction de commissaire (de police) avant de créer à Reillanne avec son épouse Henriette l'association *Les Amis des arts*. À lui, revint l'honneur de monter la toute première exposition consacrée à Giono durant un été dans le village de Reillanne en Haute-Provence.

Du coup, je loue un appartement pour tout un mois et je passe mes journées dans l'ancienne grange qui sert de salle d'exposition à admirer les photos et tableaux, à prendre des notes car il y a de nombreuses coupures de journaux et des textes inédits et surtout à rencontrer des passionnés de l'écrivain.

Faisant face à Reillanne est perché un hameau où vit Serge Fiorio, un peintre de la branche piémontaise des Giono qui est installé là haut depuis l'après-guerre et qui compose une œuvre singulière, intemporelle. Sans tambour ni trompette, chacun des tableaux qu'il peint est vendu tout aussitôt (quand il n'est pas vendu d'avance).

Un matin de la fin août, je pars à pied jusqu'à ce hameau de Monjustin où vivait autrefois Lucien Jacques, le meilleur ami de Giono, qui était lui aussi peintre, mais également poète, éditeur, voire berger. Je n'ai aucune peine à trouver la maison de Fiorio et frappe à sa porte, surpris par mon audace. Me voilà face à un homme rayonnant. « *Mon cousin Serge, celui que j'appelle Dionysos et qui est tellement beau qu'on ne peut y croire, dessine si bien que j'ai promis de le mener un jour jusqu'à Paris pour lui faire visiter le Louvre* » avait écrit Giono à son sujet. Je bredouille quelque excuse de l'importuner ainsi à l'improviste. Il sourit et me fait entrer dans son atelier où il est en train de peindre un extraordinaire paysage qui rappelle celui qui nous entoure. En fait, je n'ai pas grand chose à lui dire, sinon exprimer mon émotion et ma confusion de me trouver ainsi chez lui. Serge Fiorio me répond qu'à mon âge, il était tout comme moi quand il rendait visite à un artiste. Et peu à peu la conversation se noue, il me raconte sa façon simple de vivre et de créer dans la plus grande sérénité. Tout de suite, je pense aux maîtres japonais.

Giono (photo collection Les Amis de Jean Giono)

5. Au Paraïs , dans la maison de Giono

J'ai d'abord voulu connaître l'emplacement où Giono, rentrant chargé d'un sac de trente kilos d'olives les a déversées sous les yeux de son ami Lucien Jacques dans « *une sorte de petit bassin, dont un côté longeait les* Œuvres complètes *de Jean-Jacques Rousseau, les six volumes d'*Amadis de Gaule *et les soixante et quelques volumes des* Causes célèbres » comme il le raconte dans *Noé*.

« Mais pourquoi n'êtes-vous pas venu voir mon père quand vous étiez au lycée et que vous lisiez *Colline* ? Il aurait été ravi de faire votre connaissance ! » me dit Aline, sa fille aînée.

Voilà une bonne heure que je me trouve dans cette maison où Giono a passé quarante ans de sa vie. En 1930, il écrivait à Adrienne Monnier, la fameuse libraire de la rue de l'Odéon : « *On a quitté la Plaine. En effet, on a acheté à flanc de coteau à cinq minutes de la ville, une petite, une toute petite maison, un palmier, un kaki, un bassin, deux cents vignes, un pêcher, un abricotier, un laurier, une terrasse. Et là, on vit tous ensemble dans la soupe aux choux. Qu'on se le dise, on a une chambre pour les amis et une salle-à-manger où sans se serrer on peut aller dix.* »

Après m'avoir fait visiter toutes les pièces en commençant par le premier étage, Aline Giono m'a proposé de passer à la cuisine où se trouve madame Giono et nous buvons ensemble l'apéritif. Si j'ai osé frapper à la porte de la maison après avoir amorcé la montée des Vraies Richesse, c'est que j'avais un sauf-conduit que m'avait confié mon amie Yvette Ribot-Sivan de Digne : un pot de confiture d'oignons dont raffole Aline...

Nous parlons des nombreux visiteurs qui sont venus ici, à commencer par André Gide. Henry Miller avait projeté une rencontre en compagnie de son ami Lawrence Durrell, mais quand il passa à Manosque, Giono était en voyage. Quant à Blaise Cendrars, un autre de mes écrivains de prédilection, madame Giono m'affirme qu'il est venu à plusieurs reprises et je me plais à imaginer le dialogue entre les deux conteurs-menteurs...

6. « Une ville d'or » au théâtre de la Criée de Marseille

Bien qu'Aixois, je n'avais jamais mis les pieds à Marseille où ce soir je fais une entrée royale dans la voiture de Sylvie Durbet (la seconde fille de Giono), en compagnie de Mme Durbet sa belle-mère et d'Agnès sa fille. Nous nous rendons au théâtre de La Criée où l'on joue *Une ville d'or*, une adaptation par Raymond Jean d'épisodes marseillais tirés de *Noé*. Selon Giono, la cité phocéenne est l'objet des fantasmes de tous provençaux : « *Dans un carré de cent kilomètres de côté qui comprend vallée, vallons, plateaux, montagnes, friches, landes, limons, forêts et déserts, dans chaque maison des villes et des villages et dans chaque ferme, il y a chaque soir, au-dessus de chaque lit, dès que la lampe est éteinte, une sorte de brouillard dans lequel apparaît une ville d'or, semblable à une couronne de roi, semblable à une couronne d'élu : c'est Marseille.* » Sur scène, un récitant et différents personnages défilent tour à tour et à un moment donné, la famille Pelous, des amis qui hébergeaient Giono, apparaît. Il y a Gaston, Nini et la Mémé, une famille amie marseillaise chez laquelle Giono séjournait quelquefois. À la fin de la représentation, Marcel Maréchal rejoint notre petit groupe, ainsi que Guy Pelous, bouleversé qui vient de voir sa famille ressuscitée sur scène. « Les comédiens avaient exactement les mimiques de mes parents, j'ai cru à un moment qu'ils étaient revenus ! »

7. Le premier colloque Giono à Aix en Provence

« Pouvez-vous venir me chercher à la gare d'Aix ? », me téléphone Aline. À l'Université de Provence a lieu en effet le tout premier colloque international consacré à Giono onze années après sa disparition, par Jacques Chabot qui a réuni un aéropage de spécialistes de l'écrivain. Le train ayant eu du retard, nous pénétrons dans l'amphithéâtre alors qu'une communication est déjà en route. Immédiatement, Jacques Chabot se lève et annonce à l'assemblée l'arrivée d'Aline Giono et de son chauffeur. La communication reprend, puis une autre. Au bout d'un moment, Aline me dit : « Jacques, vous ne trouvez pas que c'est assez ennuyeux ? Si nous allions faire un tour en ville ? » Et nous voilà partis comme des collégiens séchant les cours, à faire du lèche-vitrine dans les vieux quartiers du centre, à déguster un café aux Deux Garçons sur le cours Mirabeau et à rire, loin, très loin des discours sérieux des universitaires.

– Votre père n'a pas souvent évoqué la ville d'Aix, à part un peu dans *Angelo*, où il cite d'ailleurs le café où nous nous trouvons.

– C'est vrai et pourtant il était un fidèle du festival d'Aix, car il adorait Mozart.

En effet, en réponse à un questionnaire demandant aux festivaliers ce qui les avait incités à assister au Festival de 1950, Giono répondit :

« *L'amour pour Mozart (et pour Mozart seul) la joie que je me faisais par avance d'entendre Mozart (et Mozart seul). La nécessité d'avoir dans cette pénible vie moderne la halte, le repos, la joie Mozart (et Mozart seul). Le besoin de Mozart.* »

Témoignage de Lawrence Durrell écrit pour l'exposition Les Chants du monde de Giono (catalogue réalisé par Jacques Ibanès en 1987).

8. Les chants du monde en Occitanie

« *Tous les bruits du printemps chantaient, et la terre et le ciel étaient pleins d'écho comme la vallée d'un ruisseau de montagne… Partout les bourgeons s'ouvraient ; tous les arbres allumaient peu à peu des feuilles neuves… Il y avait des odeurs qui marchaient et elles étaient si fortes que les feuilles se pliaient sur leur passage…* »

En ce premier jour du printemps, la MJC de Lézignan-Corbières m'a permis de réaliser mon rêve d'organiser une exposition où livres, photos et textes de Giono ont rendez-vous avec la musique, la peinture et l'artisanat. Sylvie et son mari Gérard Durbet me font la joie d'être présents pour célébrer le printemps Giono au cœur des Corbières et c'est une véritable efflorescence car la bibliothécaire n'a pas voulu être en reste et a manigancé elle aussi une farandole de livres où *Regain* côtoie *Les Âmes fortes* et où *Deux cavaliers de l'orage* saluent *Faust au village*. Et ce n'est pas tout : La Cité des regards, le cinéma de la ville, a pu se procurer des films de Giono grâce à la diligence de Jacques Mény, tandis que dans tout le canton, un concours de fresques est organisé dans les écoles primaires pour célébrer *L'homme qui plantait des arbres*.

Trois mois plus tard, la classe gagnante de CM2 se rendra d'abord à Manosque pour visiter la maison du Paraïs, pique-niquer sur l'herbe en compagnie d'Yvette qui offre à tous son fameux caviar d'aubergines et récupérer au passage le truculent prof de lettres Louis Michel qui organisera un joli chahut dans le car emmenant les enfants jusqu'à Banon, fief de cet Elzéard Bouffier, créateur de forêts. On a sur place la preuve qu'il a bien existé, puisqu'une rue porte son nom ! Et la fresque sera remise au maire de la commune.

Pour garder trace de ce printemps gionien en Corbières, ont été recueillis dans un catalogue, des témoignages sur Giono écrits spécialement pour cette exposition, qu'ont bien voulu me communiquer Jean Carrière, Raymond Jean, Bernard Clavel, René Depestre, Lawrence Durrell, Jean Joubert, Gilles Lapouge, Pierre Magnan, François Nourissier, Louis Nucera, Frédéric-Jacques Temple et André Tillieu.

9. Au pays du loup

« *Clara, seule. Debout. Elle fait un geste vers la marmite. Elle arrête ce geste. Silence, dans lequel on entend un de ces gémissements que poussent toujours les vastes maisons vides dans les silences profonds, surtout quand les poutres sont accablées de neige. Clara ramène lentement vers elle la main qu'elle tendait vers la marmite. Elle écoute. Les bruits viennent du silence même.* ». Je me trouve au village des Hermaux en Lozère, avec une petite troupe de randonneurs, en compagnie de Clara devant une lourde bâtisse. Clara qui est en train de me dire que tout irait bien s'il ne fallait pas vieillir, c'est Colette Renard qui jouait le rôle de la tenancière du *Café de la route* dans le film *Un roi sans divertissement*. Devant la porte, des jeunes femmes qui figuraient les enfants du village, viennent la saluer. Elle les reconnaît et les appelle toutes par leurs prénoms ! François Leterrier, le réalisateur, est présent lui aussi. Et chacun retient son souffle : voilà que l'on ouvre avec solennité la porte de la bâtisse, pour la première fois depuis le clap de fin du tournage du film, trente années auparavant.

10. Le voyage à Manosque

J'ai une maison dans la Montagne Noire qui a nom *L'iris de Suse*, titre du dernier roman de Giono. Aline devait venir l'inaugurer, mais la mort en a décidé autrement. C'est là que j'ai mûri le projet de rallier mon village de Castans à Manosque à pied, avec tout le barda d'un randonneur et *Noé* en poche. Avec ce livre, je suis sûr de ne pas m'ennuyer le soir. Au cours de mes vingt-trois étapes, je note ce qui m'est arrivé dans la journée et j'inscris quelques réflexions que m'inspire la lecture de *Noé*. Après la traversée du Haut Languedoc, je suis parti à l'assaut du Ventoux avant de me laisser glisser le long du GR4 jusqu'en Haute Provence. J'ai l'impression d'être le journalier des *Grands chemins* : «*C'est le matin de bonne heure... L'automne me traite vraiment en bon copain... Le soleil n'est jamais si beau qu'un jour où l'on se met en route.* »

Quand j'arrive à Manosque, il y a foule : c'est la Première du festival *Correspondances*. Je me rends au Paraïs où je suis reçu par des membres de l'association des amis de Giono et par Sylvie. Je demande à revoir le bureau du premier étage, celui où *Noé* a été écrit cinquante-cinq ans auparavant. Et sur mon cahier, je commence à écrire les première lignes du récit de mon équipée qui paraîtra quelques années plus tard : *Le Voyage à Manosque*.

11. Saint-Michel l'Observatoire, au pays du Serpent d'Étoiles

Il fait nuit noire et le ciel est « lisse comme un pierre de lavoir ». Ce soir, le comédien Alain Bauguil va décliner *Le Serpent d'étoiles*, récit lyrique dans lequel les bergers sont des rhapsodes qui au soir de la saint Jean mettent en branle harpes éoliennes, tympons et gargoulettes. Et je l'accompagne au chant et à la guitare avec les paroles du berger sarde qui refait la genèse :

« *Les mondes étaient dans le filet du dieu comme des thons dans la madrague :*

Des coups de queue et de l'écume ; un bruit qui sonnait en faisant partir du vent de chaque côté.
Le dieu avait du ciel jusqu'aux genoux. »

Tour à tour apparaissent la Mer, la Montagne, le Fleuve, l'Arbre, le Vent, l'Herbe, la Pluie, la Bête, le Froid qui voit dans l'homme « *Des étoiles et des soleils, et de grandes étoiles filantes qui mettent le feu dans tous les coins et de belles étoiles du berger qui montent dans le calme de la paix.* »

Et la chanson du récitant s'inscrit au profond de la nuit :

« *Homme ! Plus libre que la liberté des fumées, si seulement tu comprenais ta grande liberté !*
Oh ! Affamé d'air , ô chercheur d'au-delà, qu'à-tu à regarder la grande face du fond du ciel, et elle est faite du jeu des nuages ?
Tes pieds, tes mains, tes yeux ta bouche, et tout le rond de tes cuisses, et tout le rond de tes bras, et le pointu de ton ventre, et le plat de ta main, voilà que tout cela est assiégé par le bonheur ; voilà que le bonheur est à-dessus comme la mer océane sur son fond de montagne. Et tu te verrouilles comme l'agile et tu cherche le bonheur en toi. »

12. Ennemonde dans la Montagne Noire

Alain Bauguil est venu jusque dans ma montagne. Ce diable d'homme a une bibliothèque dans sa tête. Il la colporte à la demande, de village en village. Il arrive chez l'habitant qui réunit des amis et il se met à déclamer un livre. On attend que la nuit commence à tomber. Il y a tant de monde que Marie ma voisine a ouvert son jardin à tous. Face au mont Quiersboutou, Alain entonne l'histoire d'*Ennemonde* :

« *Les routes font prudemment le tour du Haut Pays. Certaines fermes sont à dix ou vingt kilomètres de leur voisin le plus proche ... Le ciel est souvent noir, ou alors bleu marine sombre, mais l'impression qu'on en reçoit est celle qu'on recevrait du noir ; sauf à l'époque où fleurit un réséda sauvage dont l'odeur fine est si joyeuse qu'elle dissipe toute mélancolie...* »

Nous retenons notre souffle. Le Haut Pays, ce soir c'est ici, chez nous. Les mêmes paysages, les même passions féroces, les mêmes crimes et quelquefois, les rires qui nous emportent. À la fin de l'histoire qu'on a écoutée bouche bée pendant près de deux heures, tout le monde s'embrasse et trinque à Giono.

Jacques Ibanès

Dernier livre publié (mai 2021) : *Dans ma maison vous viendrez* (Éditions l'An Demain), un hommage à cette maison qui a nom l'*Iris de Suse*.

« Jusque dans les lointains extrêmement bleus »
Giono, romancier de l'espace
par Agnès Castiglione

Giono dans les environs de Manosque (photo collection les Amis de Jean Giono)

« Giono est l'homme de l'espace, et des formes de cet espace[122] », affirme avec raison Robert Ricatte. Peu d'écrivains, il est vrai, ont manifesté une telle présence au monde et fait de l'espace même — et de la relation de l'homme à l'espace — le principe d'unité de toute une œuvre. Dès ses débuts, comme il le confie à Jean Amrouche en 1952, Giono ouvre l'espace confiné du sous-sol de banque où il travaille : « J'ai commencé par écrire *Naissance de l'Odyssée* dans une cave, parce que j'avais besoin de soleil[123] ». C'est le même besoin

---

[122] Robert Ricatte, Préface aux *Œuvres romanesques complètes* de Jean Giono, Paris, Gallimard, « Bibliothèque de la Pléiade », Tome I, 1971, p. X. Les références abrégées entre parenthèses renvoient aux différents volumes de cette édition (Paris, Gallimard, 1971-1995) : *Œuvres romanesques complètes*, t. I à t. VI ; *Récits et essais*, t. VII ; *Journal, poèmes, essais*, t. VIII. L'indication du tome (en chiffres romains) est suivie de celle de la page (en chiffres arabes).

[123] Jean Giono, *Entretiens avec Jean Amrouche et Taos Amrouche*, présentés et annotés par Henri Godard, Gallimard, 1990, p. 143.

d'espace, de lumière et « de l'ivresse que toutes ces choses donnent » qui lance en 1944, dans *Fragments d'un paradis*, la vaste navigation de *L'Indien* (III, 964). L'étroite solidarité de l'homme et de l'espace est constamment affirmée ; voyez par exemple *Solitude de la pitié* où Giono dit son intention de montrer l'homme tel qu'il est, « c'est-à-dire traversé, imbibé, lourd et lumineux des effluves, des influences, du chant du monde. [...] On ne peut pas isoler l'homme. Il n'est pas isolé. Le visage de la terre est dans son cœur. » (I, 537-538)

Allégresse cosmique

Cette puissance d'adhésion à l'espace physique, avec cette « allégresse cosmique » qu'il communique (II, 97), irise toute l'œuvre gionienne : « Le monde est là ; j'en fais partie. Je n'ai d'autre but que [...] de le goûter avec mes sens », lit-on dans *L'Eau vive* (III, 193). Une sensibilité innée à l'espace, une exceptionnelle acuité sensorielle favorisent cette fusion sensuelle que connaît déjà Jean le Bleu qui s'éprouve comme « une goutte d'eau traversée de soleil, traversée des formes et des couleurs du monde » (II, 96), comme un microcosme en lequel se réfléchit l'univers. Tous les sens en éveil captent de vives perceptions transmises à chaque page par la constante invention et richesse des images, renouvelées et renforcées encore par les transferts synesthésiques qui les relient entre elles à tous les éléments. Voyez par exemple Antonio au début du *Chant du monde* : « Il écouta dans sa main les tremblements de l'arbre » (II, 189). La nuit ou la cécité — il y a beaucoup d'aveugles chez Giono — libère et aiguise des sens d'un contact plus intime que la vue et l'on entend alors, comme dans *Les Grands Chemins*, le « coup de contrebasse de l'espace » (V, 628). Pour Clara l'aveugle, « le jour c'est l'odeur » (II, 233).

Le poumon, merveilleux « appareil de gourmandise », fait connaître dans *Noé* « la profondeur des abîmes de l'univers » (III, 750) ; « voilà les espaces infinis qui effrayent Pascal », note Giono dans *La Pierre* (VIII, 775). Les espaces illimités de la mer, eux, l'attirent. Un imaginaire fondamental de la terre et de l'eau gouverne la vision de Giono qui ne cesse de rêver échanges et inversions. Les paysages terrestres sont perçus en termes aquatiques : « sombre océan des vallées » (II, 316), « profondeur marine » de l'espace, « écume des routes » (II, 37), « chaos de vagues monstrueuses bleu baleine » des montagnes (III, 456). Le monde tangible devient aussi fluctuant que la mer, lieu d'incessantes métamorphoses. Bien avant la traduction de *Moby Dick*, la mer apporte à l'espace des collines son étendue, son rythme : « la houle du grand large nous portait dans le déroulement de ses vagues de terre » (VII, 104).

Invention géographique

L'espace géographique paraît pourtant bien délimité. Or en dépit de toponymes réels — mais Giono les prélève, les transpose et les déplace, quand il ne les invente pas — ce n'est pas « Provence pure et simple » (III, 1277). Il dit avoir créé de toutes pièces, comme William Faulkner l'a fait pour son Mississippi, un « Sud imaginaire ». « Il n'y a pas de Provence[124] » donc, mais un espace très singulier, une « invention géographique » (III, 1277), que le romancier de *Noé* explicite à son lecteur : « il s'agit d'*un monde* qui s'est superposé au monde dit réel » (III, 621). Ce monde se tient essentiellement sur les hauteurs. Autour de Manosque-des-Plateaux, entre montagne de Lure et plateau de Valensole d'abord, du côté de la montagne de la Sainte-Baume et des plates-formes sauvages du Haut-Var à la fin, c'est le *Haut Pays* qui fournit à *Ennemonde* son premier titre. Ce monde transporte plus au nord dans les Alpes du Dauphiné, autour du Trièves et du col de Lus-la-Croix-Haute, les mêmes qualités : c'est un espace rude et minéral de montagnes, de solitudes sauvages, de passions tragiques à la Shakespeare, l'écrivain « qui a le mieux décrit cette Provence[125] » selon Giono.

Autre canton de cette Provence toute personnelle, l'Italie — la patrie du fameux grand-père *carbonaro* — au-delà des Alpes et du mont Genèvre où surgit Angelo, le Hussard piémontais (IV, 5). Découverte en 1951 (*Voyage en Italie* paraît en 1953), longuement rêvée, elle est reliée à Manosque dès l'ouverture de *Jean le Bleu* par le cordon de cette « route aux peupliers » qui passe les Alpes et s'arrête aux portes de la ville à l'auberge bien nommée *Au Territoire de Piémont* (II, 4). C'est un pays aussi romanesque que le Haut Pays, même quand Giono se veut l'historien du *Désastre de Pavie* : toujours, « l'Italie ouvre des perspectives enchantées » (VIII, 992).

Vision impériale

L'espace gionien, c'est d'abord l'ouverture, la vaste étendue qui s'offre un peu partout au regard fasciné et que Giono nomme « le large » (II, 239). La jouissance qu'il procure n'est jamais plus intense que lorsque l'étendue est perçue dans ces visions panoramiques que Giono affectionne. *Le Hussard sur le toit* s'ouvre ainsi sur l'immense territoire provençal du soleil et du choléra. Le panorama suppose l'altitude, point de vue spectaculaire qui ouvre le monde comme un théâtre : « La mise en scène a dû coûter les yeux de la tête[126] », se dit Giono devant l'extraordinaire paysage déroulé à Moustiers-Sainte-Marie. Dans *Un roi sans divertissement*, un arbre ensanglanté par l'automne fascine les forêts « assises sur les gradins de l'amphithéâtre des

---
124 Giono, *Provence*, textes réunis et présentés par Henri Godard, Gallimard, 1993, p. 105.
125 *Ibid.*, p. 182.
126 *Ibid.*, p. 218.

montagnes » (III, 474). Le « plan cavalier » (III, 778), parce qu'il commande « une vue admirable sur l'espace » (III, 626), est donc la perspective préférée, le belvédère très recherché dans *Le Petit Garçon qui avait envie d'espace* (V, 855). C'est le poste d'observation surplombant de tous ces villages, comme celui de *Regain*, accrochés à flanc de rocher comme des nids de guêpes (I, 329). Dans *Colline*, la maison de Gondran est « juste au bord de la pente qui dévale vers les fonds » (I, 131). Elle « guette » la route et « tous les lacets du chemin jusqu'en bas ». C'est la vision *impériale* de Melville, perché au sommet de la malle de Bristol (III, 35). C'est celle de Langlois, depuis son *bongalove* « qui domine de haut l'entrelacement brumeux des vallées basses » (III, 543) — et d'où l'on peut même apercevoir le parapluie du colporteur huit jours avant son arrivée (III, 506). C'est aussi le poste d'observation d'Ennemonde, « là-haut sur sa terrasse », d'où elle jouit du monde entier « comme une vieille reine » (VI, 319) dont la vue perçante va jusqu'au « fin fond du zénith » (VI, 322).

Une oliveraie à Manosque (photo collection les Amis de Jean Giono)

Alors l'espace est vraiment libre : « La vue s'en va jusqu'à des lointains » (I, 637), jusque *derrière l'air* selon la formule aimée de Giono. La vue, perçante, en pénètre toute la profondeur par des trouées : « routes droites comme des rayons de soleil » (III, 716), « profondes avenues dorées » (IV, 268), couloirs ouverts « dans l'édifice de la forêt » (II, 484), « perspectives inouïes », « chemins de fuite » (III, 746). Sous le regard de Giono, l'espace entier tourbillonne dans le bonheur panoramique qui élargit les yeux « sur de nouveaux pays étalés et faisant la roue comme de gros oiseaux de toutes les couleurs » (II, 38). L'espace lui-même semble se mettre en mouvement avec le regard qui le contemple et le parcourt : « je vois la terre s'en aller de vallée en colline, jusque dans les lointains extrêmement bleus où elle est tellement mélangée à ce qui la transmet et à ce qu'elle porte, qu'elle entre dans le ciel déjà semblable à lui », lit-on dans *L'Eau vive* (III, 208).

Comme un vertige

Mais l'illimité, source d'extase, l'est aussi de malaise. La vacuité démesurée de l'espace, « l'immense solitude » (III, 872) engendrent cette « peur de la terre » souvent évoquée par Giono (I, 530), un sentiment de menace qu'exercent sur le promeneur « ces collines extraordinairement sauvages[127] », une « terreur divine » où il voit le « sceau de Pan » (I, 949). L'altitude déclenche le vertige, cette « insupportable envie de lâcher prise » (III, 791) dont tant de personnages de Giono font l'expérience existentielle. Dans *Le Chant du monde*, Antonio sur les pentes de Maladrerie perçoit ce « petit sifflement lugubre, si doux qu'il amollissait les nerfs, les muscles et desserrait l'étreinte des mains et des pieds » (II, 328). Dans *Batailles dans la montagne*, c'est Saint-Jean qui se hisse au-dessus du « halètement de gouffre » de grande Verneresse avec tout l'espace « en train de tourner comme une grande roue » (II, 1089) ou ailleurs encore le hussard Angelo, « écœuré par certaines pentes » sur les toits de Manosque (IV, 348). En mer aussi, le vide que les vagues creusent est « si profond et si vaste qu'il en sortait comme un vertige » (III, 873). Ainsi, « l'angoisse du manque d'appui », contrepoint de la dilatation euphorique dans l'illimité, appelle en retour le besoin d'une matière solide.

Aussi, comme dans *Deux cavaliers de l'orage*, on cherche un coin près du feu : « Non pas tant pour le feu que pour le coin, dans ces espaces où il n'y a pas de coin, où tout peut vous surprendre de tous les côtés » (VI, 187). Le désir d'expansion s'accompagne du besoin de l'espace clos : c'est la grande dialectique de l'ouverture et de la clôture qui structure en profondeur l'œuvre entière. Giono a souvent affirmé son goût de la claustration : abbaye, cloître de couvent, chartreuse et même cellule de prison. Un peu partout dans ses romans, des refuges multiplient les images de l'intimité protégée : *cabane, cagibis, cagna, cachette, cafouche, cafouine* proposent autant d'allitérations

---

127 Jean Giono, *Entretiens avec Jean Amrouche et Taos Amrouche*, op. cit., p. 114.

avec le mot « coin » que de variantes de la bienheureuse maison « en dur » de Tringlot dans *L'Iris de Suse* (VI, 388). *Un roi sans divertissement* célèbre lyriquement « l'englobement » de la voûte et loue les étables voûtées qui assurent une « magnifique protection » contre le dehors où « rôdent des menaces éternelles » (III, 467).

Mais l'espace restreint, interdisant toute évasion, ne tarde pas à engendrer le grand malheur de l'univers gionien, l'ennui. Dans le même roman, les horizons « entièrement fermés » (III, 472), les nuages bas, l'uniformité blanche du monde sous la neige créent un enfermement tragique : « Dehors, il n'y a plus ni terre, ni ciel, ni village, ni montagne ; il n'y a plus que les amas croulants de cette épaisse poussière glacée d'un monde qui a dû éclater » (III, 459). Il y a aussi une horreur de la constriction chez Giono. Il a évoqué dans *Virgile* son angoisse d'être fossilisé tout vif dans sa banque (III, 1045) et dans *La Pierre* le cauchemar spéléologique que déclenche en lui l'idée d'être enfermé « dans un boyau étroit » (VIII, 739). Les défilés et les gorges sont dans ses romans des passages inquiétants. Le puits, comme dans *Regain*, est toujours un lieu maléfique (I, 327). Il suffit d'ailleurs, dans les chroniques journalistiques de *La Chasse au bonheur*, d'un voyage en train et des ténèbres d'un tunnel : les chiches loupiotes ne donnent de lumière sur rien, « *elles n'éclairent que notre misérable condition*[128] ».

Domicilier le lointain

Ouverture et clôture seraient donc également fatales. Comment concilier l'apaisement du *lieu* et la satisfaction du désir d'espace ? La solution de Giono consiste, selon la juste remarque de Marcel Neveux, à « *domicilier* le lointain, renverser les rapports du dehors et du dedans[129] ». Giono se plaît en effet à toutes les manipulations d'espaces. Un bassin y suffit, comme on en trouve si souvent dans ses pages. Auprès du bassin, univers de sensations qui sollicite sa rêverie, Giono retrouve d'anciens souvenirs. Les jeux de l'enfance, comme celui du « bateau perdu » dans *Jean le Bleu*, où le petit rio des prés devient « un grand fleuve du delà des mers » (II, 74), s'y donnent à nouveau libre cours. Alors un simple bassin peut s'y démesurer aux dimensions du monde pour accueillir les navigations en miniature de « Jeux ou la Naumachie » : « en moi se dresse une image qui soudain m'illumine : la grande mer ! » (III, 120) L'image est reprise en 1925 pour le *finale* de *Naissance de L'Odyssée*. C'est auprès de l'étroit bassin aux cyprès où vogue un roseau gréé d'écorce qu'Ulysse crée en esprit son énorme périple : « Il sentait gonfler en lui la floraison de récits nouveaux » (I, 122).

Les grands domaines fascinent Giono, Moulin de Pologne, domaine de

---
128 Jean Giono, *La Chasse au bonheur*, Paris, Gallimard, 1988, p. 116.
129 Marcel Neveux, *Jean Giono ou le bonheur d'écrire*, Monaco, Éditions du Rocher, 1990.

Longagne, *ménages* de Marigrate, de Cadarache ou d'Espagne. *Noé* en propose de savoureux comme La Thébaïde, le domaine Flotte, le duché d'Empereur Jules ou le jardin suspendu de Melchior. Ils sont une inépuisable réserve de romanesque. Les *jardins d'Armide* chers à Giono sont des asiles enchantés. L'espace y est dompté, contenu. La forêt de Brocéliande peut y descendre (III, 295). Ils conjuguent la clôture et l'ouverture, le proche et le lointain, le mouvement et l'immobilité. En eux s'expérimente ce que Bachelard a nommé une « *immensité sur place* ». Le jardin, c'est de l'espace domestiqué. Les murs qui le pressent le font « jaillir et bouillonner » (II, 14). Il résume la totalité du monde et délimite un nouvel espace « à l'intérieur duquel se trouve concentré et exalté tout ce qui, hors de l'enceinte, diffuse et se dilue[130] ». Dans *Noé*, le merveilleux jardin de Melchior entre ciel et mer permet de parcourir et d'apprivoiser les immensités de l'univers sans s'y perdre, il est « une très ingénieuse machine à voyager immobile. » (III, 750)

Architectures d'espace

Autre façon de domicilier le lointain : découper un paysage et l'encadrer, organiser ces « architectures d'espace » (III, 850) qui attirent tant Giono. Dans le *Saint-Jérôme* d'Antonello de Messine, dont Giono reçut la reproduction en 1939 lors de son incarcération au fort Saint-Nicolas, la fenêtre de la cellule du saint, « grande dans le tableau comme l'ongle », porte néanmoins « tout un envol dans un paysage italien » (III, 686). Encadré dans la portière d'un train, le paysage « monte et s'organise » comme un tableau (III, 822). Telle vision est digne en effet d'Arcimboldo : la micheline

> tourne à grande vitesse dans une longue courbe qui fait défiler devant mon nez une exquise épaule blonde de coteau, vêtue du velours doré d'une éteule, d'une collerette de sainfoin verte et rose ; puis voici des hanches ceinturées d'amandiers, de saules et de peupliers d'où coule le satin vert brodé en noir au point de croix de lourds vignobles assemblés plis à plis ou à contre-fil (III, 821).

Dans le mouvement, l'espace se métamorphose. La vitesse aiguise les sensations et « provoque l'action » : « tout véhicule qui fait passer le paysage sous les yeux à une vitesse *insolite* excite l'imagination » (VIII, 555). Aperçu du train, il devient « un décor d'opéra, [...] les Indes galantes, l'Arioste, le Piranèse, un raccourci de tous les paysages romanesques[131] ». La perception des paysages en mouvement — « la danse du pays », dit Giono dans *Noé* (III, 821) — instaure à la place du réel « un monde à mille dimensions » (III, 710). La vision de Giono dépouille l'espace de ses apparences, le dénature, le multiplie, lui substitue une réalité nouvelle en laquelle les règnes sont mêlés,

---
130 Alain Roger, *Court traité du paysage,* Paris, Gallimard, 1997, p. 17.
131 Jean Giono, *La Chasse au bonheur, op. cit.,* p. 116.

les matières échangées, les substances et densités privées de toute stabilité. Voyez dans *Noé* l'étonnante métamorphose de ces « gros marronniers » en fers, tôles, agaves, oursins, algues, cristallisation minérale ou porphyre (III, 709-710). L'ivresse accumulative et métaphorique témoigne d'une rencontre bouleversante dans une expérience synesthésique inédite. Tous ces jeux de l'imagination, ces manipulations d'espaces — subversions, associations, télescopages — sont fertiles en inventions. Giono n'aime rien tant que le rapprochement imprévu d'objets que tout sépare pour engendrer de fécondes chimères : un bel arbre florissant et un cadavre, comme dans *Un roi sans divertissement*.

Giono et les bergers (photo collection les Amis de Jean Giono)

Invitation au voyage

Dans *Pour saluer Melville*, Giono établit une curieuse équivalence : « Le fumier de cheval est un grand poète. » (III, 22) En effet, l'odeur de la paille des écuries — « vaste, pleine de routes et de chemins » — parle fort à Melville, *alter ego* de Giono qui, en vrai poète, et selon la juste remarque de Bachelard, « veut que l'imagination soit un *voyage* ». Dès l'enfance, la vieille épicerie de Mlle Alloison propose tout un univers odorant qui sent le large. Elle suffit au « voyageur immobile », calfeutré dans sa petite *logette*, à embarquer « pour les premiers voyages vers ces pays de derrière l'air » (III 118). La sensibilité innée de Giono à « ce que le bruit, le parfum ou la couleur porte en plus de sa chose propre » (I, 230) fait rayonner les sensations dans un imaginaire d'une puissance peu commune et Jean le Bleu, pour « s'éloigner à son gré de son temps », n'a qu'à choisir ses adjuvants : « les sons, les couleurs, les odeurs qui aident au départ » (II, 63).

Giono est bien le romancier de l'espace, un espace inlassablement parcouru par tous les moyens de locomotion. *Noé*, qui s'est d'abord intitulé « Voyage à pied », montre comment le récit — l'histoire d'Empereur Jules par exemple — naît des hasards d'une déambulation dans les rues de Marseille. Le roman gionien arpente l'espace. *Que ma joie demeure* raconte la trajectoire de Bobi à travers le plateau Grémone ; *Le Chant du monde*, un aller-retour en pays Rebeillard ; *Le Hussard sur le toit*, la chevauchée d'Angelo jusqu'à l'Italie. Il semble même que tout y marche, les vents, les nuages, les eaux, les constellations, la transhumance du *Grand Troupeau* ou de *L'Iris de Suse*, le pays lui-même comme le glacier de La Treille dans *Batailles dans la montagne*. Un titre ancien comme *Les Grands Chemins* est emblématique de la démarche *ambulatoire* du roman gionien. Il a désigné bien des projets d'écriture avant de se fixer sur le roman de 1951.

Ainsi se développe un véritable mythe du « grand chemin ». Tout l'espace gionien est étoilé, irrigué de sentiers, chemins, routes, avenues, enfilades qui attirent, ouvrent le monde, agrandissent les perspectives, creusent les profondeurs. C'est ce qu'affirme Jourdan au début de *Que ma joie demeure* :

> Les hommes, au fond, ça n'a pas été fait pour s'engraisser à l'auge, mais ça a été fait pour maigrir dans les chemins, traverser des arbres et des arbres, sans jamais revoir les mêmes ; s'en aller dans sa curiosité, connaître. (II, 418)

D'un bout à l'autre de l'œuvre, la route est une perpétuelle *invitation au voyage* qui exerce son irrésistible attraction : « Le soleil n'est jamais si beau qu'un jour où l'on se met en route » (V, 633). Elle campe tout un personnel romanesque autour de la grande figure de l'errant — « piéton solitaire en manteau flottant » (V, 193) — que la route porte de relais en haltes auprès d'hôtesses comme « la mère de la route » dans *Le Chant du monde* (II, 223) ou dans des auberges dont l'emblématique *Café de la Route* dans *Un roi sans divertissement*.

Paysage-personnage

Dans la « nuit extraordinaire » du début de *Que ma joie demeure* (II, 415), tout raconte « une histoire », tout parle « doucement aux sens » (417) — et tout suscite en retour la parole poétique et l'invention dramatique. La création est inséparable de l'espace : « L'œuvre n'a d'intérêt que si elle est un perpétuel combat avec le large inconnu », lit-on dans *Pour saluer Melville* (III, 33). Et la phrase de Melville lui-même est « à la fois un torrent, une montagne, une mer » (III, 5). C'est l'espace qui, bien souvent, lance et détermine l'aventure, met en acte le personnage. Une simple image spatiale suffit à déclencher tout un univers romanesque. *Le Chant du monde* est né de la vision d'un paysage : « j'ai commencé simplement avec les sens, avec le fleuve » (II, 1265), dit Giono qui affirme dans *Solitude de la pitié* : « Un fleuve est un personnage, avec ses rages et ses amours » (I, 536). À Amrouche, il confie qu'*Un roi sans divertissement* est parti « au hasard » : « Le personnage était l'Arbre, le Hêtre[132] ».

L'espace suscite le personnage. Qu'un soleil couchant, « badigeonné de pourpre, saigne sur des rochers », il convoque aussitôt « les Indiens, les Aztèques, les pétrisseurs de sang, les batteurs d'or » (III, 473). L'atmosphère rouge et verte de la prison de 1939 fait naître Adelina White, une contrebandière anglaise vêtue d'écossais (III, 725). Un tramway crachant de « longues étincelles bleues » (III, 717), des trains chargeant « au galop » dans la nuit de Marseille (IV, 1190) font surgir en 1945 un hussard piémontais. Issu de l'espace nocturne ou forestier — voyez Bobi ou le Déserteur— le personnage à la fin s'y résorbe : Saint-Jean ou Mme Numance, « comme dans l'air du temps » (V, 443). Oui, l'espace « *joue un grand rôle* » (V, 181). Il définit le personnage, détermine son caractère, commande à ses passions. Albin est d'une pureté de glace parce qu'il porte en lui sa montagne : « Baumugnes, c'est moi » (I, 230). « C'est son pays qui l'avait fait ce qu'il était » (I, 228), écrit Giono qui confie lui-même, à propos du Trièves : « C'est de ce pays, au fond, que j'ai été fait pendant plus de vingt ans[133]. » Avec l'*Essai sur le caractère des personnages* (1955) et dans les années 1960, Giono entame une série de récits, dont vient *Ennemonde*, autour de *Caractères* rapportant des portraits de personnages au paysage qui les conditionne et dont ils sont l'incarnation.

Espaces d'encre

Pour Giono, le réel, c'est l'ennui. Dans *Le Voyage en calèche*, Julio dit à Donna Fulvia qui prétend vivre « réellement » : « Madame a l'adverbe de plomb[134] ». Mais les « puissances de derrière l'air » (VII, 52) sont toujours très actives et tout des objets du monde propose *le départ*. Des murs écaillés « avec des îles de salpêtre » (V, 194), les cartes routières, les *Instructions nautiques*, tout est « moyen d'expression qui fait venir à vous la montagne ou

---

132 Jean Giono, *Entretiens avec Jean Amrouche et Taos Amrouche*, *op. cit.*, p. 192.
133 Cité par Robert Ricatte, Préface aux *Œuvres romanesques complètes* de Jean Giono, *op. cit.*, Tome I, p. LXXVII.
134 Jean Giono, *Le Voyage en calèche*, Monaco, Éditions du Rocher, 1947, p. 17.

la mer » (VIII, 743). Tout est prétexte à une aventure de l'imagination par ajout, détournement, inversion ou hyperbole. Tout est propice à *démesurer*, mot-clé de l'imaginaire gionien : « Rien n'empêche de repousser constamment les horizons » (III, 9).

L'espace appelle l'écriture aussi violemment que, dans *Un roi sans divertissement*, la neige appelle le sang (III, 465). De l'espace extérieur à l'espace intérieur — « ce que j'écris [...] ce n'est pas ce que je *vois*, mais ce que je *revois* », confie Giono dans *Noé* (III, 644) — la marche de la création conduit au seul espace qui vaille et le fasse exister : celui de la page et des signes que l'on y inscrit. Giono a souvent exprimé, notamment dans *Virgile*, le plaisir « d'abord physique » que lui procurent les livres (III, 1046). Il aime les formes typographiques, les cartes et les signes abstraits qu'elles proposent à tous les vagabondages de l'imagination. Les *Instructions nautiques* contiennent à ses yeux « tout le nécessaire en interligne » (III, 916). Interlignes, espaces vacants des cartes, où « tout est blanc de la pâleur des terres inconnues » (I, 755), figurent assez bien la page vide où l'imagination pourra jouer au large et créer l'espace neuf d'une vision inédite. À partir d'un « joli nom », c'est « l'aventure de la phrase » (III, 683) qui, seule, crée tout un dédale de ruelles et construit finalement Buis-les-Baronnies, une ville fourmillante qui n'appartient plus qu'aux nouveaux espaces d'encre engendrés par les mots.

Agnès Castiglione

Agnès Castiglione, agrégée de lettres modernes, docteur ès-lettres, est l'auteur d'une thèse sur l'œuvre de Jean Giono et de plusieurs études dont un essai sur *Un roi sans divertissement* (Bordas). Elle a codirigé le *Cahier de L'Herne Giono* (2020). Présidente de l'association « Les Amis de Pierre Michon », elle a aussi consacré de nombreux ouvrages et articles à l'œuvre de cet auteur, dont le *Cahier de L'Herne Michon* (2017). Elle a rassemblé et édité les entretiens de Pierre Michon, *Le roi vient quand il veut. Propos sur la littérature*, récemment réédités (Albin Michel, 2022).

Pierre Bergé par Jean-Yves Bertin

Pour saluer Giono
un entretien avec Pierre Bergé
par Olympia Alberti

Buffet, Giono et Bergé en 1950 à Manosque (photo Musée Yves Saint-Laurent, Paris)

Pierre Bergé a bien connu Jean Giono. Il était souhaitable de l'entendre parler de l'homme, de l'écrivain, de ce que sa vie en garde de présence. Comme je ne voulais pas revenir sur des points approfondis dans ma « métaphore de recherche », j'ai préféré juste relancer de temps à autre la sollicitation d'une mémoire attentive et fervente. Que Pierre Bergé soit ici remercié de son accueil amical et de sa confiance.[135]

Olympia Alberti – *A quelle occasion avez-vous rencontré Jean Giono ?*

Pierre Bergé – J'avais quinze ans – ce n'est pas tout à fait hier. Je lui ai écrit, parce que je dirigeais un journal de lycéens, à l'époque, à La Rochelle, et que je voulais un texte de lui ; il ne m'a pas donné le texte mais il m'a répondu, on s'est écrit. Et puis grâce à Jean Giono, quand j'ai eu dix-neuf ans, je ne suis pas devenu objecteur de conscience. C'est une lettre que j'ai publiée dans un livre que j'ai écrit. Il m'a dissuadé d'être objecteur de conscience.

OA – *Il vous en a dissuadé, lui, le pacifiste ?*

---
[135] Cet entretien a été publié pour la première fois en 2001 dans le livre d'Olympia Alberti *Jean Giono, le grand western*, Christian Pirot éditeur.

PB – Ce n'était plus la même époque : il n'avait pas cessé d'être pacifiste, mais il pensait qu'il fallait agir autrement, aujourd'hui, et que ma meilleure arme, c'était l'intelligence, disait-il, et que ce n'était pas de donner des armes à l'ennemi en devenant objecteur de conscience. Peu après, je suis allé en Provence, dans le Vaucluse, très près de chez lui. Là, je lui ai téléphoné...

OA – *Quel âge aviez-vous ?*

PB – Je n'avais pas vingt ans, dix-neuf ans, c'est ma première rencontre avec Giono : j'y suis allé pour une journée, j'y suis resté huit ans, à peu de choses près.

OA – *C'était huit années avec des départs et des retours, parce que peut-être poursuiviez-vous des études, ou vous travailliez ?*

PB – Non, il y a longtemps que j'avais fini mes études. J'ai loué une maison, j'étais là, j'ai commencé à écrire un livre sur lui, à sa demande – puis le livre ne s'est pas fait, pour diverses raisons, mais je suis resté là, près de Giono. Et aujourd'hui, je suis Président du Prix Jean Giono, et la famille Giono, c'est ma famille.

OA – *Sylvie, bien sûr...*

PB – Et tous ceux qui sont morts : Élise, et Aline, oui, c'est ma famille, tout le monde. Je possède une lettre d'Élise, d'ailleurs, après la mort de Giono – je lui avais écrit, bien sûr – où elle m'écrivait : « Pierre, vous serez heureux d'apprendre que dans le portefeuille de Jean, qui ne le quittait jamais, et avec lequel il est mort, se trouvait la dernière lettre que vous lui aviez écrite. »

OA – *C'est beau – cela rappelle le bel échange entre Rainer Maria Rilke et Boris Pasternak – lorsque Pasternak est mort, on a trouvé dans son portefeuille, qui ne le quittait jamais non plus, la lettre que Rilke lui avait écrite, en mai 1926. C'est une manière de reconnaissance de filiation... Qu'est-ce qui vous a donc amené, profondément, à le rencontrer ?*

PB – J'ai toujours cru, et pensé, que Giono était un des écrivains majeurs de ce temps. Essentiel.

OA – *Quels livres de lui aviez-vous rencontrés, alors ?*

PB – Tous, j'avais tout de lui, bien sûr, tout ce qui était publié.

OA – *Et ensuite, vous avez suivi les publications ?*

PB – Tout, bien sûr. Vous savez, j'habitais un endroit qui lui appartenait, une petite maison, *Le Bastidon,* pas loin ; et tous les matins, comme ça, je venais, à onze heures, je m'asseyais dans un fauteuil de cuir comme celui-là, et Giono me lisait ce qu'il avait écrit le matin. C'est comme ça que j'ai « lu » *Le*

Hussard, et la célèbre lettre de la mère d'Angelo. Et il me disait : tu vas voir, je ne suis pas mécontent de ce que j'ai écrit. Disant cela, il tirait sur sa pipe – et en effet, dès la première seconde j'ai compris qu'il avait raison, que c'était vraiment une très belle trouvaille.

OA – *Il vous faisait la très généreuse amitié de vous lire, chaque matin, ce qu'il avait écrit -pourtant quand on écrit, ce que l'on craint le plus, c'est exposer immédiatement son travail.*

PB – Il me lisait ce qu'il avait écrit. Chaque jour, tous les jours, régulièrement.

OA – *Quand on sait à quel point écrire est une passion, en lien avec le très intime, il devait vous aimer beaucoup.*

PB – Évidemment, il m'aimait beaucoup, puisque cinquante après je suis là !

OA – *C'est une belle réponse.*

PB – Il m'aimait beaucoup, puisque cinquante, cinquante et un ans après je suis là, devant vous, chez les Giono, à côté de Sylvie, dans le Prix Giono, dans Giono jusqu'au cou, vous savez.

OA – *Oui, mais c'est aussi votre amour de lui, de son œuvre.*

PB – Non, c'est aussi sa présence en moi, il m'a écrit : tu es la seule personne que j'aime à la fois comme un ami et comme un fils. Voilà. Je suis d'ailleurs le fils qu'il n'a pas eu, Giono, c'est clair. J'avais dix-neuf ans, Aline est un peu plus âgée que moi, et Sylvie plus jeune. J'étais le fils, voilà. Certes, je ne revendique rien, comme vous imaginez, on n'en est pas là, l'amour d'un homme et d'une œuvre n'est pas un passeport pour la rue. Je me sens son fils.

OA – *A qui il offrait le meilleur de sa création chaque matin.*

PB – Oui, tout de suite, un partage magnifique. Nous nous sommes tutoyés très vite. Pour moi, c'était difficile, vous pouvez imaginer, il était à mes yeux tellement important. Nous parlions. Il m'a arrêté, une fois ou deux – parce qu'il me tutoyait, et que je répondais : vous..., vous...Non, on se tutoie, me dit-il le premier, pas de vous entre nous.

OA – *L'entente était totale ?*

PB – Bien sûr, entière.

OA – *Mais vivant à son égard une manière d'affection filiale, et lui à votre endroit une amitié paternelle, il y aurait pu avoir des contestations, des débats, non ?*

PB – Vous savez, les fils que l'on se choisit ne sont pas les mêmes que les autres. Ceux-là, si on les a choisis, c'est qu'on va s'entendre avec eux.

OA – *Il y avait des affinités supplémentaires.*

PB – Exactement. Bon, je n'ai pas toujours été d'accord avec lui, pas tout le temps.

OA – *Un exemple ? L'expérience du Contadour ?*

PB – C'était avant moi. Non, j'étais fasciné par l'expérience du Contadour, lui aussi d'ailleurs. C'était avant la guerre. Non, politiquement, ses positions d'après la guerre ne sont pas des positions auxquelles j'ai toujours adhéré, c'est certain.

Pierre Bergé et Sylvie Giono le 20 juin 2016 au Paraïs (photo Anne-Marie Amaudric)

OA – *Parliez-vous politique avec lui ?*

PB – Oui, nous parlions politique, mais c'était une époque où la politique n'était pas très intéressante, c'était le début de la IVe République, nous n'étions pas dans une époque politique comme avant, ou comme aujourd'hui, où il y a de réels affrontements, de réelles oppositions.

OA – *Des enjeux ?*

PB – Voilà, il n'y avait rien – on peut dire que la politique n'était pas notre sujet favori.

OA – *Son pacifisme absolu ?*

PB – Non, son pacifisme absolu m'allait beaucoup. Mais après, il y a eu la prison où il a été deux fois...

OA – *De manière injuste...*

PB – De manière totalement injuste : la première fois à cause de Daladier, la seconde à cause d'un comité dit d'épuration, qui finalement n'a rien trouvé. Il a été relâché, enfin libre comme l'air.

OA – *C'étaient des gens iniques : ils l'arrêtent, alors qu'il a caché des juifs dans ses petites fermes, qu'il a caché des résistants, des artistes menacés par les nazis.*

PB – Oui, il a caché des juifs – il a toujours été comme ça, Giono, quelqu'un qui aide, qui donne. Enfin, quant à ses opinions auxquelles je n'adhérais pas toujours, du coup tout cela leur avait fait prendre un petit tournant un petit peu primaire d'anti-communisme, avec lequel je n'étais pas d'accord, mais ce fut passager, et ce n'était pas grave, cela n'a pas pesé.

OA – *Et dans cette œuvre foisonnante, y a-t-il un livre qui vous tienne particulièrement à cœur, le préféré ?*

PB- (Un bref silence de réflexion) Oui, il y a son petit livre de première sortie de prison, qui pour moi est un chef-d'œuvre absolu : *Pour saluer Melville*.

OA – *Que vous me faîtes plaisir ! C'est à mes yeux le chef-d'œuvre absolu, et inclassable.*

PB – Oui, c'est un chef-d'œuvre, un petit livre exceptionnel, d'un imaginaire formidable, d'une totale liberté, d'une densité prodigieuse.

OA – *...où l'on a la sensation de la porosité spirituelle, où le monde semble pouvoir tenir dans la main du poète, comme la petite feuille dans la main d'Adelina White.*

PB – Exactement.

OA – *Puisqu'on parle de sa présence au monde, quelles étaient à vos yeux ses plus grandes qualités - d'évidence, sans trop réfléchir ?*

PB – Vous savez, sans trop réfléchir, je pense que sa grande qualité était aussi son plus grand défaut, vous voyez, les deux réunis, je dirais... c'était son espèce de, pas de mythomanie mais de mensonge permanent, mais c'était une qualité aussi puisqu'il vous faisait voir la vie de façon admirable. C'était extraordinaire chez Giono : vous passiez des heures avec lui à voyager dans le monde entier, où il vous racontait des choses merveilleuses, où il vous promettait de vous emmener, naturellement il ne vous emmenait jamais, naturellement c'était faux...

OA – *Mais il vous emmenait dans son, dans votre imaginaire.*

PB – Oui, il vous emmenait quand même, loin. Et le défaut, c'est qu'à un moment donné on se réveillait, et on voyait très bien que cela n'existait plus. Donc c'était cela, Giono. C'était ça, et ça a été extraordinaire. Extraordinaire.

Une page de l'édition originale de *Pour saluer Melville*

OA – *Déjà, j'imagine l'émotion de recevoir une réponse de lui, quand on a quinze ans. C'était fabuleux.*

PB – Je recevais beaucoup de lettres à quinze ans : j'en ai une de Gide, d'autres gens...

OA – *Vous écriviez aux écrivains.*

PB – Bien sûr. Aujourd'hui, on n'écrit plus aux écrivains.

OA – *Si, il y en a encore qui écrivent.*

PB – Il ne doit pas y en avoir beaucoup. Et je ne vois pas de nos jours qui a la stature d'un Gide, d'un Giono...

OA – *Quelque chose de leur dimension est absent des gens dont les médias parlent. Il n'y a pas assez de générosité.*
De la même manière affectueuse, sans le critiquer, y avait-il un défaut qui vous agaçait ?

PB – Non, aucun défaut, rien, sûrement pas : il était quelqu'un de généreux, quelqu'un de bienveillant, il était exceptionnellement intelligent – il avait tout lu, Giono. Moi je lui dois tellement de choses ! Je lui dois la découverte de la littérature anglaise, complètement, de Jane Austen. Mais aussi de Melville, de tant d'autres. Je lui dois tant, je lui dois beaucoup, infiniment.

OA – *Il est vrai que déjà, quand on lit ses essais,* Les Vraies Richesses, Le Poids du ciel, *on voit un homme qui a tout compris sur le plan spirituel, sur lequel j'insiste : on le méconnaît là, c'est un espace chez lui dont on parle peu.*

PB – Oui, mais attendez, Giono, ce n'est pas Marie Mauron, ce n'est pas Henri Bosco, c'est Giono, et c'est immense.

OA – *Puisque son œuvre l'aborde, par des biais, est-ce que vous parliez de sexualité ?*

PB – Lui parlait de sexualité – il avait des aventures, il les racontait, il les enjolivait, il les imaginait. Vous savez, Giono est d'abord écrivain. Mises à part les deux ou trois aventures qu'on lui a connues, qui sont célèbres, Thyde Monnier, je ne sais plus qui encore... Giono était quand même un solitaire, à Manosque.

OA – *Fidèle à Élise ?*

PB – Non, pas fidèle du tout – enfin, il n'avait pas ce sentiment de l'infidélité ; il aimait sa femme, ses enfants, c'était une autre histoire. Il avait une autre conception de la fidélité, c'est tout.

OA – Il *était capable d'être fidèle autrement. Ouverts comme vous l'étiez tous les deux, la question de l'homosexualité a-t-elle été abordée ?*

PB – Il disait que cela ne lui faisait ni chaud ni froid.

OA – *Totalement indifférent ?*

PB – Oui, son plus vieil ami, son plus fidèle et meilleur ami, Lucien Jacques, était quand même homosexuel ; ils se sont connus depuis leur plus grande jeunesse, donc il ne pouvait pas avoir sur l'homosexualité un regard différent de celui-là. Moi, à l'époque, je vivais avec Bernard Buffet, c'est une histoire qui ne le concernait pas.

OA – *Il comprenait, c'est tout.*

PB – Il comprenait, il connaissait Gide par cœur, il connaissait Jouhandeau, qui lui envoyait ses livres – pour lui, la question ne se posait pas.

OA – *Est-ce qu'à un moment, il n'en a pas eu la tentation ?*

PB – ... ça, je ne sais pas, il aurait fallu poser la question à lui, ou à Lucien Jacques.

Giono et Lucien Jacques (photo coll. les Amis de Jean Giono)

OA – *Le compagnon de toujours.*

PB – Oui, le compagnon de toujours. Et son premier éditeur, quand même, pour *Accompagnés de la flûte*. Ils ont fini par mourir à vingt-cinq kilomètres l'un de l'autre...

OA – *Qu'est-ce qu'il a apporté à votre vie, si on peut cerner cela par des mots ?*

PB – À ma vie, il a apporté énormément. Vous savez, quand on est un jeune homme, qu'on veut être écrivain, on a comme ça une vague idée de ce qu'est un écrivain. Et tout à coup on rencontre l'écrivain, on est devant lui, et il se passe ce que je vous ai dit tout à l'heure : le matin, à onze heures, j'arrivais, il me lisait ce qu'il avait écrit ; il se levait tôt, il écrivait deux pages par jour, jamais moins, jamais plus.

OA – *Jamais plus ?*

PB – Jamais ! Ou il fallait qu'il soit absolument pressé par son éditeur pour remettre un livre parce qu'il avait traîné un petit peu, alors là, il poussait les feux et se levait très tôt, sinon jamais. Alors j'ai vu devant moi l'écriture se faire, et le mythe de l'écrivain se défaire – c'est ce qu'il voulait. Ce que les gens pensent de l'artiste, de l'écrivain, ce mythe... C'étaient de ces choses qu'il méprisait beaucoup. Lui, il détestait « l'inspiration », absolument, il n'y croyait pas.

OA – *Il était tout le temps inspiré, dans le souffle absolu...il n'avait pas besoin d'y croire !*

PB – Non, non, vous vous trompez en croyant ça, il n'était pas inspiré, il méprisait cette histoire, et *le système de l'inspiration*. Il me disait : tu comprends, mon père était cordonnier, si à la fin de la semaine, quand ma mère venait lui demander des sous, il avait dit « j'ai pas eu d'inspiration pour ressemeler les chaussures », tu aurais vu la tête de ma mère ! Donc, disait-il, qu'on ne me parle pas d'inspiration, ça n'existe pas, on fait un métier : moi je suis écrivain, un autre ressemelle les chaussures, un autre est garagiste, c'est pareil, et tu écris dans n'importe quelle condition parce que c'est ton métier.

OA – *Il est normal qu'il ne la voie pas, l'inspiration, il baigne dedans, il est toujours dans cet inspir profond.*

PB – Non, il ne considère pas une seule seconde que l'art se fait avec l'inspiration, il considère que l'art se fait avec un métier.

OA – *On est d'accord, avec un vrai travail quotidien.*

PB – Quotidien ; mais il ne faut pas grandir ça...

OA – *Il ne s'agit pas de grandir quoi que ce soit, mais d'être dans une vérité, même s'il n'adopte pas les mots utilisés par les autres ou leur posture paresseuse. Il est quand même perpétuellement branché à l'essentiel.*

PB – Oui, mais vous voyez, par exemple, ce n'est pas parce qu'il écrit que l'air est important, que l'air est important *pour lui*. Dans *Les Vraies Richesses*, quand il se promène à Paris, dans la rue du Dragon, il écrit ce qu'il voit. Parce qu'il est un merveilleux écrivain, et qu'il a un œil magnifique. Mais ne lui parlez pas d'inspiration.

OA – *Il en refuse la notion paresseuse, on est d'accord.*

PB – Donc, vous me demandiez ce que j'ai vécu avec lui – j'ai vu de près un faiseur de feu, j'ai vu comment on le faisait, le feu, comment ça existait, alors j'ai été plein d'admiration devant la manière dont Giono travaillait, amassait ses matériaux, les construisait, les répartissait, mais en même temps, j'ai vu se détruire le mythe de l'écrivain, je trouvais ça formidable. C'est la plus belle leçon que j'ai retenue.

OA – *D'humilité ?*

PB – D'humilité profonde.

OA – *Et de vraie générosité, comme s'il vous disait : petit, ne te trompe pas.*

PB – De totale générosité. Mais en dehors de la générosité, il y avait quand même un trait de Giono que moi je ne mettrai pas au débit de Giono, qui n'est pas pour moi un défaut, ce sont les artistes, ça, c'est l'égoïsme le plus total, caparaçonné, complètement. Mais vous savez, un homme qui vit dans cette solitude, 365 jours par an...

OA – *Avec le gynécée : la mère, l'épouse, les filles, les femmes autour quand même.*

PB – Oui, les femmes autour. Il habitait là-haut. J'ai toujours considéré que son bureau le faisait comme un commandant de bateau. Il était en haut, et il y avait la soute, en bas, et dans la soute se mélangeait tout ce qu'on voulait.

OA – *Les énergies en mouvement pour faire vivre une maison.*

PB – Oui, les énergies, si vous voulez : ce n'était pas son truc. Tout d'un coup, à midi un quart, on entendait crier « on déjeune, le déjeuner ! », alors il disait « ah, on y va », il se levait, il y allait. Puis il remontait, il s'allongeait, dormait un peu, puis il lisait des romans policiers.

Jean Giono et Pierre Bergé en 1950 à Manosque (photo Bernard Buffet, Musée Yves Saint-Laurent, Paris)

OA – *Oui, les lundis après-midi, parce que le facteur les apportait ce jour-là, m'a dit Sylvie.*

PB – Il ne lisait plus que des romans policiers, tous les jours ! Il avait tout lu, de toute façon. Il allait au cinéma, dans de mauvaises salles, voir de mauvais films, le dimanche après-midi. Il rentrait chez lui, il allait boire une bière ou un Perrier au Café-Glacier. C'était comme ça, Giono, parce que c'était vrai, parce qu'il ne jouait pas à l'écrivain.

OA – *Il ne prenait pas la pose, il n'en avait pas besoin.*

PB – Sûrement pas, il n'avait pas de posture, il ne se racontait pas d'histoires sur l'écriture. C'était sa vie.

OA – *C'est sa force, cette vérité, et la puissance avec laquelle nous sommes embarqués.*

PB – Oui, mais il savait parfaitement qui il était.

OA – *Tout en gardant son humilité – ce devait être d'une savoureuse jubilation, parfois.*

PB – Oui. Il ne voulait pas être de l'Académie, mais il aurait voulu y être, il n'a pas fait confiance à Pagnol – il l'a soupçonné de vouloir le rouler. Là-dessus, au même moment, Gérard Bauer a pris un train, est venu à Manosque, et l'a convaincu d'être de l'Académie Goncourt, et il a accepté.

OA – *Oui, le fauteuil de Colette.*

PB – D'un autre côté, il a tourné autour de l'idée du Nobel pendant plusieurs années.

OA – *Ils l'ont raté, c'est dommage.*

PB – Ah ça, pour l'avoir raté, ils l'ont raté – lui a pensé qu'il l'aurait. On lui avait envoyé un émissaire.

OA – *Son œuvre immense le méritait largement.*

PB – Naturellement, en tout cas, pour parler des Français, au moins autant que Martin du Gard et que Mauriac, pour être très clair, et que Camus. Je pense qu'il a été *amertumé* de ne pas l'avoir.

OA – *Enfin, ayant été le témoin et l'ami privilégié, qu'est-ce que vous aimeriez nous dire, un aspect méconnu de Giono peut-être ?*

PB – Dans ce foisonnement où les gens ne se retrouvent pas beaucoup, je voudrais dire que Giono est un des plus grands écrivains de ce temps, je pense, un écrivain et un martyr, comme l'ont toujours été les grands écrivains, martyr de son métier, martyr de son travail, comme Flaubert l'a été dans son gueuloir à Croisset, comme Céline, qui y a sacrifié son sens commun, comme Genêt – je vois entre les deux œuvres de grandes correspondances. Si l'on sort de France – il y a des écrivains qui l'ont adoré d'ailleurs, comme Henry Miller. Giono est un écrivain absolument essentiel, qui raconte sûrement des histoires, mais dont la plus belle histoire qu'il ait jamais racontée, c'est simplement son écriture.

OA – *Et celle de son écriture :* Noé.

PB – Pour moi la phrase de Giono, sa syntaxe sont au-delà de tout, il peut parler des chiens, des chats...

OA – *Des chevaux...*

PB – ...ou de tout ce qu'on voudra, ça n'a aucune importance, la seule vraie chose de Giono, c'est l'écriture. Il y a très peu de gens dont l'écriture soit plus importante que le reste.

OA – *Dans l'écriture, il y a son amour, l'amour du vivant.*

PB – Oui, ne pas devenir Langlois, quand il travaillait à la banque. La lecture et l'écriture. Dans cette lettre qu'il m'a adressée, justement, où il me déconseille de devenir objecteur de conscience, il me dit : « si vous voyez Mac Orlan, dîtes-lui que je lisais *L'Étoile Matutine* en payant mes coupons à la banque. Je ne me trompais pas. » Mais comment parler aujourd'hui de Mac Orlan, de Marcel Schwob – ça n'intéresse personne, les gens ne lisent plus.

OA – *Peut-être, mais pour celles et ceux qui lisent encore, il faut continuer.*

PB – L'écriture exceptionnelle de ces gens-là a permis à Giono d'exister.

OA – *Vous voulez dire qu'il vivait par l'écriture et pour l'écriture.*

PB – Oui, et par celle des autres.

OA – *Il est vrai que l'altérité, chez Giono, c'est un bel espace :* Que ma joie demeure...

PB – Oui, il vivait par son écriture, et celles des autres.

Olympia Alberti et Pierre Bergé
Paris, le 30 janvier 2001

Témoignage de Luis Nucera écrit pour l'exposition *Les Chants du monde de Giono* (catalogue réalisé par Jacques Ibanès en 1987).

« Un Roi » vient quand il veut
Entretien avec Jacques Terpant à propos de son adaptation en album d'*Un roi sans divertissement*
par Patrick Bellier

Un Roi sans divertissement aux éditions Futuropolis

Patrick Bellier : *Jacques Terpant, vous étiez proche de Jean Raspail dont vous avez adapté deux romans, soit six albums successifs (on rappellera pour qui est peu au fait du fonctionnement de la bande dessinée qu'un dessinateur « classique » consacre une bonne année à remplir les cinquante-six planches – voire les soixante-huit – du dit album). Suivent les deux volumes de* Capitaine Perdu, *cette Amérique française du dix-huitième siècle qui sort tout droit de votre tête et de vos obsessions. En clair, dans cette dizaine d'années vous êtes seul maître à bord, accueilli qui plus est par divers éditeurs. Vous rencontrez alors Jean Dufaux par le biais de Sébastien Gnaedig, le directeur de Futuropolis qui vous accueille dans sa maison d'édition. De cette rencontre triangulaire trois albums vont naître :* Le Chien de Dieu, *c'est clair, sort de la passion pour Céline du grand scénariste belge ; déjà, avec* Nez de Cuir, *c'est votre attirance ancienne pour La Varende qui emmène l'attelage ; mais avec* Un Roi sans divertissement *plus encore peut-être, c'est vous* *qui êtes à la manœuvre, même si le métier accompli de Dufaux vous a mis en confiance en dénouant le double nœud du récit de Giono. Pourriez-vous expliquer ici pourquoi Giono d'abord, ensuite pourquoi précisément* Un Roi, *vous qu'on aurait plus logiquement vu adapter le « Cycle du Hussard » – je songe à votre goût pour la geste guerrière et plus généralement pour le souffle épique – ou les amples romans lyriques et paysans d'avant-guerre ?*

Jacques Terpant : Vous comme moi, Patrick Bellier, nous savons que pour les gens de notre acabit – je veux dire les gros lecteurs de plus de cinquante ans – leur parcours de papivore se lit dans leurs murs de livres ; croisez cela avec ma passion ancienne pour les « cartonnés Bonet » édités par Gallimard dans les années cinquante à soixante – ici ceux illustrés et de grand format – et votre œil accroche d'emblée, au centre de ma bibliothèque d'apparat, mes quatre gros Giono trônant en majesté...

(Étrange assemblage, si l'on y plonge, que ces quatre objets : d'abord des « Romans » certes alignés chronologiquement mais sélectionnant sept seulement des seuls romans d'avant-guerre ; ensuite deux volumes sans titre générique succédant l'un le premier et le troisième des romans du cycle du hussard et l'autre le second et le quatrième ; enfin des « Chroniques romanesques » accolant ici Un Roi *et* Noé *(le Giono des années d'après guerre) et là trois des grands romans des années tardives. Le grand ordonnancement de Robert Ricatte va suivre dans les années soixante-dix à quatre-vingt dans la Pléiade, bien avant que la subjectivité resurgisse il y a peu avec l'élection d'*Un Roi *dans cette même Pléiade, Jacques Terpant va y revenir, à qui on a trop vite coupé la parole).*

J.T. : Mon attirance pour Giono constatée sur pièces, vient la question du pourquoi. Mon Giono – les spécialistes pardonneront ce truisme – c'est celui des années trente à quarante, celui d'une Provence lyrique et secrète à la fois (pour l'essentiel imaginaire), faussement douce car travaillée déjà par une menace diffuse, celle des hommes un peu (Giono est un survivant horrifié de la Grande Guerre) mais celle des dieux surtout – je songe au Grand Pan – terribles et cruels aux humains, même s'ils s'avèrent parfois plus miséricordieux.

Le Giono sombre d'après guerre me requiert moins... à quelques exceptions près, *Un roi* surtout sur lequel je vais revenir. On l'a dit et (trop) répété, le pacifiste de 1940 tombe du piédestal du Contadour, *Signal* aggrave les choses et l'épuration met l'auteur au rang des galeux. L'ombre sur lui s'allégera sans s'effacer et il mourra reconnu mais sans être – en somme – remonté à sa hauteur. Cinquante ans après la chose est faite, je songe au *Cahier de l'Herne* récent qui met Giono à sa place puisqu'on l'y voit compagnonner avec les plus grands – Gide passe, amical et fréquent : la statue du commandeur le traite d'égal à égal.

Dans mon désintérêt très relatif pour la seconde moitié de l'œuvre, il n'y a bien sûr rien des réserves d'un temps dépassé et de ses visions partisanes, mais bien une préférence vite enivrée pour son premier lyrisme. Un ouvrage pourtant faisait depuis toujours exception dans ce dédain relatif, *Un roi sans divertissement*. Pourquoi ? Eh bien, je ne saurais vraiment dire... Tout de même, partons des faits : ils se passent dans le Trièves, les contreforts sud de nos Préalpes dauphinoises, comme « mes » Monts du Matin (ou plutôt « mon » Royans) sont la pré-chaîne de «notre» Vercors à vous et à moi : même si la Provence de Giono est imaginaire, là on y échappe pour se retrouver dans l'un de nos villages de montagne – en clair, *Un roi*, c'est chez nous que ça se passe !

Planche tirée de l'album *Un Roi sans divertissement* adapté du livre de Jean Giono par Jean Dufaux & Jacques Terpant (éd. Futuropolis)

P.B. : *Hostun n'est pas loin, ou vous êtes ancré au passé millénaire de votre village ?*

J.T. : Oui, en effet, la proximité est physique et la similitude étroite, celles d'une petite communauté paysanne avec ses humbles, ses quelques notables, et puis ceux qui passent, comme ce Langlois.

P.B. : *Longtemps vos proches – d'emblée je fus des leurs – ont vu dans votre passion pour cet ouvrage votre proximité avec ce personnage du capitaine de gendarmerie : même passion froide et vite enracinée pour le lieu, même maniement dominé d'une violence que – pas plus que lui – vous ne vous interdisez pas vraiment, même considération distante et équivoque de la part de la communauté villageoise, même garde rapprochée d'amis fidèles mais tenus à distance par votre comportement ironique et raide ?!*

J.T. : Oui, et c'est un contresens complet, car le drame de Langlois c'est l'ennui profond qu'il a à vivre. Or moi – et j'avais rêvé très tôt ce rêve que je n'en finis pas d'arpenter – je dessine et j'imagine, assis toute la journée devant la planche en cours ; et mes vacances sont rares, qui consistent surtout dans le travail de documentation préalable. Giono raconte qu'*Un roi*, c'est en vacances dans le Trièves qu'il l'a conçu et écrit, dans le temps record des dites vacances... où jusque là il s'ennuyait !

Très immodestement, en dessinant Langlois et tout son monde c'est à Giono imaginant des cadavres cachés dans le grand hêtre qu'il voit à l'horizon que je ressemble, plutôt qu'à son personnage. Et puis, beaucoup plus prosaïquement, je dirais de mon quotidien et de mon métier qu'on ne songe guère à demander à un galérien s'il s'ennuie sur son banc de nage...

P.B. : *Tout de même, cette passion ancienne pour ce texte – vous avez toujours rêvé de l'adapter, au point que ce rêve vous paraissait trop cher pour être un jour réalisé – ne tient-elle pas à une proximité qui n'est pas qu'avec le lieu, mais aussi (mais surtout) avec le héros ?*

J.T. : Peut-être, mais alors c'est trop profond pour être pensé. Et puis songez que ma fascination pour ce roman était partagée par une petite société secrète, qui avait peut-être transmué sa difficulté particulière de lecture en une sorte de merveilleux Sésame. Enfin vous noterez la fortune récente d'*Un Roi* chez un nombre croissant d'amateurs de Giono... et pas que : ça a commencé avec Pierre Michon – une référence – et ça se concrétise avec la sortie dans la Pléiade (où tout Giono est pourtant édité de belle lurette) de – je cite – *Un roi sans divertissement et autres romans*. Le temps de ce livre est venu !

Planche tirée de l'album *Un Roi sans divertissement* adapté du livre de Jean Giono par Jean Dufaux & Jacques Terpant (éd. Futuropolis)

Ceci dit, notre entretien prend place dans une revue de lettrés, aussi laisserai-je le littéraire aux professionnels de la profession. Pour nous, artisans de la bande dessinée – dessinateurs comme scénaristes – *Un Roi* suit une construction narrative si complexe qu'après l'avoir retourné dans tous les sens, elle m'avait fait renoncer à l'adapter. Giono s'y fait d'emblée récitant, qui se met en scène questionnant sur leur banc les vieux du village ; par là dessus, on peut supposer qu'ils rapportent le monologue de Saucisse (qui pour nous deviendra Clara), laquelle assure l'essentiel du récit avant que les vieux lui reprennent la parole pour finir, une fois la tête de Langlois partie en un éclair de nuit. Enfin il faut rappeler qu'à cette mise en abîme du discours –

particulière à *Un roi* – s'ajoute la difficulté pour nous classique de passer des mots aux images et aux dialogues ... difficulté ici poussée à l'extrême.

À ce double obstacle Jean Dufaux a proposé une double parade ; là en transposant la mise en abîme du discours dans la distance théâtrale (entre acteurs et spectateurs) ; ici en plaçant deux ajouts rusés aux deux extrémités du récit : la visite de Giono au château de madame Tim pour commencer, et pour finir le retour en scène et chez lui de l'auteur (la bibliothèque, les tenants et les aboutissants, enfin – sous le regard de Giono rêvant – le croisement des trois principaux protagonistes en calèche avec la petite Sylvie Giono sous son chapeau de paille). De cette prise de distance de l'album avec le roman rend d'ailleurs compte notre sous-titre, « d'après l'œuvre de Jean Giono » ... et non « tiré de » ou « adapté de ».

Enfin un épilogue – ces « bonnes pages » qui désormais adornent tout album digne de ce nom – voit Jean Dufaux refermer lui aussi par la récapitulation de nos trois albums en commun son texte de Post-scriptum, épilogue qui se termine sur l'évocation admirative de la Sylvie Giono d'aujourd'hui. Or ce qu'il n'écrit pas, c'est ce qui s'est réellement passé entre notre duo et la gardienne du temple ; car *Futuropolis* c'est *Gallimard* et depuis chez eux c'est Sylvie Giono qui veille... et qui a suivi tout du long l'élaboration de notre album. Ainsi, après nos premiers contacts, très vite elle avait repéré le célinien de Bruxelles et le hobereau bas-dauphinois : au scénariste elle avait asséné « Vous, je vous ai à l'œil ! » et au dessinateur susurré « Vous, ça devrait aller ! », ce qui ne m'avait pas franchement tranquillisé.

Ceci dit de l'attelage et pour revenir au dessinateur, c'est tout bien pesé que, dans les deux dernières des quatre pages de cet épilogue, j'ai dessiné l'avant et l'après d'*Un roi* : à gauche et en pleine page le hêtre sanglant qui cache les victimes de M.V. ... et qui a lancé Giono dans sa chronique romanesque ; à droite et en demi-page supérieure, Langlois assis face à l'auteur, dans le bureau de Giono à Manosque ... tel qu'il le décrit dans *Noé* lui être apparu, inconsolable peut-être qu'il était, *Un Roi* achevé, d'avoir laissé son héros envoyer sa tête aux étoiles.

P.B. : *Notre entretien s'allonge et on n'a parlé ni du loup ni du bongalove ; surtout, on n'a rien dit des couleurs, de l'hiver et de l'automne, de l'ombre des bois, de la neige immaculée ni du sang qui perle sur elle (ô Chrétien de Troyes), du groom dans sa tenue écarlate qui escorte le procureur, « grand connaisseur des choses humaines »... Et puis pourquoi diable M.V. prend-il dans votre album – et en plus sous vos traits – une importance (muette !) qu'il n'a pas chez Giono ? Ça, c'est une idée à vous, non !?*

J.T. : Eh, mon Dieu, encore une fois laissons l'œuvre de Giono aux littéraires, maintenant que le voilà décidément « grantécrivain » ; et n'allons pas surcharger cette revue de considérations qui n'intéressent que les passionnés de « Petits Mickeys ». Quant à M.V. au fond, dans lequel le capitaine de gendarmerie voit d'évidence son double inversé, sa part d'ombre, peut-être en suis-je en effet plus proche que de Langlois... Si c'est le cas, on ne peut que se féliciter pour la chair d'Hostun qui fut fraîche que la Bande Dessinée m'ait saisi tout petit !

P.B. : *Bon, il vous semble que là, on a tout dit de votre adaptation à tous deux d'*Un roi sans Divertissement *?*

J.T. : En somme oui, même si je réalise qu'on a bien peu parlé de Giono. Pour rattraper un peu ça, je vais vous offrir une scène finale, très visuelle – que voulez-vous, je ne sors guère du métier !

Comme ce troisième album refermait notre collaboration très « littéraire », Sébastien Gnaedig notre éditeur nous a, il y a peu, conviés tous deux à une bonne table parisienne, où nous avons beaucoup fêté les excellentes ventes d'*Un Roi* et un peu consolé le regret de nous séparer, Dufaux et moi. Mais l'événement était pour après le dessert, où Gnaedig nous remit avec une mine gourmande, à Jean Dufaux une première édition de *Noé* et à moi-même déjà un peu ému par l'alcool celle d'*Un de Baumugnes*... car *Futuropolis* c'est *Gallimard*, et donc son fond mythique.

À Dufaux, il offrait Langlois traversant dans *Noé* le bureau de Giono ; quant à moi, il savait qu'ayant de belle lurette renoncé à adapter *Un roi*, j'avais décidé – faute de grives et parce que ma famille maternelle venait de ses Hautes Alpes – de mettre *Un de Baumugnes* sur planches colorées, un jour, si la vie m'en offrait l'occasion ...

En littérature comme en bandes dessinées, un véritable éditeur sait ses auteurs.

Patrick Bellier & Jacques Terpant

Né le 11 avril 1957 à Romans-sur-Isère (Drôme) **Jacques Marcel Terpant**, illustrateur, dessinateur et peintre dauphinois, est devenu un auteur complet de bande dessinée avec une série inspirée de Jean Raspail, *Sept Cavaliers*. Passionné de BD depuis son tout jeune âge, Jacques Terpant passe par les Arts Décoratifs de Grenoble. Il réalise son premier album *Branle bas de combat* en 1982 avec Luc Cornillon. Sa carrière se poursuit dans la publicité et l'illustration. En 1988, il réalise la *Citadelle pourpre*, première tentative de BD interactive chez Delcourt. Début 2008, il a publié chez Glénat un livre d'illustration de *Contes et Légendes des Monts du Matin* écrits par Patrick Bellier. Il a publié *Un Roi sans divertissement* aux éditions Futuropolis en 2021.

Giono le nomade
par Pierrette Dupoyet

Giono (photo collection Les Amis de Jean Giono)

Chroniques « voyageuses » autour du roman Colline *de Jean Giono (1895-1970) adapté au théâtre par Pierrette Dupoyet sous le titre « Giono, mon ami… ». Récit de représentations théâtrales : Île de La Réunion, Liban, Tchad, Macédoine, Serbie, Tunisie, Comores, Île Maurice, Tahiti.*

Cela peut sembler étrange de baptiser ce témoignage « *Giono, le nomade* »... En effet, Jean Giono a peu voyagé, restant fidèle à sa Haute-Provence, ses oliviers et à l'odeur du foin coupé... Il n'avait pas, je crois, l'âme d'un baroudeur ! Et pourtant, j'ai fait voyager, sans qu'il le sache, aux quatre coins du monde, sa parole. C'est ainsi que ses écrits ont irrigué de nombreux endroits où les conflits avaient fait mettre genou en terre à toute sagesse. Il a été un Ambassadeur de la Fraternité bien au-delà de nos frontières, et je suis devenue son « humble servante ».

Mon coup de cœur pour Jean Giono a eu lieu à New-York en 1993. J'étais en tournée avec un spectacle sur Victor Hugo que je m'apprêtais à jouer au Florence Gould Hall de Manhattan ... La veille au soir, dans ma chambre d'hôtel, je zappais machinalement d'une chaîne télévisée sur l'autre. J'en étais à la trentième, quand tout à coup j'ai entendu une voix française sortir du poste ! C'était Philippe Noiret qui commentait un film d'animation où l'on voyait, en coups de crayon hachés, un homme qui plantait des glands là où il n'y avait qu'un désert aride. La voix, les subtils coups de crayon représentant des arbres inclinés par la bourrasque..., tout était fascinant. En quelques secondes, j'ai reconnu L'Homme qui plantait des arbres de Jean Giono. C'était surréaliste d'entendre cette nouvelle provençale au 20ème étage d'un building américain avec, en-dessous un New York fébrile, insomniaque et fier de l'être... Le film d'animation étant en langue française... J'ai immédiatement pensé que cela m'était destiné comme un cadeau du ciel...Alors, j'ai dégusté, savouré, cette parole qui s'est mise à résonner en moi, alors que j'étais à des milliers de kilomètres de Manosque ! En éteignant le poste, ma décision était prise : Je jouerai ce texte l'été prochain au Festival d'Avignon.

Rentrée en France, je contacte Sylvie Giono pour l'autorisation d'adapter au théâtre L'homme qui plantait des arbres écrit par son père en 1953. Elle est d'accord mais m'apprend qu'une autre compagnie travaille à l'adaptation du même texte, pour le même Festival d'Avignon... Je me replonge alors dans l'œuvre de Giono et je choisis de porter sur scène un autre texte de Jean Giono : son premier ouvrage Colline qui très vite s'impose à moi.

Le spectacle est créé au Festival d'Avignon 1994 où il affiche complet. Il en découle des propositions de tournées aux quatre coins du monde... Avec l'écriture de Giono, je vais parcourir des dizaines de milliers de kilomètres et constater à quel point son humanisme est universel.

1–Île de La Réunion, novembre 1994 (distance entre Manosque et La Réunion: 8.820 kms)

15 novembre 94 : St Denis de la Réunion (Océan Indien). Après 12 heures d'avion, j'arrive à l'île de La Réunion avec dans mes bagages le spectacle *Giono, mon ami*. Un vent incroyable couche les palmiers. Mais ici, on est habitué aux cyclones donc un palmier qui se courbe en deux n'impressionne personne.... Ce vent me renvoie de suite à une description faite par Jean Giono au début de *Colline* :

« *Le VENT bourdonne dans les platanes. Ce sont les Bastides Blanches... Le pays du VENT, la terre du VENT* ». Jean Giono

En plein cœur de St Denis, la Place du Marché (avec ses échoppes malgaches, ses souvenirs créoles et ses épices odoriférantes), et au centre, le Grand

Théâtre Fourcade. Le nom de Giono s'étale. Dès mon arrivée, je construis le décor avec les techniciens : une immense planche qu'il faut percer en 12 endroits puis fixer sur deux chevalets inclinés. On visse dans les trous des plots blancs, représentant les Bastides, des arbres miniatures, des tissus de différentes couleurs, de la mousse, voilà la Colline est installée... Un subtil éclairage viendra achever l'illusion d'un village perdu dans les hauteurs.

Émission TV *Fil Rouge*. On me demande pourquoi j'ai choisi de présenter un texte de Giono et en quoi il peut parler aux réunionnais dont la plupart ne sont jamais allés dans les Alpes de Haute-Provence. J'évoque le sens universel de la parole de Giono et la force d'une parabole au service de l'Humain.

20h30 : Le public réunionnais est là ! Le Théâtre est plein à craquer et le spectacle est salué par une standing-ovation. Un vieux créole me montre une photo de son chien qui s'est fait écrasé.... Il est persuadé qu'en tant que « porte-parole » de Jean Giono je peux comprendre sa détresse ! Il ajoute « *Quand vous avez parlé de la mort du sanglier, j'ai senti que ce Monsieur Giono connaissait le prix de la vie et le poids de la mort. Prenez cette photo, vous lui donnerez de ma part* ». Cet homme a l'air tellement ému que je n'ose pas lui dire que Jean Giono est mort depuis 24 ans.

« *...Sur la pente, une forme noire bouge. Un sanglier. Jaume a pris le fusil. Il vise à deux fois avec la volonté de tuer. Le coup déchire les bruits familiers... C'est un gros marcassin. La chevrotine l'a éventré et le sang gargouille entre ses cuisses, il hurle... Et c'est Mauras qui l'achève à coups de serpe* » Jean Giono

Dès le lendemain, la presse réunionnaise consacre de nombreux articles au spectacle *Colline*, photos, interviews radio et TV... Un journaliste s'étonne en direct que Jean Giono ne soit pas enseigné à l'école, au même titre que Victor Hugo ou Jean de La Fontaine... Je trouve qu'il a raison !

Il va s'ensuivre une tournée-tourbillon tout autour de cette île de 2.500 km2 à peine mais pleine de contrastes (campagnes, villes, mer, montagne volcan, cascades...).

17 novembre 94 :

9h30 : Représentation scolaire de *Colline*. 320 élèves (!)

14h : 2ème représentation scolaire de la journée... Les élèves vivent *Colline* comme un « thriller ». Il est vrai qu'il s'agit de la montée de la violence de tout un village contre un vieillard trop pétri de sagesse, jusqu'à ce qu'un projet d'assassinat soit envisagé.

Après ces deux séances, discussion avec les élèves qui posent des questions surprenantes : Ils veulent savoir si Jean Giono était un bon élève, s'il a écrit des romans comiques et pourquoi il aimait tellement la campagne... Retour à St. Gilles par la corniche. Beauté du front de mer, avec la lumière projetée sur la falaise. Émotion devant le cimetière marin de St. Paul. Je ne peux m'empêcher de penser que Jean Giono aurait apprécié cette impression de plénitude.

21 novembre 94 : Ville du Tampon (ville des géraniums au Sud de l'île). Théâtre Luc Donnat. Séance tout public qui affiche complet (600 spectateurs). Retour de nuit à St. Gilles. Croisé les énormes camions chargés de cannes à sucre pour préparer le rhum (1ère industrie agro-alimentaire de l'île).

22 novembre 94 : 18h30 : Le Tampon. Théâtre Luc Donat. Les professeurs qui ont vu le spectacle hier ont réclamé que leurs élèves puissent s'ajouter aux séances préalablement prévues... Alors, je vais donner 3 séances de *Giono, mon ami* dans la même journée. Celle du matin réunit 860 élèves (alors que la salle n'a que 600 places !). Il y a des élèves partout, sur les marches, par terre devant la scène, debout au fond. Les professeurs (lycées et collèges confondus). Les professeurs ont tenu à ce que tous leurs élèves viennent entendre la parole pacifiste de Giono. Louable initiative ! Bilan de la journée j'ai fait découvrir *Colline* à plus de 2.000 élèves !

26 novembre 94 : St Leu petit port de pêche, connu pour ses tortues marines géantes. Représentation au Théâtre Koméla. Le spectacle affiche « complet » (250 personnes).

Discussion avec le public après la représentation. Plusieurs spectateurs se disent fascinés par l'écriture « imagée » de Jean Giono. L'un d'entre eux, malvoyant, acquiesce. Il dit que l'écriture était tellement présente qu'il a vraiment « vu » les bastides, imaginé les champs d'oliviers et senti la fraîcheur de la source (bel hommage à l'écriture « vivante » de *Colline* !) .

27 novembre 94 : Montée jusqu'à Cilaos (1.200m) dans le cirque grandiose où on ne peut accéder que par une route escarpée et improbable, régulièrement coupée en période de cyclone. Le volcan du Piton des Neiges surplombe la ville.

L'institutrice veut que je rencontre une vingtaine d'enfants créoles (de 7 à 12 ans) d'un hameau oublié de tous : l'îlet à Cordes. Ces enfants habitent sur une île mais n'ont jamais vu la mer (!) Nous sommes au bout du monde. Dans une case en tôle, une télévision brinquebalante et sur les murs des images de la Vierge, des crucifix... Dans la cour, des poules, une odeur de boucané, des montagnes de cannettes vides.... Ambiance d'abandon, avec au fond des yeux des adultes une trace de résignation que seul le rhum fait oublier pendant quelques heures. Toutefois, comme dans tous les sites de l'extrême, une entraide existe, un rapprochement de bonnes volontés, une envie de s'aimer. L'hospitalité est reine.

On me propose un reste de plat « brède chouchou ». On veut me faire plaisir. Demain, je dois initier les enfants aux « belles histoires » grâce à Guy de Maupassant et Jean Giono. Je m'endors, sceptique face à ce challenge. Les 3 cirques de La Réunion sont exceptionnels et donnent l'occasion d'un face à face avec soi-même... Justement ce soir, je doute.

29 novembre 94 : Cilaos. Un enfant veut me vendre son coq de combat pour 150 frs (déjà le sens des affaires à 7 ans !...) d'autres m'apportent des fleurs mais se disent épuisés d'avance par le fait de devoir m'écouter (!) ... Finalement ils s'assoiront et se laisseront prendre par les histoires entremêlées de Normandie et de Provence, par le récit d'hommes et de femmes courageux, par les sentiments de générosité et de tendresse...J'y mets tout mon cœur et en secret je remercie Guy et Jean, ces deux grandes écrivains que j'ai embarqués malgré eux dans cette aventure ! Le soir, aux Thermes de Cilaos je profite d'un bain d'algues et de sources chaudes... Super moment de détente !

30 novembre 94 : 7h : Réveil avec une alerte de cyclone. Il est encore à 840 kms de La Réunion mais il se rapproche. Á 16h il n'est plus qu'à 590 kms... Il est recommandé de ne pas sortir en mer, ne pas partir en montagne, faire des provisions d'eau potable et de piles électriques...Retour à St. Gilles par la route de la falaise. Prudence ! L'île est remplie de chauffards et le précipice est à côté. Or j'ai encore à porter la parole de Giono dans de nombreux pays. Le cyclone se transforme en tempête tropicale. Au revoir La Réunion ! Prochaine escale pour Jean Giono, le Proche-Orient.

2–Liban, mai 1995 (distance entre Manosque et Beyrouth : 3.900 kms)

25 mai 95 : Liban. Arrivée à Beyrouth. Le chauffeur de l'Ambassade de France m'attend et me conduit au Centre Culturel Français. Le long du parcours, bâtiments dévastés, criblés de balles, routes défoncées. Toutefois, deux toiles peintes ont été dressées sur la façade du Centre Culturel. Volonté farouche de faire renaître la Vie et la Culture ! L'exposition la plus importante depuis la guerre se prépare : Le Salon des Artistes (700 exposants). L'invitation du spectacle sur Giono fait partie de ce programme de renaissance artistique. Nous allons donc fêter dignement le centenaire de sa naissance.

Nous partons de suite en direction de Zahle, dans la plaine de la Bekaa (fief du Hezbolla, occupée par l'armée syrienne). Il fait 40°. Hôtel Monte Alberto, accroché à flanc de rocher. De ma chambre, j'entends le torrent de la Wadi qui coule en-dessous de l'hôtel... Un nouveau clin d'œil à *Colline* :

« *Le surplus d'une fontaine chante en deux sources. Elles tombent du roc... Elles pantèlent sous l'herbe puis s'unissent et coulent ensemble sur un lit de joncs.* »

La télévision diffuse un film sur Lady Di et le Prince Charles. Anachronisme !

Jean Giono, lui, dans sa façon universelle d'aborder les sentiments, trouvera sa bonne place ici dès demain, je le sens.

26 mai 95 : Zahle (ville du vin, des mezzés, de l'arak mais aussi des poètes).

A l'issue de la représentation, les spectateurs se disent honorés que je sois venue jusqu'ici (Beyrouth et Zahle ne sont distants que de 37 kms, mais vu l'état des routes, cela prend 3 heures !). La directrice du Centre Culturel veut faire découvrir les œuvres de Jean Giono aux habitants de La Bekaa. Elle me demande de lui faire des suggestions. Je cite *L'Homme qui plantait des arbres, Que ma joie demeure, Le Chant du monde, Le Hussard sur le toit*, mais aussi *Les Âmes fortes* et *Un roi sans divertissement*. Elle va ajouter ces textes à la Bibliothèque du CCF. Jean Giono va donc être découvert par toutes les communautés présentes ici : (chiite, sunnite, maronite, orthodoxe, druze, catholique...), beau symbole de fraternité. Demain, nous partons dans le Sud-Liban.

27 mai 95 : Deir el Kamar. Émerveillement de me retrouver dans cette région Druze où règne en Seigneur Walid Joumblatt. Je joue au Palais de la soie où j'étais venue il y a 4 ans avec Guy de Maupassant. A l'entrée du Palais trône une exposition sur Jean Giono. Bravo ! La salle est archi-comble et applaudit frénétiquement au moment de l'incendie de la Colline lorsque Gagou, l'«idiot du village» tente de sauver les villageois :

« *Le feu monte. Le souffle terrible du brasier emporte des ailes entières. La flamme bondit comme une eau en colère. Gagou a couru en désarroi dans la fumée. Il bramait, il avait peur et tout à coup, émerveillé, il s'est immobilisé, tout tremblant de joie... toutes les branches sont des braises. Il s'approche, tend la main et malgré l'étau qui broie ses pieds, il entre dans le pays des mille candélabres d'or.* » Jean Giono

Dîner ensuite dans un des magnifiques Palais du Chouf. Demain, retour à Paris, mais vu l'enthousiasme remporté par ce spectacle, je reviendrai dans 4 mois...

Pierrette Dupoyet à Beyrouth, septembre 1995

3–Liban, septembre 1995 (distance entre Manosque et Beyrouth : 3.900 kms)

15 Septembre 95 : Beyrouth. Le Ministère des Affaires Étrangères m'envoie de nouveau au Liban pour une représentation à Beyrouth. J'en suis ravie. Sur la Place des Martyrs trône une sculpture en bronze où l'on voit une femme tenant un flambeau de la main droite et enlaçant un jeune homme du bras gauche. Cette statue hautement symbolique a été baptisée : *La Liberté montrant le Chemin*. Je suis sûre que Giono aurait, comme moi, apprécié cette statue.

Les travaux sont partout et la circulation est devenue quasi impossible mais le public trouvera quand même le moyen d'arriver jusqu'à la Salle Montaigne pour assister au spectacle. Nous sommes à deux pas de l'ancienne ligne de démarcation entre Beyrouth Est et Beyrouth Ouest. Le Centre Culturel Français a mis les moyens techniques nécessaires à la disposition du spectacle. La salle vibre au texte de Giono. Belles rencontres et discussions sur le thème du sacrifice et de l'engagement. Le fait que Giono ait refusé de prendre les armes face à l'ennemi intrigue certains spectateurs qui me demandent ce que Jean Giono aurait pensé du Liban et des luttes qui le déchirent depuis si longtemps.

Les libanais sortent de 20 ans de guerre et pour la majorité d'entre eux, il n'aurait pas été concevable de refuser de se battre... Missionnée par les Affaires Étrangères, j'ai le même devoir de réserve qu'un diplomate. Je précise donc que Giono avait le pacifisme dans les veines depuis les atrocités de la 1° guerre mondiale. Je cite son ouvrage *Le Grand Troupeau* où il raconte à quel point la guerre ne détruit pas que des Hommes mais fracasse aussi des rêves, des pays, des espérances en un monde meilleur...Giono, dans ses écrits, a affirmé ce en quoi il croyait : la Paix entre les Hommes. La réponse semble satisfaire... On me remercie chaleureusement.

Fin de la soirée au bord de la Corniche. Dîner dans ce Beyrouth qui veut croire en l'avenir. J'ai lu, ce matin, dans le journal *L'Orient-Le jour* que le Capitaine Dreyfus venait enfin de recevoir à 100 ans de distance les excuses de l'Armée !

4–Tchad, février 1996 (distance entre Manosque et le Tchad: 3.400 kms)

20 février 96 : N'Djamena. où je vais jouer *Colline* sous haute tension. Vu le climat de guerre civile, je n'irai pas à l'hôtel mais dans un logement de fonction gardé par l'armée. On me demande de ne pas sortir seule de l'enceinte car les agressions contre les européens sont quotidiennes. Il faut rouler toutes portes de voitures fermées à clef, ne porter ni montre ni quoi que ce soit pouvant attirer la convoitise. Le pays est en état de misère. Le régime est corrompu et les voitures volées sont souvent retrouvées au sein-même des autorités de la ville... Des élections sont annoncées pour dans 3 mois mais il y a de telles tensions entre le Nord et le Sud qu'aucune sérénité n'est en vue et le Chef d'État Idriss Deby qui a renversé il y a 6 ans Hissen Habré ne compte pas rendre les clés du pouvoir...

Partout, voltigent des sacs plastiques, accrochés aux arbres, aux grillages. Les chèvres circulent librement au milieu de tout cela et avalent régulièrement de ces étranges oiseaux...Quel destin différent d'avec les chèvres du Sud de la France, gambadant parmi les fruitiers et se repaissant d'une herbe grasse !... Homme ou Animal, la destinée varie vraiment selon là où on voit le jour !...

Dans la chaleur et la poussière, les militaires circulent à pied, fusil en bandoulière, ou hissés sur des Jeeps, le visage enrubanné dans des foulards kakis, noués à la façon Touareg. Aperçu, à quelques mètres de l'hôpital : des vautours...(sympathique !...). Émouvant de penser que dans les années 1920, André Gide a circulé lui aussi, dans les rues de N'Djamena. Qu'a-t-il tiré de cette expérience ? Comment les tchadiens vont-ils accueillir la parole pacifiste de Jean Giono ?

Rencontre avec une ethnologue, M-J Tubiana (spécialiste de la Civilisation Zaghawa au Nord du Tchad). Discussion passionnante que Jean Giono, attentif aux différents comportements humains, aurait sûrement appréciée. Le soir, obligation de se badigeonner de citronnelle car d'énormes moustiques attaquent. Soudain, la ville est plongée dans une complète obscurité

On entend des gens courir et des coups de feu claquer...

La peur survient, non pas la peur du choléra si bien décrite par Jean Giono dans « *Le Hussard sur le toit* » mais la peur de ce qui se tapit dans la nuit noire au cœur d'un pays en pleine guerre civile.

24 février 96 : Je joue *Colline* pour la 94ème fois devant une salle pleine et composée à 90% de tchadiens dont deux ministres : Ministre de la Culture et Ministre de la Condition Féminine (qui avouent ne pas connaître l'œuvre de Jean Giono et me félicitent pour être venue au Tchad faire découvrir cet auteur). Les 3 régisseurs, malgré un matériel défectueux, ont donné le meilleur d'eux-mêmes. Je les fais applaudir. Ils viennent de découvrir qui est Jean Giono et sont de suite devenus des adeptes ! C'est pour lui aussi qu'ils ont fait de leur mieux...Bravo !

Dîner chez le Directeur du CCF, passionné de «romans régionalistes» qui s'amuse à comparer Jean Giono et Marcel Pagnol. Je lui rappelle que si Pagnol a adapté 4 romans de Giono au cinéma, les deux hommes sont restés brouillés pendant 16 ans... Ils ne sont pas si semblables qu'on pourrait le croire !... Retour à 1h du matin, sous bonne garde, à l'appartement où je suis logée.

Nous affrontons plusieurs barrages. Chaque fois il faut allumer le plafonnier, ralentir, et attendre qu'on veuille bien nous laisser passer. Avec les « gendarmes » tchadiens, on ne risque pas grand-chose mais quand on a affaire aux « Combattants du désert », c'est différent. Ces Ninjas aux visages enrubannés ont la gâchette nerveuse et cherchent souvent querelle. L'ambiance nocturne de N'Djamena étant inquiétante, je trouve incroyable d'avoir pu, dans ce climat de tension extrême, jouer un texte de Jean Giono qui parle de Tolérance et de Fraternité. Sentiment de fierté. J'espère que le message restera ancré dans les esprits. En quelques jours Giono et moi allons passer de l'Afrique à l'Europe de l'Est.

5–Macédoine, mars 1996 (distance entre Manosque et la Macédoine : 1.900 kms)

1er mars 96 : Macédoine. Aéroport de Belgrade, puis Gare routière d'où partent des bus pour toute l'Ex-Yougoslavie.... Les portes s'ouvrent et les gens se ruent à l'intérieur, prêts à se piétiner pour avoir une place assise. Mon régisseur et moi leur emboîtons le pas après avoir déposé le décor du spectacle dans le ventre du bus.

Traversée de la vieille ville. Tout est écrit en cyrillique. La ville est grise mais j'ai un plaisir immense à me retrouver là. Je me revois en 1965 quand, grâce à mes parents voyageurs, j'avais découvert une Yougoslavie (à l'époque unie sous la gouvernance du Maréchal Tito) et eu un immense coup de cœur pour la diversité de ce pays et l'hospitalité de ses habitants... Les temps ont changé.

En pleine nuit, contrôle de frontières improvisées. A plusieurs reprises il faut sortir le passeport, montrer le visa, descendre du bus et soumettre nos bagages à la fouille. Heureusement, j'ai 3 laissez-passer : l'un écrit en Serbe, l'autre en Macédonien et le dernier en français.

Ce précieux document diplomatique explique que je suis missionnée par l'État français, que mes bagages sont le décor d'un spectacle et que je bénéficie d'un statut diplomatique... On me toise, histoire de m'impressionner mais on me laisse repartir sans me fouiller. Arrivée à l'hôtel Bristol de Skopje vers 11h du soir, les reins brisés par ces longues heures de trajet sur des routes défoncées, mais je dois récupérer vite car demain je joue !

2 mars 96 : Skopje. Ici, en Macédoine, on est assez loin des événements ayant lieu depuis 3 ans dans le reste de la Yougoslavie. La Macédoine a obtenu son indépendance il y a déjà 5 ans et la cohabitation entre Turcs, Albanais, Grecs, kosovars, Macédoniens et Yougoslaves de divers horizons se passe plutôt paisiblement (même si un volcan n'est jamais vraiment éteint). Le théâtre de 300 places affiche complet. Les techniciens font des efforts louables pour répondre à nos besoins. Émission TV avec traduction simultanée en macédonien. Suivront 2 émissions Radio (Bravo pour l'organisation et la promo !).

Des affiches ont été collées partout en ville. Les Macédoniens sont ébahis qu'une artiste française soit venue jusqu'à eux pour leur présenter un spectacle !

Le spectacle bénéficie d'une écoute exceptionnelle. Rencontre avec des spectateurs ne parlant pas français, mais qui m'assurent avoir tout compris. Il est vrai que le directeur du Centre Culturel Français a fait traduire en macédonien un résumé de *Colline*, des extraits du texte et une biographie de Jean Giono. Ces précieux documents, remis à chaque spectateur, ont aidé à une bonne compréhension.

Dîner à l'Hôtel Continental. L'Ambassadeur de France me raconte ce qu'a été l'empire Ottoman, la sécession de la Macédoine, les différents clivages opérés dans ce pays...et me dit sa satisfaction d'avoir programmé un auteur tel que Jean Giono ici en Macédoine, pays qui a conquis son indépendance sans violence...Le choix de cet auteur lui semble avoir été des plus judicieux et ma manière de l'interpréter est pour lui un message vivant de fraternité.

3 mars 96 : Skopje. Visite dans une église orthodoxe, aux fresques magnifiques mais fendues par le tragique tremblement de terre de 1963. (Plus de 1.000 morts en quelques minutes). Le monde entier s'était mobilisé pour venir en aide à cette ville meurtrie. Adolescente, je me souviens de l'énergie que mes camarades et moi avions mise à remplir des cartons de vêtements et de jouets...(modeste contribution pour réparer les coups du sort...). Et voilà que trente ans plus tard, Giono avec ses mots-pansements sur la solidarité vient apporter lui aussi un souffle de réconfort dans cette Yougoslavie exsangue...

Il est temps d'aller à la gare, le trajet en Wagon-lit va durer 10h avec une tasse de thé de temps en temps. Demain je me réveillerai en Serbie pour de nouvelles aventures.

6–Serbie, mars 1996 (distance entre Manosque et la Serbie: 1.600 kms)

4 mars 96 : Belgrade. Logement à l'Hôtel Palace, non loin du Danube. Le Théâtre BITEF est une ancienne église transformée. Il faudra la dextérité de 2 traducteurs et de 4 techniciens pour que tout soit prêt à temps, mais l'ambiance est chaleureuse. Le nom de Giono a été placardé sur la porte du théâtre. Juste avant le spectacle, une fanfare vient jouer une aubade dans le hall du théâtre, en l'honneur de ce spectacle venu de France ! Belle organisation du CCF et de l'Association Yougoslavie-France.

Pierrette Dupoyet à Belgrade, mars 1996

Le théâtre est plein à craquer (depuis la guerre, c'est la première fois qu'il reprogramme un spectacle). Toute la presse est là. La principale chaîne de télévision (TV Kosava) est dirigée par Marija Milosevic (fille du Président

Slobodan Milosevic, chef d'état redouté, en conflit armé contre les Slovènes, les Bosniaques, les Croates...). Elle veut avoir un interview en exclusivité et filmer un extrait du spectacle. J'accepte, à condition que ce soit moi qui choisisse l'extrait, elle accepte. Parfait. Je veux en effet dire un passage très fort où la sauvagerie des hommes est évoquée et où un appel à la paix est lancé par Jean Giono (vu le climat actuel et les luttes fratricides cet extrait aura peut-être des conséquences bénéfiques... qui sait ?)

« Il y a trop de sang autour de nous. Il y a dix trous, il y a cent trous, dans des chairs par où le sang coule sur le monde comme une Durance ? Il y a cent trous, il y a mille trous que nous avons faits, nous, avec nos mains... »
Jean Giono

A l'issue du spectacle, je suis invitée à un dîner avec diverses personnalités du monde de la Presse, des Sciences, de la Faculté et du monde Politique. Ils souhaitent m'entendre parler de Jean Giono, ce que je fais bien volontiers. Le dîner a lieu dans le quartier « artiste » de Belgrade, rues pavées, petites gargotes décorées de sculptures, murs peints en trompe-l'œil... On a du mal à réaliser que la guerre bat son plein à 100 km d'ici et que Sarajevo vit ses heures noires. Nous trinquons à l'amitié entre les peuples. Demain matin 4 interviews sont encore prévus.

5 mars 96 : Novi-Sad. Théâtre National Serbe. Le Directeur Artistique rêve de participer au Festival d'Avignon. Il connaît certains textes de Jean Giono mais pas encore « Colline ». Les années d'Embargo ont privé le pays de beaucoup de choses. La jeunesse est amère, désillusionnée. Il faut leur redonner du courage et des raisons d'espérer. Grâce à Jean Giono je vais tenter de le faire.

On attendait 120 personnes. Il en vient plus de 300 ! C'est la ruée. Tout le monde veut assister à cette représentation en langue française. Les gens sont prêts à s'asseoir par terre...pourvu qu'ils puissent entrer. J'apprends que l'extrait filmé hier à Belgrade et diffusé ce matin s'est répandu comme une traînée de poudre. Dîner avec des lectrices de français qui ont fait de la sensibilisation aux textes de Giono avant mon arrivée...Voilà, une tournée s'achève... Dans deux mois l'Afrique du Nord remplacera l'Europe de l'Est dans le cœur des amoureux de Giono.

7–Tunisie, mai 1996 (distance entre Manosque et Tunis: 870 kms)

27 Mai 1996 : Tunis. La France, soucieuse que l'instruction et la culture soient entremêlées, a offert au Lycée Bourguiba de Tunis une superbe salle des fêtes et l'Ambassade de France souhaite que je donne le spectacle Giono autant pour des élèves que pour un public adulte. Ce sera le cas.

28 mai 96 : Sidi Bou Said. Lycée français de La Marsa. Très belle représentation. Les élèves sont attentifs, respectueux et ravis d'assister à un spectacle joué par une « artiste française ». Je décide de rester déjeuner à la cantine du Lycée avec les élèves. Ils sont étonnés et ravis.

29 mai 96 : 9h du matin : Animation-rencontre au Lycée de La Marsa devant 130 élèves avides de connaître Jean Giono. Foule de questions sur son enfance, ses centres d'intérêt. Ils veulent savoir s'il avait des frères et sœurs, si ses parents étaient sévères, s'il aimait l'école… Je m'efforce de répondre à toutes ces interrogations parfois naïves, mais souvent touchantes.

15h : Spectacle Giono au Lycée Pierre Mendès-France. Le mur du fond de scène, comporte une énorme brèche, tant pis, je ferai avec ! …au diable la perfection, priorité à l'émotion !

30 mai 96 : En route pour le quartier de Mutuelle-ville et le Lycée Pierre Mendès France où je jouerai 2 fois dans la journée. Déjeuner avec le proviseur du Lycée. Bel accueil des élèves. Ils sont 140 le matin et 120 l'après-midi. Les professeurs me remercient. Dîner dans un restaurant où au milieu de multiples photos d'artistes français passés ici trône une photo de moi. Souvenir d'un passage ici il y a 6 ans ! Un serveur me reconnaît. Nous trinquons à l'amitié Franco-Tunisienne !

31 mai 96 : Tunis. Dernière représentation. Ce soir, c'est le Théâtre National qui me reçoit. Le Directeur a bien fait les choses. Salle de 300 places qui affiche complet. Six journalistes sont là pour couvrir l'événement et ce matin 3 articles avec photo sont parus dans la Presse ! Giono y est à l'honneur, on cite tous ses ouvrages sans exception ! Ce soir, les Tunisiens ont adopté Jean Giono comme un ami, comme un frère. Cela fait chaud au cœur. Voilà, les 5 représentations ont été très différentes les unes des autres et m'auront permis de toucher à la fois des adultes et des élèves… Au total près de 800 spectateurs dont certains ont entendu parler de Jean Giono pour la première fois.

8–Comores, mars 1997(distance entre Manosque et les Comores : 7.300 kms)

20 mars 97 : Mayotte. Atterrissage dans le petit aéroport de « Petite Terre ». Le directeur du CMAC (Centre Mahorais d'Action Culturelle) m'attend. Après l'avion, nous prenons le bateau, permettant d'aller jusqu'à « Grande Terre ».

Sur cette barge, des bananes, de l'ylang-ylang, et, bien protégé, serré contre moi, le décor de *Colline*. S'il tombait à l'eau ce serait la catastrophe !

Logement à l'Hôtel Caribou dont la pâtisserie est le lieu de rendez-vous de tous les mahorais gourmands et de tous les Mzoungous (appellation des « métropolitains »). Nouveau passage de Grande Terre à Petite Terre par la Barge pour aller faire une émission à Europe 2 et expliquer les thèmes de prédilection de Jean Giono.

22 mars 97 : Je joue au CMAC de Mamoudzou, dans une véritable étuve. Les spectateurs me submergent de questions. Ils veulent savoir si cette histoire a vraiment existé, si Jean Giono a eu beaucoup d'enfants, s'il a eu des maladies quand il était petit, s'il y a des boites de nuit en Haute Provence !!? Et si les jeunes veulent souvent être bergers ? Leurs questions me désarçonnent car Mayotte est français, mais il est vrai que la France est très loin ! La plupart des Mahorais n'y sont jamais allés.

Du 24 au 27 mars 97 : Mamoudzou. Aperçu les femmes mahoraise fardées de terre et de santal broyé. RFO consacre à *Colline* une belle émission. Le journaliste cherche à savoir qui était vraiment Jean Giono, ses influences, ses combats (m'étant intéressée de près à son parcours, à ses convictions et ses engagements, je peux répondre sans problème à ce flot de questions, heureusement...)

28 mars 97 : Déjeuner à N'Gouja... à quelques mètres de mythiques tortues vertes.

Avant d'entrer en scène, je patiente dans une loge de fortune peuplée d'araignées, de fourmis et de scolopendres... Mais peu importe ! L'essentiel de ce séjour ce sont les rencontres quotidiennes qui offrent sans cesse de nouveaux étonnements. Pour le spectacle Giono de ce soir, une fois de plus, la salle est comble... Il faudra tenir le coup dans cette fournaise de 40° avec six vieux ventilateurs fatigués qui grincent et couvrent presque ma voix mais qu'on est obligés de faire fonctionner.

29 mars 97 : Hier pendant la représentation, j'ai failli m'évanouir de chaleur... pendant la scène de l'incendie. Giono parle de l'embrasement de la colline avec des mots tellement incandescents qu'il m'a semblé soudain être dans une véritable fournaise. En silence, j'ai demandé à Giono de m'assister dans cette épreuve, j'ai ajouté une phrase de rafraîchissement sur la source et j'ai pu poursuivre le spectacle. Merci cher Jean !

Cette nuit, en levant le nez vers les étoiles: Sirius, Oron, la Croix du Sud... je repense au *Serpent d'étoiles* de Giono : « *La nuit étoilée qui baigne la pastorale des bergers...* ».

Demain, de nouvelles aventures m'attendent.

30 mars 97 : Départ vers les Grandes Comores. Arrivée à Moroni... Dépaysement total. Tout est volcanique, noir, pelé... impression étrange de bout du monde. Dîner avec les responsables de l'Alliance Franco-Comorienne qui me disent que mon arrivée dans l'Archipel a été bien annoncée. Au bord de la route, de petits lampions indiquent des tables où se vendent à la sauvette des bricoles, des cigarettes... Pas de télévision, pas de radios, pas de musique...Comment va-t-on accueillir ici la parole fleurie de Jean Giono ?

A la lueur d'une bougie, je chasse les margouillats qui courent sur les murs... J'enflamme le « Serpentin-anti-moustiques » et je déplie la moustiquaire au-dessus de mon lit. Je constate qu'elle est pleine de trous... Son efficacité laisse donc à désirer, tant pis !

31 mars 97 : Petit déjeuner face à la mer. Je suis la seule cliente de l'hôtel... Il faut dire que les Grandes Comores ne souhaitent pas accueillir de touristes... Il y a un « repli sur soi » évident. Des milliers de fourmis font la fête au sucre qui accompagne le breuvage désigné « café » que l'on me sert...

Direction aéroport... Petit avion de 18 places où nous nous entassons. Escale à Moheri puis Anjouan. Une vieille femme comorienne, enveloppée dans son « Chiconi » rouge et blanc, prend l'avion pour la première fois. Paniquée, elle me saisit le bras qu'elle gardera serré pendant tout le trajet. Je suis émue de ce geste de confiance. La peur rapproche les cultures... J'ai soudain l'espoir que les drames vécus en Haute-Provence arriveront à toucher les comoriens d'Anjouan, qui semblent vivre des choses si différentes !

Île d'Anjouan : Lenteur tropicale. Partout, des maisons commencées et jamais terminées... Pas de fenêtres, pas de toit...Des demeures qui avaient la volonté d'être splendides pour sceller ce qu'on appelle ici « Le Grand Mariage » mais qui sont restées des coquilles vides...faute d'argent ?.. faute d'union réussie ?...

Hôtel Karibou : Austérité. Pas de téléphone dans la chambre, pas de télévision. Implantation du décor de Giono à l'Alliance Française qui compte 250 adhérents et près de 6.000 livres (je découvre sur les étagères 2 livres de Jean Giono qui, vu leur état d'usure, ont dû être souvent empruntés... Beau présage pour la représentation !). En pleine nuit, l'électricité s'arrête, donc la climatisation aussi ! L'atmosphère est étouffante, il fait près de 40°. Il faut tenir bon ! Je bois des litres d'eau et j'engloutis des citrons verts, et des papayes. Je repense à la façon qu'a eu Giono de parler de la canicule. On dit qu'il détestait le plein soleil et fermait les volets de sa bastide pour s'en protéger.

« Le plus pénible, c'est à partir de midi... Il semble que le soleil ait fait un bond vers la terre. Son brasier rapproché craque au bord du ciel...L'air est comme un sirop d'aromates, tout épaissi d'odeurs et chaud... » Jean Giono

2 avril 97 : Pour annoncer mon spectacle, un crieur avec mégaphone a été réquisitionné et il s'en donne à cœur joie. Pendant le spectacle, des spectateurs discutent entre eux, sortent boire un coca ou m'apostrophent pendant que je joue ! Visiblement, certains anjouanais n'ont jamais assisté à un spectacle de théâtre et n'en connaissent pas les règles...Heureusement, la majorité écoute ce que je dis, semble comprendre et applaudit.

Je viens m'asseoir parmi eux pour savoir ce qu'ils ont ressenti... D'un naturel réservé, ils n'expriment pas leurs sentiments en public et encore moins à une étrangère (à Mayotte, qui est un territoire d'Outre-Mer, je suis une « française » comme les Mahorais, mais ici, en Grande Comore je suis considérée comme une étrangère et tout nous différencie, sauf notre humanité)... Je leur souris et les remercie de leur présence.

3 avril 97 : A l'aéroport un comorien vient me saluer. Il me dit qu'il a adoré le spectacle d'hier et qu'il veut désormais être comédien ! (Giono déclenche des vocations au-delà de l'espace et du temps !) Il me couvre de cadeaux : Un éventail, un flacon de Khôl, des broderies, un dessin...

Soir : Moroni. L'Hôtel des Arcades...pas d'électricité et toujours pas d'eau... C'est quand on n'a plus d'eau à sa disposition qu'on en mesure la valeur !

Je repens à ce que dit Giono dans *Colline* quand soudain la Source cesse de couler :

« C'est le silence qui les réveille. Un silence étrange. Quelque chose s'en est allé. D'un bloc, ils se retournent vers la fontaine, elle ne coule plus !... Désormais ils sont liés tous ensemble jusqu'à la fin. On ne boit plus que du vin et le gosier avide en demande sans cesse, mais la soif est toujours là. Les heures sont faites d'un grand rêve où dansent des eaux d'argent. » Jean Giono

4 avril 97 : Moroni. Devant l'hôtel passent des enfants et des femmes avec de lourds fagots de bois sur la tête. Les taxis coûtent 200 francs comoriens quelle que soit la destination (3 francs français, ce qui est exorbitant pour le Comorien moyen, alors ils marchent !). Le matériel de la salle de spectacles est vétuste. Il va falloir rivaliser d'ingéniosité question éclairage pour entraîner le public dans l'univers champêtre de Jean Giono. La planche nécessaire au décor est un tableau noir sacrifié pour la circonstance.

Le soir, salle comble. Public très attentif. Des coopérants français, mais aussi une grande majorité de comoriens qui applaudissent vigoureusement. Les occasions de fête ne sont pas si nombreuses ici... Près de l'Alliance

Franco-comorienne une tour Eiffel de 4 mètres de haut en grillage a été installée en l'honneur du spectacle ! Dans l'après-midi, la télévision m'a filmée au milieu de 400 personnes agitant les bras sous la banderole *Fête de la Francophonie* aux cris de « Vive Giono » ! Une femme m'a demandé : « Qui est ce « Gino » que tout le monde connaît ? C'est votre mari ? »

Au revoir Les Comores austères, bonjour l'Île Maurice luxuriante !

9–Île Maurice, avril 1997 (distance entre Manosque et Maurice : 8.860 kms)

10 et 11 avril 97 : Ma première venue dans cette superbe île (réputée pour ses plages, ses lagons, ses forêts tropicales) remonte à 1989... En 8 ans le pays a beaucoup changé : le tourisme y est désormais ancré, mais l'hindouisme et ses traditions continue à baigner l'Île. Je suis logée à Tamarin, la plus belle baie du Sud de l'île. La Presse Mauricienne a superbement annoncé ma présence. Toutefois, j'apprends que le Comité de Censure du pays risque de m'interdire de jouer !

Une pièce a été récemment interdite sous le prétexte qu'elle contenait des phrases pouvant blesser la communauté Tamoule... Ici, tout est lié : Fait religieux, chose politique, expression artistique et le système hiérarchique de « Caste » à l'Indienne est omniprésent... Il faut donc s'exprimer avec prudence et diplomatie...

Une heure avant le début du spectacle, on me dit que les censeurs ont menacé de fermer le théâtre, puis ont réclamé l'adaptation théâtrale du texte de Giono en 3 exemplaires (dont l'un en Anglais). Ils veulent être sûrs qu'aucun mot du texte ne se rapporte à la religion. L'excitation augmentant, les autorités réclament de l'argent ! Le tourbillon téléphonique commence entre le gouvernement mauricien, le Centre Culturel Baudelaire, la Mairie de Port Louis, et l'Ambassade de France qui a prévenu que si l'on m'interdisait de jouer Jean Giono, alors que je suis missionnée par le Ministère des Affaires Étrangères, ce serait un incident diplomatique et que l'affaire remonterait jusqu'à Paris. L'heure du spectacle arrive, le théâtre est archi-comble. De nombreuses personnalités sont au premier rang, le Comité de censure est, quant à lui, debout au fond de la salle, prêt à intervenir.

Je commence à jouer, en me demandant avec angoisse si je vais être interrompue par les censeurs. Vont-ils monter sur scène pour m'empêcher de jouer ? Quels mots dans le texte de *Colline* peuvent être considérés comme des blasphèmes ? J'ai déjà joué ce spectacle une centaine de fois et je n'ai jamais senti une telle épée de Damoclès au-dessus de ma tête. Je réfléchis chaque phrase avant de la prononcer et soudain j'aborde un passage où il est, en évidence question de Dieu :

« *Le maître n'a plus assez de parole pour guérir...Toi et moi, nous sommes à lui, seulement, depuis le temps, nous avons oublié le chemin qui monte jusqu'à ses genoux... Ce chemin il faudrait pouvoir le retrouver... Et quand nous serons près de lui, dans le vent de sa parole, il nous dira : Mon bel hommelet, fais voir si tu te souviens comment on fait pour caresser...* » Jean Giono

Le fameux « Maître » dont parle Jean Giono c'est Dieu, mais il ne le nomme pas, afin que chacun puisse le reconnaître en lui-même et le tutoyer à sa guise. Finalement, on me laissera jouer tout le spectacle sans m'interrompre. Quand je reviendrai sur scène pour saluer, je ferai une déclaration sur l'importance de laisser les artistes libres de s'exprimer...

« *La bonne santé d'un pays passe par la liberté laissée à ses artistes. Giono est un symbole de tolérance. Il a même fait de la prison pour avoir dit non à la violence. Si ce soir Giono avait été censuré, cela aurait été terrible. La censure, cela doit nous faire peur. Les artistes sont l'oxygène d'un pays, son souffle. Il faut rester vigilants. Le fait d'avoir joué dans tant de pays m'a appris l'humilité. Je crois en ces 3 valeurs : Liberté, Égalité, Fraternité. Toute parcelle de vie mérite le respect. Personne n'a le droit de décider du destin des autres...* »

Très longue Standing Ovation dans ce théâtre historique de Port-Louis qui tout à coup sent la Fraternité et l'Espoir...J'espère que là où il est Jean Giono nous regarde et nous entend !

Dîner avec le Directeur du Centre Baudelaire, le Conseiller Culturel de l'Ambassade, et des artistes mauriciens. Nous discutons de la liberté d'expression tout en dégustant les plats typiques mauriciens, le « Briyani » accompagné de nombreuses épices et le « Gâteau piment ». Convivialité très agréable.

Une fois de plus Jean Giono a su faire tomber les frontières.

13 avril 97 : Des pages entières, dans la presse sont consacrées au fait que le spectacle Giono a échappé à la censure. L'un des titres résume la soirée : « La guerre des ciseaux n'a pas eu lieu ». Dans quelques heures, je serai de retour à Paris... Dépaysement garanti.

10–Tahiti, décembre 1998 (distance entre Manosque et Tahiti : 16.300 kms)

Nuit du 27 au 28 novembre 98 : En plein ciel entre Los Angeles et Tahiti... Merveilleuse sensation de vivre, une fois de plus, des instants superbes. Arrivée en Polynésie à 5h du matin. Il fait déjà +27°. Un splendide soleil rouge dans un ciel immensément bleu nous accueille...Un paysage qui n'aurait pas déplu à l'éternel amoureux de la nature qu'était Jean Giono. Après 22 heures de vol, accueil très chaleureux à l'aéroport (qui sent bon la fleur de tiaré). Des musiciens sont là, ainsi que des amis de ma précédente tournée ici, il y a un an exactement, des journalistes et un photographe de presse. On me met une quantité incroyable de colliers de fleurs autour du cou. Je sens que Jean Giono va être câliné par le public tahitien. Installation à l'Hôtel Royal Papeete. A midi, je déjeune avec la Chef de Cabinet du Ministre de la Culture qui me dit qu'un travail intense a été fait auprès des élèves et que certains ont appris par cœur des extraits de *Colline* !

29 novembre 98 : Papeete. Il faut préparer le décor. J'ai apporté dans mes bagages les maisons, les tissus, les arbres miniatures mais il manque l'essentiel : la grande planche qui symbolisera la colline... Un magasin de bricolage accepte de nous la fournir, en échange d'un peu de publicité. Dîner sur le bord de mer dans une des petites roulottes où on mange, des plats asiatiques fraîchement préparés, le tout pour une somme modique.

30 novembre 98 : Aujourd'hui programme chargé : 2 séances scolaires et 2 conférences de Presse.

9h : 1ère séance scolaire pour les élèves du Collège Pao Pao (venus par bateau depuis Moorea) et pour le Lycée Paul Gauguin. Accueil enthousiaste des élèves. Giono leur plaît et ils le disent !

14h : Conférence de Presse : Les 2 journaux de Tahiti sont là, ainsi que la Radio. J'évoque les valeurs identiques à la Haute-Provence des années 30 et à la Polynésie actuelle... Il en ressort que les grandes lignes qui gouvernent nos vies, nos amours et nos colères sont assez semblables d'un bout à l'autre de l'univers. C'est, entre autres, ce que l'on découvre en lisant Giono.

19h : 2ème séance pour les Internes du Lycée Gauguin. Accueil attentif et respectueux. Certains élèves ont réalisé des dessins de collines et me les offrent. Merci ! Dîner sur le front de mer. Un journaliste m'accompagne. Il veut poursuivre l'interview commencé dans l'après-midi. L'enthousiasme de la Presse ici fait plaisir à voir. On les sent vraiment intéressés par le sujet qu'ils traitent... Un bonheur pour les artistes de passage !

1er décembre 98 : Au programme de la journée, 2 nouvelles représentations scolaires. L'un des élèves me montre un exemplaire de *L'homme qui plantait des arbres*. Il me dit que c'est son cousin qui habite en France qui l'a envoyé à son petit frère mais que celui-ci est trop jeune : « *Il n'a que 10 ans ! Moi j'en ai 13 alors j'ai tout compris et j'ai beaucoup aimé aussi votre spectacle. Je connais un Vieux monsieur, il est comme le vieux Janet. Il habite mon village. Tout le monde se moque de lui, mais moi je l'aime bien. Il* *s'appelle Taaroa, ça signifie « ancêtre des Dieux ».* Il me demande de dédicacer le livre pour ce vieil homme, ce que je fais bien volontiers.

Dîner avec des amis tahitiens qui me font découvrir le « *poulet fafa* », mijoté dans des feuilles de Taro... Mes voyages autour du monde m'ont appris que pour connaître les habitants d'une région il faut parler avec eux, savoir ce qui les fait rêver, ce dont ils ont peur, mais aussi et surtout manger comme eux !

2 décembre 98 : Tahiti. 5ème séance scolaire. Accueil magique de la jeunesse polynésienne. Plusieurs centaines d'élèves, en chœur, me disent bonjour : « *La Ora na !* ». L'un des élèves me dit: « *Jean Giono est sûrement venu à Tahiti parce que j'ai l'impression de le connaître, j'ai dû le croiser sans le savoir* ». Je lui dis que c'est impossible parce qu'au décès de Jean Giono il n'était pas encore né, mais qu'il peut nous arriver de croiser des êtres aussi lumineux et que dans ce cas-là, il faut se réchauffer à leur présence... Il ouvre des grands yeux. Je ne suis pas sûre qu'il ait compris ce que je voulais dire...

3 décembre 98 : Papeete. Déjeuner de poisson cru au lait de coco. Rencontre avec des « *raerae* » ravis de parler avec une artiste venue de Métropole. Dernière séance scolaire. Les élèves sont secoués par le passage où les villageois veulent tuer le vieux Janet :

« *– Il faut le tuer !*
Les grosses veines de Jaume lui serrent les tempes comme les racines d'un chêne.
– Il faut le tuer, c'est le seul moyen... Un coup sec !
– Gondran se décide. Un pas, le plus dur, puis il va le dos rond, les bras raides.
Dans le soir gris, un vautour passe, les serres ouvertes... » Jean Giono

Pierre Dupoyet à Tahiti, décembre 98

4 décembre 98 : Papeete. Dès le matin, bonheur de mettre derrière son oreille une fleur de Tiaré que des tahitiennes vous offrent spontanément dans la rue, à la Poste, à la Banque...

Soir : Ultime représentation de « Giono » à la Maison de la Culture, en présence de la Ministre de la culture. Belle affluence, malgré la concurrence du Téléthon (c'est la 1ère fois que le Téléthon est organisé à Tahiti). Standing-ovation et nombreux colliers de fleurs autour de mon cou... Certains spectateurs se mettent spontanément à chanter en tahitien !

Les tahitiens ont vraiment l'art de l'Amitié ancré en eux. Dîner avec un journaliste de « La Dépêche de Tahiti » qui veut savoir d'où me vient cet attachement quasi-viscéral à l'écriture de Jean Giono. Il me lance « *On dirait qu'il est un membre de votre famille tant vous le défendez avec ardeur...* ». Je réponds que les « familles de cœur » sont plus fortes que les autres. Elles résistent, elles, à toutes les tempêtes !

5 décembre 98 : Tahiti. C'est mon anniversaire. Mes amis tahitiens rivalisent de gestes envers moi...une superbe composition florale, des livres sur l'art du tatouage polynésien, un archive sur les légendes d'ici, une nappe brodée, une sculpture « TIKI » pour me porter bonheur... et j'apprends à dire *Joyeux Anniversaire* en tahitien : « *La oa oeito Mahana fanaura'a* ». Il est temps de reprendre l'avion pour Paris. Les derniers colliers offerts ne sont plus en fleurs mais en coquillage. « *Maeva !* » (Au revoir)... Je flotte un peu dans tous ces moments uniques vécus ici :

« *Il sent le monde branlant sous ses pieds comme une planche de barque. Sa tête est pleine des images de la terre...et tout s'éclaire de ce qui était obscur... Les choses s'expliquent qu'on ne comprenait pas...*

Vivante il sent, sous ses pieds, bouger la Colline... » Jean Giono

☥

Voilà, ce périple autour du monde avec Jean Giono aura duré 4 ans (120.000 kms AR et plus de 10.000 spectateurs).

Le récit de ce Bonheur aurait nécessité un livre entier pour raconter tous les chemins de traverse, mais rêver sur les non-dits est encore une manière de voyager, n'est-ce pas ?

Pierrette Dupoyet

Robert Sabatier et Jean Giono
par Bernard Lonjon

Le salon privé chez Drouant où délibèrent les Goncourt

Ils ne se sont pas retrouvés au même moment à la table de Drouant et n'ont donc pu partager les délibérations gargantuesques des jurés du prix Goncourt.

Jean Giono, qui tenait le premier couvert (à l'origine celui d'Alphonse Daudet), avait hérité de celui de la grande Colette en 1954 avant qu'il ne fût repris en 1971 par Bernard Clavel.

Robert Sabatier hérita du quatrième couvert d'André Billy (à l'origine celui de J.-H. Rosny aîné) en 1971 (Giono avait quitté sa Provence natale pour le paradis des écrivains l'année précédente). Paule Constant a repris ce couvert en 2013, après la mort de l'auteur de la gigantesque et inégalée *Histoire de la poésie française* en neuf volumes.

Lorsque Robert Sabatier vit le jour sur les hauteurs de Montmartre en 1923, Jean Giono venait d'avoir vingt-huit ans et avait déjà publié ses premiers poèmes dans des revues marseillaises.

Sabatier aura un parcours similaire en publiant ses premiers poèmes à vingt-huit ans, puis ses romans quelques années plus tard.

Ayant passé moi-même les vingt premières années de ma vie sur les hauteurs de la Margeride au cœur du village de Saugues en Gévaudan, là même où Robert Sabatier passait ses vacances d'enfant chez son grand-père, maréchal-ferrant, j'eus le plaisir de partager de longs moments de discussions littéraires autour d'une chopine de Saint-Pourçain ou de Côtes d'Auvergne et d'un saucisson local quand ce n'était pas son tripoux favori. Nous évoquions son enfance mais aussi ses années de résistance sur les hauteurs du mont Mouchet où il partagea le même maquis que mon père après avoir fui le S.T.O.

Il a écrit sur le pays de mon enfance huit romans à travers son double fictif, le petit Olivier. C'est grâce au troisième volet de cette saga, *Les noisettes sauvages*, que la France entière découvrit le pays de Saugues en 1974. Le petit garçon des *Allumettes suédoises* (roman vendu à plus de trois millions d'exemplaires) et de *Trois sucettes à la menthe*, arrive chez les siens, sur les hauteurs de la Margeride des étés de son enfance. Le pépé, maréchal ferrant, la mémé, louée dès l'âge de six ans et leur fils Victor prennent l'enfant sous leur protection. Le petit Olivier est ébloui par les gestes quotidiens des villageois comme le ferrage, la traite et les travaux de la ferme. C'est pour cette raison que Sabatier et Giono sont faits du même bois. Leur œuvre sent le terroir, le réalisme du quotidien, la sueur des paysans et la saine odeur des jeunes filles de ferme qui se parfument pour aller à la ville. Ces deux-là, souvent réfractaires, parfois libertaires ou anarchistes étaient profondément humanistes. Enchantant les lecteurs grâce à leur imaginaire débordant, ils étaient amoureux de la belle écriture. Ils aimaient écrire beau avant d'écrire bien en se mettant à leur table de travail dès la première pipe du matin allumée. Ils s'y attelaient tous les jours avec le même bonheur renouvelé. Retrouvant les gestes quotidiens de l'artisan, ils fabriquaient des phrases, sans cesse remises sur l'établi et ciselées comme savent le faire les artistes. Modestes, simples, humbles, d'humeur égale, ces deux écrivains proches des gens de la terre avaient le geste sûr du paysan.

Sabatier aimait et lisait beaucoup Giono. Il aimait moins les adaptations cinématographiques qui avaient été faites de son œuvre, exceptés les premiers films de Marcel Pagnol. Il me racontait avoir lu plusieurs fois de suite *Le Hussard sur le toit* au début de sa carrière car il rêvait lui-même d'écrire des romans historiques basés sur des faits réels. Sabatier avait une résidence secondaire (une ancienne abbaye située à Saint Géniès dans le Comtat Venaissin) que son épouse, l'artiste peintre Christiane Lesparre, avait décrite dans *Un hamac dans le Vaucluse*. De là, il partait flâner sur les routes de Haute-Provence à la recherche des lieux chers à Jean le Bleu. Il rapprochait la montagne de Lure des monts de la Margeride et me confiait qu'il eût aimé écrire *Colline* et l'histoire de ce hameau et de ses habitants si proches de « ses Auvergnats ».

L'un de ses personnages préférés était Elzéard Bouffier et sa forêt de Vergons si semblable aux bois saugains que l'on avait replanté au milieu du vingtième siècle.

Comme Giono, Sabatier aimait marcher, fouler la bruyère et la fougère, humer l'odeur des pins et l'exhalaison des champignons, se perdre à l'ombre des grands sapins et respirer les feuilles mortes encore humides de la rosée du matin.

Les deux écrivains ne se sont pas rencontrés. Giono fuyait les mondanités et faisant une exception pour participer aux dîners des Goncourt. Sabatier, lui, écumait les salons du livre et parcourait le monde à la découverte de ses richesses.

Mais, plusieurs fois, Giono sera cité par Sabatier dans sa monumentale *Histoire de la poésie française* : « *On ne se séparera pas du pacifisme de Giono. S'élevant contre l'intellectualisme, l'esthétisme et le snobisme littéraire, les tendances seront internationalistes, libertaires, phalanstériennes avec un intérêt pour l'hindouisme et dans la célébration de l'amour et de la généreuse utopie. On ajoute que c'est amical, joyeux, l'humour ne faisant pas défaut, que, même en envisageant les problèmes sérieusement, on ne se prend pas au sérieux.* »

Puis, plus loin : « *Amoureux lyrique d'une Provence inspiratrice, brûlante et parfumée, romancier exceptionnel à l'écoute des Grecs ou de Virgile et poète panique à la recherche des vraies richesses. [...] Il faut rappeler ses débuts de poète avec* Jeux ou la Naumachie *ou* Accompagnés de la flûte *et glaner ses poèmes en vers parmi sa prose comme cette image du potier digne de l'anthologie :*

Ce n'est pas autant l'argile
C'est le doigt.
Ce qui compte dans un vase,
C'est le vide du milieu
[...] Son sens épique de la vie élémentaire, sa rusticité réinventée, son

panthéisme solide, ses idylles mythiques, par-delà un lyrisme parfois déclamatoire, savent bouleverser le lecteur. Ses drames comme Le Bout de la route *sont encore de rugueux poèmes.* »

La symphonie rustique de Jean Giono et l'ampleur majestueuse de ses épopées sont bien de la poésie à l'état pur. Robert Sabatier ne s'y est pas trompé en l'intégrant dans sa belle anthologie inégalée.

Bernard Lonjon

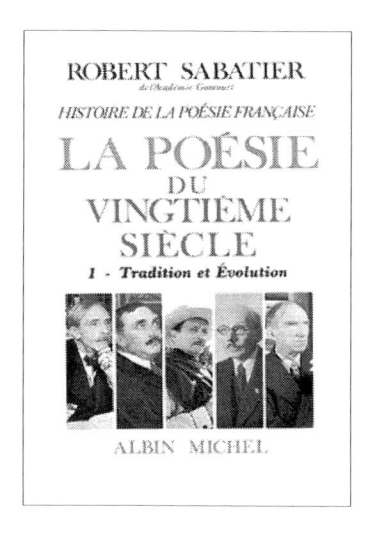

Contadour et Pacifisme
une bien curieuse aventure
par Jack Meurant

Lucien Jacques et Giono au Contadour (photo coll. les Amis de Jean Giono)

De 1935 à 1939, à neuf reprises, des réunions ont eu lieu dans un hameau dépendant d'un minuscule village des Basses-Alpes (aujourd'hui Alpes-de-Haute-Provence), à douze kilomètres de la commune de Banon, et trente-cinq de Manosque. La première rencontre qui a débuté le 1er septembre 1935 a eu pour guide l'écrivain Jean Giono.

Depuis la parution de l'ouvrage de Lucette Heller-Goldenberg, en 1972, de nombreux textes ont eu pour objet de relater ce qui peut facilement être qualifié de curieuse aventure. Ainsi, les récits publiés fournissent des justifications, des explications, ou encore des anecdotes qui sont souvent entachées d'approximations, voire, bien souvent, d'erreurs, volontaires ou non[136]. Ainsi en est-il notamment de l'origine de cette aventure.

---

136 La liste des textes visés serait trop longue pour être rapportée *in extenso*. A titre d'exemples peuvent être cités : Lucette Heller-Goldenberg : *Jean Giono et le Contadour, un foyer de poésie vivante 1935 – 1939*. Publications de la faculté des Lettres de Nice n° 9, «Les Belles Lettres» 1972 ; Pierre Citron : *Giono 1895-1970*, Editions du Seuil, pages 242 et suivantes ; Sylvie Giono : *Jean Giono à Manosque*, Éditions Belin 2012, page 41 ; Mireille Sacotte : Le premier Contadour, in *L'Herne Giono*, Éditions de L'Herne 2020 (ouvrage collectif), pages 37 et suivantes ; Christian Morzewski : in *Dictionnaire Giono*, rubrique

Il a été souvent énoncé que Giono aurait été à plusieurs reprises sollicité par des dirigeant(e)s des Auberges de Jeunesse pour qu'il accepte d'accueillir des adhérents de ces mouvements et leur faire découvrir la Provence ; ce qui serait donc un motif déterminant. La réalité de ces interventions au cours des années 1934 et 1935 n'est pas discutable, mais il est tout autant établi que l'organisation de ce qui sera la caravane initiale n'a pas tenu, principalement, à de telles sollicitations.

Plus contestable, et même insoutenable, est la version selon laquelle ce serait sur une suggestion de son épouse que l'écrivain aurait décidé d'éloigner de son domicile des groupes de jeunes, trop encombrants dans une maison trop petite. En effet, cette allégation se heurte à deux faits déterminants : d'une part, l'épouse avait plutôt le souci de ne pas éloigner son mari du domicile familial : le motif en sera dévoilé ci-après ; d'autre part, puisque ces groupes encombrants n'avaient pas la caractéristique d'être uniques, et si Giono avait dû les éloigner chaque fois que l'un d'eux se présentait, il aurait été amené à quitter Manosque de manière presque incessante !

I – Rappel de l'engagement politique préalable de Giono

Avant d'aborder le problème de la naissance du Contadour, il faut brièvement rappeler ce qu'a été l'engagement politique de Giono dans les années 1930.

Le pacifisme de l'écrivain manosquin est lié à l'expérience vécue pendant les quatre années de la Première Guerre mondiale, quand il a été engagé en première ligne, à tout le moins au cours de cinq batailles[137]. De cette période est née l'horreur de la guerre et des scènes qu'elle engendre. Giono dira qu'il n'a jamais cessé d'y songer. Il exprimera son sentiment à plusieurs reprises.

Il en est ainsi dans le roman publié en 1931 intitulé *Le Grand Troupeau*. Ce sera encore le cas dans les dernières pages de l'ouvrage *Jean le Bleu* quand il évoquera le souvenir d'un ami mort au combat (1932). De même, dans une lettre adressée à ses parents datée du 27 mai 1919, sa pensée pacifiste apparaissait déjà, empreinte d'anarchisme.

L'engagement politique prend forme quand il accepte en 1933 d'être nommé président d'un Comité Bas-alpin d'Action contre la guerre, mais c'est en 1934 qu'il fait un pas décisif lors de son adhésion à l'Association des Écrivains et Artistes Révolutionnaires (AEAR), en réponse à l'invitation du poète Aragon. Sa lettre qui accompagne cette adhésion et qui est publiée dans la revue *Commune*, numéro 5-6 de janvier 1934, comporte des développements qui, à l'analyse, ne manquent pas d'aboutir à une conclusion étonnante.

''Contadour'', page 232 et suivante. Classiques Garnier 2016.
137 *Cf.* Jacques Meny : ''Le roman d'un Poilu : Jean Giono''. *Chroniques de Haute Provence*, Revue de la Société scientifique et littéraire des Alpes de Haute-Provence n° 375, 2015, pages 19 à 70.

Giono y fait en effet référence explicite à la création nécessaire d'un parti politique pacifiste dont il serait le fondateur et le principal dirigeant ; ce mouvement ne pouvant pas être le Parti communiste dont les méthodes ne sont pas adaptées à la tâche envisagée. Cette surprenante découverte n'a pas échappé au professeur Édouard Schaelchli qui, dans sa thèse, écrit :

« *On voit bien là que Giono ne va pas vers ce qui deviendra "l'aventure magnifique" du Contadour sans arrière-pensée. Il a un projet précis qui, ici, est à mettre en rapport avec son "obsession" d'un danger paysan dont il peut fort bien encore parler sans avoir nul besoin de "faire voir qu'il hurle"* »[138]

Le doute n'est donc pas permis, Giono a bel et bien exprimé une ambition politique un peu folle qui n'a pas été recensée par ses biographes : celle d'être le maître d'œuvre d'une création partisane, le Contadour étant alors dans le droit fil de ce projet. La suite en apporte la démonstration.

II – Le projet politique en gestation

Un fait qui aurait pu rester totalement anodin et qui va se produire en 1934 acquiert toute son importance si on le rattache à la gestation du projet de création d'un mouvement pacifiste, et dans un début de concrétisation de l'action politique de Jean Giono. On en doit le récit circonstancié à un personnage proche de l'écrivain : son camarade de collège, Henri Fluchère[139] qui en a témoigné par écrit à deux reprises, et au cours de deux années éloignées l'une de l'autre. Ce témoignage est donc, à tous égards, digne d'être accueilli sans réserve.

Henri Fluchère raconte qu'avec deux autres personnes, Giono et lui ont effectué une randonnée pédestre le 14 juillet 1934 en vue d'atteindre le sommet de la Montagne de Lure et il écrit à ce sujet :

« *J'attendais ce moment depuis des semaines. Je connaissais tous les projets. Nous en avions parlé longuement, Giono et moi, sur les flancs du Mont d'Or...* »

Il poursuit son récit en expliquant la raison qui justifiait cette randonnée quand il rapporte les propos tenus par Giono qui lui a dit :

« *Nous monterons par Vachères et nous arriverons à Banon sur le coup de midi, pénards, pour casser la croûte. Le soir, on couchera au Contadour.* »[140]

Ce compte-rendu mentionne donc expressément le hameau qui sera précisément le lieu où se déroulera la première réunion en septembre 1935. Il comporte par ailleurs, et sans ambiguïté mention de la réalité de projets déjà débattus. Qui plus est, quarante trois ans plus tard, le président Fluchère

---

138 Édouard Schaelchli : *Jean Giono Le non-lieu imaginaire de la guerre Une lecture de l'œuvre de Giono à la lumière de la Lettre aux paysans sur la pauvreté et la paix*. Éditions Eurédit, 2016, tome II page 71.
139 Brillant angliciste et doyen de la faculté des lettres d'Aix-en-Provence, Henri Fluchère a été un des fondateurs et le premier président de l'Association des Amis de Jean Giono créée en 1972.
140 Henri Fluchère : ''Connaissance de Lure'', *Les Cahiers du Contadour*, n° 1, 1936, page 45 et suivantes.

réitère ses propos et ajoute :
« *C'est après cette aventure* [la randonnée précitée du 14 juillet 1934] *que fut décidé le choix du Contadour comme lieu de rencontre des jeunes gens passionnés d'air pur et de générosité.* »[141]

De ce qui précède, il est certain que l'on peut tirer les conclusions suivantes :
– Le projet politique dont Giono est porteur a été discuté à tout le moins dans les semaines précédant le mois de juillet 1934 ;
– Ce projet nécessite une première rencontre en vue de préparer la formation de « cadres politiques » en un lieu déterminé[142] ;
– Le lieu choisi sera le hameau du Contadour ;
– La rencontre qui aura lieu en 1935 a donc été préméditée de longue date et l'action de Giono a bien une cohérence depuis son engagement progressif vers une création partisane.

On est ainsi très éloigné des explications données par divers commentateurs et évoquées ci-dessus.

III–L'annonce de la caravane de septembre

Le 1er juillet 1935, paraît en page 8 d'une revue intitulée *Vigilance – Bulletin du Comité de Vigilance des Intellectuels antifascistes*, une annonce invitant les lecteurs à venir à Manosque le 31 août pour accompagner Jean Giono "à la découverte de la Provence". Ce Bulletin est publié par un organisme très marqué à gauche. L'encart dans lequel figure cette annonce émane du Comité des Auberges du Monde Nouveau, mouvement d'obédience trotskiste dont Giono a été président d'honneur. Son contenu n'a pu être connu qu'à une date récente : l'année 1995[143]. Son examen est d'une importance capitale pour fixer enfin la véritable histoire du Contadour.

Le texte, écrit par Giono, décrit un circuit pédestre

---

141 Henri Fluchère : *Introduction à Belle terre inconnue*, Association des Amis de Jean Giono, *Bulletin* n° 9, 1977, page 7.

142 Cette observation est corroborée par ce qu'en a dit Giono à la fin de la rencontre de septembre 1935 dans son journal, quand il a écrit le 28 : «*Avoir 300 noms d'hommes qui s'engageront à se réunir et à résister à un ordre de mobilisation* » (*Journal, poèmes, essais*, Gallimard, 1995, page 59). Il parle alors de ''L'organisation Contadour'' (*ibid*).

143 C'est en effet au cours d'une discussion à Banon avec une des premières participantes à la réunion de 1935, Lila Wiessbrod, et l'auteur du présent article, que cette Contadourienne a cité le Bulletin *Vigilance*, retrouvé ensuite par le Président Citron à la Bibliothèque Nationale. Dans son livre précité, L. Heller-Goldenberg expose que la revue concernée aurait été *Vendredi*, ce qui est manifestement erroné puisque celle-ci n'existait pas en juillet 1935.

d'une durée de dix jours, du 1er au 10 septembre 1935. Le parcours qui devra être suivi est indiqué avec des précisions telles qu'il peut être facilement reconstitué.

De Manosque, la "caravane" prendra la direction du Nord vers Forcalquier, puis Saint-Etienne-Les-Orgues ; pour atteindre le sommet de la Montagne de Lure, avant de redescendre dans la Vallée du Jabron et d'aboutir à Noyers-sur-Jabron. À partir de ce village, l'itinéraire se poursuivra d'Est en Ouest jusqu'à Revest-du-Bion. Enfin, les marcheurs passeront à Simiane (Aujourd'hui Simiane-la-Rotonde), vers le Sud, ensuite Vachères et Reillanne, avant de retrouver Manosque. La distance à parcourir chaque jour est de vingt kilomètres. Les participants devront être équipés pour le camping, avec sac à dos, toile de tente, vêtements appropriés, couchage et ustensiles de cuisine.

La lecture de cette annonce, qui prévoit avec minutie un périple pédestre, appelle les premières observations suivantes :
– Le total des kilomètres à parcourir, soit deux-cents, dans un paysage de montagnes, avec de fort dénivelés, sans étape de repos, apparaît manifestement irréalisable par un public qui n'est pas nécessairement aguerri à ce type d'effort ;
– À noter expressément qu'à aucun endroit de l'encart, l'itinéraire, facile à reconstituer sur une carte d'état-major de l'époque, ne comporte la mention d'un passage ou d'un arrêt au hameau du Contadour.

En considération de ce que nous a appris Henri Fluchère, l'annonce figurant dans *Vigilance* le 1er juillet n'a donc été qu'un piège tendu aux jeunes gens qui répondront à l'invitation. Cette allégation est démontrée à l'examen de ce qui aura lieu en réalité.

Ainsi, pendant plus de soixante dix ans, et jusqu'à la découverte du *Bulletin*, les commentateurs ont soutenu, à tort, des thèses relevant du mythe ou de légendes. Il en est de la sorte s'agissant de l'affirmation réitérée d'un passage au Contadour qui aurait été mentionné ab initio, alors que l'itinéraire prévu en est assez éloigné.

IV–La caravane en marche

Diverses sources documentaires permettent de définir le trajet suivi par la caravane, depuis son départ de Manosque le 1er septembre.

Le 31 août, en fin d'après-midi, cinquante-cinq jeunes filles et jeunes garçons sont arrivés dans le jardin du Paraïs, par petits groupes. Ces futurs marcheurs vont ensuite installer leur bivouac dans un champ d'oliviers, propriété des Giono sur les flancs du Mont d'Or. La soirée s'est déroulée dans une atmosphère joyeuse. Le déroulement de la fin de journée du 31 août a pu être reconstitué à partir de divers documents : d'une part, et c'est là une source essentielle, les lettres que Giono a envoyées à l'une des participantes, sa maîtresse Hélène Laguerre (dont il sera parlé ci-après) ; d'autre part, les énonciations dans le livre de Lucette Heller-Goldenberg qui a pu recenser de nombreux témoignages ; enfin une correspondance reçue de Jean Lescure qui note qu'à son arrivée au Paraïs, l'écrivain en était absent [144].

Le lendemain matin, vers cinq heures, le départ est donné, avec Giono en tête du cortège.

Giono au Contadour, 1935 (photo collection les Amis de Jean Giono)

Première journée de marche le 1er septembre 1935
Après la traversée de Manosque, la direction du chemin emprunté est le nord-est. Les quinze premiers kilomètres aboutissent au village de Saint-Michel-L'observatoire. Il est treize heures. Un séminariste, croisé dans ce village, décide de se joindre à la caravane.
La troupe s'arrête au pied de Vachères. Vingt-cinq kilomètres ont été parcourus en treize heures. La majorité des marcheurs se plaint de la fatigue bien qu'aucune difficulté particulière n'ait été rencontrée. La nuit se passe à la belle étoile.

Deuxième journée de marche, 2 septembre 1935
La fatigue ressentie contraint à s'octroyer une matinée de repos. La caravane ne reprend sa route qu'après le repas de midi.

---
144 Mireille Sacotte, dans deux textes, dont l'ouvrage publié en 2020 par les Éditions de l'Herne précité, fournit une photographie sur laquelle figurent quarante deux personnes qui seraient les marcheurs de 1935, réunis le 31 août à Manosque « sous une banderole annonçant un GRAND BAL » et portant l'inscription ''Honneur aux Étrangers'' (page 39). Cette photo ne semble cependant pas présenter les participants à la première réunion, mais plus sûrement ceux ayant assisté à celle de septembre 1936. Cette considération résulte d'un examen comparatif entre deux listes commises par deux contadouriennes ; ainsi qu'après étude de nombreux témoignages ne mentionnant jamais un passage dans Manosque le soir du 31 août.

Sur le chemin qui mène maintenant au nord, vers Banon, Giono constate que dix jeunes garçons qui se tiennent en tête distribuent des tracts politiques et haranguent les paysans. Ce prosélytisme lui déplaît beaucoup. Il est le fait d'adhérents des Auberges du Monde Nouveau, adeptes du trotskisme. A la suite d'une altercation violente, les perturbateurs sont exclus et disparaissent.

Vers dix-neuf heures, la troupe réduite à quarante personnes atteint Banon. L'installation dans cette commune ne pose aucun problème : les marcheurs trouvent aisément des abris pour passer la nuit.

Troisième et dernier jour de marche, 3 septembre 1935

Dans Banon, bourgade accueillante, la soirée s'est passée agréablement, dans un espace prêté par les habitants.

Selon les biographes, Giono aurait voulu se déplacer dans un endroit mal éclairé et n'aurait alors pas pu éviter une chute entraînant la luxation de son genou gauche. Cette précision figure dans tous les textes traitant du sujet.

Ce serait cet incident qui aurait eu pour conséquence l'impossibilité pour Giono de poursuivre la marche à pied. Il aurait alors demandé au garagiste du village de le transporter en camionnette le lendemain, sur la partie du trajet aboutissant au Contadour. À noter que cet usage d'un véhicule de Banon jusqu'au hameau est avéré. Pour le reste, il s'agit d'une légende qui a été l'œuvre de Giono, ni blessé pendant le séjour à Banon, ni même après l'arrivée au Contadour. La preuve en est rapportée. Sa démonstration justifie que certaines précisions soient reprises comme suit :

–Il est rappelé que c'est en juillet 1934 que l'écrivain avait choisi le Contadour comme lieu de la réunion ; et c'est bien à cet endroit que la marche va s'arrêter ;

–Le chemin suivi les trois premiers jours de septembre n'a rien de commun avec l'itinéraire qui a figuré dans le *Bulletin Vigilance* deux mois plus tôt ;

–Les marcheurs n'ont pas pris la direction initialement citée, ils ne sont pas passés près de Forcalquier, ni de Saint-Etienne-les-Orgues, ils n'ont jamais été sur la Montagne de Lure, ni dans la vallée du Jabron.

–À contrario, l'annonce de juillet ne citait ni Saint-Michel-L'observatoire, ni Banon, ni le Contadour. Il est ainsi établi que cette annonce n'a servi à rien, sinon à attirer du monde. C'était donc à l'évidence un piège ;

–Par contre, le trajet est bien celui que Giono a décrit à son ami, Henri Fluchère, plus d'un an auparavant.

Restait à résoudre le problème de l'arrêt de la caravane au lieu et au moment opportuns. La simulation d'une blessure au genou et la conséquence de l'impossibilité pour Giono de continuer à marcher ont servi à cette fin. Et la preuve de cette simulation est flagrante. En effet, sur une photographie prise dès l'arrivée au Contadour, sans doute le 4 septembre, il est parfaitement visible que Giono, assis à même le sol et entouré de participants, a un bandage sur la jambe gauche, mais à hauteur de la cheville ! La photo porte la mention manuscrite : ''suite à un mal de pied'' [145].

Sauf à penser qu'en quelques heures, Giono ait pu confondre sa cheville avec son genou (quod non), il faut admettre que la prétendue blessure n'avait indubitablement aucune effectivité. Cette considération avait été admise par Pierre Citron lors d'une discussion privée.

Giono avec son pied bandé (photo collection les Amis de Jean Giono)

V–Pourquoi le projet de création d'un parti a-t-il disparu ?

La première réunion au Contadour, du 3 au 10 septembre, a provoqué des jugements et des témoignages unanimes : malgré un programme en apparence chamboulé, ce que personne ne semble avoir constaté, les participants ont vécu dans l'allégresse d'une existence communautaire inorganisée, et dans une liberté quasi-totale, y compris des mœurs. L'ambiance heureuse des moments passés ensemble a conduit à décider rapidement qu'il fallait renouveler l'expérience. C'est ainsi que huit sessions se sont succédé de 1936 à 1939.

Des achats immobiliers ont été réalisés : d'abord celui d'une maison de meunier à proximité de la tour en ruine d'un moulin à vent en 1935[146] ; puis d'une ferme en mauvais état et quelques ares de terre en 1937. Une revue a également été éditée : *Les Cahiers du Contadour* dont huit numéros ont été publiés.

---

145 Voir Alfred Campozet : *Le pain d'étoiles - Giono au Contadour*, Éditions La Thébaïde, mai 2020, hors page. Cette photo figurait déjà dans la première édition de ce livre (L'exemplaire aimablement offert par l'éditeur en permet un examen précis)
146 *Cf.* Jack Meurant : ''Histoire de tontine au Contadour'', Bulletin de l'Association des Amis de Jean Giono, n° 35, page 34.

Pendant les derniers mois de 1935, Giono note dans son journal plusieurs remarques qui apparaissent comme exprimant sa satisfactions et la conviction que le Contadour a été propice à son projet politique. Ces affirmations ne sont cependant qu'illusion. Très vite, l'écrivain va abandonner toute velléité de création d'un mouvement pacifiste et va se consacrer à une nouvelle tentative accaparante : produire une œuvre politique. Les motifs de cette transformation sont divers. Ils tiennent à l'attitude même des Contadouriens qui n'étaient pas venus pour s'engager en politique. Ils tiennent aussi à la personnalité de Giono lui-même, qui n'était pas un homme d'action, tant s'en faut. Il y a surtout une raison majeure qui a justifié une nouvelle aventure.

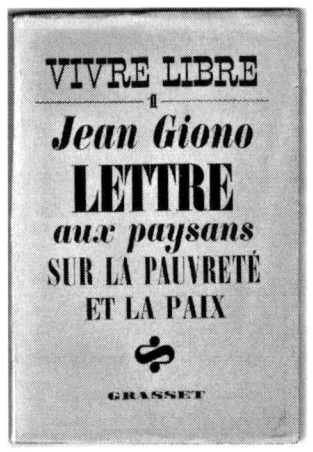

VI–"L'Heureuse Contagion"

En février 1935, Jean Giono reçoit une lettre d'une admiratrice résidant à Paris et mère-aubergiste. Il répond aussitôt et, très vite, un échange de correspondances s'établit et devient régulier. À partir de juillet, et après une première rencontre dans une cité proche de Marseille, une relation amoureuse intense est nouée. Lorsque débute la première réunion au Contadour, Giono est donc occupé à découvrir cette maîtresse dont le nom est peu adapté à une pacifiste engagée, elle se nomme en effet Hélène Laguerre[147]. Les réunions successives au Contadour vont évidemment favoriser les moments pendant lesquels les amants pourront être ensemble, même s'ils en profitent souvent pour s'éloigner du hameau et des Contadouriens.

Cette femme va alors jouer un rôle déterminant que Giono acceptera en parlant à son sujet d'heureuse contagion[148]. Inspiratrice, elle veut faire de son amant un penseur politique. Elle va y réussir en participant activement à la rédaction de l'œuvre qui comportera cinq publications principales[149], de nombreux "Messages" adressés aux jeunes et divers autres écrits. Bien plus, elle est aussi étroitement associée à l'élaboration d'une véritable théorie politique, fondée sur une doctrine anarchiste prônant une révolution violente. Cette intervention, ô combien active et déterminante, apparaît

---

147 Pour une biographie succincte d'Hélène Laguerre, voir Jack Meurant : *Jean Giono et le Pacifisme 1934-1944, de la Paix à la Guerre*, Éditions Parole, mars 2019, pages 59 à 63.
148 Dans le journal du 15 septembre 1935, la formule complète est la suivante : « L'idée que H [Hélène] a eu (sic) la première s'est trouvée tout naturellement l'idée de tous. H. d'ailleurs faisait passer sa passion à travers tous. Elle était une heureuse contagion » (*Journal, poèmes, essais, op. cit.* Page 53).
149 Parmi ces publications, il faut à tout le moins citer la *Lettre aux Paysans sur la pauvreté et la paix* (Éditions Grasset, 1938)

clairement dans les très nombreuses lettres que Giono lui a envoyées et qui sont conservées à l'Université de Bloomington, dans l'État d'Indiana, aux USA[150]. Elle s'achèvera à la fin de l'année 1938, en même temps que prend fin la relation amoureuse.

***

En 1939, Giono publie encore deux textes politiques. L'un d'eux, *Recherche de la pureté*, qui paraît dans un journal pacifiste, est une œuvre dont le style est exceptionnel de puissance quand il expose que *"...l'aventure de la paix est plus grande que l'aventure de la guerre"*, et qu'il faut *"plus de virilité pour faire un enfant que pour tuer un homme"*. Et, plus loin il ajoute que *"La guerre est l'entreprise humaine qui a le moins besoin de virilité"*[151].

Il s'agit là d'un cri ultime à l'issu d'une période qu'il qualifiera d'années *"désertiques et rases où des vents de plus en plus violents soufflaient dans des espaces chauves"*[152].

Peu de temps après, il exprimera le peu d'importance qu'il porte à ces années, et il notera qu'il se sait plus habile *"dans les mystères du monde [dès lors dans la création d'œuvres imaginaires]"* que dans le domaine de la politique[153].

S'agissant enfin des rencontres du Contadour, elles ne lui ont laissé, à ce qu'il en dit, aucun souvenir positif. Tout au contraire, quand il est amené à répondre sur ce sujet en 1952, il s'exprime véhémentement de la sorte :
« *Vous voulez en venir à cette espèce de truc qu'on a appelé le Contadour. C'est ça ? [...] je vais vous donner une conclusion définitive du Contadour : le Contadour, c'était proprement zéro.*»[154]

Précédemment, il avait déjà donné une autre conclusion à un participant à qui il avait répondu : «*J'ai été un couillon au Contadour*»[155].
Faudrait-il vraiment en rester là ?...

Jack Meurant

Avocat honoraire du Barreau de Strasbourg et ancien membre du Conseil de l'Ordre, **Jack Meurant** a enseigné le droit à l'Université Robert Schuman pendant trente deux ans. Auteur de cinq romans et d'un essai sur le pacifisme de Jean Giono, il a donné des conférences en France, ainsi qu'en Allemagne. Il est membre du Conseil d'administration de l'Association des Amis de Jean Giono.

---

150 Ces lettres au nombre de 996 sont consultables depuis l'année 2000. *Cf.* Jack Meurant : Jean Giono et Hélène Laguerre Le Pacifisme en couple (1935-1938), *Revue Promemo* n° 22, mai 2021, page 53.
151 La Patrie Humaine 28 juillet-4 août 1939, in *Récits et essais*, Pléiade page 649.
152 *Triomphe de la vie*, *Récits et essais,* Pléiade page 671
153 *Cf. Pour saluer Melville*, ORC III, page 26
154 *Entretiens avec Jean Amrouche et Taos Amrouche*, Gallimard 1990, pages 148, 149 et 150.
155 Alfred Campozet, *Op. cit.* page 104.

Giono
par François Nourissier

François Nourissier par L.

Par plaisir et réflexion, je considère Jean Giono comme un des plus grands écrivains de langue française de son demi-siècle. L'égal des Aragon, Montherlant, Céline. Il n'est, en France, comparable à personne : seul, aux États-Unis, Faulkner nous offrirait des éclairages inédits sur Giono : le lyrisme « sudiste », l'invention d'un comté de l'imaginaire.

Je ne suis pas sûr que Giono ait occupé, dans le brouhaha et les admirations, l'exacte place qui lui était due. Si son œuvre a bénéficié de l'enracinement provençal, du refus du parisianisme, sa gloire en a probablement souffert.

Chacun sait en France que la vertu de solitude – si chaleureusement recommandée dans les gazettes – se paye très cher. Cependant, la notoriété et, à de certains moments, la légende de Giono furent de bon aloi.

Sans doute, aujourd'hui, la presse, surtout sous sa forme audiovisuelle, s'emparerait-elle d'un personnage comme Giono et lui orchestrerait une réputation fabuleuse ; on ne sait si l'on doit déplorer qu'il soit mort avant de pouvoir bénéficier de ce tapage ou s'en féliciter.

Par ses qualités, Giono paraissait parfois peu français. Le lyrisme, un sens cosmique du monde, la familiarité avec la nature, ses passions pour Homère, Virgile, Melville : tout cela composait un écrivain d'un calibre supérieur à celui du littérateur français moyen. On crut, d'une certaine façon, le récupérer lorsqu'il opéra sa *fameuse métamorphose* « stendhalienne »: il parut rentrer alors dans nos normes, la sécheresse, l'insolence, etc.

C'était peut-être le lire mal, l'avoir mal lu. Il y a une grande continuité à travers toute son œuvre. Il put garder longtemps des textes par devers lui, les publier longtemps après les avoir écrits, sans qu'ils souffrissent de disparate. L'unité, l'homogénéité de son travail me frappent plus que ses évolutions.

Mes textes préférés sont sans doute les plus secrets : *Mort d'un personnage, Noé, Ennemonde, Un roi sans divertissement*. J'aime aussi beaucoup les petits livres de circonstance : *Le Voyage en Italie*, les *Notes sur l'affaire Dominici*. J'ajoute que je suis plus frappé, chez Giono, par la cruauté, le pessimisme, la présence constante du sang et de la mort que par cette « désinvolture » dans laquelle on l'a parfois enfermé après 1945.

Giono fut un des membres prestigieux de l'Académie Goncourt, qu'il appelait drôlement « l'académie des joueurs de billard », et où je suis triste de n'avoir pas été élu à son « couvert » (mais je le fus à celui de Queneau, ce qui n'est pas déplaisant...). Son ombre nous honore et il eût été injuste, de cadet à aîné, de ne pas lui rendre, en passant cet hommage.

François Nourissier

Témoignage écrit pour l'exposition *Les Chants du monde de Giono* (catalogue réalisé par Jacques Ibanès en 1987).

Autorité dans le monde littéraire depuis son entrée à l'Académie Goncourt en 1977, **François Nourissier** (1927-2011) fut d'abord un écrivain. *Un Petit bourgeois*, paru en 1964, avait marqué les esprits. Deux ans plus tard, il obtint le grand prix du roman de l'Académie Française pour *Une Histoire française*. En 1970, c'est *La Crève* qui est récompensé du prix Fémina.

En panne sur le chemin du paradis
par Jean Arrouye

Jean Giono écrivant (photo collection les Amis de Jean Giono)

Fragments d'un paradis de Jean Giono est un ouvrage singulier à plus d'un chef[156]. D'abord parce que, dans son titre même, il annonce qu'il est inachevé, tombé en panne, qu'il ne décrit que les prémisses de la découverte du paradis auquel désirent accéder les membres de l'expédition maritime qu'il raconte ; ensuite, parce que c'est le seul roman de Giono qui évoque la mer et traite de navigation ; enfin parce que c'est aussi le seul texte qu'il a dicté et non pas patiemment écrit comme il fait d'ordinaire.

Lorsque le roman paraît, en février 1948, Giono le fait précéder de cet avertissement : « Le texte de *Fragments d'un paradis* a été dicté du 6 au 10 août 1940. Il est destiné à servir d'élément de travail à un poème intitulé *Paradis*. Il est publié tel qu'il a été dicté, sans aucune retouche » (III, 865). En fait, ainsi qu'en attestent les carnets de travail préparatoires que Giono a l'habitude de rédiger simultanément à l'écriture de ses textes, il a été dicté de la fin février à la mi-mars 1944, en un peu plus de deux mois. Si Giono avance ainsi la date de la rédaction de son livre, c'est peut-être pour laisser croire à son entière improvisation car les navigateurs dont il raconte l'expédition prennent la mer en 1940. Et s'il raccourcit la durée de la dictée, c'est vraisemblablement pour que l'on excuse les fautes possibles d'un texte, sinon

---
156 Jean Giono, *Fragments d'un paradis,* Œuvres romanesques complètes, tome III, Paris, Gallimard, Bibliothèque de la Pléiade, 1974.

« sans aucune retouche », du moins très rapidement relu et corrigé, dans le même temps qu'il corrige les épreuves *d'Un roi sans divertissement* et de *Virgile* tout en entamant la rédaction de *Noé,* et peut-être aussi pour paraître un émule compétent de Stendhal, qu'il admirait extrêmement, qui dicta *La Chartreuse de Parme* en cinquante deux jours. Les carnets nous apprennent que Giono avait l'intention de reprendre le texte dicté. Cependant en 1948 il le publie sans l'avoir retouché.

Le texte se présente comme le récit d'une expédition scientifique. On est en 1940, après la défaite de Dunkerque, et deux voiliers, *L'Indien* et *La Demoiselle,* quittent Toulon pour aller explorer les îles et les eaux proches de l'Antarctique. Son programme de recherches est quasiment encyclopédique : observation astronomique, étude des courants et des marées, chimie de l'eau de mer, gravitation terrestre, magnétisme, électricité atmosphérique, météorologie, géologie, volcanologie, hydrologie, glaciologie, ichtyologie, zoologie, botanique, bactériologie, paléontologie. Mais en réalité la motivation des membres de l'expédition est toute autre. Tous sont lassés du monde moderne où tout est réglé par des usages et des comportements qui assujettissent l'homme à des actions sans surprise, où tout est connu et répertorié, ou sur le point de l'être (le but officiel de l'expédition est justement de compléter la taxinomie du monde, c'est-à-dire de renforcer sa finitude). La guerre qui ravage l'Europe a encore accru les contraintes et rappelé que tout un chacun est soumis à l'absurde d'une mort inopinée. Il s'agit donc, estime le capitaine de *L'Indien* qui est le chef de l'expédition, de remédier « aux problèmes de pauvreté dans lesquels peu à peu nous nous sommes amoindris, et dont le monde peu à peu va mourir » (III, 963) — « Je parle d'une pauvreté d'âme, et d'une *pauvreté de spectacle* », précisera-t-il à un autre moment (III, 900) — , de susciter des occasions d'un « délire capable d'enrichir les vies les plus longues et de faire aimer les approches mêmes de la mort » (III, 967). Or ces occasions ne peuvent être que la constatation de phénomènes inédits ou la rencontre d'êtres inconnus issus des seuls lieux encore (au temps où écrit Giono) inexplorés par l'homme, celui, indiscernable, qui s'étend « derrière l'air », pour reprendre une expression qui est familière à Giono, et les inaccessibles profondeurs abyssales de l'océan. C'est leur quête qui est la raison véritable du départ de Toulon de *L'Indien* et de *La Demoiselle*.

Or l'on découvre vite que *La Demoiselle* « gagnait rapidement sur *L'Indien* » (III, 876). Aussi le capitaine de *L'Indien,* lorsque les bateaux sont au large de Ténériffe, sur le point de perdre de vue l'Europe aux anciens parapets, « lui donn[a] sa liberté de manœuvre. Il lui fixa rendez-vous à la baie de Bon-Succès, dans le canal de Lemaire » (III, 876) qui est à l'extrême pointe de l'Amérique du sud. *La Demoiselle* s'éloigne donc et, dès lors, le récit de Giono ne traite plus que de la navigation de *L'Indien,* décrivant les rencontres désirées qu'il fait en effet, jusqu'à ce qu'il fasse escale à l'île inhabitée de Tristan da Cunha où a lieu la plus extraordinaire d'entre elles. Il reprend ensuite sa navigation pour rejoindre *La Demoiselle* et les lieux prévus d'observations scientifiques. Mais alors il est bientôt encalminé : le vent cesse de souffler pendant des semaines tandis que tombe une pluie continue. S'arrête alors la dictée, comme si la nature du récit influait sur le comportement du romancier, ou comme si l'accaparement de celui-ci par d'autres œuvres déterminait la substance de celui-là. Quoi qu'il en soit *Fragments d'un paradis* tombe alors en panne. Définitivement, car malgré les velléités de lui donner une suite dont témoignent les carnets, Giono le laissera en l'état.

Donc *Fragments d'un paradis*, après un court début qui laisse croire que ce sera le récit de l'expédition commune de deux bateaux, puis qu'il pourrait être composé du double récit de leurs navigations séparées, et, si l'on connaît l'existence des carnets, dont on peut imaginer qu'il aurait comporté deux parties de tons opposés, au sublime des rencontres faites par l'équipage de *L'Indien* répondant des aventures grotesques, telle « une soûlographie de pompiers [...] qui, à mon avis, vaut son pesant de Lautréamont » (*lettre de Giono à Maximilien Vox*) (III, 1547), auxquelles participe celui de *La Demoiselle,* se réduit au seul récit du voyage de *L'Indien*, qui s'interrompt avant même que le vaisseau n'ait atteint son lieu de rendez-vous avec *La Demoiselle*. Giono aurait pu reprendre à son compte ce que, dans *Anicet ou le panorama,* roman d'Aragon, Anicet déclare à Mirabelle : « il n'y a pas de raison pour que tôt ou tard je retrouve jamais le sens perdu de la phrase interrompue »[157].

Durant le trajet jusqu'à Tristan da Cunha les navigateurs sont témoins d'événements et rencontrent des êtres qui correspondent à leur attente. C'est d'abord l'apparition d'« un météore lumineux, d'une forme large et d'une couleur bleuâtre. Il était accompagné d'un ronronnement de chat, qui domina un moment le bruit du vent. Il avait un mouvement de descente très vif [...] et de l'endroit où il s'immergea jaillit un long rayon vert, qui resta marqué pendant plusieurs heures dans le ciel » (III, 876). Dix jours plus tard « un immense oiseau jaune tombe épuisé » sur le pont. Il « était pareil à un extraordinaire objet enflammé [...] ses ailes [...] prenaient à la lumière toutes les couleurs du rouge au violet, comme les flammes que donne le bois très sec... [...] À la main qui le soupesait il laissait une chaleur intense » (III, 878). Quelques jours après le coq découvre dans une baille avec laquelle il a puisé de l'eau de mer « un minuscule animal de figure angulaire d'environ un centimètre d'épaisseur et long de trois ou quatre, ayant une tache noire à

---

[157] Aragon, *Anicet ou le panorama, roman*, *Œuvres Complètes*, Bibliothèque de la Pléiade, Paris, Gallimard, 2004 (I, 95).

l'une de ses extrémités ; il avait la couleur de l'opale, mais brusquement il devenait pourpre, d'un pourpre extraordinaire si intense qu'on ne pouvait pas imaginer avoir déjà vu cette couleur quelque part » (III, 878-9). On découvre alors que la mer est couverte sur plusieurs mètres d'épaisseur de tels animalcules. Plusieurs jours plus tard, précédée par une odeur nauséabonde de narcisse et de « chatoiements mordorés » perçus en profondeur, « une monstrueuse raie [...] qui avait au moins cent cinquante mètres d'envergure » fait surface près du navire. « De ses énormes ailes de cartilage [...] des ondes qui commençaient d'abord par avoir la couleur de l'or prenaient naissance [...] puis elles s'élargissaient sur tout le corps de l'animal suivant un ordre immuable de couleur qui passait du rouge pourpre au bleu roi, au violet, et enfin à cette couleur inconnue, dont les yeux ne pouvaient se rassasier, et qui remplissaient les cœurs d'une splendeur de tristesse inouïe » (III, 883-4).

Ces rencontres, qui enthousiasment et bouleversent, qui font découvrir des couleurs que l'on n'a jamais vues dans la vie habituelle et suscitent donc des émotions jamais éprouvées jusque là, répondent au besoin d'exaltation des navigateurs. Celle de la raie gigantesque qui d'un seul battement de ses ailes ou simplement en se frottant à *L'Indien* pourrait entraîner tout son équipage dans la mort donne du prix à la vie qu'ils ont choisi de mener et satisfait leur désir de grandeur, en proportion même des risques courus.

Or elles ne sont que préparatoires à celle d'un calmar géant, dont les tentacules sont longs de plus de cent mètres et gros comme des autobus, que les marins voient remonter des abîmes à l'île de Tristan da Cunha où *L'Indien* fait relâche pour que l'équipage se repose et qu'il répare le navire éprouvé par une série de tempêtes. Avant son apparition sont arrivés des milliers d'oiseaux qui se sont posés sur la mer et qui restent silencieux. Quand le calmar émerge ils s'envolent puis se posent sur lui pour le débarrasser « d'une carapace d'algues, de coquillages et de petits animaux grouillants qui [le] couvraient entièrement » (III, 976). On découvre alors que le calmar est blanc. Quand il est entièrement nettoyé il se retourne et se met à émettre une épaisse liqueur séminale qui se répand sur la mer autour de lui Les oiseaux alors sont pris d'une excitation extraordinaire : ils s'élèvent haut dans les airs et se laissent tomber dans cette matière visqueuse dans laquelle ils s'engluent et périssent. Pendant ce temps le calmar émet une brillante lumière. Ce spectacle que contemplent, sidérés, les marins dure des heures. Il s'arrête soudainement. Alors le calmar se retourne vers le navire, étend vers lui un de ses énormes tentacules, touche légèrement la pomme d'un de ses mâts et s'engloutit.

Fragments d'un paradis, édition originale de 1948

Cet inimaginable spectacle, dont l'extraordinaire et la beauté fascinent ceux qui en sont témoins, les immobilisant dans la stupeur et l'admiration tout à la fois, les grandissant par l'aperception du sublime qu'il entraîne, suscite des questions auxquelles on ne trouve pas réponse : comment les oiseaux ont-ils su que l'habitant des profondeurs marines allait faire surface ? Comment, alors que les plus proches terres sont à plusieurs milliers de kilomètres, ont-ils fait pour arriver juste avant que le calmar émerge ? Pourquoi se précipitent-ils en masse dans sa semence ? On ne peut que s'émerveiller. L'événement répond au souhait qu'avait exprimé le chef de l'expédition en songeant à ses petits enfants et à ses compagnons : « Il faut qu'ils sachent que la réalité est plus fantastique que l'imagination » (III, 967) et donc avère que la vie peut être passionnante.

Ainsi que le souligne Henri Godard.

De tous ces phénomènes qu'il est donné de voir aux hommes de *L'Indien,* les plus terrifiants ont encore cette beauté et cette grandeur qui comblent en eux une attente. Tous donnent — et seuls peuvent donner — la joie à la recherche de laquelle ces hommes sont partis. Tous ont des couleurs inouïes, ce parfum d'un autre monde, dont un seul mot peut rendre compte : Paradis.

De cet autre monde, ils sont comme des fragments (« un fragment de paradis terrestre dressé dans les irisations du prisme », dira encore Giono de la mer dans *Noé* (III, 675)). Ou encore comme des anges annonciateurs [...] Ici, ce sont la raie monstrueuse ou le calmar qui font figure de ces anges mentionnés dans le titre même du livre. Ce sont eux qui parlent aux hommes de ce paradis au-delà de toutes les joies humaines à l'existence duquel ils ont besoin de croire (*Notice de Fragments d'un paradis*) (III 1534-5).

Fragments d'un paradis est en effet suivi, une ligne au-dessous de son titre, de (LES ANGES), imprimé en majuscules et entre parenthèses, puis est qualifié de *Poème*. Le mot « ange » est encore employé, note Henri Godard, aux pages 893, 904, 906, 908, 909, puis 975, et encore p. 965 (*Notice de Fragments d'un paradis*) (III, 1535, n. 3).

Ainsi il apparaît que le titre du roman est à double sens. Celui que relève Henri Godard, qui concerne la signification du livre et rappelle l'enjeu de l'expédition maritime, et celui proposé par l'intitulé de ce texte, qui fait allusion à l'état d'inachèvement de l'ouvrage, à la panne narrative qui en détermine la forme. Cette ambiguïté n'est pas le résultat d'une interprétation critique. Elle peut être attribuée à Giono qui a souvent donné à ses romans des titres à double référent, comme *Regain, Le Grand Troupeau, Un roi sans divertissement*, etc.

Du coup on est amené à s'interroger sur la façon dont se termine *Fragments d'un paradis*. Après la disparition du calmar, *L'Indien* reprend la mer sous une pluie battante qui finit par abattre le vent. Pendant des jours le bateau reste immobile, ne répondant plus à la barre. Puis, alors qu'il n'y a toujours pas le moindre vent, il se met à dériver légèrement sur bâbord ; il est toujours impossible de le gouverner. Terminer un livre, qui raconte une expédition maritime, abandonné en cours de rédaction, par une description du bateau de l'expédition incapable de progresser est une curieuse coïncidence, et l'on est amener à soupçonner que cette similitude entre la substance du contenu et la forme de l'expression, comme aurait dit Louis Hjelmslev[158], ou, si l'on préfère, cette mise en abîme, n'est pas un hasard, mais l'effet de la malice de l'auteur. Pressé par le temps, résigné à ne pas pousser son récit jusqu'à son terme (indécidé encore, comme le montrent les diverses suites fugitivement envisagées dans les carnets), il a l'élégance, ou l'ironie, de terminer son récit de façon métaphoriquement analogue, allusive, à la manière dont il abandonne son projet. Plutôt que de malice ou d'élégance, on pourrait parler de pratique esthétique. Il est bien des romans de Giono où la situation dans laquelle on voit les personnages pour la

---

158 Louis Hjelmslev, *Prolégomènes à une théorie du langage : la structure fondamentale du langage*, Paris, éditions de Minuit, 2000.

dernière fois est ainsi en rapport étroit avec leur devenir existentiel et narratif. À la fin de *Regain*, Panturle qui adopte un nouveau mode de vie fondé, non plus sur l'improvisation quotidienne, mais sur la prévision du futur, s'apprête à labourer un champ. Dans *Un roi sans divertissement* Langlois qui ne parvient plus à conserver ses repères de conduite morale et sociale se fait sauter la tête dans un labyrinthe, etc.

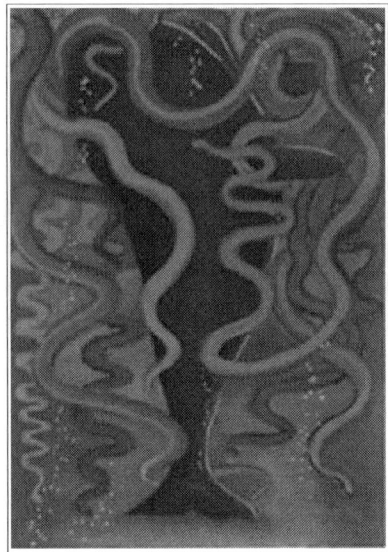

L'anguille et *le Cachalot*, illustrations de Pierre Fonteinas pour l'édition originale de 1948

En conséquence il semble qu'il faille faire en effet de cette fin du récit d'aventure métaphysique une lecture métaphorique. « Le navire est planté immobile dans la mer » (III, 996), c'est que la narration s'achève. « On ne voit rien, l'eau fume de tous côtés sous la pluie » (III, 997), c'est qu'il ne s'agit plus d'observer l'horizon infini dans l'espoir d'y voir surgir des êtres prodigieux mais de scruter le comportement de ceux que l'on fréquente ordinairement. On découvre maintenant les goûts et la vision du monde de Paumolle, d'Archigard, de Gorri le Rouge, de Baléchat, marins, et de M. Hour. Ce ne sont plus les couleurs jamais vues ni les comportements extraordinaires d'êtres dont la nature témoigne de la somptuosité du monde qui retiennent l'attention, mais le goût d'un individu pour des photographies empruntées aux journaux pour décorer son lieu de vie intime, l'attirance d'un autre pour les exercices d'équilibre périlleux dans la mâture, le souci d'ordre méticuleux du responsable des vivres et du matériel, … Le bateau dérive, c'est que le projet romanesque de Giono se transforme : il n'est plus question dorénavant de décrire la confrontation de l'homme et du monde, mais d'observer le jeu des passions humaines ; aussi les « anges » chargés d'en faire percevoir les enjeux dans les œuvres romanesques qui suivront cessent-il d'appartenir aux catégories des Trônes ou des Dominations, définies par le Pseudo-Denys l'Aréopagite, mais sont des membres de la catégorie d'êtres spirituels les plus proches des hommes, chargés expressément de veiller sur eux, les Anges proprement dits[159]. Ils ont nom Langlois, L'Artiste, L'Absente, la baronne, peut-être. Tous terminent leur vie d'une façon comparable à ce qui advient aux anges qui fascinent Giono et dont Breughel a peint le sort tragique dans *La chute des anges rebelles* (III, 1543).

Ainsi cette panne que l'on croyait réelle, du type panne de carburant, en l'occurrence de vent pour *L'Indien*, de temps pour Giono, se découvre être aussi, et surtout peut-être, une panne feinte, de la sorte de celles visant à entraîner dans quelque divagation une passagère courtisée ; ce sont en fait ses lecteurs que Giono, auquel le capitaine de *L'Indien* ressemble tant (il a à peu près le même âge (III, 903), il fume la pipe, sa mère est picarde (III, 904), il a défini seul le programme de l'expédition comme Giono est le seul décideur de ce qui mérite d'en être raconté, etc.), veut convaincre de l'accompagner dans une autre recherche. Il découvre maintenant l'odeur de narcisse rue de Rome, à Marseille (*Noé*, III, 673-82). Grâce à la panne organisée de son récit, il trouve occasion de commencer à s'interroger, *moderato cantabile*, de façon nouvelle, sur ce qui meut et émeut l'humanité.

Jean Arrouye

Jean Arrouye est membre fondateur de l'association des Amis de Jean Giono et auteur de *D'un seul tenant, manières et matière gioniennes* (Presses de l'université de Provence). Après avoir enseigné dix ans la littérature en classe préparatoire, il a enseigné la sémiologie de l'Image à l'Université d'Aix-Marseille et concurremment, pendant quinze ans, l'analyse de la photographie à l'École nationale supérieure de la photographie, à Arles, dirigeant également un stage annuel sur le même sujet aux Rencontres internationales de la photographie. Il a également assuré des cours de Littérature française aux universités de Rabat, Mohammedia, Kenitra (Maroc), Tunis El Manar, Sfax (Tunisie), UQAM (Québec), Turku (Finlande), dirigé des séminaires sur l'analyse de la peinture ou de la photographe à l'université de Chicoutimi (Québec) et créé un master en arts plastiques à L'institut supérieur des arts et métiers de Sfax en Tunisie. Actuellement il écrit sporadiquement sur ces sujets pour son plaisir.

---

159 Pseudo-Denys l'Aréopagite, *La Hiérarchie céleste, Œuvres*, Paris, Aubier, 1998.

Antonio, le héros du *Chant du monde*
par Jean-Jacques Brouard

Jean Giono (photo collection les Amis de Jean Giono)

L'intrigue du *Chant du monde* de Jean Giono peut se résumer comme la quête d'un fils, le besson disparu dans la montagne, par son père, Matelot, qui, pour ce faire, sollicite l'aide de son ami Antonio. Au fil du récit, celui-ci, qui n'est au départ que l'adjuvant de cette quête, en devient le héros. Sous la plume de Giono, dont on sait la puissance évocatrice, ce personnage complexe, qui nous est décrit en action à coups de métaphores originales, nous entraîne dans l'univers fictif du roman et dans la rêverie poétique.

Antonio est avant tout un homme doué pour **la parole**. Il sait d'abord parler aux arbres dont il comprend le langage : on le voit toucher le chêne déraciné de l'île des Geais et lui parler (7-8)[160]. Ensuite, le surnom « *Bouche d'or* » (6) est une belle métaphore métonymique qui souligne sa parfaite maîtrise de la parole et du chant. L'« *or* » connote la pureté, la beauté, l'éclat, l'inaltérabilité et la rareté. Antonio n'a pas son pareil pour charmer, convaincre et enchanter par ses beaux discours, la pureté de ses mots,

---
[160] Les nombres entre parenthèses renvoient aux pages du roman dans l'édition Folio (N° 872)

l'inaltérable profondeur de sa voix et le rare éclat de son chant. Junie le confirme (17) : « *C'est pas pour rien que nous t'avons appelé « Bouche d'or » [...] C'est parce que tu sais parler.* » Il sait aussi « *crier plus haut que les eaux.* » (18), pousser « *le cri d'un gros oiseau pour dire (sa) joie [...] sur son fleuve.* ». Il a « *le goût de l'eau dans la bouche* » quand il pousse un cri qui fait « *s'envoler les verdiers des deux rives* » (26). Sa parole est liée au fleuve : c'est la voix qui fait la réputation d'Antonio, tout le long du fleuve, puisque même le premier bouvier a entendu parler de lui (47). Chanteur et poète, c'est lui qui a écrit « *la chanson des trois valets* » (49) et le bouvier admet qu'on l' « *écouterait tout le jour* ». Clara trouve aussi qu'il a « *bien fait de parler* » (56) et elle ne s'en veut plus d'être vivante depuis qu'elle l' « *écoute* » (76). Il sait convaincre, il a cet art de mettre les idées dans l'esprit des autres : « *S'ils se mettaient à quatre contre un, ça se dirait jusqu'à la mer...* » dit-il aux bouviers (63) pour éviter un combat inégal. Il manie si bien les mots qu'à force de répondre évasivement aux questions des hommes de Maudru, il parvient, par ses propres questions, à en apprendre plus des bouviers que les bouviers de lui-même. Pourtant, il peine parfois à convaincre Matelot : quand celui-ci veut aller de l'avant quand les feux s'allument dans la montagne, Antonio est obligé de le retenir physiquement.

Dès le début, il est présenté aussi comme l'« **homme du fleuve** » (17) qui a la science de l'eau. Les sens en éveil, il perçoit les moindres signes de son univers aquatique. Il hume, il touche, il goûte, il écoute : « *ça travaille par le dessous* ». Il sait ce que le fleuve a dans le ventre (11). Il sait où se trouve le gué : « *c'est là... Voilà cinq heures que je regarde le gué voyager là-dessous. A mon idée, il va rester là quelque temps* ». Il sait tout ce qui passe sur le fleuve et dans le fleuve : « *Il sentait la vie du fleuve.* » Antonio précise à Matelot que « *la moindre éraflure de sable peut être un signe* » (22). Avant d'entreprendre la quête, Antonio doit crier « *pour partir, mais avant de crier il se rendrait compte de l'air, de l'eau, de tout pour partir à bon compte.* » (22). C'est en nageant qu'il déduit (25) que « *l'eau est lourde* », qu' « *il pleut en montagne* »... Et il en conclut qu'il faut « *passer les gorges aujourd'hui* » (26). Il déduit tout de ses observations : (32) Le fleuve n'ayant pas « *fait la bête* », n'ayant pas trouvé trace du bois et le congre d'eau douce dormant « *toujours sur du propre* », il en conclut que le cadavre du besson n'est pas dans le fleuve. Sa science de l'eau lui sert également à pêcher tous les poissons et de toutes les façons (20). Il est surtout question d'un « *énorme poisson noir et rouge impossible à prendre...* » qu'Antonio connaît bien. Sa science de l'eau, c'est aussi la nage. Sa limite de plongée, c'est le rouge... (25). Son savoir est celui du fleuve : à la question de Matelot (77) « *- Où est la route ?* » il répond « *- On suit le fleuve.* » Par contre, la forêt, Antonio la connaît moins bien : « *je sens le chêne, je crois* » (13). Et il ne sent rien des pins (14) que Matelot

« *voit* » dans le noir intégral. C'est qu'Antonio voit tout par son fleuve : il sent la vie de la terre « *comme quand on plonge dans un trou plein de poissons* » (14). Aussi, loin de son fleuve, Antonio n'est-il plus tout à fait le même : « *Je ne sais plus que faire, je n'ai plus mon fleuve et son eau* » (74). Sur le plateau désert et glacé du Rebeillard, Antonio se sent mal et sait, dans son for intérieur, que c'est « *d'être loin de (son) fleuve* » (93).

En fait, Antonio est un homme à l'état sauvage : au camp de Matelot, il préfère dormir dans la forêt au lieu de rentrer dans une des cabanes de bois. Il aime le contact intime avec les éléments naturels, ce qui explique qu'il aime être nu (20), sans doute parce que cette nudité lui permet de *connaître* le fleuve. C'est sur son long corps flexible tout entier qu'il sent les courants, qu'il « *tâte les nœuds de tous les remous* »(20), qu'il touche « *avec le sensible de ses cuisses les longs muscles du fleuve* »(20), qu'il sent « *avec son ventre* »(20). Antonio est un animal solitaire, amoureux de sa liberté : « *Je te dis qu'on ne me commande guère.* » (245).

C'est aussi un **homme digne et responsable**. Lucide, Antonio n'écarte pas entièrement l'hypothèse de la mort du besson, mais il accepte de partir à sa recherche. Il est raisonnable et il raisonne. Il refuse la faute que lui impute Junie[161] et ne s'en laisse pas compter : « *Si vous voulez m'écouter ici, voilà ce qu'il faut faire* » (17). Il accepte par choix la responsabilité et quand Junie lui dit (22) : « *C'est le dernier homme de la maison que tu emmènes* », le voilà promu héros de la quête du Besson. Il lui incombe de retrouver le fils et de veiller sur le père. Pendant tout le périple à travers le Rebeillard, il s'efforce d'assumer cette responsabilité. Quand les bouviers approchent dans la nuit[162], il fait tout son possible pour éviter que Matelot ne se mette en danger; quand Matelot veut quitter Villevieille, il le convainc d'attendre; enfin, il s'accuse de la mort de Matelot, quand celui-ci est poignardé. C'est lui qui cherche et trouve les informations sur le besson : « *ce soir on saura plus* ». Il fait preuve d'une patience à toute épreuve, malgré la nervosité de Matelot. Il est le décideur et l'homme d'action : il décide de prendre le marcassin, l'aiguillon; il ordonne à Matelot d'aller surveiller les bouviers (59) en se couchant sans rien dire. Quand les bouviers approchent, c'est lui qui indique à Matelot ce qu'il faudra faire en cas de coup dur : « *si ça va mal, cours vers le bois ... Ne tire pas avant moi* ». D'ailleurs, il devient de plus en plus responsable au fil de l'histoire. Il veille sur Matelot, d'abord, comme il l'a promis à Junie. Face aux bouviers, il songe « *Deux sur les bras.* » Plus loin, il s'affirme avec force : « *Le responsable, c'est moi. Alors, je mène.* » (72). Il veille sur Clara, ensuite. Il la prend en charge. Pendant qu'il marche dans la froide nuit du Rebeillard, il prend la décision de lui mettre le monde à portée

---
[161] Puisqu'il est le maître du fleuve, elle pense que si le besson s'est noyé, c'est de sa faute.
[162] chapitre III

de main pour qu'elle puisse le toucher (poissons, étoiles, etc...). Il s'inquiète des limites de son possible : lové sous sa couverture, il pense à « *tout le grand temps qu'il lui faudrait à lui pour lui faire toucher les renards, les chats, les poissons et les aurores* » (92). Il a aussi promis à Junie de ramener le besson... Cette triple responsabilité de héros de la quête lui pèse parfois, au point qu'il dit à Matelot « *Tu crois que j'ai pas le droit d'un peu de calme à mon âge et d'avoir une femme...* » (83). Il en vient à railler Matelot, à s'emporter contre lui, le traitant de « *tête de veau* » et d' « *enflé de galère* », de « *père du cochon* » (83). Mais il l'aime bien quand même : à Villevieille, il s'occupe de lui quand il a un malaise : « *Ne fais pas l'enfant.* » (120). Pour en revenir à Clara, il avoue à Toussaint qu'il veut la garder avec lui-même si elle est aveugle : « *Je lui ferai connaître tous les bords de mon île...* » (153). Antonio apprend et pense. Même s'il n'est pas déjà père, comme l'est Matelot, il sait qu'on ne fait pas les enfants comme on veut, mais comme on est «... *et ce qu'on est, on ne sait pas.*» (121). D'ailleurs, bien qu'il soit plus jeune que Matelot, c'est toujours lui qui le raisonne, quand celui-ci veut quitter le Rebeillard dès les premiers signes du dégel, par exemple.

Pour ce qui est de **son physique**, Antonio a le « *visage dur, sans poils ni graisse* »(16), de « *grands bras* » (17). En comparant le talon d'Antonio a de la pierre, Giono rend explicite sa dureté, c'est évident, mais il fait aussi d'Antonio **un être minéral** qui résiste au fleuve en roulant peut-être avec lui, comme ces galets du gué qui « *voyagent* ». En assimilant les muscles de son mollet à une résille, Giono veut en suggérer à la fois la finesse et la solidité, puisqu'il est plus difficile de rompre plusieurs fils qu'un seul. Cette solidité est confirmée par la comparaison de leur épaisseur à celle d'un doigt qui suggère aussi la flexibilité, l'agilité et la dextérité. A plusieurs reprises, Antonio apparaît comme une créature élastique : « *Il s'allongea, fit craquer les os des épaules et de ses bras* » (23). Sa longueur et sa puissance sont constamment rappelées (25) : il a les bras « *longs et solides* », « *tout entourés sous la peau d'une escalade de muscles* ». Plus loin, il « *cisaillait le courant avec ses fortes cuisses* » (25) et « *sa main saisissait la force de l'eau.* » Plus tard encore, on le voit capable de porter Clara (42) (« *Je la porterai... Ne t'inquiète.* »). Quand il lutte contre le jeune bouvier qui réclame le marcassin, il l'enserre de ses bras et « *ça commençait à craquer dans le garçon* » (59).

L'eau personnifiée, constamment associée au personnage, fait de lui **un être aquatique**, une sorte de frère jumeau du fleuve, aussi caressant, avec son « *poil de chat...* » et aussi coléreux, avec sa « *fougue du cheval, griffe sous la patte de velours* ». Il possède une science qui est le savoir-faire avec le fleuve. Le fleuve agit comme un fleuve et Antonio sait comment le déchiffrer, comment interpréter les signes et comment travailler dans le fleuve, avec le fleuve: il devient fleuve dans le fleuve. Antonio est un être résolument amphibie : « *ses épaules étaient devenues comme des épaules de poisson.* » Cet aspect poisson est renforcé par la comparaison de ses cheveux à des algues (25). Clara trouve qu'il « *sent le poisson* » (55); « *tu sens l'eau* » ajoute-t-elle, puis « *le fleuve [...] sent comme toi* ». Matelot aussi le trouve « *souple comme un poisson* » (100).

La comparaison de l'os arrondi au « *moignon d'une branche* » peut faire penser à une mutilation, mais en fait, elle montre simplement que le corps d'Antonio n'est pas anguleux, mais courbe, arrondi, poli par les eaux du fleuve, fait pour la nage. En outre, elle fait d'Antonio un **personnage quelque peu végétal**, ce qui était déjà suggéré par la « *couleur de résine* » de son talon. La mère de la route trouve (50) qu'il « *sent la sève* » et, en écoutant Clara, il se met à trembler « *comme le chêne battu par les eaux à la pointe de son île* » (55).

La métaphore qui assimile les poils frisés à la « *houle animale* » renforce bien sûr la dimension aquatique d'Antonio, sa courbure, son étirement, son amplitude, son caractère ondulatoire de nageur émérite, mais aussi lui confère une troisième **appartenance, au règne animal** cette fois. Cette parenté est renforcée aussitôt par la comparaison avec les « *poils de chiens de berger* ». Antonio devient alors une sorte d'animal familier, un gardien doué d'une ouïe et d'un odorat développés, capable de marcher la nuit le long du fleuve, limier sur lequel on peut compter pour retrouver un homme. Cette animalité trouve un écho dans la métaphore « *voix de bête* » qui connote à la fois la puissance et le mystère.

Par ailleurs, le « *creux* » d'Antonio montre bien **l'aspect aérien** du personnage. En fait, il n'existe que par ce qui le complète, c'est-à-dire les éléments naturels : c'est là que vient « *s'enrouler comme une algue la longue plainte du vent* » ou la respiration, qui, elle aussi, se love dans ce ventre creux qui permet à l'eau de glisser dans la bonne direction (26). Car Antonio ne lutte pas toujours contre le fleuve, il sait profiter « *des jeux de l'eau* » et traverser le fleuve « *en souplesse* » (28).

En outre, Antonio est **sensuel**. La comparaison des jupes des jeunes filles à des « *ailes* » confère à celles-ci et, par métonymie, aux jeunes filles elles-mêmes, une légèreté et une grâce qui est celle des oiseaux et qui expriment assez bien l'enthousiasme, l'exaltation de ces belles amoureuses lorsqu'elles *volent* pour rejoindre leur bel Antonio. La virilité exigeante d'Antonio est confirmée dans les pages 23 et suivantes avec la collection de cicatrices, héritage de la « *bataille des villages* », à l'époque où il était « *l'homme qui sort des feuillages* », comme le dieu Pan, entrant chez les femmes et excitant la jalousie vindicative des maris. Cette sensualité est servie par une beauté souvent mentionnée dans le récit. La femme de la route lui dit (42) « *Tu es bel homme* » et, à l'arrivée à Villevieille, une jeune femme lui dit : « *Merci (d'avoir marché) derrière moi avec tes yeux clairs* » (116).

Antonio est l'incarnation emblématique de **la fraternité humaine**, de **l'amitié**. Il charme le premier bouvier qui va jusqu'à lui donner son manteau en gage d'amitié. Celui-ci le lendemain matin fait un détour pour le voir, cet étranger qu'il considère comme un « *homme* » digne d'être connu. Pour preuve de ce respect, il efface les traces du feu qu'Antonio a fait sur la terre de son maître Maudru (49). Avec Matelot, c'est une amitié de longue date qui ne dit pas son nom. Antonio a la confiance de celui-ci « – *Tu as confiance en moi ? – Oui* ». Il laisse pourtant Matelot seul pour suivre une femme. Prisonnier de son désir, il oublie son amitié et sa responsabilité. Il est donc logique qu'il se sente coupable quand il découvre Matelot mort : « *Il pouvait relever ce corps, l'emporter dans ses bras comme un enfant, faire quelque chose pour lui.* » (238). Il ne cesse de répéter : « *Je l'ai laissé...* ». Il considère que « *c'est de sa faute* » si son « *vieux copain* » est mort (239). Il laissera pourtant à Maudru sa chance car il l'écoute parler et s'aperçoit que Maudru est un homme, avec ses espoirs déçus, sa puissance et ses désirs, mais aussi sa tendresse et ses faiblesses. Aussi paie-t-il de sa personne en encaissant les coups quand il empêche le besson de tuer Maudru afin de préserver la vie des autres et d'éviter le massacre.

Il faut ajouter que, héros de la quête, Antonio subit **une initiation**.

D'abord, il voit une femme donner naissance à un enfant : l'accouchement est un mystère qu'il ne connaissait pas. « *Tu ne sais rien* » lui dit la mère de la route (45). C'est son couteau qui sert à la mère de la route pour sectionner le cordon ombilical du bébé et Antonio pense à cette arme ainsi : « *Elle avait tout fait jusqu'à présent sauf de séparer un enfant de sa mère.* »

Ensuite, il apprend ce qu'est l'amour vrai. Il fait beaucoup pour Clara : il va chercher de l'aide, malgré le bouvier; il prête son couteau. C'est lui qui la porte : « *je la prends toute* » (44). Son attirance pour elle naît de ce contact intime : « *Il y avait tant dans cette femme pour faire oublier ce qu'elle pesait.* » Il sent la « *chaleur* » et la « *forme ronde de cette chair* ». Un peu plus tard, Giono nous dit qu' « *il était heureux de voir (son visage) enfin calme et délivré du gémissement.* » (44). Clara le transfigure. Elle lui fait oublier le besson comme si « *c'était loin de dix ans* » (45). Il la considère comme « *un doux gibier* » (45). Dans le Rebeillard giboyeux, il a trouvé sa *proie*, l'objet d'une quête qu'il ne soupçonnait pas encore. Cette rencontre fortuite est la révélation de ce qu'il est vraiment. Avant, il n'avait rien vu. Il n'a jamais vu d'aussi beaux seins que les siens (45). Antonio lui frotte les flancs (46) et cette expérience lui permet de la « *connaître* » physiquement avant même l'étreinte érotique. Tous les particularités du corps de la jeune femme entrent en lui : « *Elles se marquaient dans sa chair* » (46). L'amour naissant passe d'abord par une volupté que Giono décrit ainsi : « *Ça éclatait en lui comme une gerbe trop grosse qui écarte son lien et qui s'étale.* » (46). Il la tient « *nue contre lui* » et ne veut plus la lâcher. L'amour neuf qu'il éprouve est poétiquement exprimé par le commentaire métaphorique sur les étoiles : il voit Clara dans le ciel comme si son regard était encore fasciné par le corps de cette femme nue, « *celle qui dort et qui n'a pas encore ouvert ses paupières* ». Il n'est plus lui-même : il tremble en la regardant et en l'entendant parler. Il lui dit qu'elle n'a pas le droit « *d'aller vers le fleuve* » pour s'y jeter et qu'elle a « *encore beaucoup de bien à sentir* » (56). Antonio aime que Clara le regarde et regarder Clara : ainsi (61) il fait semblant de couper la viande en grattant son couteau sur la pierre pour qu'elle le regarde de ses yeux de menthe. Pourtant cette lente initiation n'est pas sans embûches. A l'arrivée du printemps, en effet, il en arrive à douter de la venue de Clara et pense l'avoir perdue « *Non, c'est fini !* », pense-t-il (214) : alors, il décide d'aller se saouler avec Matelot. Oubliant cette initiation à l'amour, il s'abandonne à la vieille sensualité primale d'autrefois et il « *trompe* » Clara avec une belle inconnue qui l'égare dans le labyrinthe d'une Villevieille ivre de printemps. Il se met à danser, étourdi par l'alcool et le grand souffle du printemps. Juste après, cependant, se déroule la cérémonie des retrouvailles symboliques, lorsque, plongés dans l'obscurité, ils sont tous les deux aveugles (234), unis par la nuit.

Enfin, Antonio est initié à la montagne. Guidé (179) pas à pas par le tatoué, Antonio progresse dans un univers qui n'est pas le sien. Cette marche initiatique se fait à tâtons par le toucher : poids du corps, main, pied, tout le corps. Sans regarder, puisque la montagne comme Méduse peut changer en glace celui qui la regarde. Antonio subit l'épreuve pour échapper au cheval : monter cette bête sans regarder, sans dire, sans voir, puis une fois qu'on a « *émergé* », « *voir* », puis nommer « *le cheval !* ». Dans cet océan démonté de neige vivante, Antonio n'est plus qu'un novice ignorant que le tatoué, véritable maître des cimes, guide fermement. L'épreuve est dangereuse car la montagne enivre l'être tout entier, l'aveugle ou lui impose des visions qui lui font perdre prise et manquent le livrer au vide.

Puis, d'initié, Antonio devient **initiateur** (281) quand il pense à Clara et à lui « *ensemble* » car il veut jouer pour elle le rôle d'initiateur du fleuve. Pour lui, elle n'a encore « *rien touché de vrai* »... Il veut lui faire éprouver le fleuve comme lui sait le faire. Il voit la vie future avec Clara sous le signe de la liberté, du partage et de l'intimité avec les éléments : leur royaume sera le fleuve, leur palais l'île des Geais. Il ne cesse d'envisager à cette initiation « *pas à pas* », semblable à celle qu'il a reçue du tatoué le long du névé. Il

« *garde* » Clara comme il est gardien du fleuve. Il la guidera dans le marais, attaché à elle par une courroie, lien symbolique d'un amour à la vie à la mort. Il n'a qu'un souhait : « *Qu'elle marche où je marche* ». Du reste, il pense à sa nouvelle vie comme étant la fin de sa solitude d'avant : « *Il se souvenait du temps où il était seul* ». Il y a une simplicité presque biblique dans la dernière phrase du roman... « *Se coucher avec elle sur la terre* », belle image des noces primitives avec la nature tout entière comme l'union symphonique de la terre et du fleuve, de la montagne et du Sud, du jour et de la nuit.

Ainsi Giono veut donner de son héros l'image d'un homme à la fois puissant et tendre, en creux et en plein, mais long comme un poisson et musclé, doué d'une force qui le rend apte à la pratique du fleuve. Antonio est un homme complet, à la fois souple et solide comme le végétal, résistant comme le minéral et capable comme l'animal de percevoir les choses naturelles, de communier, mieux qu'un homme civilisé, avec le Grand Tout de la nature. Il est aussi présenté comme une sorte de magicien du Verbe, un être doué de la puissance du chant et qui, comme Orphée, exerce un pouvoir sur les autres, en particulier sur les femmes qu'il enchante, au sens propre du terme. En fait, nous avons à faire à un personnage proche du héros mythique, et pourtant assez vraisemblable puisque les métaphores ont une valeur strictement symbolique. Si Antonio est un adjuvant idéal de la quête du besson, sa quête à lui est celle de la compagne dont il ne rêve pas encore, de l'âme sœur qu'il trouve en Clara. Antonio est donc un être minéral, végétal et animal dont l'élément primordial est l'eau, mais qui appartient aussi à la terre, à la lumière et à l'air. Non seulement il est présenté comme l'homme du fleuve, le maître des eaux qui a la science de l'eau, mais encore comme un magicien de la parole qui, de sa voix qui porte sur tout le fleuve, enchante les femmes, les charme et les séduit. Difficile pour nous lecteurs de ne pas tomber, nous aussi, sous le charme....

Jean-Jacques Brouard

Jean-Jacques Brouard - Né en 1952 en Bretagne, professeur de lettres et de lexicologie, traducteur, conférencier, metteur en scène de théâtre, écrivain (cf. infra), co-animateur (avec Miguel Angel Real) du blog poétique Oupoli.fr et animateur du blog littéraire Atelalphi.fr, ivre de vie, d'humour, de livres et de verbe... « Le sens de ma quête est la quête du sens ».
Romans : ...*Chimères* - 2010, *Hôtel du Ponant* - 2012, *Anamorphose* – 2020... / **Nouvelles** : ... *Récits corrosifs I & II* - 2003, *Sortilèges* – 2019.../ **Théâtre** : *La Horsaine* – 2018 (mise en scène par la Compagnie Hurtelune) / **Poésie** : ...*Transes bleues* -2017, *Voyage en Anthropie* -2019 & un recueil en préparation pour les éditions Sémaphore, a publié dans les revues La Vie Multiple – La Piraña (Mexique) – Décharge... **Essais** : *Blaise Cendrars* (en préparation pour les éd. Sémaphore)

Giono, écrivain populaire ?
par Catherine Hilaire

Jean Giono (collection les Amis de Jean Giono)

Ayant découvert Giono comme beaucoup de ses lecteurs avec *La Trilogie de Pan* – soit *Colline, Un de Baumugnes* et *Regain* –, je l'ai tout d'abord considéré comme écrivain proche du peuple : monde paysan, glorification de la nature, région rurale identifiable ont suffit à favoriser cette projection populaire. Pour mon père, fils de paysans et autodidacte, Jean Giono figurait au panthéon de la littérature ; dans mon milieu rural, je voyais des gens de la terre lire Giono ; dans toutes les librairies on trouvait ses œuvres, y compris, pour certaines, en Livre de Poche ; dans la moindre bibliothèque de campagne l'on pouvait emprunter des ouvrages de l'écrivain et des extraits de ses œuvres figuraient dans les livres scolaires. Giono m'apparaissait donc comme un auteur populaire.

Il m'a fallu avancer plus avant dans le corpus de l'œuvre et en particulier atteindre les *Chroniques* et le *Cycle du Hussard* pour comprendre la fragilité d'une telle caractérisation. Et c'est enfin à l'université où j'ai suivi un cours magistral sur Giono dispensé par le professeur Turbet-Delof, que j'ai pu apprécier l'ampleur de l'œuvre, sa portée, sa richesse, sa complexité.

Mais la question d'un Giono auteur populaire s'est à nouveau invitée lors des quelques *Journées Giono* de Manosque auxquelles j'ai assisté. Là je fus certes enthousiasmée par la chaleur de l'accueil et la richesse des échanges. Cependant j'ai ressenti que l'aréopage d'universitaires, professeurs éminents ou thésards, en particulier sous une certaine présidence, veillaient à tenir à distance les gionistes lambda, laissant peu de place aux témoignages de ceux qui avaient approché le célèbre Manosquin, peu de place aux prises de parole des simples lecteurs du public. Certes les intervenants intellectuels étaient venus pour communiquer le fruit de leurs sérieuses études, pour compléter l'exégèse de l'œuvre et c'est bien là le rôle de telles rencontres que de faire avancer la connaissance d'une œuvre et de son un auteur. Heureusement une plage horaire était en général consacrée aux collaborations non universitaires. De plus la réception au Paraïs où la famille Giono et les membres du bureau de l'Association traitaient tout le monde sur un pied d'égalité, de même que le convivial pique-nique de clôture en un lieu gionien, compensaient l'emprise universitaire. N'empêche, j'avais un peu de peine de constater que Giono était récupéré par une intelligentsia quelque peu méprisante envers les lecteurs d'un niveau culturel inférieur. Du coup j'ai essayé d'y voir plus clair et de confronter l'œuvre gionienne aux définitions de littérature prolétarienne et de roman populaire.

Jean Giono fut soupçonné, voire accusé de n'être point un auteur populaire, ce à quoi il se défendait en faisant remarquer que ses livres « *se trouvent sur les cheminées des fermes* » ; cela dit, il est fort à parier qu'il était plus lu par des paysans provençaux, voire, plus largement, occitans que par leurs homologues des pays d'oïl.

Malgré son lectorat très étendu dans l'éventail social, on lui fit souvent le reproche, en effet, de ne pas parler la vraie langue du peuple même si ses romans sont ancrés dans un terreau social fait pour beaucoup de paysans et de petits artisans – cordonniers, fontainiers, rémouleurs –, surtout dans sa première manière, et dans un terroir rural, la Haute Provence, bien qu'il ne se reconnaisse pas en auteur régionaliste. Et pourtant, et c'est là qu'il y a malentendu, le succès populaire des romans de Giono repose sans doute pour beaucoup sur leur assimilation à une littérature de terroir faite d'idéalisation de la vie paysanne, de maintien de ses traditions, de mise en valeur de sa langue propre.

Giono, écrivain prolétarien ?

À la fin des années 20, époque de la *Trilogie de Pan*, s'élabore le concept militant de littérature prolétarienne. Parmi ses artisans, les communistes, bien sûr, mais aussi des écrivains non marxistes venus du peuple comme Jean Guéhenno ou des anarchistes comme Henri Poulaille, auteurs dont Giono se sentait proche en raison de leurs origines communes modestes, souvent de leur formation d'autodidactes et, plus largement, de leur conception de la littérature. Poulaille, fondateur du *Groupe des écrivains prolétariens de langue française* dans les années 30, donna les critères définissant l'auteur prolétarien :

– il doit venir d'un milieu paysan, artisan ou ouvrier : notre Giono n'était-il pas fils d'un cordonnier issu de l'immigration italienne et d'une repasseuse ?

– être, de préférence, autodidacte : Giono n'est pas allé plus loin que des études secondaires au collège ; sa culture littéraire, il se l'est faite essentiellement lui-même.

– doit, de préférence, assurer sa subsistance en travaillant en tant que paysan ou ouvrier : ce n'est pas tout à fait le cas de Giono qui est entré à 16 ans, avant la fin du cycle secondaire, à la banque de Manosque mais au bas de l'échelle pour commencer.

– doit s'attacher, dans ses écrits, à la traduction de la condition prolétarienne, dans un but militant. Et c'est sur ce point surtout que Jean Giono s'éloigne de la définition de la littérature prolétarienne. Giono, dès 1934, s'est activement engagé, aux côtés de la gauche, contre la montée du fascisme et pour la paix ; pour cela, il adhéra à l'AEAR (Association des Écrivains et Artistes Révolutionnaires). Il fréquenta Aragon et œuvra un temps avec le PC (Parti Communiste), parti soutien du peuple laborieux s'il en fut. Mais il finit par prendre ses distances avec les communistes qui, d'après lui, par leurs prises de position, trahissaient l'idéal de pacifisme. Giono fut toujours un électron libre et se méfiait des idéologies et des appareils de partis : n'a-t-il pas proclamé : « *Je suis un peu plus que communiste. Un parti qui n'a pas encore de nom et qui n'en aura jamais parce qu'il n'est pas un parti.* ».

Dans ses œuvres, Giono, certes, décrit au passage la condition de ses paysans et des gens du peuple au sens large ; comme il le dit : « *je fais entendre des disques paysans* » et, en effet, il enregistre mais - et c'est ce que lui reprocheront les marxistes - il ne dénonce pas véritablement la condition des personnages de ses romans.

Par ailleurs Giono se sentait plus proche des paysans que des ouvriers qu'il accusait de faire le jeu de l'industrialisation et du grand patronat or, le prolétariat c'était, avant tout, le monde ouvrier.

Ses essais comme sa *Lettre aux paysans sur la pauvreté et la paix* ou *Refus d'obéissance*, sont plus combatifs, voire militants, mais furent-ils lus par les paysans ? À voir comme, de gré ou de force, les agriculteurs (car on ne disait plus paysans alors) de l'après-guerre ont très majoritairement adhéré à l'agriculture intensive, productiviste, on peut douter de l'impact auprès du peuple de ses écrits engagés.

Quant à son militantisme actif et courageux contre la guerre, il n'eut hélas pas beaucoup d'écho ou, en tout cas, pas d'effet puisque la guerre eut bien lieu malgré ses exhortations répétées.

Giono, écrivain populaire ?

Alors, si Giono ne fut pas à proprement parler un écrivain prolétarien, fut-il du moins un écrivain populaire ?

Le roman populaire a fleuri en France suite à la Révolution de 1789 pour se développer au XIXe siècle avec des auteurs phares comme Eugène Sue ou Alexandre Dumas ; il avait pour but de toucher par son contenu et sa diffusion le plus grand nombre de lecteurs et en particulier le peuple peu instruit et s'opposait ainsi à la littérature savante destinée aux classes éduquées.

Parmi les sous-genres du roman populaire, on trouve, entre autres, le roman social, le roman d'aventures, le roman policier, le roman fantastique, le roman sentimental, autant de facettes que l'on retrouve disséminées dans l'œuvre de Giono.

Avant de devenir une littérature écrite, la littérature populaire était orale, véhiculée par les contes en particulier or Giono est avant tout un merveilleux conteur ; il l'a prouvé au travers de vrais contes comme *Le noyau d'abricot* ou *Le Buisson d'Hysope*, d'inspiration orientale. Mais tout au long de ses romans, Giono se délecte à conter et revendique d'ailleurs cette facette de son art : « *J'ai voulu raconter une histoire. Je n'ai pas cherché à donner une photographie* » dit-il à propos de son *Grand troupeau* ; dans *Un roi sans divertissement*, on rencontre plusieurs narrateurs pour une même histoire, ce qui rappelle le destin des contes, modifiés ou enrichis au cours de leurs transmissions successives. Ses romans recourent beaucoup au langage parlé du peuple, aux tournures régionales et comportent aussi des proverbes, des dictons populaires et même des jurons. Cet aspect de son écriture le rapproche d'un auteur populaire tel Henri Pourrat avec qui il entretint correspondance et amitié.

En se servant de chroniques journalistiques, Giono s'approche du roman social. Son intérêt pour le procès Dominici prouve son appétence pour les faits divers qui nourrissent son analyse de la noirceur de l'âme humaine. Ne s'en est-il pas servi, d'ailleurs, dans ses *Notes sur l'affaire Dominici*, pour se défendre lorsqu'on l'a accusé de faire des portraits de paysans non réalistes ? « *Quand j'ai publié mes premiers livres on a dit que mes paysans n'étaient pas vrais. On voit maintenant qu'ils l'étaient.* »

Le Chant du monde n'apparaît-il pas comme un fabuleux roman d'aventures dans la lignée du *Don Quichotte* de Cervantès qu'il admirait ? L'œuvre de Giono est d'ailleurs pleine des caractéristiques de la littérature picaresque, avec ses antihéros, ses vagabonds, ses auberges, etc.

Un roi sans divertissement qui commence avec des disparitions dans un village de montagne, ne charrie-t-il pas une narration toute policière ?
Quant aux sentiments, ils sont partout dans l'œuvre gionienne, du rachat par l'amour d'Angèle la prostituée dans *Un de Baumugnes* à l'attirance platonique mais passionnelle entre Angelo et Pauline dans ce *Hussard sur le toit* tissé d'un romantisme tout stendhalien.

On ne pourrait s'arrêter à ces quelques exemples destinés à illustrer le volet populaire de l'œuvre sans évoquer *L'Homme qui plantait des arbres* ; cette nouvelle, après une première publication à partir des années 50 aux États Unis où elle eut un vif retentissement, devint un best-seller en France dès les années 70 où elle fut enfin publiée. Son succès populaire tint alors à la mouvance environnementale naissante ; ce texte est devenu, en effet, un véritable manifeste écologiste par son sujet et, alors que Giono le destinait à un lectorat adulte, il devint surtout un livre pour enfants recommandé par l'Éducation nationale.

Si donc ses romans touchent à coup sûr le peuple qui se reconnaît souvent dans ses portraits, son langage familier et les passions humaines qu'il dissèque, on peut considérer Giono comme un romancier populaire. D'autres indices confirment cette appartenance, comme sa participation fréquente, non seulement dans ses débuts pour se faire connaître mais tout au long de sa vie d'écrivain, aux revues ; si Giono a collaboré à des titres littéraires comme *La revue de Paris* ou *Europe*, il n'a pas rechigné à livrer des textes à des journaux régionaux tels *Nice matin* ou *Le Dauphiné libéré*.

Peuvent aussi corroborer sa notoriété populaire les forts tirages de ses œuvres et la parution de la plupart d'entre elles en format de poche, les traductions dans de nombreuses langues étrangères, les entretiens donnés à la radio dont certains – *Entretiens avec Jean Carrière, Entretiens avec Jean Amrouche et Taos Amrouche* – ont fait l'objet d'enregistrements audio et de publications en livres, le succès populaire des films tirés de ses œuvres, même si l'on sait que Giono n'était pas forcément satisfait de leur traduction pour l'écran, les adaptations de certaines œuvres – *Le Chant du monde, Un roi sans divertissement* – en bandes dessinées.

Si en aucune façon elle ne peut être qualifiée de paralittérature à la connotation dépréciative, la production de Jean Giono peut donc s'apparenter à une littérature populaire d'extrême qualité, ce que mérite bien le peuple dès lors qu'on le respecte.

Giono, auteur de romans littéraires

Mais les écrits de Giono sont trompeurs et si les premiers romans et en particulier ceux de la *Trilogie de Pan* ont pu faire l'illusion de romans populaires, la suite de la production de notre auteur a bien montré qu'elle n'était pas facile d'accès et qu'elle s'apparentait même à une littérature savante.

Les œuvres de Giono sont en effet pétries de culture, ce que ne sont pas, en général, les romans dits populaires. Le collégien et le petit employé de banque de Manosque se nourrissaient déjà des classiques de l'Antiquité à travers Homère, Eschyle ou Virgile, en particulier. La mythologie, invitée dès les débuts dans *Naissance de l'Odyssée*, confirmée par l'omniprésence de Pan, irrigue toute son œuvre. Il puise dans les contes orientaux comme *Les Mille et une nuits*. Il a lu les grands auteurs de la vieille Europe, bien sûr, tels Dante, Machiavel, dont il a donné la préface à l'édition de son œuvre dans la prestigieuse Pléiade, Shakespeare, mais aussi la littérature américaine, traduisant le *Moby Dick* de Melville, lisant Faulkner et, au-delà même du fonds occidental, il s'est imprégné d'écrits extrême-orientaux. Autant d'humus culturel qui fertilisera son imagination déjà débordante.

Quant à la Bible, bien que Giono se soit dit indifférent aux religions, elle est partout présente, souvent en filigrane, dans ses romans, qu'il s'agisse de certains titres comme *Le Chant du monde, Que ma joie demeure, Le Poids du ciel, Fragments d'un paradis* ou de noms de personnages comme Angelo ou Saint-Jean. Avec des cieux peuplés d'anges et d'étoiles ou déclencheurs d'orages et déluges, des citations prophétiques ou apocalyptiques (voir *Le Grand Troupeau*), l'opposition paradis/enfer est omniprésente dans une œuvre où Dieu brille par son absence.

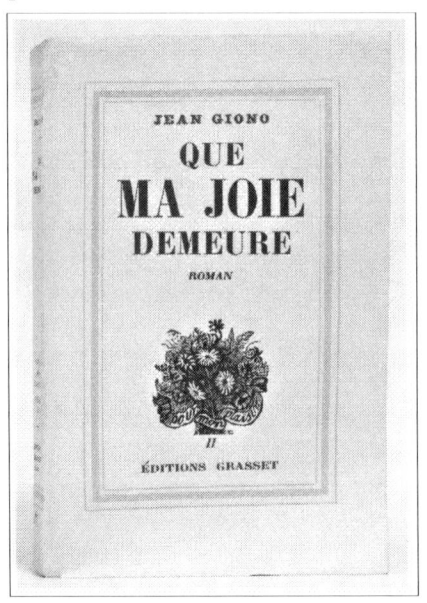

Outre son intérêt évident et viscéral pour la littérature, Giono s'est intéressé aux autres formes d'art : de la musique il a souvent transcrit, dans ses récits, l'art de la fugue dont il s'imprégnait avec Bach, Haendel et Mozart ; au peintre Breughel l'Ancien, il a pris le talent de paysagiste, l'art de la composition et le sens du détail, aux westerns de cinéma nombre de scènes d'action, autant de références culturelles qui créent une complicité avec une certaine élite intellectuelle.

Au final, ne pourrait-on conclure en mettant l'accent sur l'inclassabilité de l'œuvre de Jean Giono ? Cependant, on pourrait s'appuyer sur les deux périodes communément admises dans la production gionienne, même si force est de reconnaître un continuum entres elles, pour distinguer deux lectorats différents : les œuvres d'avant la Seconde Guerre mondiale, dites *de la première manière* – en particulier les romans rustiques de la *Trilogie de Pan* – mettant la nature au premier plan dans une Provence identifiée bien qu'inventée, transcrivant parole et portraits paysans, toucheraient les gens du peuple comme les lettrés ; les œuvres d'après guerre, dites *de la deuxième manière* comme les *Chroniques* et le *Cycle du Hussard*, plus centrées sur l'Homme, plus complexes dans leur dissection de l'âme humaine, s'adresseraient à un lectorat plus exigeant, plus intellectuel.

Cela dit, ne peut-on lire l'œuvre de Jean Giono à plusieurs niveaux de sorte que tout lecteur y trouverait son compte ? Tant il est vrai que la grande littérature est souvent une auberge espagnole où chacun trouve, en plus de ce qu'on lui sert, ce qu'il apporte lui-même ? En ce cas, l'œuvre de Giono figurerait une auberge littéraire hautement étoilée ouverte à un large éventail de lecteurs.

Catherine Hilaire

L'œuvre de Jean Giono fait partie des premiers émois littéraires de **Catherine Hilaire** et continuera à l'accompagner au fil des ans. Catherine Hilaire a écrit des livres de cuisine périgordine publiés par *L'Hydre Éditions*, des textes pour *Les Amis de la Poésie* de Bergerac, des haïkus aux *éditions du jais*, a participé à des livres collectifs édités par l'*Académie des Lettres et des Arts du Périgord* et collabore occasionnellement à des revues littéraires.

Mort d'un personnage :
quatre options pour un réel
par Laurent Fourcaut

Jean Giono chez ses amis Pelous à Marseille en 1945 (photo coll. les Amis de Jean Giono)

Du 27 septembre 1944 au 31 janvier 1945, Jean Giono est interné au camp de Saint-Vincent-les-Forts, après avoir été accusé, de façon tout à fait injuste, de « collaboration »[163]. Libéré, il séjourne à Marseille, où il imagine un personnage, Angelo Pardi, colonel de hussards piémontais, passé en France après avoir tué un mouchard autrichien. Sur ce personnage vient se greffer l'ambitieux projet d'une « décalogie » – qui deviendra le Cycle du Hussard –, dix livres où alterneraient l'histoire de cet Angelo de 1840 avec celle de son petit-fils, également prénommé Angelo, à l'époque moderne donc, cent ans plus tard. Il écrit le premier, *Angelo*, d'avril à septembre 1945. Dans l'ultime chapitre, au château de La Valette, le jeune homme s'éprend de Pauline, la jeune épouse du vieux marquis Laurent de Théus. De septembre 1945 à mars 1946, Giono écrit le deuxième livre, *Mort d'un personnage*, avec un prologue dans lequel Angelo III, le petit-fils, échappe à la poursuite des Allemands en se réfugiant, en compagnie d'un jeune résistant, dans un abri ménagé sous un tas de pierres, dans la montagne. C'est là qu'il entreprend de raconter à l'autre sa vie, son voyage de marin dans les îles Marquises, son travail en leur château auprès de Monsieur et Madame Élisabeth avant que les Allemands

---

163 Sur la vie, le travail, l'attitude et le sort de Giono pendant l'Occupation, on lira notamment dans Pierre Citron, *Giono, 1895-1970* (Paris, Seuil, 1990), les chapitres 14, « Épreuves », et 15, « Dangers ».

ne l'investissent, l'arrivée en France et la mort « dans un soleil de feu d'artifice » (*Pers.*, 1284[164]) de son grand-père, avant d'en venir à sa grand-mère – ce qui embrayait sur le début actuel de *Mort d'un personnage*. De mars à mai 1946, l'auteur rédige cinq chapitres du troisième livre de la décalogie, le futur *Hussard sur le toit*, puis il s'interrompt, « embarrassé par le personnage de Pauline qu'il a fait apparaître à Théus dans *Angelo* et qu'il voudrait maintenant faire rencontrer à son héros pour la première fois à Manosque[165] ». Il n'achèvera *Le Hussard sur le toit* qu'en 1951, après avoir, en mai 1947, abandonné l'idée de la décalogie. En 1957, *Le Bonheur fou* viendra clore le Cycle.

Mort d'un personnage[166], qui ne sera publié qu'en 1949, chez Grasset, s'était d'abord intitulé « Mort, fortune et caractère de Pauline de Théus » (*Pers.*, 1270). Et en effet le roman, par la voix d'Angelo III, narre la vieillesse – après qu'ayant quitté sa propriété de La Valette, elle se fut installée chez son fils, « M. Pardi » (166), Angelo II, à Marseille – puis la mort de Pauline, devenue la « grand-mère » (152). Ainsi l'écrivain avait-il consacré un livre à la fin de son personnage *avant* de raconter sa rencontre et ses amours avec Angelo (Angelo I) dans *Le Hussard sur le toit*. Le chapitre évoque les rues de Marseille parcourues par l'enfant Angelo III que « Pov'fille » conduit à l'école le matin et le ramène le soir, puis le roman s'attarde sur « cette vieille forteresse des chevaliers de Malte qui servait d'entrepôt pour les aveugles » (143), entrepôt dirigé par M. Pardi. Ce dernier a un attachement particulier pour Caille, une jeune aveugle que la grand-mère installera dans les appartements de son fils. Le narrateur explique comment l'argent retiré de la vente de son domaine de La Valette par Pauline de Théus est entièrement utilisé par M. Pardi, pour le plus grand contentement de sa mère, à améliorer grandement le sort des aveugles, tandis que, au gré du retour d'Angelo III adulte, alors marin, de deux de ses voyages au long cours (160 et 206), lesquels ponctuent ainsi l'écoulement des années, on assiste au vieillissement puis à la fin de vie de la grand-mère, devenue aveugle et sourde, à sa mort enfin, les derniers mots du livre étant : « J'allai ensuite réveiller mon père et je lui dis : / "Grand-mère est morte." » (236).

Une lecture attentive de cet étrange roman, un des plus admirablement

---

[164] L'abréviation *Pers.* désigne *Mort d'un personnage*, dont le texte est cité dans l'édition des *Œuvres romanesques complètes* de Jean Giono, sous la direction de Robert Ricatte, Paris, Gallimard, « Bibliothèque de la Pléiade », t. IV, 1977. Le texte du roman y est édité par Pierre Citron. Le prologue inédit est donné dans les « Notes et variantes », p. 1270-1284. Les variantes sont citées ainsi : 144 *a*, 1285 est la variante *a* de la page 144 et figure p. 1285.

[165] Luce et Robert Ricatte, « Chronologie », Jean Giono, *Œuvres romanesques complètes*, *op. cit.*, t. I, 1971, p. XCVI.

[166] On lira avec profit la notice sur le roman due à Jacques Le Gall dans Mireille Sacotte et Jean-Yves Laurichesse (dir.), *Dictionnaire Giono*, Paris, Classiques Garnier, « Dictionnaires et synthèses, 9 », 2016, p. 611-613, *s. v.* « *Mort d'un personnage* ».

beaux et forts que Giono ait écrits, y reconnaît, en même temps que la présence de quelques-uns des thèmes obsédants de son œuvre, une réflexion indirecte sur les pouvoirs de l'écriture – et leur fragilité – par rapport à ce qui reste invariablement son objet : le réel, à la fois éminemment désirable et radicalement destructeur, assimilé qu'il est par l'auteur à la bouche-sexe dévoratrice-castratrice du monde mère. Toute son œuvre d'après-guerre sera d'ailleurs traversée par cette inquiétude mêlée de scepticisme relative à une écriture soupçonnée de broder sur le vide, le néant, dès lors que, sous la pression des aléas de l'Histoire, Giono a dû renoncer à promouvoir et chanter dans ses livres « le mélange de l'homme et du monde[167] ». Tel sera donc le fil directeur de l'étude qu'on va lire.

Le prologue : importation de l'en bas dans les hauteurs métaphoriques du texte

Le prologue resté inédit installe, avec une remarquable netteté, la structure sous-jacente à l'œuvre tout entière de l'écrivain, à savoir que, pour pouvoir se marier avec le monde mère *en bas* (c'est son lieu emblématique) sans être dévoré-castré – sans mourir –, l'homme gionien se réfugie sur une hauteur depuis laquelle il assiste au spectacle de la bouche-sexe absorbant et émettant toutes les formes de vie, en un cycle continu qui est la *roue* du monde. Le savoir qu'il en retire, il le diffuse dans sa parole qui construit ainsi un double factice du monde réel, un *contre-monde*, à l'intérieur duquel il peut satisfaire son désir d'union avec le monde mère *indirectement*, par personnages interposés. Ce déserteur (dans les hauteurs)-voyeur-parleur est évidemment une mise en abyme de l'écrivain, lequel est donc un *avare* (de son désir) puisqu'il refuse par-dessus tout de le laisser, son désir, courir à sa *perte*, ce qui surviendrait s'il s'aventurait *pour de vrai* dans le monde ; son désir, il ne consent à le jouer que dans le contre-monde... du livre (et des diverses métaphores qui le mettent en abyme dans les livres successifs).

Dans le prologue, donc, celui qui est appelé « [l]'homme » (*Pers.*, 1270 et suiv.), c'est-à-dire Angelo III vieilli, en 1944, a grimpé dans une forêt sur les collines, fuyant les Allemands. La première phrase est : « Il y eut brusquement en bas dans le ravin deux rafales de mitraillettes. » Il est rejoint « dans les racines du grand hêtre » – « dans l'abri des racines » – par le jeune homme affolé sur qui les Allemands viennent de tirer. La locution « en bas » est répétée deux fois à la page suivante (1271) : c'est là qu'est le danger. Aussi les deux hommes gagnent-ils *les hauteurs* : « Ils montèrent rapidement à travers les hêtres. » C'est alors que l'homme adopte la position typique du voyeur de la bouche-sexe en bas : « Il s'engagea dans un flanc plus abrupt.

---

[167] Jean Giono, Préface, *Les Vraies Richesses*, dans *Récits et Essais*, Paris, Gallimard, « Bibliothèque de la Pléiade », éd.de Pierre Citron, 1989, p. 148.

D'assez haut, il domina la forêt. Par-dessus la cime des arbres, il regarda dans l'entrebâillement des vallées. » Il assiste à la castration symbolique du « pied » phallique par cette image classique du sexe féminin qu'est la pieuvre (équivalent, dans la mer, de ce que représente l'araignée sur terre) : « Au fond de leurs coquilles bleues [des vallées], se déroulaient lentement comme les volutes de cuir gris d'un monstrueux mollusque réveillé. Des tentacules de poussière enlaçaient déjà tout le pied de la montagne. » Plus loin il est question du « poulpe bleu des vallées » (1272). Les deux hommes continuent de monter, jusqu'à « un immense tas de pierre » (1273) à l'intérieur duquel l'homme a dû précédemment aménager une cache. Il « enleva une grosse pierre qui découvrit un trou ». Agrandissant « le trou », « il s'enfonçait encore plus profond, même jusqu'à l'épaule. Enfin le trou fut assez large pour entrer. » « Le garçon s'engagea dans le trou... Force, dit l'homme, va jusqu'au fond, et laisse-toi tomber. » Il pénètre à son tour au fond de ce qui s'avère être « une cavité presque carrée de deux mètres de long et de large », puis rebouche soigneusement l'ouverture. Les voilà donc tous deux en sécurité dans un abri qui, répétant « l'abri des racines » du début, figure clairement l'utérus. Ce que le texte confirme à sa manière : « — Le sein maternel, dit l'homme, et il éteignit le briquet. Ce furent des ténèbres épaisses. » (1274). Ainsi, sous cette forme métaphorique, la bouche-sexe en bas a-t-elle été importée dans la « hauteur » (1272), de sorte que les deux hommes ont pu s'y introduire, mais sans mourir. Or ce substitut est une première image du texte, comme le confirme le passage suivant où les deux hommes, n'ayant rien d'autre à manger, ingurgitent... du papier : « — As-tu mangé, demanda-t-il au bout d'un moment ? Le garçon fit non. L'homme fouilla dans la poche de son pantalon et sortit un cahier de papier à cigarettes. Il en roula quatre ou cinq feuilles entre ses doigts et en fit des boulettes. — Avale ça, dit-il. Le garçon avala les boulettes, puis il allongea ses jambes, une après l'autre. »

On notera en outre que l'opération de transplantation dans les hauteurs du sexe féminin du monde se répète sous une autre forme. Pour se reposer, au cours de leur ascension, les deux hommes se sont allongés dans l'herbe : « Les jupons de bronze des hêtres balançaient au-dessus de leurs têtes le bouillonnement mousseux de leurs dentelles vertes. D'énormes cuisses d'écorces roses allaient s'enraciner là-haut dans des ombres d'où tombait une odeur violente de sève chaude. » (1271). L'homme y repense une fois réfugié au fond du « trou » : « Cela n'empêche pas les hauts mystères ; et les cuisses qui barattent lentement des laits gris épais et gluants dans l'ombre des feuillages où tout est caché. D'où coule l'odeur de la sève qui sent la farine mouillée. » (1274). Voilà qui rappelle le calmar géant de *Fragments d'un paradis*, livre composé par Giono de février à mai 1944. Les navigateurs de *L'Indien*, sur les mers désertes du Sud, voient surgir des abîmes un calmar monstrueux, gigantesque. Au milieu de son ventre, un « tourbillon de chair creuse[168] » (la vulve de l'animal) laisse échapper une « matière bouillante et gluante à odeur de farine mouillée[169] » où viennent s'embourber et mourir les oiseaux. Même odeur donc de « farine mouillée » dans les deux cas. Le calmar géant fait ainsi le lien entre le « poulpe » des vallées, en bas, et la sève dont l'odeur provient d'un trou d'ombre entre les « cuisses roses » des hêtres, en haut : il s'agit bien d'un transfert dans les hauteurs (du texte) de l'objet mortel du désir.

Les Enfants d'Édouard de Paul Delaroche

Tel qu'on vient d'en analyser un aspect majeur, ce prologue joue un rôle qui est celui d'une pierre de touche. Tout se passe en effet comme s'il définissait d'avance la condition à laquelle le livre à venir, c'est-à-dire celui de *Mort d'un personnage* tel que nous le lisons aujourd'hui, pourrait prétendre échapper à l'inanité d'un texte vide, sans substance, parce qu'il aurait échoué à s'incorporer la matière (*materia*, *mater* : le premier mot dérive du second) du monde réel, à se constituer en contre-monde digne de ce nom. Observons d'ailleurs qu'une condition analogue est énoncée dans l'*incipit* du roman actuel : « J'étais encore coiffé aux enfants d'Édouard. » (*Pers.*, 143). C'est-à-dire comme le sont les deux garçons représentés sur le tableau de Paul Delaroche, *Les Enfants d'Édouard*, peint en 1830 et conservé au Louvre. On

---

168 Jean Giono, *Fragments d'un paradis*, dans *Œuvres romanesques complètes*, *op. cit.*, t. III, 1974, p. 978.
169 *Ibid.*, p. 980.

vient donc d'entrer dans une œuvre d'art, non certes un tableau[170], mais un roman. « J'avais un costume de lord écossais [...]. Et une toque rouge en chèvre du Thibet teinte en pourpre vif. Et fléchée d'une plume de canard sauvage. » De cette plume, il est dit bientôt ceci : « Le vent du nord frappait ma plume de canard sauvage. Elle frémissait jusque dans les racines qu'elle avait plantées dans ma tête. » (144). La *plume* c'est, par métonymie, l'écriture. Laquelle n'est plus ici un artifice : elle se trouve naturalisée puisqu'elle a poussé des « racines » vivantes dans la tête de l'enfant. Une écriture en prise sur le réel est ainsi revendiquée d'emblée.

Considéré sous cet angle, ce qui le ramène à son essentielle armature, le roman se laisse lire comme un ensemble composé de quatre strates distinctes, chacune illustrant un type particulier de rapport entre écriture et réel – c'est-à-dire, on l'aura compris, entre écriture et mort, puisque le réel fonctionne à la mort ou, si l'on préfère, puisque dans la *roue* du monde, telle qu'elle tourne en la bouche-sexe, vie et mort s'engendrent réciproquement en un cycle sans fin.

La grand-mère, être *d'un autre monde* totalement coupé du réel : sans *racines*

La première strate est celle qui donne son titre au livre. C'est celle où vit et meurt Pauline de Théus, « ma grand-mère » (*Pers.*, 152 et *passim*), dit le narrateur quand elle survient pour la première fois. Il convient d'entendre ce que dit ce titre. Pauline de Théus est un « personnage », autrement dit elle *n'est qu'un personnage*. Ce point est essentiel. Certes, toutes celles et tous ceux qui peuplent le roman, Angelo III, son père M. Pardi, les trois hommes qui chaque soir jouent aux cartes avec lui, les aveugles de « l'entrepôt » au premier rang desquels l'admirable Caille, « Pov' fille », Catherine, la Piémontaise qui prodigue sa tendresse à la vieille femme en fin de vie, d'autres encore, sont eux aussi des personnages. Mais ils ne sont pas réputés être tels tant que le livre les *tient en vie* – a la force et l'art de les tenir en vie –, faisant d'eux des êtres. Ils ne seront des personnages qu'une fois le livre refermé. Tandis que Pauline de Théus, telle qu'elle surgit à la toute fin du chapitre I, n'est rien d'autre qu'une très précaire rescapée du roman précédent, *Angelo*, et surtout, paradoxalement, du *Hussard sur le toit* et plus généralement des livres que l'auteur projetait d'écrire dans le cadre de la décalogie et qu'il avait déjà plus ou moins en tête[171].

---

170 Ou des poèmes. Plus loin, il est précisé que les enfants qui, comme le narrateur, se rendent à l'école chez les sœurs de la Visitation, « étaient tous vêtus de façon très romantique. La *Veillée des chaumières* publiait les poèmes de Byron en fascicules à un sou chaque semaine. » (*Pers.*, 145).

171 Voir à ce sujet, de Pierre Citron, la Notice générale sur le Cycle du Hussard, dans Jean Giono, *Œuvres romanesques complètes*, t. IV, *op. cit.*, p. 1113-1151.

Si l'on met à part le chapitre V et dernier, qui constitue une strate à lui seul, l'écrivain insiste d'un bout à l'autre sur le fait que Pauline n'est pas de ce monde, qu'elle n'appartient pas à cette terre : elle n'a aucune espèce de rapport avec le monde « réel » (les guillemets s'imposent, puisque ce monde n'est jamais qu'un monde de papier – celui du livre en train de s'écrire – mais il fait tout ce qui est en son pouvoir pour s'injecter un peu de réel : ce seront les strates 2 et 3). « Ma grand-mère attendait constamment demain. Le jour qu'elle vivait n'avait plus de forme. Seul, demain promettait la consistance des choses vraies, la renaissance du monde matériel [...]. » (152).

La raison de « cette chose extraordinaire qu'était ma grand-mère, cette absence d'être » (*Pers.*, 160), est abondamment fournie par le narrateur : c'est que l'homme qu'elle aimait passionnément, Angelo I, n'est plus, et qu'elle le cherche partout en vain : « Elle est à la recherche de cet homme magnifique. » (186 *a*, 1293), celui « qu'elle avait perdu et éperdument cherché » (152). Dans le dernier chapitre, tandis qu'elle s'approche de la mort, le narrateur dit et redit cette perte irréparable de « ce qu'elle a éperdument poursuivi » (213), de « celui qu'elle avait perdu » (213, 215, 218), de « ce qu'elle avait perdu » (222) : « [...] il n'y avait plus désormais pour elle de passion universelle depuis que l'univers ne contenait plus ce qui la passionnait. »

On est frappé cependant par la singulière disproportion entre, d'une part, cette blessure passionnelle et ce manque aigu, et, d'autre part, l'effet produit sur cette vieille femme, si radicalement dépossédée *de tout*. Or cela tient précisément à ce qu'il s'agit, beaucoup plus largement, d'un « désastre dans lequel elle *perdit son monde* » (*Pers.*, 160, je souligne). Monde qui, en s'effaçant, l'a effacée elle-même : son regard, parfois, rappelé par de fragiles restes du monde enfui, « une odeur ou un bruit encore appelant, il arrivait non pas du fond des ténèbres, mais de rien, comme un ange qui se construit en un éclair sur les lieux mêmes de son combat » (154). Mais le plus souvent, de ce monde, il ne reste rien : « À chacun d'eux [ses pas], elle trébuchait comme s'il n'y avait pas eu de terre pour la soutenir, ou plus exactement comme si elle savait qu'il n'y avait plus de terre. » (156). De sorte qu'elle est « perdue dans le vertige d'un dénuement total » (163). Sa monstruosité tient à ce qu'elle a « perd[u] cette préférence désespérée pour les objets de la terre » (195). Elle éprouve « la certitude qu'elle n'avait plus sur terre l'usage de quoi que ce soit » (205). Elle n'est plus qu'une enveloppe vide : « Derrière les yeux de grand-mère, il n'y avait rien. Ils laissaient entrer la lumière, mais dès qu'elle était entrée, elle se perdait dans des déserts illimités, filant en droite ligne sans jamais rien rencontrer. » (192). « Rien de ce qui existait sur terre ne pouvait vivre dans ma grand-mère, de l'autre côté de ses yeux [...]. » (193). C'est qu'elle est *d'ailleurs*, irrévocablement.

Aussi bien le texte multiplie-t-il les indices du caractère quasi fantastique de Pauline de Théus, laquelle, dans *Mort d'un personnage*, est donc une *créature d'un autre monde*, et d'un monde disparu. Elle n'est pas à sa place dans le monde que bâtit ce livre : « Son existence ne semblait être que le résultat d'une prodigieuse contrefaçon. » (*Pers.*, 153). Devant la glace, chez la couturière, « elle tenait debout comme une personne naturelle » – ce qu'elle n'est donc pas. Dans la foule où toute à sa quête elle s'aventure avec son petit-fils, nul ne la bouscule, car : « Ma grand-mère jouissait d'une sorte d'extra-territorialité universelle. » (159). Elle est en effet une pièce rapportée, ou plutôt importée d'ailleurs, de « la scène où elle avait joué » (203) : « [...] elle était aussi définitivement séparée de vous que l'âme d'un porphyre ou d'un onyx. » (164-165). De là des formules radicales comme celles du « mensonge de sa présence sur terre » (197) ou du « fantôme chargé de la représenter à nos côtés pendant qu'elle fuyait aux bras de l'ombre » (197-198). Or le monde auquel elle est incapable d'appartenir comme font les autres êtres du roman, c'est celui du texte même de ce roman : « Il était monstrueux qu'elle soit capable de résister à notre appel [...] de résister à l'appel de cette surface de la terre, si miraculeusement solidifiée en forme d'espérance, que les mots mêmes, d'habitude, ne la lâchent pas des pieds sans essayer de s'y tenir des mains. » (196). Le texte est cette « surface solidifiée » où s'accrochent et se trament les mots pour qu'il en soit fait un équivalent-terre – ainsi qu'il en va des strates 2 et 3.

Dès lors qu'elle n'est plus soutenue, nourrie, animée par les formes dont se constitue le contre-monde d'un texte, attaché à susciter en lui un équivalent bouche-sexe du monde pour qu'on y puisse s'y frotter sans mourir, la bouche du monde, la vraie, dont le texte visait précisément à refouler l'attraction mortelle, fait retour et s'empare du *personnage* ainsi arraché à ce qui le faisait vivre d'une vie hors-sol. C'est, dans la Pauline de *Mort d'un personnage*, le retour de la bouche refoulée. Caille vient chaque soir auprès du lit d'Angelo enfant. Elle imite pour lui le sourire de la grand-mère : « C'était une bouche mangée d'ombres. L'horreur qui me faisait claquer les dents était plus vieille que la mer. » (*Pers.*, 155). Caille le rassure : « Toutes les bouches sont pareilles, dit-elle. Il vient un moment où elles sont toutes comme celles que vous avez vue. La bouche de Caille sera comme ça un jour. » C'est la bouche de la mort. La perte d'Angelo I, et avec lui du monde (du texte) dans lequel ils s'aimaient, fait que ce monde, d'ores et déjà, n'existe plus pour elle qu'*en creux*, de sorte que sa bouche, au lieu d'être l'organe d'expression qui produit ce monde et l'y maintient, elle, en vie, se convertit en une bouche-sexe individuelle qui l'engloutit et la dévore, « une bouche pleine d'ombre, rongée d'ombre sur la forme d'une sorte d'appel désespéré » (156) qu'elle ne peut plus émettre. C'est ainsi que ceux qui l'aiment en sont réduits à « sentir sa forme polie par la succion de l'abîme » (194). L'enfant l'accompagne dans sa tournée, en ville, des « charlatans » : « Elle avait l'air d'écouter les boniments et de sourire un peu plus profondément que d'habitude, sans cesser de crier silencieusement le nom qui lui rongeait la bouche de son ombre. » (161)

Sur cette absorption par la bouche-sexe qui fait de la grand-mère une morte-vivante vient se greffer le motif de *l'enfer*, que Giono emprunte à la mythologie grecque, et en particulier à Ovide : « Plus tard, j'ai cherché son regard comme Orphée Eurydice ; mais les dieux avaient imposé des conditions trop dures. » (*Pers.*, 154). « Ceci [l'intraitable puissance de vie de Caille] était, à proprement parler, l'âme du monde ; l'espoir d'Orphée ; la préférence désespérée pour les objets de la terre ; grand-mère préférait désespérément les bosquets de l'enfer. » (192). On retrouvera dans *Le Moulin de Pologne*, écrit entre décembre 1949 et janvier 1952, cette inclination à céder aux séductions de « l'enfer » chez le personnage de Julie, héritière du destin tragique des Coste :« Il s'agissait [...] d'une générosité [celle de son mari, M. Joseph, qui fait tout pour l'en détourner] qu'aucune démesure ne pourrait jamais rendre suffisante face à l'irrésistible don Juan des ténèbres[172]. » Et plus loin : « Elle n'avait pas résisté à la séduction de l'enfer[173]. » C'est que, les noces avec le vrai monde étant devenues alors, pour Giono, encore plus problématiques, les êtres qui ne sauraient trouver qu'en elles l'accomplissement de leur désir se tournent, *en désespoir de cause*, vers les noces avec le néant.

Ces dernières sont déjà présentes chez Pauline de Théus, si l'on en croit ce qu'écrit d'elle le narrateur :

> Derrière les yeux de grand-mère, il y avait un endroit où l'on ne pouvait vivre que d'une façon inimaginable, en perdant à la même seconde à la fois le corps et l'esprit tels qu'on les a sur la terre. Peut-être alors rencontrait-on dans cet endroit-là des bosquets, des prairies d'asphodèles [etc.] ; la douceur et la paix, en tout cas, par rapport aux équivalents de la terre, des monstres qui tenaient lieu de ces éléments de notre vie. Si on acceptait de perdre son âme, si on arrivait à perdre cette préférence désespérée pour les objets de la terre, on devait pouvoir vivre parmi ces monstres, puisque grand-mère y vivait. Ils étaient peut-être là-bas tout à fait naturels ; c'est même la certitude de ce monstrueux naturel qui terrorisait. Ils devaient composer des paysages aussi paisibles que les paysages de la terre. (*Pers.*, 195)

---

172 Jean Giono, *Le Moulin de Pologne*, dans *Œuvres romanesques complètes*, *op. cit.*, t. V, 1980, p. 742. Voir sur ce roman L. Fourcaut, « Quelle *hubris* dans *Le Moulin de Pologne* de Jean Giono ? », Actes du Colloque international « La Démesure dans les représentations artistiques de la modernité », Gafsa (Tunisie), 5, 6 et 7 mars 2019, *à paraître*.

173 *Ibid.*, p. 743.

Il n'est pas interdit de voir dans ce monde « monstrueux », avec ses « monstres qui tenaient lieu de ces éléments de notre vie », ce double du monde réel entièrement privé d'« âme », c'est-à-dire de substance, de consistance, une image plus que négative, précisément « désespérée », de l'univers de l'écriture, quand l'écrivain, qui a perdu l'espoir, si tenace chez lui avant-guerre, de faire pénétrer le réel dans ses livres, est hanté par la perspective d'un texte qui serait entièrement désertique.

Toutefois, dans *Mort d'un personnage* même, cette hantise est farouchement combattue par l'écrivain lui-même, dans les states 2 et 3. La foi, qu'il a encore à ce moment-là, *malgré tout*, dans les pouvoirs de l'écriture, il la formule de biais lorsqu'il fait dire à M. Pardi, en réponse à sa mère qui déclare « Zéro doublé, le vide se vide » (*Pers.*, 173) : « Espérons que je pourrai te donner cette petite chose qui fait dépasser le zéro. Car, en doublant, cela alors peut devenir une assez importante richesse. »

Caille l'aveugle et *Mort d'un personnage* comme poème

Ce sont les strates 2 et 3. Leur point commun : elles jouent à fond la carte de la « préférence désespérée pour les objets de la terre » (*Pers.*, 195). Elles ne coïncident pourtant pas tout à fait. Caille, la jeune aveugle, ne laisse pas la cécité la retrancher du monde, à la différence des « révoltés » (178) parmi les pensionnaires de « l'entrepôt », qui sont, dans leur malheur, « comme des sources de néant. Dans leur proximité, les autres aveugles perdent pied. » (179). Pas Caille, donc.

Dans le chapitre IV, un prodigieux passage (*Pers.*, 191-196) oppose, trait pour trait, Caille et la grand-mère, à partir de leur commun dénominateur, qui est qu'elles sont l'une et l'autre « aveugles », mais la grand-mère l'est d'une façon évidemment spéciale, étant, elle, « aveugle de cœur » (193) : « Quand on avait compris le mécanisme qui organisait l'apparence de grand-mère, on voyait clairement qu'elle n'avait plus d'âme. Elle se comportait exactement comme une aveugle de naissance : Caille, par exemple […]. Mais grand-mère était aveugle pour des choses de bien plus grande importance. » (191). Caille représente l'écrivain en tant qu'il entretient une relation particulière avec le réel, en ce sens qu'il s'en est évadé pour rejoindre le contre-monde du livre. Tous les efforts que fait Caille, observe le narrateur, pour se tirer sans faillir du côté du monde tangible peuvent être lus comme ceux que l'écrivain déploie, depuis son texte, pour rester en prise sur le réel, notamment ceux qui ont trait à l'usage qu'il lui faut faire des mots, en tant qu'ils sont à double tranchant, puisqu'ils peuvent *dénaturer* leur objet, ce « monde muet qui est notre seule patrie[174] ». Il faut lire et relire ces pages

---

174 Francis Ponge, « Le monde muet est notre seule patrie ». C'est le titre d'une brève section (1952) de *Le*

parmi les plus admirables que Giono ait écrites. Ceci, par exemple, qui concerne la « création » – le mot fait sens – que Caille est obligée de « composer » à chaque instant :

> Si Caille se mettait à parler de la ville, on s'apercevait tout de suite qu'il ne s'agissait pas de cette image que nos deux yeux, au moment même où elle parlait, plaçaient sur tout le devant de notre tête, mais qu'il s'agissait, pour elle, d'une sorte d'existence intérieure non pas placée sur le devant de sa tête et à laquelle, tout en parlant, elle pouvait se référer, mais une création qu'elle composait elle-même avec les moyens du bord et dans la composition de laquelle à chaque instant elle courait le risque de se tromper. […] Et malgré que, dans son âme, avec ces bruits et ces odeurs […] elle devait se composer avec le mot *ville* un monstre prodigieux dont la connaissance nous aurait pétrifiés de stupeur, elle avait la grandeur de tenir compte des vents et du calme et de ne pas trop désorienter son visage de l'objet que nous, nous regardions. (*Pers.*, 191-192)

Le narrateur insiste sur la conformité, au bout du compte, du « monde » de Caille avec le « monde réel ». Ainsi l'écrivain se rassure-t-il quant à l'efficacité de sa propre « création » : « Derrière les yeux imperméables de Caille, Caille construisait un monde monstrueux, personnel, *mais qui ne pouvait pas être totalement étranger des formes du monde réel*. » (*Pers.*, 192, je souligne). Même adéquation, soulignée plus loin, entre les « réalités » et « la représentation » qu'elle s'en faisait : « Il suffisait d'entendre Caille parler de prairies, de soleil, de couleurs pour savoir que, même si elle ne pouvait pas connaître ce qu'étaient en réalité la prairie, le soleil, la couleur, elle se jetait si violemment de tout son cœur vers ces réalités que la représentation qu'elle s'en faisait avait une qualité terrestre. » (195). Au total, « si le fait d'y voir nous emportait dans des régions où Caille ne pouvait pas nous suivre, nous la voyions s'accrocher aux racines des choses, s'arracher à l'ombre et se guider vers nous » (196).

Voilà pour la state 2. La 3 est celle du « monde » dans lequel vivent le narrateur, son père et tous les autres, à l'exception notable de la grand-mère. Parce qu'elle est aveugle, Caille est en marge de ce monde-là, même si « elle fouillait éperdument de la main, saisissait les racines de tout et se tirait hors de l'ombre de toutes ses forces, émergeant ici et là avec un cri de joie » (*Pers.*, 193-194). Le narrateur le note : « […] on savait que, *pour habiter notre monde et pour n'être pas à côté de nous un monstre*, elle employait, avec une

---

Grand Recueil, II. Méthodes, dans *Œuvres complètes*, Paris, Gallimard, « Bibliothèque de la Pléiade », t. I, 1999, p. 629. Cette même phrase conclut la section, p. 631.

inlassable patience, des prodiges d'habileté. » (192, je souligne). Tout se passe comme si Caille servait à l'écrivain de miroir : il s'y voit tel qu'il se sait être, « aveugle » si l'on veut au monde dès lors qu'il lui a tourné le dos pour entrer dans le livre, mais faisant tous les efforts pour y incorporer quelque chose du « monde réel ».

Ces efforts sont certains, et évidents. Ils sont au principe du texte que nous lisons, de la première ligne jusqu'à la fin du chapitre IV, le V étant à part. *Mort d'un personnage*, si singulier dans la production de Giono, peut être tenu pour un sublime et puissant poème. Cela mériterait une étude spécifique, en particulier sur le plan stylistique. Bornons-nous à quelques modestes observations. On aura noté à quel point Giono n'hésite pas à répéter, page après page, en reprenant parfois les mêmes formules, les traits de caractère de son principal personnage, la grand-mère. Il revient notamment à plusieurs reprises sur son absence d'« âme » et sur la monstruosité qui en découle. Cela confère au texte une dimension poétique certaine, le récit linéaire tendant à s'estomper au profit d'une composition circulaire qui centre le texte sur lui-même, à l'image, peut-être, de cet abri soigneusement fermé du prologue dans lequel on a reconnu une image du livre comme contre-monde.

D'autre part, le premier chapitre comporte deux prodigieux développements, l'un consacré aux multiples odeurs de Marseille, le matin, quand le narrateur enfant descend les rues en compagnie de « Pov'fille » jusqu'à son école : « La rue Sainte soufflait une odeur de citron ; la rue Montgrand soufflait une odeur de choux vert ; la rue Verger soufflait une odeur de poisson. Des encorbellements des maisons bourgeoises coulait l'odeur des nids d'hirondelles. [etc.] » (*Pers.*, 144). L'autre enregistre, le soir, au retour, les innombrables couleurs puis les bruits de la ville (149-150). Ce sont deux dénombrements à la fois épiques et incomparablement lestés des sensations les plus suavement matérielles. Il faudrait y ajouter les deux monologues de « Pov'fille » soûle, le soir, quand elle ressasse, interminable, son accablement de s'être égarée avec l'enfant (148-149 et 151). La langue alors se libère du scrupule d'être déconnectée des choses et manifeste au contraire une capacité sans pareille à saturer le contre-monde des propriétés les plus palpables de l'autre.

Chapitre V : d'une Pauline à l'autre, ou le réel dans sa plus simple expression

Le chapitre V marque une rupture nette par rapport aux précédents. Le temps a passé, Angelo III est désormais un marin d'âge adulte : « En 1910, j'arrivais de Valparaiso, plus exactement de Puerto-Bueno. » (*Pers.*, 206). Le lieu a changé : « Nous habitions trois pièces d'un rez-de-chaussée, 183, rue Consolat. » Quant à la grand-mère, elle « était aveugle, sourde et ne bougeait plus d'un fauteuil d'osier. » La totalité du chapitre est consacrée aux soins que son petit-fils lui donne. Elle n'a plus désormais d'intérêt que pour la nourriture, dont elle est devenue avide. Et le jeune homme doit inlassablement la nettoyer des excréments dont elle se souille. À plusieurs reprises, il note qu'au lieu de se précipiter plus que jamais vers « l'enfer » (223), puisqu'elle est, du fait de sa double infirmité, « vraiment cette fois séparée du monde comme elle le désirait » (213), elle s'accroche au contraire à des « matières beaucoup plus ordinaires, beaucoup plus générales dans leur humilité, beaucoup plus éloignées du sens de son désir que ces yeux, ce front, cet archange qui portait la ressemblance de ce qu'elle avait perdu » » (222). Il observe sa « ruée vers la matière » (217), « sa violente ruée précipitée vers les matières de la terre au dernier moment » (218). Et il ajoute : « Sa passion se mettait en place dans la condition humaine. »

Car c'est bien là le propre de ce dernier chapitre, la façon qu'il a de travailler à coïncider avec un *réel*. Précision importante, d'emblée : « Naturellement, Caille était morte. » (*Pers.*, 206). Autrement dit, c'en est fini de la strate 2. Il ne s'agit plus de s'efforcer, depuis le texte « aveugle » (tournant par définition le dos au monde), de capter le plus possible de la splendeur des choses et de la vie, mais de le rendre adéquat, ce texte, à la réalité la plus élémentaire, afin qu'il donne à saisir le réel *dans sa plus simple expression* : celle de l'individu en proie à la décrépitude et à la mort. La grand-mère n'est plus qu'une *bouche*, une bouche qui offre, en réduction, de façon très crue, le spectacle de la bouche-sexe du monde. Sur ses lèvres, « je m'aperçus avec stupeur – explique le narrateur – que quelques petits poils noirs avaient poussé comme il en pousse sur les parties du corps que, dans sa raison supérieure, le corps veut protéger » (209). C'est d'ailleurs une « bouche qui s'ouvrait en dessous ». La description qui en est faite alors est très parlante : « Elle ouvrit la bouche ; j'y vis un rouge terrifiant, sombre et comme de charbon ardent, et il me fut impossible de supporter la vue – je me détournai – de sa langue qui surgit, obscène et drue, vers l'huile. » Véritable *scène primitive*, qui réduit le réel à son fonctionnement le plus élémentaire.

Cette volonté de se tenir au plus près du réel se démarque explicitement de ce qui en constitue une représentation d'autant plus *dénaturée* qu'elle est édulcorée jusqu'aux clichés les plus fades et les plus niais. Le narrateur rapporte qu'il a vu, dans la vitrine d'une épicerie voisine, « un éventail de cartes postales sentimentales » (*Pers.*, 214). Bellâtres et jolies demoiselles se regardent d'un « air profondément bête » : « Les deux amants magnifiques avaient une conversation essentielle à l'aide de banderoles ondulées qui leur sortaient de la bouche. "Je ne crois pas à votre amour", disait l'une. "Vous l'avez pourtant pour toujours", disait l'autre. » Voilà « la bouche » vouée à émettre un contre-monde grotesque à force de sottise. L'agonie de la grand-mère réduite à la bouche dévoratrice prend évidemment le contre-pied de ces images d'Épinal, qui sont autant de « mensonges ». Le narrateur en prend conscience, qui a du mal à s'en défaire : « Il m'était extrêmement pénible d'essayer d'aimer sans mensonge [...]. Malgré mes efforts, j'en étais toujours aux banderoles. Comment imaginer une passion si corporelle qui s'enivrerait de vérité ? » (216). Le mot est dit, « vérité » – adéquation du texte au réel. Tel est bien le but que le chapitre V se sera efforcé d'atteindre.

En mettant ainsi sous les yeux du lecteur l'agonie et la mort de son *personnage*, Jean Giono fait pénétrer dans son texte celles d'une autre Pauline (qui a d'ailleurs prêté à l'autre son prénom), *la vraie*, sa propre mère, ainsi que l'explique Pierre Citron dans sa notice du roman : « Trois dates suffisent : septembre 1945, début de la rédaction ; 19 janvier 1946, mort de Pauline Giono ; 15 mars 1946, achèvement de la rédaction. Il semble que les quatre premiers chapitres et le début du cinquième aient été écrits à la suite, et qu'un intervalle se soit écoulé ensuite – pendant les dernières semaines de sa mère – avant la reprise et l'achèvement de la rédaction par le cinquième et dernier chapitre. » (1242). De toutes les manières, donc, le réel le plus nu s'invite et s'impose dans ce dernier chapitre.

Au seuil de la mort, Pauline est redevenue une enfant. « "[...] C'est une enfant – dit le père. Il faut lui passer ses fantaisies." » (*Pers.*, 208). Elle mange « avec des grondements d'enfant qui tète » (222). Sous les tendres caresses de Catherine la Piémontaise, « grand-mère devenait belle et paisible et, d'un mouvement d'enfant, elle frotta son nez contre les gros seins. » (224). On dira qu'alors la boucle du livre est bouclée. Dans le prologue, il s'était constitué en utérus artificiel, en « sein maternel » (1274). Voilà qu'à la toute fin, il offre cet abri au *personnage* qui l'avait atrocement perdu, façon pour lui, *in fine*, de se faire maternel comme le monde.

Laurent Fourcaut

Laurent Fourcaut est né en 1950. Agrégé de lettres classiques, il est professeur émérite de littérature française à l'université Paris-Sorbonne. Spécialiste de Jean Giono, il a publié sur son œuvre plusieurs livres (dont *« Le Chant du monde »* de Jean Giono en « Foliothèque » Gallimard) et de très nombreux articles. Il a dirigé la série *Jean Giono* de « La Revue des Lettres modernes » (Minard), dont le n°9, consacré à l'essai *Les Vraies Richesses*, est paru en 2010.

Les œuvres de Jean Giono adaptées au cinéma et à la télévision
par Bernard Lonjon

Angèle tiré du roman *Un de Baumugnes* (photo de plateau par Roger Corbeau)

L'année 1895 fut un très grand cru.

13 février : Auguste et Louis Lumière déposent leur brevet pour le cinématographe.

28 février : Marcel Pagnol voit le jour à Aubagne.

30 mars : Sous le double signe du cinéma et de la poésie, le fils unique de Pauline et Jean-Antoine Giono, le cordonnier anarchiste, entre à son tour dans ce nouveau monde qui permet désormais de visionner des images animées.

28 décembre : Les premiers spectateurs du cinématographe se pressent au Salon indien du Grand Café pour voir *L'arroseur arrosé*, *Le déjeuner de bébé* et *La sortie des usines Lumière*. Certes, la première véritable projection publique d'images animées eut lieu au musée Grévin en 1892 grâce aux géniales inventions d'Émile Reynaud, mais l'Histoire retient que le cinéma est né ce jour-là.

Marcel Pagnol avait 10 mois. Jean Giono 9 ! Tous deux embrasseront une magnifique carrière romanesque et cinématographique.

Au moment où le vingtième siècle s'apprête à voir le jour, le petit Jean, les yeux écarquillés, découvre dans une épicerie de Manosque, avec un plaisir non dissimulé, la magie de l'image animée : « *La séance ne durait pas longtemps, mais c'était tellement merveilleux : la photographie bougeait !* » écrira-t-il dans *Triomphe de la vie*, écrit au début de la Seconde guerre mondiale.

C'est étrange. Le timide manosquin ne semblait pas taillé pour les feux de la rampe, les décors, les plateaux, la foule de techniciens et tout le saint-frusquin que trimballe le cinéma. Il était plutôt adepte de la solitude de son bureau sur lequel il a réécrit le monde, réinventé la réalité en ignorant les apparats de l'image animée.

Et pourtant !

Giono était paradoxal.

Il a toujours tenu pour supérieur le mot à l'image, imaginant que le cinéma ne pouvait être qu'une régression de la littérature. En ce sens, il était proche de Georges Duhamel pour qui le cinéma était « *un divertissement d'ilotes, un passe-temps d'illettrés, de créatures misérables, ahuries par leur besogne et leurs soucis.* »

Et pourtant !

Giono était le cinéma.

Il fut l'un des rares écrivains de sa génération à se lancer dans cet art nouveau parallèlement à ses compatriotes Marcel Pagnol, Jean Cocteau ou encore Sacha Guitry. Pour cela, il en fut le critique, le théoricien, mais aussi le scénariste, le réalisateur et même parfois le producteur.

Tandis que Pagnol écrit sa Trilogie marseillaise (*Marius, Fanny, César*), Giono propose sa Trilogie de Pan (*Colline, Un de Baumugnes, Regain*).

Les deux hommes se sont aimés dès le début de leur relation avant de se détester comme chien et chat.

Ils ne partageaient pas la même vision de la Provence.

Néanmoins, n'en déplaise à Jean le Bleu, ce que Pagnol a tiré de ses livres est remarquable, surtout si l'on s'installe dans le contexte de cette époque foisonnante du début des années trente alors que le cinéma parlant est encore en couveuse.

Pagnol a déjà écrit quelques pièces de théâtre, romans et nouvelles lorsqu'il crée en 1932 sa propre société de production au cœur du Prado à Marseille et acquiert deux ans plus tard La Bastide Neuve dans le village d'Allauch (entre le massif du Garlaban et La Treille) pour en faire son Hollywood provençal.

Après *Le Gendre de Monsieur Poirier* qu'il réalise en 1933, il décide de s'attaquer à l'œuvre de l'auteur de *Colline*. Il choisit *Jofroi de la Maussan*, une nouvelle publiée en 1932 chez Gallimard dans *Solitude de la pitié*.

L'histoire d'un affrontement intergénérationnel entre le vieux paysan qui a vendu son verger au plus jeune qui, pour rentabiliser l'opération, veut arracher les arbres improductifs depuis des années pour planter du blé. Chantage, menaces, tentative de suicide, tous les ingrédients des affrontements ruraux sont présents dans le film qui devient *Jofroi* (joué par le grand Vincent Scotto) tandis que le jeune Henri Poupon joue le rôle de l'adversaire.

C'est le premier film qui, tourné en décors naturels, va donner des envies aux réalisateurs italiens de cette époque d'où naîtra le néoréalisme au cours de la Seconde Guerre mondiale avec Visconti, Zavattini, Rossellini et Vittorio de Sica.

L'année suivante, Pagnol enchaîne avec *Angèle* tiré du roman gionesque, *Un de Baumugnes*, paru chez Grasset en 1929. Celui-ci avait déjà failli être adapté et porté à l'écran par le réalisateur d'origine brésilienne, Alberto Cavalcanti. André Gide, initiateur du projet, avait demandé à la NRF de réaliser un tirage à part à très petit nombre (une dizaine d'exemplaires) du livre de Giono en juillet 1929 pour soumettre le scénario à une réunion de cinéastes qui se tenait à Bonn le mois suivant. Marc Allégret et Alberto Cavalcanti devaient prendre part au projet qui, au final, n'aboutira pas.

C'est donc Pagnol qui s'y colle, ayant acquis les droits d'adaptation exclusifs en octobre 1932 pour cinq livres de Giono : *Colline, Regain, Un de Baumugnes, Jean le Bleu* et *Le Serpent d'étoiles*.

Angèle est tourné dans les lieux pagnolesques : Allauch, La Treille, Aubagne et Marseille. Il sera un véritable marqueur dans l'histoire du cinéma et Jean-Luc Godard le considérera comme l'un des plus beaux films que l'on n'ait jamais tournés. Jean Renoir disait à peu près la même chose en comparant Pagnol à Bergman. Ces deux-là se sont le plus souvent limités géographiquement et historiquement, creusant un inlassable sillon leur permettant de construire une œuvre.

Giono était à l'opposé de ces pensées et critiques dithyrambiques. Il n'aima pas du tout la version de Pagnol : « *J'ai été frappé par* Angèle, *comme d'un coup de bâton en pleine figure. Ce qui est fait est fait, tant pis. Je m'en fiche et l'on me connaît. Il suffit qu'on sache que je n'ai jamais collaboré à ça en quoi que ce soit.* »

Ce qui est vrai du reste.

La belle histoire aura un retentissement durable dans le monde du cinéma. Le grand public ne s'y trompera pas.

Ensuite, Marcel Pagnol poursuit sur sa lancée avec trois films qu'il a lui-même écrits : *Merlusse, Cigalon* et *Topaze*, avant de réaliser le troisième volet de sa trilogie, *César* (les deux premiers ayant été réalisés par Alexandre Korda (*Marius* en 1931) et Marc Allégret (*Fanny* en 1932).

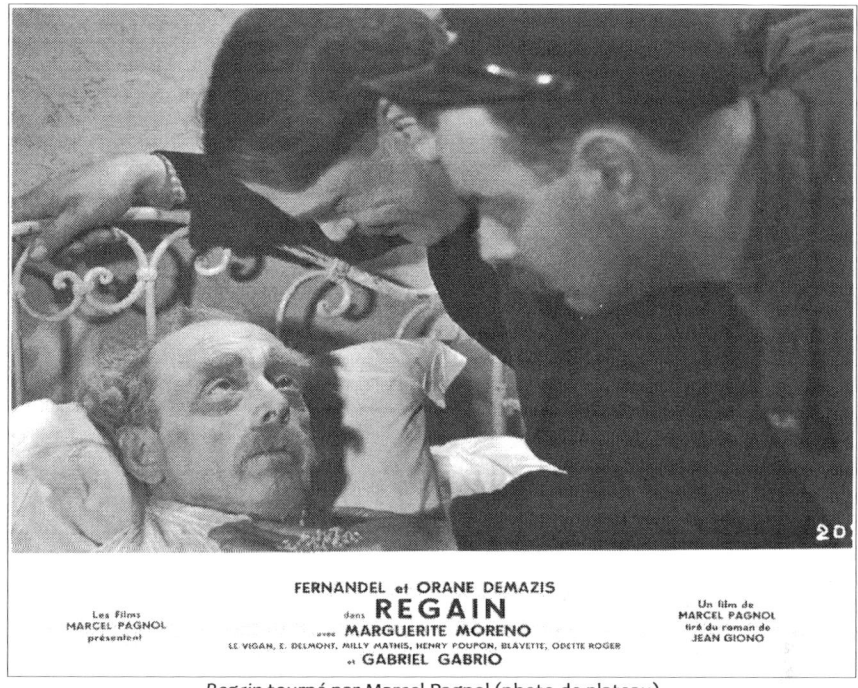

Regain tourné par Marcel Pagnol (photo de plateau)

Nous sommes en 1937 lorsqu'il décide d'adapter le roman de Giono paru chez Grasset en 1930, *Regain*. Cette fois, le challenge s'est accru. Il s'agit de faire prendre conscience au cinéma de la langue chantante de Giono.

Le roman plein de candeur écrit entre les deux guerres est axé sur la ruralité, la fécondité de la terre (qui lui vaudra plus tard une assimilation vichyste) en utilisant une langue naturaliste, voire panthéiste qui considère que les lois de la nature prédominent tout.

L'histoire ? Un conte mythologique opposant la ville à la campagne, la charrue et les bras à la technique et à la modernité. La renaissance d'un village de Haute-Provence menacé de disparition grâce à la rencontre magique de la carpe et du lapin : une femme de mauvaise réputation et l'un des derniers rescapés d'Aubignane (le nom gionesque du village de Redortiers situé sur un éperon rocheux à 950m sur les pentes de la montagne de Lure).

Le film, que Pagnol aurait voulu titrer *Arsule*, reprend ces éléments en les enjolivant d'une part et en introduisant un personnage central, Gédémus le rémouleur joué par Fernandel aux côtés d'Orane Demazis en Arsule et

Gabriel Gabrio en Panturle. Le personnage du rémouleur, mineur chez Giono, devient essentiel chez Pagnol pour égayer la trame d'accents folkloriques (que déteste tant Giono). Cela donne une certaine légèreté au film, même si parfois, les mimiques de Fernandel peuvent paraître outrancières (notamment après le viol collectif subi par Arsule, viol commis par des charbonniers pour Pagnol alors qu'ils étaient lavandiers chez Giono). Il n'empêche. Le film est beau, émouvant (surtout dans sa seconde partie) et poignant. On croit à ce couple qui fait renaître Aubignane (qui pour Pagnol se trouve à Aubagne) de l'abandon inéluctable que même le facteur avait déserté. Les derniers plans sont sublimes et très gionesques. On retrouve le lyrisme du livre même si, en général, Pagnol a une vision plutôt assombrie du monde paysan.

Notons la belle trouvaille de Giono dans le choix du nom de Panturle dont les trois premières lettres reprennent celles du dieu de la nature, clôturant ainsi sa trilogie de Pan.

L'amour-vache entre les deux génies s'est encore exacerbé au moment du tournage du film. Pagnol s'était réconcilié avec Giono pour le faire participer au scénario. Au final, le romancier criera à nouveau haut et fort à la trahison : « *Tu t'étais efforcé de faire un* Regain *maigre. Pagnol en a tiré un film essoufflé, boursouflé et adipeux. Il s'agit d'abord du cœur. Mais, comme en toute chose, il s'agit surtout de connaître en même temps qu'on aime.* » écrit-il dans *Triomphe de la vie* en 1941 dans lequel il souhaite donner un nouveau souffle à *Regain* en écrivant un film qui ne devrait rien à Pagnol.

Il existe une grande différence entre les deux créateurs : Giono est un auteur naturaliste dépouillé d'artifices et plutôt rugueux tandis que la truculence de Pagnol nécessite une multiplicité de personnages pour faire valoir son comique (voir la création de la scène entre Fernandel et les policiers qui n'existe pas chez Giono).

Cela étant, si l'on se place uniquement du point de vue cinéphilique, la terre et ses personnages sont mieux représentés dans le grand film de King Vidor, *Notre pain quotidien*, sorti en 1934, trois ans avant *Regain*. Et on peut se demander qu'aurait fait Jean Renoir d'une adaptation des romans de Giono...

C'est l'année suivante que sort *La Femme du boulanger*, adapté d'un épisode du roman de Giono, *Jean le Bleu*, sorti en 1932 chez Grasset.

En réalité, Pagnol avait déjà écrit une histoire pour le cinéma, *Le boulanger Amable*. Celui-ci est sauvé de son ivrognerie par l'amour d'une servante d'aubergiste qui deviendra sa boulangère.

La Femme du boulanger par Marcel Pagnol tiré d'un épisode de *Jean le Bleu* de Giono

Giono conte une histoire un peu similaire : un boulanger fraîchement installé dans un village de Haute-Provence s'aperçoit un beau matin que sa femme est partie avec un berger. Le récit est assez violent notamment au moment où les villageois en viennent aux poings. Dans le film, Pagnol a centré l'action autour du seul boulanger joué de main de maître par le grand Raimu.

Pourtant, à cette époque, Pagnol est en froid avec Raimu et songe à Marcel Maupi pour le rôle qui, physiquement, lui convient tout à fait si on lit le début du texte de Giono : « *La femme du boulanger s'en alla avec le berger de Conches. Ce boulanger était venu d'une ville de la plaine pour remplacer le pendu. C'était un petit homme grêle et roux. Il avait trop longtemps gardé le feu du four devant lui à hauteur de poitrine et il s'était tordu comme du bois vert. Il mettait toujours des maillots de marin, blancs à raies bleues. On ne devait jamais en trouver d'assez petits.* »

Mais Maupi ne prend pas le rôle et il insiste pour que ce soit Raimu qui l'obtienne. Pagnol hésite car son acteur fétiche se fait prier, puis au bout de moult bouderies, fâcheries, hésitations et réconciliations, il accepte, poussé également par Ginette Leclerc qui joue le rôle d'Aurélie, la boulangère. Au départ c'est l'américaine Joan Crawford qui devait tenir le rôle, mais la langue posait problème.

Le film sera un gros succès populaire. Orson Welles l'admire et le dit à Pagnol. Henri Jeanson est dithyrambique dans le journal La Flèche : « *D'une nouvelle de Jean Giono, Pagnol a tiré un film tout simple, un film admirable, un film qui a de la noblesse et de la grandeur, un film déjà classique. Il a pris des personnages de tous les jours, un instituteur, un berger, un boulanger, un curé. Il a pris une anecdote éternelle et banale : l'anecdote du mari trompé. Il a pris un acteur : Raimu. Et il a pris son porte-plume. Voilà pourquoi son film n'est pas muet. Et voilà pourquoi son film est un chef-d'œuvre. Du cinéma ? Non, du Pagnol ! Pagnol n'a pas essayé de photographier la Provence, ce n'est pas son affaire. Il n'a pas essayé de trouver l'émotion dans sa caméra, ce n'est pas son métier. [...] Il a fait parler Raimu. Il a fait jouer Raimu. Il n'a pas quitté Raimu, il n'a pas cessé de tourner autour de Raimu. Il a pris Raimu en flagrant délit de talent. Et nous avons constaté que le Raimu pagnolisé était mille fois plus émouvant que tous les travellings du monde, mille fois plus passionnant que toutes les aventures du monde, mille fois plus suggestif que tous les artifices du monde. »*

La saga Pagnol-Giono cesse avec ce dernier film qui, aujourd'hui encore, est enseigné dans les écoles de cinéma.

Pagnol avait signé également les droits pour *Colline* qu'il n'utilisera pas. Au lieu de cela, il écrira sa propre histoire et filmera *Manon des Sources*, largement inspirée du canevas de *Colline*. C'est sans doute son film le plus proche de l'esprit de Giono.

Il faut attendre ensuite plus de dix ans et laisser passer la période de l'Occupation pour voir une nouvelle adaptation d'une œuvre de Giono. Cette fois, c'est *Le bout de la route* tiré de sa pièce de théâtre parue en 1943.

C'est l'histoire d'un vagabond qui erre jusqu'à une ferme de montagne pour se faire embaucher. Le beau ténébreux ne remarque pas les avances des femmes du village qui sont toutes tombées sous le charme. Il demeure mélancolique, inaccessible ce qui le rend encore plus irrésistible. Mais il restera pour toujours fidèle à sa femme accidentée.

Le réalisateur, Émile Couzinet, n'a pas laissé de grande trace dans le cinéma français. On l'appelait parfois le Napoléon du navet ou encore l'étalon d'or du navet. Il demeure pourtant le seul cinéaste à avoir cumulé les fonctions de scénariste, réalisateur, producteur, distributeur, exploitant et même propriétaire de studio (le complexe de la Côte-d'Argent, à Bordeaux, qui employa jusqu'à 500 personnes à temps plein). C'est mieux que Pagnol et Chaplin réunis ! Et ce Couzinet peut aussi se targuer d'avoir mis le pied à l'étrier de futures vedettes de la scène et de l'écran, comme Robert Lamoureux ou Jean Carmet.

Le film est très moyen et ne laissera pas plus de trace que ses autres films comme *Trois vieilles filles en folie*, *Le club des fadas*, *Le congrès des belles-mères* ou *Quand te tues-tu ?*...

Néanmoins, mais ce n'est pas très glorieux, un prix Couzinet récompense chaque année... le plus mauvais film français ! C'est dire ! Mais on ne donnera pas le palmarès...

C'est en 1963 que Pierre La Salle adapte *Les Grands Chemins* pour Christian Marquand. Le roman de Giono, paru chez Gallimard en 1951, conte l'histoire d'une errance à travers le Midi à la recherche d'un certain idéal, l'occasion de parler de la condition humaine de ces années d'après-guerre.

Marquand, pour sa première mise en scène, en fait une sorte de western à la française dans lequel le cheval est remplacé par la jeep tandis que le poignard joue le rôle du colt. Une belle histoire d'amitié née d'un coup de foudre qui s'achèvera par un meurtre.

Le film fut récusé par Giono. Il faut reconnaître qu'il n'est pas resté dans les annales cinéphiliques. On ne retrouve jamais le comportement des personnages décrit avec les finesses et les nuances, que le verbe dru et subtil de Giono savait exprimer. Nous voyons, hélas, s'agiter deux énergumènes, l'un plutôt futé et l'autre schizophrène, ou presque ! La marginalité ne suffit pas à faire un bon scénario.

Deux années plus tard, Marcel Camus met en scène *Le Chant du monde* paru chez Gallimard en 1934, une « vision cosmique qui donne à la force de ce récit son allure légendaire » selon les mots de Pierre Citron.

Le roman lyrique de la fusion entre la nature chère à Giono et ses personnages ressemble à une épopée dans laquelle la fraternité entre les hommes domine les combats et les violences. Il avait dit de ce texte : « *Il y a bien longtemps que je désire écrire un roman dans lequel on entendrait chanter le monde pour en percevoir le halètement des beaux habitants de l'univers.* » Lorsqu'il était paru en pré-originale en feuilleton dans *La Revue de Paris* sous le titre *Le Besson aux cheveux rouges,* Aragon avait crié au génie du seul vrai poète de la nature. Ce qu'il fut en effet.

Giono, en 1942, en a tiré un scénario pour un projet de film qui ne sera jamais tourné. Il le reprendra plus tard pour en faire une pièce de théâtre, *Le cheval fou*, que Gallimard publiera en 1974.

Mais c'est finalement l'auteur de la palme d'or à Cannes en 1959, *Orfeu Negro*, qui s'y colle.

La critique est divisée malgré l'unanimité autour de l'interprétation de Catherine Deneuve, belle et émouvante dans le rôle bref et difficile de la jeune aveugle, sorte d'ange de douceur au milieu de ce film empreint de violence. Les deux autres acteurs-clés, Charles Vanel (Le Matelot) et Hardy Krüger (Antonio) s'en sortent plutôt bien et on croit à cette guerre entre ces deux clans au cœur d'une chasse à l'homme et d'une histoire d'amour malgré l'âpreté générale du récit.

Le public n'a pas vraiment suivi tandis que Giono, déçu de ne pas avoir été sollicité pour l'adaptation de son roman réagit à la manière d'un Normand :

« J'ai fait un livre. Camus en a fait un film. Je n'ai rien à y perdre, rien à y gagner. »

On ne peut faire plus court

Les cavaliers de l'orage de Gérard Vergez sort en 1984, 14 ans après la disparition de Giono.

Marlène Jobert tient le rôle de Marie Castaing, la médecin Polonaise épouse de l'officier de cavalerie dont les chevaux lui sont fournis par Ange et son frère, Jason (Gérard Klein) qui échange un baiser avec Marie avant de partir sur le front oriental des Dardanelles.

Dans le film on perd la Nature de Giono si présente dans le livre (paru chez Gallimard en 1965), parfois menaçante, obscure, mais aussi enveloppante et rassurante alors que des bêtes inquiétantes rôdent. La rudesse gionesque est présente là encore, occultant volontairement la bienveillance habituelle de ses terres de Haute-Provence.

Un extrait pour le plaisir : « *On n'entend que les renards ou des bêtes qui traversent le cliquettement des pierrailles plates, et tout se tait quand elles ont entendu votre bruit sur le chemin ; et parfois il suffit de votre odeur, même pas le frottement de votre jupe quand on revient des fois du village pour être allée chercher, toujours pareil, du sel, du sucre et du tabac. Et dans ces parages vous vous croyez seule ; mais non : même sans bruit, mais quand tout fait silence. Surtout quand tout fait silence. Les bêtes sont couchées près de vous, près de l'endroit où vous passez. Vous passez et elles suivent votre pas quand il s'approche, quand il passe, quand il s'éloigne, avec des yeux verts cachés dans les feuilles vertes ; et des oreilles vertes qui se pointent sur votre bruit, et des naseaux verts qui avalent votre odeur et qui se retroussent sur quelques dents blanches.* »

Pourquoi avoir modifié le titre ? *Deux cavaliers de l'orage* collait bien à la trame du roman...

L'Homme qui plantait des arbres de Frédéric Back sort trois ans plus tard.

Il est adapté de cette nouvelle de Jean Giono écrite en 1953 pour un concours du magazine américain Reader's Digest sur le thème « *Le personnage le plus extraordinaire que j'ai rencontré* ». Si la nouvelle a été présélectionnée, elle n'a pas été retenue à cause des doutes qui persistaient autour de la véracité des faits racontés par l'écrivain français. Notamment sur l'existence de ce berger, Elzéard Bouffier.

La nouvelle sera néanmoins publiée dans une autre revue américaine, Vogue, sous le titre *The Man Who Planted Hope and Grew Happiness*. Elle paraîtra en France pour la première fois en 1973, dans la Revue Forestière Française.

Il s'agit d'un véritable manifeste écologique merveilleusement adapté donc en 1987 par Frédéric Back qui en a fait un bijou du cinéma d'animation. Traits délicats, couleurs pastel, lignes légères qui se mettent en mouvement comme issues d'un tableau de Monet. Et la voix de Philippe Noiret. Un bonheur.

Le Hussard sur le toit de Jean-Paul Rappeneau reste sans doute dans la mémoire collective récente l'un des fleurons des adaptations de romans de Giono au cinéma.

Plusieurs tentatives ont été entreprises dont celle de René Clément en 1954 portée par Roger Leenhardt. Gérard Philipe devait porter le rôle d'Angelo. L'opération échoua. Puis Buñuel tenta de le faire suivi par Christian Marquand qui, après l'échec cuisant des *Grands Chemins*, abandonna le projet avant de céder la place à Frédéric Rossif puis à Roman Polanski. Outre Gérard Philipe, on voulut faire tourner Anthony Perkins ou Alain Delon pour tenir le rôle d'Angelo, puis plus tard Marlon Brando et même Keanu Reeves. Giono ne voulait pas laisser son *Hussard* à n'importe qui. Il le répétait souvent. Sans doute la raison pour laquelle seul le projet de Rappeneau aboutit, longtemps après la disparition du solitaire de Manosque, en 1995.

Mais, nous sommes loin de l'auteur dans ce film huppé, bien fait comme les Français savent en proposer une paire chaque année en vue des Césars (celui-ci du reste n'en ramena que deux, et encore : son et image...). Mais l'adaptation de Nina Companeez et Jean-Claude Carrière est très éloignée de ce magnifique roman de Giono, si lointaine même qu'il aurait pu ne pas être cité. On peut se demander parfois s'il ce n'était pas plutôt une sorte d'inadaptation ou de parodie littéraire genre *Angelo marquis aux anges* !

Il sortira cependant pour le centenaire de Giono... et demeure le meilleur succès populaire de Juliette Binoche, éblouissante en Pauline de Théus.

Peu après, sort *Champ d'honneur*, un court métrage de onze minutes, une adaptation par Guillaume Mény de deux chapitres du roman de Jean Giono, *Le Grand Troupeau*, paru chez Gallimard en 1931. Patrick Brüll Bernard Breuse en joue le rôle-clé.

Il faut attendre le début du 21e siècle pour avoir le plaisir de poursuivre la lecture de l'œuvre de Giono à travers l'image animée. *Les Âmes fortes* de Raoul Ruiz en 2001 va marquer les esprits.

Le beau roman de Giono paru en 1949 chez Gallimard s'inscrit dans la belle lignée des romans d'après-guerre tel *Un roi sans divertissement*, sorte de cristallisation des réflexions sur la place de l'homme face aux grands sentiments. Comment gérer l'ennui ? Quelle attitude adopter face à la mort ? Le mal, le bien...

Une histoire de femmes qui content l'histoire de deux autres femmes, d'un amour impossible, manipulé, pervers peut-être...

La force du film de Ruiz réside dans ses mouvements de caméra parfois baroques, voire surréalistes comme sait si bien les ordonnancer le cinéaste franco-chilien...

Le Hussard sur le toit un film de Jean-Paul Rappeneau

Avec Laetitia Casta dans le rôle principal, nous sommes loin du naturalisme de Giono qui la décrivait ainsi dans son petit-théâtre imaginaire : « *Thérèse était une âme forte. Elle ne tirait pas sa force de la vertu : la raison ne lui servait de rien, elle ne savait même pas ce que c'était ; clairvoyante elle l'était pour le rêve, pas pour la réalité. Ce qui faisait la force de son âme c'est qu'elle avait, une fois pour toutes, trouvé une marche à suivre.* » Mais le film est bien porté par John Malkovitch (Monsieur Numance) et Arielle Dombasle (son épouse) sans compter l'excellent Frédéric Diefenthal dans le rôle de Firmin (le mari de Thérèse). Il n'y a ni empesage, ni grandiloquence. Après Proust, le réalisateur a gagné son pari. Ses personnages sont fascinants d'ambiguïté, irréductibles et tellement romanesques. Mais surtout, la technique ruizienne joue à fond dans ce film avec des faux raccords permanents qui permettent d'oser des hypothèses et de suivre des pistes divergentes. On suit la vie de Thérèse, experte en manipulations, paysanne en fugue ou femme battue à travers des images labiles qui installent le spectateur dans une vérité jamais vraiment établie. C'est sans doute la plus belle manière d'avoir su rendre ce gouffre intemporel dans lequel s'insère le destin de l'héroïne. Et le choix de Ruiz pour Lætitia Casta une sacrée gageure : avoir osé confier le rôle principal d'une femme dénuée de toute sensualité à l'une des plus belles femmes du moment !

Un grand roman.

Un grand film.

En 2006 sort *Prélude de Pan* par l'auteur-compositeur Miqueu Montanaro qui a adapté une nouvelle de Giono issue de *Solitude de la pitié* (Gallimard, 1932). Le film est un moyen métrage de quarante minutes et tient grâce à l'excellente diction de Paul Crauchet.

Nous sommes en pleine montagne. C'est la fête... et nous sommes au cœur des relations entre l'homme et la nature : « *Ceci arriva le 4 de septembre, l'an de ces gros orages, cet an où il y eut du malheur pour tous sur notre terre. Si vous vous souvenez, ça avait commencé par une sorte d'éboulement du côté de Toussière, avec plus de cinquante sapins culbutés cul-dessus-tête. La ravine charriait de longs cadavres d'arbres, et ça faisait un bruit...* »

La musique vient colorer les respirations de Paul Crauchet par des souffles magiques de flûte.

Envoûtant.

Clôturons ce parcours cinématographique avec *Pan, la nature de l'homme*, court métrage d'animation de Éric Vanz de Godoy sorti en 2014. Cette fois, la diction est de Yannick Jaulin et la musique de Fukushima.

Les réalisateurs télévisuels ne pouvaient pas passer à côté de l'œuvre de Giono qui a fait l'objet d'une dizaine d'adaptations pour le petit écran.

Giono que l'on qualifie parfois de déserteur du réel, a publié chez René Creux en 1966 *Le Déserteur*, biographie romancée du peintre suisse Charles-Frédéric Brun à partir des reproductions des œuvres de l'artiste, suite d'histoires légendaires et parfois contradictoires de ce personnage hors normes, réfugié dans les montagnes valaisannes où il a créé, dans la tradition populaire, des images religieuses où les personnages bibliques prennent le visage des paysans qui l'ont recueilli. On dit qu'il fût évêque, notaire ou soldat ayant déserté après avoir tué son capitaine. Nul ne sait.

En 1972, Alain Boudet a adapté ce texte pour en réaliser un téléfilm de bonne tenue, sorte de récit intérieur dans le Valais qui va plonger au cœur de son histoire en s'appuyant sur la vie de ce peintre vagabond que la rumeur populaire montrait du doigt.

Giono, pour écrire son texte, avait refait le parcours jusqu'à Veysonnaz où devait mourir le déserteur en 1871. Il écrit notamment : « *Cette acceptation de la misère explique tout. Le peintre de Nendaz n'est pas un délinquant, c'est un misérable. Comme tous les vrais misérables, ceux qui ne le sont pas par occasion mais par destination, il fuit la police parce qu'il n'a pas de papiers, parce qu'il est sûr d'avoir tort ; il n'est à son aise que caché et chez les humbles, chez ceux qui n'ont pas un très long chemin spirituel à faire pour le comprendre. La ville (de 1850), la bourgeoisie (de la même époque) ne conviennent pas aux misérables. On les fourre en prison ou dans des hospices pires que la prison ; de toute façon on les bouscule.* »

Maurice Garrel incarne le personnage du peintre réfractaire, de l'orphelin de l'Europe, avec une rare justesse et un tempérament à la fois chaste et doux.

L'année suivante, en 1974, le célèbre Claude Barma se lance dans *Le voyage en calèche* qu'il adapte de la pièce de théâtre de Jean Giono écrite en 1943 mais interdite par la censure allemande car le héros est un résistant. Elle sera publiée en 1947 aux Éditions du Rocher. Le voyageur immobile ancré à Manosque conte l'histoire d'un réfractaire à l'armée de Bonaparte alors installée au Piémont à la fin du 18ème siècle. En réalité il s'agit d'une histoire d'amour classique et romantique à souhait à travers le parcours de Donna Fulvia (Danièle Lebrun) dont la vie est brutalement bouleversée par l'intrusion de deux hommes à l'idéal et aux idées radicalement opposées sur fond de guerre, de paix et d'Occupation.

En 1979, Hélène Martin réalise *Jean le Bleu* avec Gilbert Salkin (Giono à 6 ans), David Salkin (Giono à 12 ans), Paul Savatier (le père de Giono), Geneviève Mnich (sa mère), mais aussi Jean-Paul Farré et Michel Robin. Une interprétation sobre et juste de ce roman autobiographique qui relate la jeunesse provençale du rusé de Manosque, entre une mère repasseuse et un père cordonnier à travers des anecdotes lumineuses et chargées de l'émotion de son doux parfum manosquin.

L'année suivante, l'un des pionniers de la télévision, Lazare Iglésis, adapte *Colline* qui recevra le prix du Festival d'Aurillac.

On y retrouve Paul Crauchet (Jaume) aux côtés d'Yves Favier (Janet), d'Armand Meffre (Gondran) et de Louise Roblin (Marguerite). L'adaptation du premier roman de Giono est parfaitement fidèle, tournée en décors naturels. L'histoire des Bastides blanches à l'ombre des monts de Lure n'aurait sans doute pas déplu à son auteur qui décrivait ainsi le hameau : « *Quatre maisons fleuries d'orchis jusque sous les tuiles émergent de blés durs et hauts. C'est entre les collines, là où la chair de la terre se plie en bourrelets gras. Le sainfoin fleuri saigne dessous les oliviers., Les avettes dansent autour des bouleaux gluants de sève douce. Le surplus d'une fontaine chante en deux sources. Elles tombent du roc et le vent les éparpille. Elles pantèlent sous l'herbe, puis s'unissent et coulent ensemble sur un lit de jonc.* »

On ne s'en lasse pas...

En 1982 Jean-Pierre Prévost adapte *Faust au village* avec Fred Personne et François Marthouret. Un exercice compliqué pour l'adaptation de cette nouvelle écrite en pleine période d'ostracisation post-Seconde Guerre mondiale durant laquelle l'observateur implacable de la condition humaine fut désigné à l'opprobre et au boycott à cause de son pacifisme aveugle, maladroit et sans doute un peu naïf.

Mais le téléfilm tient la route, c'est le cas de le dire et on entre dans cette histoire villageoise et fantastique du petit camionneur local qui se trouve sans cesse amené à prendre le diable en auto-stop (bien que Giono ne l'ait jamais désigné ainsi, écrivant plutôt « le bonhomme, le type, le zèbre... »).

Dix ans plus tard, Marcel Bluwal adapte *Jofroi de la Maussan* avec Jacques Dufilho, Jacques Serres, Jacques Boudet, Marguerite Lafore ainsi que... Robert Guédiguian et Ariane Ascaride.

La même année le même réalise *Honorato* avec Jean Franval, Ariane Ascaride, Danièle Lebrun.

Tiré du recueil du réfractaire aux coteries parisiennes, *Cœurs, passions, caractères*, paru chez Gallimard en 1982 qui regroupe huit portraits de personnages qui devaient servir à des romans futurs, *Honorato*, le second de la série a retenu l'attention de Marcel Bluwal pour la description de ce personnage peu commun : « *Honorato a eu quinze ans en 1936, et il a assisté en aficionado à la guerre civile. Majorque s'est donnée à Franco tout de suite, mais il y a eu de petits combats très africains à Palma. On fusille au bord de la mer, notamment une femme qu'on retrouve par la suite (magnana qui, pour Honorato, cette fois fut de trois jours), mangée par les crabes. Quand Honorato en parle, il a un sourire indulgent et compréhensif.* »

Dans la foulée, Marcel Bluwal réalise une troisième adaptation de Giono, *Solitude de la pitié*, avec Roger Souza, Bernard Fresson et Armand Meffre.

Ennemonde par Claude Santelli (photo Fonds Jeanne Moreau)

Cette année 1990 est très riche en adaptations télévisuelles des œuvres de Giono, puisque nous notons encore *Ennemonde* par Claude Santelli avec

Jeanne Moreau dans le rôle phare d'Ennemonde Girard, la mère des treize enfants tombée amoureuse d'un lutteur de foires, André Marcon et Hélène Dasté.

Ivan Ivanovitch Kossiakof issu de *Solitude de la pitié* sera adapté par Fabrice Cazeneuve avec Jacques Bonnafé et Alexandre Arbatt.

On note enfin, toujours en 1990, l'adaptation du *Déserteur* par Gérard Mordillat avec Jean-Pierre Brisson, Danièle Delorme et Christine Pascal.

Ainsi s'achève ce tour d'horizon non exhaustif de la facette Giono mis en scène par d'autres. Il semblerait que la télévision ne s'intéresse plus guère à l'œuvre de celui qui s'est imposé comme le chantre de l'utopie et de la communion de l'homme avec la nature. Jean Giono fut lui-même scénariste pour le cinéma. Il a adapté plusieurs de ses œuvres avec plus ou moins de bonheur, mais toujours avec passion, même s'il s'est toujours méfié des vicissitudes de l'industrie cinématographique et des commandes qui lui furent passées à différentes époques. Contrairement au cinéma qui privilégie le collectif et la partition des taches, l'écriture requiert le calme et la solitude d'une thébaïde, ce qui lui permettait d'être dans son élément et donner le meilleur de lui-même. Jean-Luc Godard et François Truffaut, les chantres de la nouvelle vague ne s'y sont pas trompés en saluant en Giono l'écrivain qui pourrait apporter le plus de nouveautés dans le cinéma.

Bernard Lonjon

Bernard Lonjon réside à Sète, ville natale de Georges Brassens dont il est l'un des meilleurs connaisseurs de l'œuvre. Spécialiste de la Belle Époque, de cinéma et de chanson française, il a publié des articles dans plusieurs revues littéraires (Sociétés, Histoires Littéraires, Revue Apollinaire, Le mot de passe, Minuit, Dossiers d'Aquitaine, Cahiers de la Haute-Loire, Le Funambule...), des nouvelles et une quinzaine d'ouvrages sur la chanson française (Georges Brassens, Maurice Chevalier, Édith Piaf...), la littérature (Guillaume Apollinaire, Montmartre, Jean Cocteau, Colette, Giono...) et l'Auvergne (Saugues, Edouard Gazanion, Émile Reynaud).

Jean Giono, cinéaste de la Nouvelle vague ?
par Laurie Leiner

Jean Giono avec les acteurs du film *L'Eau vive* en 1956

« Le cinéma jusqu'à présent représentait pour moi une sorte d'art nouveau qui pouvait se permettre de faire des images plus rapidement que l'écriture mais depuis un certain temps j'imagine surtout que le cinéma est une industrie[175]. » Giono alors président du festival de Cannes se confie à François Chalais. L'anecdote est connue : Giono a découvert le cinéma sur ses terres, à Manosque, dans une épicerie transformée pour l'occasion en salle de projection. Le cinéma était encore un art de foire itinérant. Né en 1895, comme les vues des frères Lumière, Giono s'est nourri de la force du cinématographe tout au long de sa vie. Pour autant, sa carrière de cinéaste sera aussi brève que prometteuse. Jacques Mény a étudié la relation passionnée et complexe que Giono entretenait avec le cinéma et il en a tiré des livres et des films documentaires d'une grande précision[176].

Adapté de nombreuses fois au cinéma, Giono se montre souvent sévère avec ceux qui mettront ses mots en image (Bernard Lonjon a traité cette question dans l'article qui précède celui-ci). « Dès qu'une autre intelligence s'occupe

---
175 INA (Collection: Reflets de Cannes)07 mai 1961
176 Jacques, Mény *Jean Giono et le cinéma,* éditions Jean-Claude Simoen, 1978. (coll. L'Illusion d'optique)

de ces choses déjà créés, elle est forcément en désaccord avec vous. Même si le film tiré d'un livre est admirable pour le public, l'auteur n'est jamais satisfait car la création du film est à côté de la création du livre » confie-il à François Chalais au Festival de Cannes. L'écrivain obtient rapidement 100% de ses droits d'adaptation et suit de près le travail des réalisateurs qui s'appropriaient son œuvre. Giono aura beaucoup de mal à accepter la mise en scène de *La Femme du boulanger* (1938) par Marcel Pagnol qu'il considère comme une trahison. Comme tous les grands écrivains, l'adaptation est toujours mal vécue surtout quand c'est un grand réalisateur qui se l'approprie. La frustration que connaissent les hommes de lettres de son époque n'est pas la seule raison qui explique son passage derrière la caméra.

Un rêve d'enfant qui tarde à se réaliser

Giono fut un spectateur assidu. Il fréquentait les salles obscures une à deux fois par semaine. Il préfère le cinéma au théâtre comme le souligne Jacques Mény : le « cinéma est la forme de spectacle préférée de Jean Giono ». Les films de sa jeunesse sont les grandes œuvres du cinéma muet dont la force visuelle le marqueront durablement. Du *Chien Andalou (1929)* de Buñuel à *la Chute de la maison Usher (1928)* de Jean Epstein. Il avait même préparé un projet de film avec Abel Gance dont il admirait le *Napoléon (1927)*. Deux univers cohabitent en lui : d'un côté celui du conteur qui tient son auditoire en haleine grâce à l'intensité de son récit et à ses talents d'improvisateur et, de l'autre, un langage purement visuel issu des avant-gardes des années 20 qui n'a plus besoin des mots pour faire sens. Émerveillé par les westerns, il se laisse emporter par les grands espaces et les séquences d'action. Giono ne recherche pas le quotidien dans ces œuvres mais le mouvement des corps le fascine depuis le premier jour. Son ambition de saisir avec justesse le geste de l'artisan dans toute sa vérité est un des fondements de son désir de cinéma. Il reste le petit garçon qui regardait son père, cordonnier, travailler le cuir toute la journée.

Le cinéma de Giono, c'est aussi l'histoire de beaucoup de films qui ne se sont pas faits. Des années 30 aux années 60, il travaille sur des projets à la marge des productions à succès de son époque. Dès 1931, il écrit *Le Signe du soleil,* son premier scénario original pour Alberto Cavalcanti cinéaste-architecte influencé par les avant-gardes. Une histoire qui reste hors-champ. Même si son œuvre littéraire a toujours été sa priorité, son envie de cinéma l'accompagnera tout au long de sa vie. Pagnol qui adapte Giono dès 1932 n'a pas la même conception du cinéma que lui, ce qui explique leurs désaccords. Pagnol, tourné vers le théâtre, apprécie les tournages en studio et les acteurs au jeu très marqué alors que Giono aime dans le cinéma sa part de mystère, de fantastique, qui permet de créer des sensations visuelles inédites. « Ce qui caractérise la réflexion de Giono sur le cinéma, c'est une constante prise en compte de la place du spectateur dans le dispositif de la mise en scène[177]. » Les écrits de Giono sur le cinéma, mis en valeur par Jacques Mény, montrent qu'il avait travaillé sur sa propre esthétique du cinéma. En 1941, il écrit dans *Triomphe de la vie* : « La machine à cinéma entre dans la beauté du dieu pour que le spectateur en soit entouré. Il faut que la nuit éclate dans tous ceux qui regardent l'histoire ».

L'épreuve visuelle de la solitude

Il ne reste aucune trace de la première expérience de Giono en tant que réalisateur. En 1937, il se lance dans le tournage de *Solitude,* un court-métrage expérimental en caméra subjective sur les plateaux enneigés du Contadour. Le paysage prend toute la place dans le cadre accompagné d'un commentaire lyrique en voix off qui permet de lier la subjectivité du regard et l'intériorité de la voix. Tel était le projet étonnant de ce premier film qui n'a jamais été terminé et dont les images ont disparu. La « caméra personnage » de Giono reste au stade de projet mais nous donne une idée de sa vision du cinéma. Fixer les paysages qui lui sont chers en lien avec la somme de milliers de sensations intimes qu'il souhaite partager avec le spectateur. Reste l'image forte de l'homme qui marche seul, face à une nature mystérieuse et propice à tous les mirages. Une rivière que l'on peine à domestiquer *(L'Eau vive,* 1956), une neige tachée de sang *(Un roi sans divertissement,* 1963), les éléments dans les scénarios de Giono sont marqués par les destructions des hommes. Le procédé de la caméra subjective est réutilisé par François Villiers dans *Le Foulard de Smyrne* (1958), une ébauche du *Hussard sur le toit*. La relation entre l'industrie du cinéma et Giono est parfois complexe tant cet exercice collectif qui nécessite des financements est éloigné de la solitude de l'écrivain face à son ouvrage. Président du jury du festival de Cannes, Jean Giono pourra s'exprimer sur sa vision du cinéma et donnera la Palme d'or à Luis Buñuel pour *Viridiana*.

Crésus, une fable épurée

Giono a 65 ans quand il réalise *Crésus,* le seul film où il est crédité comme réalisateur. Au même moment, il crée sa société de production, *Les films Jean Giono,* alors que la Nouvelle Vague déferle sur le cinéma français et donne la possibilité de tourner en son direct dans des décors naturels. « Quand il veut lancer sa société de production et réaliser *Crésus,* c'est très naturellement –peut-être aussi par opportunité commerciale – qu'il s'adresse à Fernandel auquel il songera encore pour interpréter Ulysse dans *Naissance*

---

177 Jacques Mény, . Giono, spectateur paradoxal in : *Giono dans sa culture* [en ligne]. Perpignan : Presses universitaires de Perpignan, 200

de l'Odyssée. Comme spectateur, Giono aime à la fois des comédiens excessifs et des acteurs sobres[178]. » Crésus relève de la fable, celle d'un modeste berger qui trouve beaucoup d'argent dans les montagnes et cherche à tout prix à s'en débarrasser quand il finit par découvrir que ce sont de faux billets.

Giono à table avec les Pagnol (photo D.R.)

Cette œuvre, qui par son intrigue et par sa distribution peut laisser penser à une comédie est plus âpre qu'elle en a l'air. Cela explique en partie pourquoi le public lui a tourné le dos au moment de sa sortie. Bertrand Tavernier, qui a contribué à la réhabilitation de ce film, voulait l'intégrer dans son *Voyage à travers le cinéma français* en 2017 mais l'œuvre décidément maudite sera coupée au montage. « Je l'avais, d'abord accolé à l'épisode Pagnol. Mais il le ralentissait. Je me suis dit "On va l'inclure dans les cinéastes méconnus." Mais non, ça n'allait pas non plus ! Alors mon cher Crésus – monté, mais pas mixé – se morfond toujours dans mes tiroirs. »

La séquence d'ouverture de *Crésus* dévoile le corps de Fernandel avant de laisser entendre sa voix. Tel un équilibriste, il fait toute une série de gestes très habiles pour apporter en un seul voyage son petit déjeuner sur la table. A la fin du récit la même séquence est un échec sur toute la ligne, l'harmonie est rompue, l'argent a tout gâché. Giono la pensait ainsi dans ses notes de tournage : « Cette séquence commencera comme la première scène du film mais au lieu d'être réglée comme un ballet de virtuosité, elle va se dérégler ».

L'image la plus forte du film est celle du banquet en décors naturels sur les

---

178 *Op.cit*

plateaux du Contadour où le berger invite le village à un copieux repas. Une longue table posée au milieu des montagnes et des moutons comme coupée de la civilisation évoque la partie d'échecs avec la mort dans *le Septième Sceau* de Bergman. La caméra tourne autour de cette table à la recherche d'un point de vue différent au moment où les convives prennent place offrant une vision déformée de la réalité. Quand les langues se délient et que les mots se font plus violents, on pense à *L'Ange exterminateur* de Buñuel qui sera tourné deux ans plus tard. La tablée de bourgeois, empêchée durant plusieurs de jours de quitter la maison par une force étrange, a des airs de famille avec celle de *Crésus*. Le fantastique reste dans les coulisses, tapi dans les buissons. C'est l'homme dans toute sa médiocrité qui est mis à l'épreuve par l'argent du berger et ce n'est pas beau à voir.

Le travail visuel sur *Un roi sans divertissement* (1963), réalisé par François Leterrier d'après les consignes de mise en scène de Giono, se rapproche des images perdues de *Solitude*. Un homme marche seul dans un paysage aride, recouvert de neige et marqué par des taches de sang. Dans ce décor hostile propice à la métaphysique, l'homme est confronté à sa propre noirceur. Au moment de sa sortie, Jean Cocteau dira : « Ce film est une splendeur qui deviendra un trésor de Cinémathèque ». Le poète ne s'y est pas trompé, l'œuvre est forte et singulière mais elle ne trouvera pas son public.

Tout au long de sa vie Giono aura consacré du temps au cinéma, comme scénariste, réalisateur mais aussi comme producteur. Il n'a pas pu développer un art pur et exigeant au niveau qu'il espérait. L'adaptation en western du *Hussard sur le toit* sur laquelle il a longuement travaillée aurait pu être l'aboutissement d'une œuvre complexe, exigeante et singulière mais qui reste inachevée.

Laurie Leiner

Laurie Leiner est née en 1986 à Bergerac. Titulaire d'un doctorat en Arts obtenu à l'université Bordeaux 3, elle a soutenu en 2013 une thèse : « *Les corps troublants du cinéma français, mise en scène de la transgression et de la violence ordinaire : 1986-1999* ». Elle écrit des articles pour *l'Avant-scène Cinéma,* la revue *Bande à part* et fait partie du comité de rédaction de la revue *Instinct nomade*.

Remerciements

Sylvie Durbet-Giono pour ses conseils et sa bienveillance,
Jacques Ibanès pour avoir mené ce dossier avec brio,
Jacques Mény et l'Association des Amis de Jean Giono
pour leur soutien indéfectible,
Isabelle Brunet et les Archives départementales de Lot-et-Garonne,
Catherine Guillery-Labrunie
Bernard Lonjon, Jean Gabriel Cosculluela,
Serge Velay et les éditions Domens, France Tillieu,
Jacques Terpant et les éditions Futuropolis,
René Depestre, Olympia Alberti,
José Correa, Jean-Yves Bertin et Jacques Cauda pour leurs dessins
et à tous les autres contributeurs qui se sont impliqués
chacun avec son talent dans la réalisation
de ce numéro spécial Jean Giono

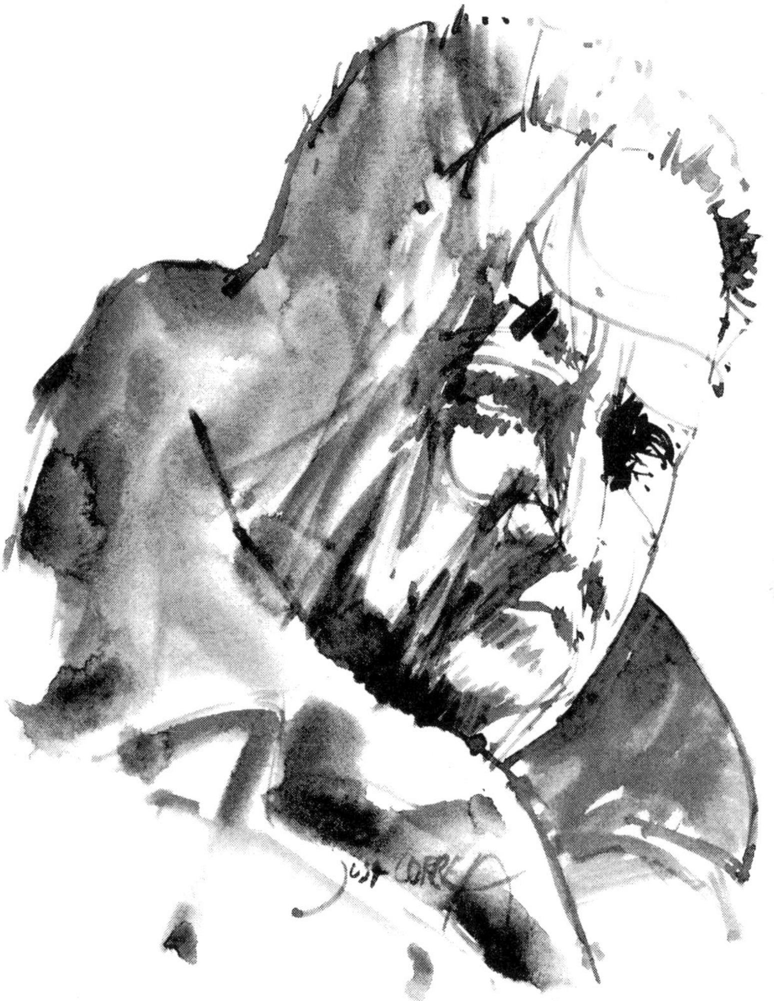

Le numéro 10 de la revue Instinct nomade,
a été achevé d'imprimer en avril 2022
pour le compte de Germes de barbarie,
éditeur au Fleix en Dordogne.

Dépôt légal : avril 2022
Imprimé en Europe

Printed in Poland
by Amazon Fulfillment
Poland Sp. z o.o., Wrocław
26 March 2022

4f63ca55-c809-4054-ad11-1a682741d4a0R01